新觉醒时代
——论中国文化之再创造

成中英 著

中央编译出版社

图书在版编目(CIP)数据

新觉醒时代：论中国文化之再创造 / 成中英著 . —北京：中央编译出版社，2014.10
ISBN 978-7-5117-2298-0

Ⅰ.①新… Ⅱ.①成… Ⅲ.①中华文化－研究 Ⅳ.①K203

中国版本图书馆CIP数据核字(2014)第207070号

新觉醒时代——论中国文化之再创造

出 版 人：刘明清
出版统筹：董　巍
责任编辑：韩慧强　王媛媛
责任印制：尹　珺
出版发行：中央编译出版社
地　　址：北京西城区车公庄大街乙5号鸿儒大厦B座(100044)
电　　话：(010)52612345(总编室)　　(010)52612363(编辑室)
　　　　　(010)52612316(发行部)　　(010)52612317(网络销售)
　　　　　(010)52612346(馆配部)　　(010)66509618(读者服务部)
传　　真：(010)66515838
经　　销：全国新华书店
印　　刷：山东鸿君杰文化发展有限公司
开　　本：787毫米×1092毫米　1/16
字　　数：430千
印　　张：33
版　　次：2014年10月第1版第1次印刷
定　　价：148.00元
网　　址：www.cctphome.com　　邮　　箱：cctp@cctphome.com
新浪微博：@中央编译出版社　　　微　　信：中央编译出版社(ID: cctphome)
淘宝店铺：中央编译出版社直销店(http://shop108367160.taobao.com)

本社常年法律顾问：北京市吴栾赵阎律师事务所律师　闫军　梁勤
凡有印装质量问题，本社负责调换。电话：010-66509618

自 序

我们今天正处在一个人类文化、哲学、科学、社会、经济、政治的全面新觉醒时代，这些多方面的觉醒彼此密切相连、相互影响，逐步形成一个整体的觉醒，挑战人类文明，考验人类智慧，也给人类心灵一个创新文明的机会，意义丰富而深刻。

这个新觉醒时代对中国与世界在文化和社会的发展、对中国的振兴与世界的和平有什么样的重大的启示呢？显然，作为中国人我们必须首先认知世界发展的两个重大层面：一是客观的真实世界是在巨大的变化之中，我们必须聆听时代变化的脚步，警觉时代的风暴，对世界的发展要有所认知。这样的觉醒才有客观性，才不至闭门造车和坐井观天，陷入泥淖的困境之中而不自觉。我们要以客观知识为保证，要与时代的潮流及背景力量紧密地联系在一起；二是主观的自我、个体的及集体的，也面临着一个重新整合的重要契机。我们必须要问：如何面对我们的历史，如何构筑我们的未来，我们的生命动力来自何处，我们的发展资源如何应用，我们的目的为何，我们的价值方向是什么。我们对我们的自我是否有新的感知，有何等约束，有何等开放。我们必须建立新的价值观和新的典范，由此以形成一个新的行为与生活方式。

从一般意义上说，觉醒具有一种提升、超越、领导和成就的内涵，有一种方向及目标，是一种动力和激励，同时也是一种精神。所以，觉醒既有客观认知的意义，也有主体发展的意义。我们要更进一步地认识过去和历史,用以更好地开拓我们的自我认同与迎接未来责任,当然也可以更好地面对与掌握现在,这就会形成一种创造的力量。范仲淹在宋代就提到士大夫的精神在于"先天下之忧而忧,后天下之乐而乐"(《岳阳楼记》)。忧乐之间,我们要问天下何事,世界何为。我们更不能不认识到我们忧乐天下的目的在"使先知觉后知,使先觉觉后觉"(《孟子》),致中和于天下(《中庸》),为天地立心,为生民立命(张载),导向一个和谐的生命世界。这正显示了一个儒家精神的典型。儒学中本来就蕴涵着一种觉醒的精神,是对天道和人性的体验,对天人之际关系的掌握,也是对社会生民的察知,进而行成知行互动、主客依存、上下相持的文化进步力量。所以,觉醒不只具有创新个人的意义,亦且具有创造时代的意义,也就是具有能够使一个社会进步和文化发展的意义,用先觉激励与引导后觉形成社会革新的力量。

以先知觉后知,先觉觉后觉也是孔子的精神。孔子强调人与人的同群性与相依性,他说:"鸟兽不可以同群,吾非斯人之徒与而谁与?"(《论语·微子》)表示人性的觉知是有一个文化发展的涵义与要求,是教育、启化的作用。范仲淹的话继之体现了儒家的这种甘心奉献、弘扬大道和传播真理的无私精神。以天下为己任,关心他人和社会发展,并以此为生活的职志,自然体现了儒家志于道、益于人的胸襟。人们具有这种心志或境界并不是偶然的,而是由于有本体良知的智慧体现在其精神之中。先天下之忧而忧,能够明察天下的问题并且勇敢地去面对,后天下之乐而乐,能够奉献自我,以生民为重。这也就是孔子所说的智、仁、勇的精神。这样的人才能担当大任。这是我对所说觉醒的内力的诠释。

天下能否归于正,从儒家来看,就需要那些高度发展良知与高度发展责任感的人来关心与面对这个天下。如果每个人只是浑浑噩噩,只知一切为己,没有启蒙大众的热忱,人类社会的发展就会有莫大的局限性。因之,大智、大仁、大勇的人格出现是必要的。这一人格要求我们勇于担当引领发展与启动提升广大的人群。忧乐天下,对天下有一种关切与担当。这是从公心出发的,没有私心或私欲在里面。这在儒家哲学的传统中构成一种道德信仰，也是一种政治信念。

人类新的时代的觉醒是什么？它具有一种什么样的内涵？下面我想就五个方面再进而详论之。

一、在宇宙自然认知上的觉醒

首先，时代是变化的，而且不能不变化。可以说，正是在变化中我们方能看到去旧布新或者汰旧革新的契机。变化即易是宇宙的基本道理。易的涵义是很深刻的，这在中国哲学中是一个核心的智见。作为人，我们能够观察和意识到宇宙的变化，经过长期的观天察地，最后认识到宇宙变化不已、生生不息的道理。这代表中国哲学的终极的智慧与特点，也代表了中国人认知宇宙、认知人的本体的基本真理。中国哲学也是对真理的认识。对真理的挖掘离不开现象，由现象到真相，从真相到真理，具有一种创化的内涵，本身即是真理。我们不仅要在表面上看到变化，而是要看到宇宙真实地在创化之中。实际上，有些人类文化传统也看到宇宙的变化，但却着重超越和摒弃，甚至要消除这种变化。如此看，似乎只是看到变化所带来的副作用，而没有看到变化所引致的创造性力量，没看到变化中的创化精神。在创化中，我们应该看到一个积极的刚健精神，即乾的精神；也应该看到一个厚德载物的精神，即坤的精神。而且看到二者能够交相融合，由此形成太极的无穷创造力。

所以，宇宙只不过是一种真实世界的真实呈现而已。宇宙和万物存在的意义，即其真实性，同时也包含了人类可以追求完美的一种可能性，代表着一种积极创建的、进取发展的实践以实现的进程。

这样真实的见解不但与现代的物理科学与生物科学有一种对应与融通，而且能够赋予现代生物与物理科学以创化不已的涵义。这是因为作为中国文化与哲学的源头活水的易学哲学特别强调人在宇宙创化过程中的创化的地位、作用和角色。这是非常难能可贵的。在人类多种文化的发展当中，中国文化特别注重天、地、人的密切关系，表现为"天能生人，人能弘道"（《论语·卫灵公》）的信念。我们对此要深刻地去认识。

天地的形成是物种进化的基源。人生育于天地之间既具目的性，也具必然性，是自然宇宙创化发展的内在秩序。从量子世界的不确定的基本粒子运动，发展成为有持续、有规律的自然事物的存在，这本身就是一个值得探索的奥秘。在宇宙原始的创化力的基础上面，能量凝聚成质量化的物质世界，基于原始的创生力持续作用，逐渐孕育了生命。生命基于原始的创造力与物质能量发展出来，可说是基于无极而太极、一阴一阳的持续分化，万物品类的持续繁荣，显示出宇宙生生不已的具体成果。宇宙在更复杂与更细致的方向的进取，终于产生了人的存在。一个人能够知道，就能认识宇宙其自身的智能来自宇宙，但也可以说是宇宙透过人的创造力对宇宙进行反观，也因此能够对人的存在进行反思。当然，人因其各自的成就可以有不同的定位和境界的分别。人与天地的互动与结合，二者之间是一种生存与弘扬的关系，这里具有重大的意义和深刻的涵义，需要哲学的体验与理智的阐说。荀子说得好，"天地生君子，君子理天地"，"水火有气而无生，草木有生而无知，禽兽有知而无义，人有气有生有知亦且有义，故最为天下贵也"。（《荀子·王制》）荀子这一层次分明的说明充分地发挥了孔子所说"人能弘道，非道弘人"的义理。

所谓弘扬，是一种深层次的感受。人能弘道，就要能掌握天的整体的创造力、能量和方向。实际上，一个文化和社会发展当中所呈现出来的景观，在某种层次和一定意义上，就是弘道的结果或表现。在这样一个层面来讨论，我们就要能够进一步去认识到人自身发展出来的和有待开发的新的潜力。这首先是一种成己以成人成物的过程，完成自己、实现自己，在实现自己中实现人与社会共同的生命与文化价值；如反过来看，还有一个成物、成人以成己的自然要求，就是成就他人与社会共同的价值作为动力和源泉来充实和发展自己。由此产生一个生命本体的循环，形成创造性的力量，也就解决了人的个体性与社会性孰先孰后的问题，并且由此开发出一种不断更新的新生力量，开拓出道德与精神的新境界，从而达到自由与和谐的相互融合的状态。实质上，这种成物成人以成己，成己以成人成物的过程，亦即由人的个体到小群体，由小群体到大群体，再到全人类，由主观到客观，从客观到主观的过程，此中不只是量的放大，同时更是质的提升，体现出天下为公、仁者无敌、整合大同的精神。这是我要彰显出来的新觉醒的第一个涵义。

宇宙对我们的意义更在于，假如我们不了解外在世界的发展及创化，对生命活动就无法开展我们自身的省悟与超越。必须要在知天、知地、知人的情况下，提高我们的智慧水平与文明程度。参赞天地之化育，只有与天地参，参悟了天地化育万物之道理，才能开发生命之事功，才能理解为什么尊重生命、发展生命的高度重要性。生命的价值在导向更多有价值的生命，激扬更多活力的生命，涵容更多生命的价值与活力。这也可以描述成为《中庸》所说的尽物之性、尽人之性、尽己之性，以致尽天地之性。

天地合德，人的本体与天的本体具有性向上的一致，此一认识对于我们维护生态环境和开拓生存空间来说具有重大意义。人类社会工业化造成了人类环境的严重污染和生态危机，现在则是必要考虑如何发挥人性智能、人性美德，实行惠及天地之道来解决了。宇宙向人展示美与善，人也应该向天地展示美与善。这也是我所说的对宇宙自然觉醒涵义之所在。

二、在生命与文化发展上的觉醒

如上所说，人与天有一种深层的创造关系。天地生人，人能弘道。如何发挥这种能力？古典儒学对此有非常深刻的评述与体验。宋明理学和心学对之也有发挥。人类近代以来，由于国际战乱与民族纷争等问题，一方面有现代科技和工商资本主义的发展，另一方面也同时造成了人与人之间、国与国之间的多重隔阂与冲突。这种人际与国际的隔阂极不利于人的存在，这方面需要进一步的觉悟与警觉。也就是人类对自身的行为要有一个更新的认识。就人类的发展来讲，自私与贪婪带来的纷争与无知或恶意带来的阻隔，都隐含着莫大的伤害，必须透过人的自觉自新的能力来进行改变与弥补。但就一个整体社会来说，文化历史传统造成的闭塞性和限制性，往往形成长期的破坏行为而难有及时有效的自觉和匡正。理想地说，文化自身要发展，必须要有睿智的领导者知过能改、革故创新来扭转时代，而不是哗众取宠，使社会陷溺于惰性与偏见之中。中国在宋明以后，文化气质逐渐走入内向闭塞，在民族文化的自觉性方面相对弱化，对外界的认识也长期处于一种封闭的状态。尤其是在明末清初，中国对西方认知上的缺乏和闭关自守导致不堪回顾的后果。因此，对于一个民族或国家来讲，时时刻刻保持一种内外向兼顾的自觉性和警觉性是绝对必要的。如果一个民族不能见到自己的弱点，自以为是或自以为强，从而固执己见，坚持道德偏见和权力傲慢，无论是对这个民族的发展，或是对整个人类社会的发展，都是十分不利的。

反思世界政治的发展，美国在二战之后崛起，有其得天独厚的条件，从而成为目前世界上唯一的超强帝国。这一方面反映出美国文化具有超群的组织和科技开发的能力。另一方面，美国能不能维护天下的公是公非，不因巩固自身的利益而罔顾国际正义，是决定美国未来兴衰的基本因素，也将影响美国文化自身发展的价值。从易学祸福相依、否泰互持、物极必反的道理来说，世界上不可能是永远地处于一国的霸权宰制之中，霸权局面不具有可持续性的发展性。

改过自新，这也是一种创造发展的力量。就亚洲的发展来说，明治维新使得日本最先成为亚洲的最强盛的国家，如果它不知与邻为善、漠视人类互助的原则，抹杀历史教训，只顾自身逞强夺利，以非为是，企图再度发起侵略战争，显而易见，这绝非可行之道，对日本而言，只能自食恶果。这不但缺少一个新的觉醒，反而制造了一个新的自我闭塞、违反自然与道德的发展原理。

人类不仅在治理国家也在处理国际关系方面明显地存在各种各样和

程度不等的觉醒问题。当然在人类道德责任和未来发展责任方面，也明显地存在着认知与觉醒的需要。人类已经处历史交接的进程中，只是自觉程度或有效性还很不够，迫切需要相应理论和思想的指导。全球伦理蕴涵着人类可以共同认知和达致的道德境界。在此一方面，人类文化的自觉就显得特别重要，任何社会与国家都需要对此予以高度重视。

中国近两百年来的历史，可说历尽伤痛与伤害。有必要不断进行深切反思。中国自古以来就有殷忧启圣、患难兴邦的历史认知与思想自觉，其中蕴含着民族自新的精神和延续国脉的动力。在中国文化的核心部分，更特别涵养着一种天下为公、世界大同的理想，也保持着一种居安思危、未雨绸缪的忧患意识。近代中国的失误显然说明中国人在现代时期忘却这一理想与精神，陷入严重的蒙昧与闭塞之中。面对中华民族的命运，必须深度地反思自身的历史，掌握宇宙与世界发展与进化的准则，必须脚踏实地地奋勉振作、无懈而勇敢地走向未来。在生命意识中，尤其要记取根源、开放自我、创新追求，掌握中国文化之善，再创中国文化之美。这将是一种最深度的文化自觉。

三、在社会与道德价值上的觉醒

人类社会之所以成为可能，在于人类有道德感情与修持，能使人与人之间形成道德的同情共感，消除私心与偏见，并进而发展为相互的信任与关怀，这也就是《周易》所启发出来的儒家思想。前面已说到我们对宇宙自然的创造力应有的新的觉醒，实际上是对道与自然的觉知，表现了人对自然的感知能力，可说也是源于易学中人对天地的观感与感通。在此意义下，儒、道之学都源于易学。两者之别，一重自然，一重人文。所谓"观乎天文以察时变，观乎人文以化成天下"（《周易·象传》），"天地感而万物化生，圣人感人心而天下和平"（《周易·咸卦》）。在人文方面，人们如何在人的生活中体现这种人文的同情共感？如果人的生活方式和思维方式不具有同情共感的能力，人就容易陷入习惯的惰性与自我中心的困境之中。尤其面对历史，人们既要向历史学习，又要跳出历史，学习是学习历史中道德的精华，跳出并不是忘记历史，也不是任意冒进。美国哲学家桑塔亚纳（Santayana）有关"忘却历史，历史必然带来重复"之论断，指的就是这种学习历史而又超越历史的道德智慧，也就是我要强调的同情共感以超越私心偏见的道德良知。

中国哲学强调继往圣绝学和开辟新天地以发展人的创造能力，也就是发展所谓"周知万物，道济天下"的人文创造精神，其中包含着人类文化发展的关键。过去的人们比较讲究德性，后来人们则转为更加重视功利，过去人们讲究责任与义务，现在的人们则注重权力与权利。在二次大战之后，无论哪一方面国际政治经济的竞争，都涉及实际的人类文化生活等方面，而且都能从中感觉到不同的复杂而异质的价值内涵在不断的冲突之中。

因此，我们必须以道为本、以德为基，在识别与履行义务的基础上去谈权益，必须在对事物以及人类行为的正当性、合理性进行考评和反思的基础上去谈功利性和实用性。道德本身具有一种深厚的本体内涵，一切行为的根源就是人性之能与德。当然，德是依存在道之中，各种德性以不同的状态又恰如其分地展现在人的善行之中。

人性之德是与天地之道相通的。人道，最主要的仁爱之道，是一种超越自我的关怀与无私。这里不仅强调分配意义上的合理性与公平性，更要强调人与人之间相处的和谐性与包容性，要把义/易与礼/理包括在其中。这样，巩固和强调人之间的信赖，发挥人的认知的能力就成为一种必要。当然，这必然离不开仁与智的扩充。

仁义，即人性之基。如何将行仁与取义，从小到个人的范围，经过家庭推广到社会，这是个周折、漫长的过程。无论如何，我们首先要认识到这种潜力，认识到道德本身的这种整体性与根源性。其次，我们也要将仁义的由己及人、由小到大或由近及远的扩展作为一种信念。以前把道德看作是相对主义的，是文化的一个副产品，进而看不到或者干脆否认人的发展与进化的意义和价值。实际情况并非如此，道德的进化很重要。儒家强调人的发展与心智开发，就是强调道德水平的不断提高。儒家旨在本体上认识天道，在行为上开发人性。人性具有一种天地的内涵，能够实现一种互助、关爱与正义。当然，这是一项具有重大意义的实践，需要一个持续不断的慎思明辨的认知过程以为支撑。

人类不能用权力和个人的欲望代替社会对道德的需要。个人和群体可以从事各种涉及利害与权力之事，问题在其所为是否符合理性的自然与人性的当然，是否合乎道、据于德，是否考虑到长远的生生不已及欣欣向荣，是否能不失尊严而维护正义。

四、在政治与经济目的上的觉醒

人类在政治经济上也需要有一个新的觉醒。经济发展，固然需要自由的贸易或开放的市场，让人们可以互通有无，但是这种互通有无的发展所产生的财富积聚与分配，很容易会造成贫富不均的现象。如何避免市场发展所产生的分配不均的问题，是经济学不得不面对的问题。

经济的发展需要合作与多赢，而不只是单纯的零和竞争。资本主义重视个人发展的经济能力与意志，而容易忽视社会意义上的发展方向（如解决分配不公问题）。前者是竞争的作用，是资本主义关心的问题，后者是合作的需要，是社会主义关心的问题。

一个社会的经济有其发展的基础，我们需要开拓资源，发展社会经济，就必须开放。为了开拓市场和获取资源，过去西方资本主义的发展，已经不可避免地造成了霸权的侵略性。

今天我们要强调发展，就要认识到经济合作分配、合作生产的重要性。从一个区域或者全球角度来看，什么地方能够从事最好的生产合作？什么方式能够产生最合理的分配利益？如何在整体意义上既能够创造财富,又能实现公平正义?在经济全球化和地区自主化这两个箭头背向进程中,既要考虑到区域间的相互补充和依存问题,又要处理好区域自身的短期性优势建立与长时段创新持续。也就是要用深厚历史的眼光和深远战略思考,来处理短期与长期之间,或者变与不变之间的平衡性与关系性问题,不但寻求可持续发展,而且寻求提高发展的层次与品质。

世界事物,唯一不变的就是变化。优劣势可以在不同的时代有不同的涵义和转换,应该有一个正确的觉醒和认知,建立一个真正面向未来的眼光。要在开拓未来的意义上掌握彼此合作的关系,而不是局限在一种控制或霸权心态的关系框架内来思考战略。发达国家为了达到控制资源和限制其他国家发展的目的,总是把政治霸权作为经济发展的前提要件,这就会无视经济本身的涵义或规则变换而与历史的大势背道而行。因此,即使在经济的领域,也需要一种特别的警惕,需要超越已有的态度及思路。

要走出贫穷,济贫扶弱。不患寡而患不均,不患贫而患不安。孔子的思想在强调均平和谐、互利相扶。只有理念上的正确调整,才能有效地补济经济上的不足,此一认识我称之为"道德政治经济学"。

我们要用宇宙性的道德眼光来主导政治,用公利天下的政治行为来补充经济。

17世纪以来的西方政治经济学,有其洞察与灼见。但任何政治必须要有一个正确的道德内涵。正是这种道德内涵,才可以真正充实人和国家的实力。从这个意义上讲,无论软实力,还是硬实力,都应受制于道德力。如果没有道德的觉醒与再建,我们面临的经济困境及生态危机将更加深化与难以消除。

五、在中国哲学与科技发展关系上的觉醒

如今我们已经进入到一个新的知识时代或知识社会,我们需要一个

新的启蒙。我们需要对科学与技术新的认知。科学的发展，从20世纪初就有了突飞猛进的局面，经过一个世纪的整合和扩展，科学和技术早已成为经济社会和文化等实现再发展的基础与工具。科学作为外在的知识体系，有其客观的真理性，但对发展人、掌握人的行为，尤其在涉及人与国家行为的发展上，则有其工具性。在当今时代，甚至每个人的境况及欲求本身都有导向科技发展的作用。但是，我们必须明白这种对技术的需求一定要建立在科学发展的基础上。正如有了量子力学，我们才能更好地发展基于量子力学原理的一系列高新技术，如互联网发明、太空旅行、医疗设备研制，甚至包括涉及人们生活方方面面的新材料和新能源开发等。

然而，并非凡是科学能够支撑、某些人有欲求的技术就应该发明和得到推广。我们必须关注科技真正的实用性与其运用上的道德问题。尤其在生物科学技术的发展中，我们不能不从整体伦理学来考虑其道德的实用问题，也就不能不做长远与整体安全的思考。我们"对人类科技文明的发展最后具有什么作用和意义"这一问题的提出就超出了科技发展上的考虑，而面向了一个对人的道德伦理上的考虑或诉求。这当然需要一种新的觉醒。

量子力学使我们认识到了宇宙的变化性在于其根源上的变化性，让我们更能赞赏易学的深刻智慧。在此之前，人们较少考虑到宇宙的变化对人类存在的重大影响。这就需要人们具备一种新的智慧来面对一系列新问题：宇宙的变化到底意味什么？宇宙是不是一个偶然的存在，一个完全没有确定性的存在？甚至是不是代表一种虚幻？热力学的第二定律是否具有绝对性？或将把宇宙带向全面的熵？透过当代物理学的最新研究，人们是否可以看到一个宇宙再生的道理？

实际上，中国的易学，对科学的宇宙观早已经有一种很好的提示，即宇宙是生生不息的。阴阳的不断和合及互化，就包含一个不断再生的原理。宇宙是生生不息的这个假设，应该成为一个科学假设，需要通过科学的进一步研究与探索。这很有可能是促进新科学发展的一个线索。对此,我们不妨将源自中国哲学的上述说法或者推论当作一个掌握科学再发展的根源来看待。

总之,我们要通过掌握科学与人的关系,透过中国哲学包含的智慧,彰显宇宙的生生不息、宇宙的整体性和宇宙启发之善。中国文化的传统,在如何与现代科学的发展结合这一问题上,也需要一个觉醒。这要求我们的教育,不仅是单纯地关心与恢复国学,而要在挖掘与弘扬中国哲学传统精神的同时,尤其在促进科学发展的意义上,把中国文化带到时代最前端的地位。

结　语

以上是五种不同方面的觉醒,在对宇宙自然认知上的觉醒,在对生命与文化感悟意义上的觉醒,在对社会发展与道德建设的觉醒,在对政治与经济新涵义及相互作用的觉醒,在对中国哲学在新科学宇宙观建设或科技发展上的觉醒。无论是哪种觉醒,都意味着人对自然、经济和社会要有一种新的知觉或认识,都意味着中国文化精神的进一步挖掘、阐释与弘扬,都意味着我们自身要探索中国文化的精义来开创一个崭新的世界并且兼具智慧与知识的世界观。这也意味着中国的和平兴起必须建立在这五大觉醒之上。

人类的存在意义就在于认知天地、发展人性和建立一个真善美的和谐世界。

基于以上五个觉醒,我们还可以说我们需要有一个综合的、整体的觉醒,因为人类目前已经走到了一个临界点。人类的持续往前进步,就意味着必须要有新的科学、新的人文、清醒的良知、宽厚的仁爱和精微广大的本体诠释意识。当我们具备了一个综合性的整体觉醒时,人类存在的素质才得以真正提升。它代表人类突破了自身的精神束缚,由此能够产生新的能量，解决当前人类面对的诸多问题，包含如何寻求永久和平的问题。也就是人的社会必须进入一个建立在改革自新、虚怀包容基础上的人类理性与良知的再启蒙时代！为此，中国文化与中国哲学应该发挥出博大融合的智慧，把古典儒学的刚健而厚德的精神、古典道家的简朴而开放的精神、中国佛学的超凡而悯世的精神，结合西方从18世纪以来的上下求索开天辟地科技精神，在易学与宋明理学深思而精微的思考能力，以及现代抽象思维或逻辑基础上，将中国与西方相互影响与比较的思考及研究维度，调整到面向人类的共同未来的角度和高度。中国文化及其哲学与西方文化及其哲学可以相互营养、激荡和促进，开启一个人类文明的灿烂繁荣的新世纪。

正是在这个意义上，我说人类目前正处于一个临界点上，或进而上升，或落入深渊。面对人类的未来与出路，先知如何觉后知，先觉如何觉后觉，仍是我们这个时代的重大挑战。

多年来，我在文化与哲学的根本问题的思考中，探索《周易》的本体哲学以及人在宇宙中的地位与价值问题。我也特别关注中国文化的世界意义和现代意义。我对中国哲学的发展，特别强调易学哲学开发的重要性，更重视儒学与新儒学甚或新新儒学的探索，甚至将此等研究的精神扩展到一个包含科学哲学在内的世界哲学框架之中。我在夏威夷大学不仅每年开一次易学哲学或儒家哲学研究课程，也每两年开一次科学哲学或知识与诠释学的研究课程。

在易学研究的过程中，我同时强调儒家的人文创造精神和道家的自然创造精神。这是我自身的哲学的自觉或觉醒，我盼望这更是一个新的时代的社会性的觉醒。我盼望中国文化的再创造和再发展，盼望人类的文化因中国文化的贡献而实现跨越式的发展，盼望科学也因中国哲学的推展而获得新的启示，而中国哲学则因新的科学的进展而开发出新的时代生命，更盼望人类社会的在中国哲学或中国文化精神的促进下实现再整合！

在这个理解与愿望之下，中央编译出版社提议我编一本自己对《易经》研究基础上的著作，促使我对我的相关论文有所整合，并对之命名为《新觉醒时代》。对此，我觉得很有意义。我过去有很多对文化的感受和思考，分别表现在不同时期和不同主题的文章中，现在我把它们整合起来，体现为五个部分：一是中西文化与文明对话；二是中国哲学的现代化与世界化；三是儒学精神与儒学现代化；四是儒家伦理与全球伦理；五是政治哲学。我在这五部分主题下发展的文章，用以彰显我所阐述的当前人类对前揭五大领域内涵的及其问题的觉知。尽管仍然有收录不全的情况，甚至未能涵盖我举出领域的全貌，但可以说基本上已经反映了我的意思。需要说明的是，我将自己有关易学和本体诠释学方面的工作放在了另一本文集里去发挥，在本文集中，我把重点摆在了文化觉醒、道德觉醒、政经觉醒和科技觉醒等方面。我希望在这些方面做出新的启发与贡献。

我相信借此文集能够让人们对当前人类历史性的变化有新的自觉与醒悟！我感谢其他学者和朋友们的帮助，尤其要感谢奚刘琴博士在选择文稿方面所付出的辛勤努力！也感谢康大臣博士在我准备本文集序言时所提供的实际帮助！他们在受我邀请来夏威夷大学做访问学人期间做出了杰出的学术成绩。

成中英

2014.3.9

目 录

自 序

一 中西文化与文明对话

当代人类的危机与中国传统文化的现代价值
　　——成中英先生访谈录…………002
全球化中的东西方文化差异与交融…………020
文化自觉与文明挑战…………033
21世纪：中西文化的融合与中国文化的
　　世界化…………038
21世纪的新探索：天道、人性与文明…………059

二 中国哲学的现代化与世界化

近三十年中国哲学的发展与中国哲学
　　智慧的挑战…………068
全球化背景下的中国传统哲学…………101
关于中国传统与现代化问题的对话
　　——成中英教授访谈录…………112
新论人文精神与科学理性：中西融合之道…………130
回忆、怀旧和未来
　　——乐黛云与成中英对话…………135
寻求保留差异的中西马哲学会通之路…………160
发扬中国哲学的融合力量与中国文化、
　　哲学的现代化、世界化
　　——东学西渐的途径探讨之一…………178

中国哲学与世界哲学的发展
　　——现代化与后现代化……………… 186
21 世纪中国哲学走向：诠释、整合与创新 … 201

三　儒学精神与儒学现代化

儒家和谐论的六个层次………………………… 216
儒家的精神性
　　——终极本源性、内在创造性、整体实现
　　　目的性 ……………………………… 228
当代新儒家与新儒家的自我超越
　　——一个致广大与尽精微的追求………… 259
第五阶段儒学的发展与新新儒学的定位……… 273
港台与海外新儒家学术特征比较探微
　　——成中英先生访谈录………………… 288
儒学与现代性的整合：探索与重建…………… 297
儒学复兴与现代国家建设……………………… 329
儒家哲学的理论重建及其五项实践…………… 339

四　儒家伦理与全球伦理

儒家哲学中的宇宙学、
　　生态学与伦理学三位一体论…………… 366
中国伦理体系及其现代化……………………… 383
现代化的儒家伦理和儒家伦理的现代化……… 400
后现代语境中的儒家本体伦理学发展………… 409
走向模糊的普遍性

——论跨文化传统与生活理念的价值包含 … 426

发展全球价值伦理

——中西价值体系的层次及其整合体现孔子与

儒家仁爱伦理与忠恕之道 ………… 436

全球伦理与21世纪儒学的发展 ………… 446

五 政治哲学

中国历史与哲学中的人权意识 ………… 458

转化品德为人权：研讨儒家伦理学中

的人的动力与潜能 ……………… 474

儒家潜含的宪法与宪政思想 ………… 486

面对文明社会：伦理、管理和治理 …… 495

一

中西文化与文明对话

当代人类的危机与中国传统文化的现代价值[01]
——成中英先生访谈录

蒋：成先生，现在大家也想问你一下，还是前两天同杜先生、霍先生交谈时问的同样的问题，就是你认为现代中国或人类遇到的根本问题或者说危机是什么？以及中国传统文化怎样去回答这些问题？很想听听你的解答。

成：我也从冲突文化讲起，西方现在经历到的是两种冲突，从知彼知己的角度，所以我们先了解西方。西方的问题事实上是一种所谓内在的冲突，因为西方文化由三个东西组成，一个是希腊的理性，一个是希伯来的上帝，一个是罗马的法律，这三个东西在历史发展中必须结合在一起。希腊人想独霸没有成功，后来被罗马代替，罗马的发展造成一个法律，法律有强制性，以权力作为背景，同时它能够包容很多差异。所以在法律系统之下，只要遵守纪律，都没有问题，这方面的问题是解决了。另外法律的理性化，这是西方法学一直关注的问题，法律的理性化是跟道德伦理相关的，这个问题从康德时就已出现，康德写了一本《法的形而上学》，实际上他把伦理学问题从法律学角度来解决，所以在他的体现中变化成责任伦理了。我作为一个人，对自己立法，我立法就是一个普遍性，必然的法律，这是个无上的命令，那么我要照这个法律去

---

[01] 文中成中英先生简称"成"，提问者为蒋庆先生，文中简称"蒋"。

做，只要我能够从理性的角度来认定它的必然性和普遍性。康德的问题便是他没有一个本体理性，也许说他也有一个上帝，但他没有使之合理化，只是当作一个假设提出来，因此在无上命令这里，有个基础问题发生，那么牟先生要解决的便是这个基础问题。

第二个阶段是落实的问题，普遍命令要怎么才能变成具体的法律？有时落实之后，就很能普遍，比如，说谎是不好的，在一般情况下如此，但是在很多情况下，说谎是不是不好？就变成个定义问题，也许你说那不叫说谎。假设我是为救一个人，那这个定义怎样让它合理地解决这个问题？所以后来又说这个普遍立法有问题。这里就产生一个合理性问题，法律的合理性促使伦理学的发展，法律学的发展。

但是上帝这个概念，当初对于罗马人国家很重要，也可以说是一种精神文化。在西方发展中，如何把上帝理性化，一直是个重要的课题，所以神学就是这样诞生的。神学诞生为什么会把希腊哲学用来解释神学呢？就是有这样一个理性化的要求，但是这个要求他做得并不好，就神学现代性的发展来看，就是神学理性化造成他的制度的某种丧失。打击个性，以教会代替个人，个人权威集中，这些现象造成对神学的反动。要求解放，这就构成西方现代化体系的一种发展，在这个发展中神学也破产了，哲学基本上不再是神学的奴隶，所以要独立，要思考，这就进入了所谓启蒙时代，从文艺复兴到宗教改革到启蒙延续到现在。所以西方就受到三种东西的冲击，一个是能够给人终极价值的宗教——上帝；一个是能够让人在世界上产生合理组织的理性；一个是所谓法律的强制性的规范。那么在美国，从西方的发展来看，他的办法是什么？它走向功利主义以后，功利主义又发生一些内在的问题，最大的问题就是大多数人的利益能代替少数人的利益。个人的地位何在？所以它从功利主义走向权利主义。个人一定要在集体当中有一定的最起码的价值，那是多数人不能取代的基本人权。在这种情况下，现在的美国，现在的西方面临的就是权力谁来保护？就是法律，法律变得很重要。这样一来，权利论里面个人德性并不重要，只要不违反法律，你什么都可以做。我曾经说过这样一句话，美国社会是走向只有法律没有道德的社会。比如，当你走在华盛顿的街上，看见一个黑人或者一个白人躺在地上，你奇怪一个年轻人为什么这样呢？他有时候向你要钱，你给不给他无所谓，因为他有国家保险，有福利，法律上有保障，所以个人有不成为道德人的权利，个人有懒惰的权利，你可以说这是唯权利论。中国人对此很难了解的，只要我愿意，只要法律允许，你是不能干涉他的，这是他的 right。但是他的内心是空虚的，西方就变成这样。因为启蒙以后，宗教被摧毁了。宗教对个别的人是一种需要，另外的人没有这种需要。一个人在大科技社会里忙得不亦乐乎，但是一回到自己就空虚。因为科学赋予人很多权利，他又可以做很多他要做的事情，他可以放纵，可以做任何他高兴的事，只要合法，这就是西方内部的一种矛盾，西方的知识分子或者有远见的人看到这种矛盾，认识到需要重新面对。能不能改造社会，企业上讲改造企业，企业内部也有很多机制老化，总是要完善。现在比如说市场不一样了，有很多变的因素：人口因素，科技因素，环境因素，正如《周易》所说，宇宙是生生不已的，科学理论也需要面对激变，要做调整，要造成一个体系，一个理论来说明它，来有效的应用，所以西方在这方面也是安于所谓历史的情结。一个公司太大了，一个建筑厚重了，电梯也是老式的电梯，明明知道有新的，但是要拆掉旧的很麻烦，所以运作起来就比较落后了。另外，人事加上各种法律，加上各种负担，什么劳工法、什么保险，美国搞全民健康保险，对各种企业都是一种社会改造，一方面需要，一方面又变成一种传统的束缚，一种习惯或者是一种既得利益的冲突，所以在内部产生矛盾。这种矛盾总结起来就是三种：理性、价值和法律，三者之间是不可调和的，法律允许自由，但法也带来混乱。宗教家要求小学读《圣经》，理性神学家，像麦金太尔，要求回到希腊回到原点，回到德性伦理。权力很糟糕，然后产生另外一种法律带来自由，各种社会结构的解构，家庭结构的解构，开口论自由，吸毒问题，老人青年问题等等，造成很多人悲观，于是很多末世纪的宗教，福音宗教产生。但是我认为西方并不因此就瓦解，它的法律制度很强，自我改造能力很强。你看西方企业改造了那么多年，现在的确有了生机。

（插言）：这个能不能用法兰克福学派的观点来说明？也就是说西方的法制使它避免出现危机，但是他用一种经得起震荡的法制来避免危机的出现。

成：对，因为西方启蒙思想的好处就是理性地遵从，听听你的理性论证，你有理，你就有权力说，我也就可以听，可以考虑，还是希腊精神。所以选择的时候采用一种同意、一种建议，但它丧失人生背后那种宗教的粉饰化。还有宗教本身很多非理性的东西，比如上次开会我遇到很多心理分析家，其中那个塞开垂斯说，他的很多病人的问题基本上都是基督教引起的。我问他有没有中国人，他说很少，几乎没有。西方人有罪恶感，中国人没有，我们中国人对自我可以消解，自我只有羞耻感，但他可以再生，所以中国人有这种生生不息的意义在里面，自生能力很强。外国人他一有罪恶感，精神或者神经就会变质，就会发生各种悲剧，很多非理性的行为，乱七八糟的事情突然产生，这是他的宗教沉淀里的。我有很多学生是神学家，我说神学本身需要改造，因为神学不是说要完全照希伯来人的部落神耶和华，当作希腊哲学来解释神学，现在我们可以用中国哲学来解释神学，解释什么是神，什么是上帝；而真正要了解一个世界的神学的话，是要把人类的原始经验摆进去才对。可是西方人打不开这个结，一讲宗教，往往就要走向已经定位的《圣经》里面，一进去又变成很多原罪感，末世感，罪恶感，实际上很陈旧，这是它内在的人格上的矛盾性，文化上的多重矛盾性。这个问题还是要经历一个理性的整合过程，所以他们也吸收中国的合理性的宇宙经验，比如说道家、禅宗，甚至还有的人讨论到印度的神秘宗教，但基本上是吸引，道家他们特别喜欢。在一种简陋的但是非常宁静的气氛下进行沉思、疗养、恢复，所以西方也是在进行这样那样的整合，我们不能因为西方内部的这种矛盾冲突，就蔑视西方。那种矛盾自己产生的创造力，还有他的合理性精神永远是在的，在科技领域里坚持下来了。有个管理教授告诉我："不要以为你们东方生产力强，我们现在和将来的发展很好，很有前途。"

美国现在还面临到欧洲的压力。我去年在欧洲，一个半月在德国大学和法国南部的一所学院演讲、交流，我就觉得欧洲不满美国，也要复兴，也要文艺复兴那种复兴，他们甚至叫做欧洲道家（europ），现在很多连在一起要整合。我去的时候刚好国与国之间的边界打开了，我从德国到法国，法国到西班牙，西班牙到瑞士，都是德国人开车，畅通无阻，整个欧洲似乎变成一个国家了，很美好，因此不能说他们没有整合。而且他们也在诠释，德国有个叫荣克·阿代尔（音译）的学者，柏林大学文学院的院长、哲学系主任，他是第二代继哈贝马斯之后最杰出的哲学家，他写过一本书《诠释理论》，送了我一本。他身上表现出德国人那种细心、那种严谨，所以这些人都有创造性。不像我们想象的，他们好像在那里等死，或者是走向毁灭，他们也知道施宾勒（记者）说的，他们也是再生的，也在吸收自然资源，他们的环保比我们做得好。而我们的长江、西湖，还有东湖，污染环境的情形看了叫人难过。所以从长远来讲，应该怎样着眼短期长期利益配合，他们想得比较仔细，因为他们经历了二战的痛苦，我们是经过100年的痛苦，教训都是很沉重的。但是美国人呢？没有经过这些灾难，他们有一种骄傲，不过现在内部各种问题，包括黑人问题，也让他觉得需要好好应付了，不能说他们没有危机意识、忧患意识。所以，我们不需要假设中国人有良知，外国人没有良知；同样不能假设只有美国人有理性，中国人没有理性，只要是人，我们的良知理论当然可以用在他们身上，有时候是不谋而合。只是他的文化当中有他的束缚，受他的历史因素的影响，必须要整合。未来世界是什么，在这重冲突之下怎样从文化上去竞争，去创造竞争的能力，这是它的内部问题。西方世界还是罗马的影响最重要，罗马影响挂帅，希腊理性奠基，基督教作为后盾，这是西方文明的三种结构。但是在罗马精神之下，理性也好，宗教也好，都变成工具，它就是征服、霸占。它主要占领市场，用各种方式来进行权利的掌握，power的把握，有既得利益之后不能放松，一定要占有。这点尼采看得很透彻，尼采说基督教也好，道德也好，背后都有一个权利，都有一个非理性的意志存在，所以理性都是非理性的外衣。西方在本体上没有中国的这个理性，中国人的本体是上下一致的，中国很早就进入把上帝变成道的境界——道，天人合一；西方很早就把上帝孤立成一个就像当初部落神、祖先神的那种形象，就永远对那个东西崇拜。这个非理性的成分一方面是它的动力，同时也作为一种对外占领征服的一个最后结果，一个根据。比如说哥伦布，我们认为他很伟大，当初他们要找印度，主要是为了要找中国，结果不知怎么走到印第安群岛，以为那是印度人，觉得印度人没有什么了不起，就是那么差，最后说他们不是上帝的化民，就挥动权力，要杀他们。后来的宗教战争都是说，如果不是上帝的信徒，都有权力可以杀。甚至越战也是一样。一个叫卡里的少校受审，因为他当初在越南，把一个村子所有的妇女小孩都杀了，他在法律上作证说："我们认为他们没有灵魂，他们只有人的形象，没有人的本质。"他如果用这样的观点看东方人的话，他可以全部杀掉。在这方面，他反而没有自然而生的博爱精神，他是因为上帝爱人，"我因爱上帝而爱人，假如你不信上帝的话，那我不一定爱你。"所以他没有中国人所说的、儒家所说的恻隐之心，以仁的本性发挥出来的己所不欲，勿施于人的同情理解的作用。他对你不进行理解，把你我划分得很清楚，强调差异，强调主客之分，他要先认识你，研究你，搞清楚了你，然后跟你建立契约关系，商业上建立交换沟通，这种心态美国人有。亨廷顿提出要防范儒家文化、伊斯兰文化，这两个东西本来没有什么联系，但是他为什么要看成一样呢？因为都对西方文化构成威胁，他处于西方文化的产地，他把它当作实用理性提出来。他那篇文章叫《文明的冲突》，是对美国克林顿政府作一个建议。他是政治学者，他从这个角度来看东方的兴起，主要是中国的兴起。他认为日本经过战后他已经掌握,除了贸易上还有逆差以外,他认为日本人靠他,现在甚至把日本当作一个代理人来进军东亚,来保护他在东亚的权力。日本也靠他,虽然心理上不服。所以美国唯一的敌手就是中国,中国有资源有人力,一旦真的发展起来对他是有威胁的,所以开始出现威胁理论。伊斯兰人也是一样,假设伊斯兰阿拉伯民族统一起来的话,那对他不是很麻烦吗?在伊斯兰国家里他以以色列作为代理人,刚好一个日本作为东亚的代理人,一个以色列是中东的代理人,这两个利益他要维持,所以他讲冲突。冲突的原因是他自己把冲突当作文化的一种接触的本质,因为差异构成冲突,文化是所谓广义的文化:经济上他要占有,那么经济上面就会跟他争权;政治上他要平等,那么你会对他言论的独占、权威进行挑战,这是两岸方面的问题。他说:"我们证明给你看,到底谁是太平洋的强者,我们要让中国知道谁是太平洋真正的权力具有者。"另一方面他又说:"我们要保护目前的既得利益。"所以,他对既有的生活方式、价值系统是很清楚的。有些美国人没有经过战争,除内部的冲突外,把外面的差异完全看成对立,当初对黑人也是这样。黑人的例子证明黑人要不断奋斗,最后才争取到平等的权力。中国人在这种情况下也需要不断奋斗,一定要不断用理性的实力跟他进行决力赛,讲道理,不要怕跟他讲,因为理性的作用还是在的。过去我们讲得太少,他讲各方面的问题,我们是不是也讲一套话出来,然后建立一种理性声音,掌握更多人的意识。针对西方文化的情况,一方面应该有一种竞争力去跟他竞争,另外一方面还要有一个包容力去包容他。中国文化是一个融合文化,一开始就有融合经验,内部就不存在不同传统的冲突,例如儒释道到后来事实上已经变成一体了,以后基本上是沟通,彼此平等相处,而且可以丰富各自的文化。

中国的问题在什么地方?在于缺少理性结构这种思维方式。每一个人都有一套自己的东西,所以对于非对象化的本体,往往每个人有每个人的一套看法,很难变成情结似的群体性的意识、共识。每个人都有意见,每个人都有结构,个人流动性很大,心理性也很强,假如一个人稍微有点知识、有点头脑的话，他就有自己的一套了，只讲自己的，没有沟通理性，大家很难集结在一块，很难说通过一个目标，用某种方案去整合。日本人就可以做到这一点，我们缺少这种管理的智慧。中国人就是凭伦理，基本上是一种心性伦理、情性伦理。因为有各种关系、各种感情，有感情大家就会在一起。假设没有感情，不但对陌生人没有办法去沟通，就是对相识的人也变得排他性很强。只要一拉上关系，好了，什么都可以解决，本来一分钱也要争的，现在全部送给你，这个差别多大！这就是中国人。但是假设没有这个感情因素的话，完全通过理性就很难，只会越变越僵，到最后面红耳赤，不是论证解决，而变成了党争，变成大家武力相见。中国人管理上的一个效果是内耗特别高，花很多时间搞人事问题，搞思想问题、意识形态问题、关系问题，花很多时间攀关系走后门，这是我们特有的一种文化，也是第一个危机。

第二个危机是，因为我们建设现代化，在这个压力下，当然不只是一种结构工艺似的，比如说新房子盖起来了，交通也好了，这就是现代化。现代化是一个系统，包括你的行为方式有没有准确性、精确性。像中国开会制度，不告诉你什么时候，他探索性的，只通知3月开会，你来不来？3月到底什么时候没有量化。再如回别人的话，明天打电话给你。问题是明天有多少个，明天什么时候，或者说明天什么时候空什么时候打给你。必须要探索你的时间跟我的时间怎样配合。中国人太感情化了，也许你明天等一天也等不到，总有很多不确定因素在里面。所以现代化一定要很精确，只有这样才有组织，经济才能发展，经济要求高效率，效率的产生需要组织，需要很多时间、空间、人力、共识、目标这些东西的配合，配合得很好才能产生剩余价值出来，才能创造东西，才能发挥作用。

中国文化内耗太大，缺少这样一个东西，我认为这是思维方式上的一种危机，今天用在伦理上面则是缺少一种理性，到清朝时才讲个人之争，但基本上还是儒家的伦理，真正缺少理性的责任，真正缺少一种理性的功利，真正缺少一种理性的权力，没有这种意识，没有这种结构感。

因此我们必须在内部的结构管理上加强，有这样的危机。否则在现代新的要求之下，在经济压力之下，连德性伦理也丧失了。德性有什么用？有时候你只有自认倒霉，别人赚了你的钱，不但不感激你，还说你是傻瓜。所以连德性传统也放弃，而法律制度又建立不起来，外在的体制也没有。这跟美国不同，他是因为法律太强，伦理软弱消失掉了，只有法律，没有道德。中国的危机在法律还没有建立起来伦理就丧失掉了，变成一种很大的涣散。内耗和涣散构成我们的两大危机，所以了解了西方，了解了自我，就应该着手去做。儒学给我们提供了一个伦理，提供了一个精神主体，那个顶天立地的良知本性精神力量，这种精神力量安立我的生命。但怎样把这种力量转化为一种实践的、创造的、建构的行为、活动，这就需要理性的作用，知识的作用，需要知识理性，需要管理、组织、计划、决策、战略战术，各种各样的科学技术，不能够因为我们有了自己的东西就不再进一步地接受。阳明为什么有事功？因为他仍是当皇帝之下的臣子，他不认为他在龙场教化就很好，他还要作事功，要给他任命，当官才能发挥他的才智，否则他怎样开出新外王？这里我们面临德性伦理上怎样建立责任伦理的问题，建立功利伦理、权利伦理，这跟理性知识、自我知识、实践知识有关系，这些都跟历史发展有关系。今天我们不参考西方的历史、西方的社会、西方的成就，我们怎么能够丰富自己？我们要慢慢从自己文化开的话，是可以的，也许要走几万年吧，也许你很满足，根本就不需要。从另外意义上，人类假如说从一个个人的角度看，我何必要追求什么？我只要一生平平稳稳，大家不争，如老子小国寡民就满足了，就不需要开什么东西出来。但是我想我们还是绝对需要开的，儒家伦理是很重要，但我认为并不是唯一重要的，中国文化要全面的整合，全面的重建，要在体系中重建，是要面临现代化提供给我们的那个体系的重建，我的那个新的创造理论也是从此意义上去发挥的。只有重建之后，有了一个体系，对西方人，一方面才能进行深度对话，二方面才能进行共同学习，三方面才能包容他。他讲冲突，我包容他，包容他给他理性定位，理性定位才能实际解决问题，他就容易跟你走了。西方跟你走很容易，你要有理性的创见，有自己的体系，一让他佩服你，而且能够解决他的实际的人生问题，社会问题。

蒋：这个说法我认为也很有道理，理性只要不把它极端化，或者说理性化吧，用得恰到好处是非常有用的，也是非常必需的。现在的问题是，在中国文化的资源里面，我们一般讲儒家文化往往想到宋明，这是我一直对新儒家不太满意的地方。当他们对现代化或者对应西方的时候，他们都是从宋明出去回应的，而宋明儒学里面恰恰是成先生所说的责任伦理资源较少的儒家传统。宋明里面朱子的责任伦理稍微丰富一点，阳明主要讲尽其在我，他成就的是精神人格。总的来说，宋明系统因为主要是回应佛教的挑战，所以他回应的方式是挺立个体的道德生命，新儒家这些老先生如唐、牟，还有熊、梁，他们主要朝这个方向发展，所以责任伦理的资源仍很少，使得很多推崇西方的学者，比如说林毓生、甘阳等，都站出来批评他们。甘阳有句非常有趣的话，他说儒学只是为己之学，只能解决自己生命道德问题，一进入政治社会，儒学只有负面价值。林毓生更是说现在的儒家伦理里面没有责任伦理资源，所以中国二千年的政治搞得一团糟，这是他最近在上海一个讲演中的话。

这几年，实际上我的思考和成先生有些相似，我不满意新儒家仅仅把中国儒家传统资源定在宋明，如果我们返回早一点，比如西汉公羊家的系统里理性精神就很丰富，当然它不可能是韦伯意义上的那种理性、那个责任伦理，但它里面责任伦理的思考绝对是有的。公羊家看问题很清醒，不像宋明只从个体的生命道德出来，公羊家把世界发展分为三世，每一世因为客观情况不一样，治理这个社会的方法手段就不同，这些都是理性的态度，另外公羊家把天子看成一个爵位，不看成抽象的神或神性的存在，这也是相当理性的。公羊家安排权力、用礼乐这个系统评介人物时，虽然推崇的是王道，但像齐桓公、晋文公这些君王所行的霸道，如果按宋明儒学的观点，肯定是否定的。公羊家根据三世不同的《春秋》

条例给予肯定,也就是说,在当时特定的历史条件下,公羊家通过理性,冷静地分析政治现实,乱世除行霸道外没有别的办法。所以公羊家在看世界的时候,他要把自己放在外边,或者另一边,不像宋明儒家看世界时把自己融进去、包进去看。如果像公羊家的看法,把自己放到世界外面来看世界,那就比较冷静,比较符合理性了,安排制度的时候考虑得比较具体比较合理了,而在具体的作法上,不仅仅如《大学》那个系统,只要心一正就可以推到底,而是有很多层次,不同架构,非常具体来实现。公羊家关于君和权的学说,不是韦伯所说的新教伦理,而是韦伯说的一定意义上的责任伦理了。因此我说在儒家传统中也有这方面的资源,当然希腊的理性我们也要吸收。近代以后,新儒家没有从传统里发掘这个资源,所以我写《公羊学引论》的目的,就是出于这个问题的考虑,新儒家有的批评还是有道理的,不过牟先生的批评相当矛盾,既然朱熹在儒学传统中已是别子为宗,那么怎么还能从阳明心学中开出一个知识系统呢?很矛盾。你既然把知识都排斥在儒家之外了,那么在阳明良知中怎么坎陷出了一个知识系统出来?这和他自己的价值都是矛盾的,不光是理路了。这种理路解决不了我们实际面临的一些制度性问题,所以我可能要划分学统的功能,宋明儒家解决什么问题?解决生命精神安立问题,所以我把内圣外王分开。宋明儒家将内圣外王打成一片,实际上内圣外王并不是必然联在一起的,内圣不一定就外王,外王不一定内圣。历史是很吊诡的,现实社会也是很吊诡的,不能说合乎道理逻辑的就能一贯到底。所以就各种情况来看,我们讲儒家,可能要把资源开得更大些,像《墨子》系统也有写这方面的资源在里面,还有朱子、经学系统都有。如果我们只看宋明儒就很悲观,因为从其中很难找到儒家传统里的理性责任伦理资源,那么我们就只好完全照搬西方的思想了。实际并不是这么一回事,我们有的,只不过被忽略被忘记了。只要我们回过头,接上这个传统,我们讲内圣外王时就有一些客观的标准,而这样做并不是否认宋学的价值。如果我要挺立人格生命,可以走阳明的路,但在做事功的时候，要清醒看到社会目标实现的过程中，我们要用责任伦理，要发挥理性精神。在我看来，这个世界并不合理，并不是那么简单，往往有的东西不能用体用关系来解释。宋明系统，包括新儒家系统，像牟先生的系统，他们是哲学家，而且是形而上学的哲学家，他们要思考的问题，现在我觉得很简单，就是要找个终极的理念，然后往下推，这样做反而不是中国的传统，那是希腊形而上学的传统。

成：所以，我讲一句，牟先生当初批评了朱子，是心跟理分开了，实际上阳明的做法也是把心跟理分开，就说你用一心而下，就是良知发用，就是致良知。我认为致良知的理论还可以再发展，但整个发展中，他不强调理的重要性，或者强调理需要去格物致知的重要性，事实上他把理跟心分开了，所以一方面他说心外无理，如果心外无理的话，心外之理就不是理，成这样一个局面，这是王学一个很大问题，所以我同意你的说法。但新儒家牟先生也好，他基本上是要找一个简单易行的路，一贯而下，从所谓良知本体直接就可以做到行善去恶，（插：真理上讲是可以的），个人讲也是可以的，但容易产生绝对的效果。在对传统的破的方面，后期王学打破了一些传统，打破了一些桎梏，有一定作用。但是，就像解构主义一样，解构之后没有办法建构一个东西出来让大家可以安享其中，这不是安立的问题，是怎样让大家安活在一起安活的问题。所以回到你刚刚说的，我很同意，但我是比较形而上的讲法，太极生两仪，一个人具有良知跟具有理性是同时存在的，而又同时统一在本体之中，因此并不发生坎陷的问题，就在每个人之中，只是把彼此转化就行了。

蒋：其实我认为中国人的制度理性是相当丰富的，礼乐精神实际已经体现了。制礼作乐的制度理性体现在中国的《十通》中，非常精深丰富，当初我看了林毓生那段话就很不服气，他说中国人的文化资源里没有制度性的资源，这句话从西方制度意义上还可以说，但从《十通》礼乐的意义上说就完全不对，《十通》全是讲制度的。

成：这里有个问题，林毓生也没有提到。为什么西方有一种很大的、就像西方科学理论一样，具有不断的革命性的改革？汤姆·斯通说的是一种典范。你看法国大革命一下子改革了很多，最后还是走向民主。西方政治整个是一套所谓理性方法的不断扩大、不断修正，产生了现代的制度，它也吸收了包括中国的人事制度、英国的文官制度等。我们的文官制度比不上英国的文官制度，孙中山也谈到五权分离，最后我们搞得一团糟。现在李登辉变成大权独揽，虽然说民主，李登辉仍讲"民之所愿，常在我心"，跟当初皇帝讲话一样，民主不民主很难说。所以我对此也很怀疑，中国制度化东西是有的，但没有经过一两个对制度化在变革中作理性整顿、批判和改进的过程。你看看，从汉、唐到宋明，最后是什么样子？我看宋明史的后半部，皇权之大，到了明代的时候，连中书门下都打掉了，完全缺少理性反思。这也跟我们早期不重视理性，包括思辨的理性、价值，形式化的逻各斯模型、独立的理性批判精神有关。所以中国人的制度理性缺乏内在的批判精神，就像中医，经过长时间的堆积，李时珍的，华佗的，有很多好的东西，但是到现在为止为什么还不能成为系统的科学？理论性不强，临床的东西也没有整理出来，什么道理？到今天还要重建、重新发掘，要花很多时间。虽说资源丰富，但内在的理性机制的合理性也需要加强。所以你讲公羊学很重要，其中的三世说，各种制度性的东西，包括周官、周礼，都表现出非常强的理性建构，但落实在历史上面，它缺乏一个辩证的创造性的发展过程，所以每次遇到危机时再拿出来用。

缺少批判的实践理性，批判的实践理性需要如实地去掌握相识、结合制度，然后才会学习教训，中国历史不是到近代受西方冲击的话，是不是还会在一种朝代循环之中呢？西方人也问了这个问题，我个人认为这是很可能的。我们的心态上往往还具有真朝天子的内容，教育的不普及，人们认识还达不到。知识危机时代，知识分子也许从公羊等各方面希望进行托古改制，改制之后又是极个别的王圣或圣王出来，总有这样的心态，又变成一个循环开始，变成恶性循环而不是良性循环。

蒋：我想理性的作用在社会政治的架构层面一定是有的，如果没有就建立不起制度。中国绝对是有的，不可能说西方有理性而中国没有。问题在于，现在我们遇到了危机，而西方理性化又走得太远了。特别是近代，理性化出现了问题，用得太过分，因为他建立的社会是法理型的社会。这个状况有好的一面，如讲平等，但是恰恰因为这些东西用得太过分，反而走向负面。法理型只讲形式上的平等，实质上就不太讲了。把人平面拉开来处理，二元对待，出现了很多问题。那么我们现在吸收西方理性精神的时候，可能不再像"五四"时代那些人那么天真，我们已经有对西方理性精神的批判，所以我想在吸收西方理性精神要用中国的原则来吸收，就是要用综合的原则来吸收，把理性用到恰到好处，就是把礼乐"和"的精神和对待理性的精神恰到好处地综合起来，达到中庸的状态，这应该是最好的了，这既不否定理性，也不否定德性。现在的情况是，西方社会走到理性的极端，中国传统社会走到德性的极端。两边都不好，如果我们要再创文明、重建中国文化的话，我想两边都重要。在重建制度的层面需要综合的理性，但是阳明的系统，在解决人的生命问题时，意义也非常重大，离开心性良知，就不可能有打破理性换铁笼的圣人。

成：阳明心学是有这个作用，个人的意义、终极的意义解决了，就可以放心去从事理性实践，就没有后顾之忧了。

蒋：到这个时候，应该说进入了《易经》的境界，有最大的自由，最高的自由，该用理性即用理性，该用德性就用德性。

成：这在宗教里，韦伯讲的那些事例里有些体现。比如说那时的荷兰或早期英国、美国的新教徒，他对上帝是绝对信仰，认为上帝给他一种使命，那么上帝就赋予了他某些权威。中国没有中介，所以他们呈现出一种内在的强烈的自信，因此他可以从内在世界来从事非常理性的建制，然后他赚钱也好，做另外的什么也好，是对上帝的一种荣耀的奉献。

（插：非理性变成了理性了。）在此意义上说王学可能有这样的作用，当我真正安立之后，生死置之度外，为理性做事，为国民荣辱不计，一味地好好做，永远向前发展，成败不必在我，假如以这个做后盾那就不得了，这就是日本人为什么信奉阳明的道理。当然日本人生命立足是什么意义？他们对皇帝绝对效忠，在这个条件下一切都不在乎，做事当机立断，非常民主，非常理性，学习西方也非常快，为达到目的不择手段。最后到这种程度。

蒋：就像新教徒那样，一个非理性变成了极端的理性。

成：日本变成极端理性，因为他事先有目标，管理上的目标管理，他要强，不要西方人进来，要比西方人更西方人，所以侵略中国。

蒋：我想《易经》讲得很有道理，这其中的智慧不光从成先生所讲的《周礼》而来，也从《易》、《春秋》而来。马一浮先生有句话说《春秋》讲变与《易》相通。整个《春秋》没有一个定法，就是《诗》无达诂，《春秋》无达例，整个《春秋》没有一个固定的原则。但这并不是说没有理性，这是要审时度势，达到很高的智慧后，该用理性就精精确确地用理性去计较。如果处于另一种状态，可能就不用理性，而用道德来衡量他的价值。应该用这种变的精神历史地去评价政治。政治特别复杂，在历史中没有一个绝对不变的原则。如果达到《易经》大智慧后，那么我认为在做事的时候根本就不可能规定一个普遍原则：什么地方绝对用理性，什么地方绝对用道德。新教的发展，从一个极端的非理性达到另一个极端理性，只是他们的特例。儒家的特色就是达到那个智慧后该怎么用理性就怎么用，并没有一个普遍的标准。西方人怎么走，日本人怎么走，我们该怎么走，这个说不清楚。中国人的智慧可能就是这样，这是《易经》的智慧。

成：说还是说得清楚的，我相信理性本来是一套话说，整个宇宙天地就是一个理性，当然这个理性是充满灵性的，从这个意义上讲，理性既是理又是性，说它是理，我们把它客观化来讲；说它是性，自己参与了其中。在文字上面我作了这个灵活的解释，但是我们现在讲的理性以理为主,而不是以性为主。

蒋:成先生,我再问一个具体问题,你讲中国制度是礼乐的文化,礼乐的制度,那么在这个制度里面,有没有理性精神?或者说礼乐中存在的是什么样的理性?

成:礼乐中的理性是社会理性,因为礼当初在一个静态的结构里面。周的形成是一个非常艰苦的过程。周的奋斗,文王的奋斗,阳明讲当时殷力量强大,根本不在乎周这个小国,但他知道周背后有很多伏敌。的确,周一方面以德服人,一方面从整体上加以整顿,他的智慧可以说总结了三代的经验,所以他在礼的制作上当然不一定是后来三礼说的那个礼了,但至少在官制上面,土地上面,人事上面有一套整个的安排,在那个时候,对社会的发展作用是不小的。你看那时的人口,土地资源,水利资源都安排得不错,从历史有效性来讲,他维持这么长的天下,约800多年,除中间平王的变革,所以他的历史理性是很高的,西方人达不到这种程度。他主要是一种今天我们说的动力系统学,让各种关系联系起来,成为一个网状组织,从上而下都有头绪。因为从科学系统的角度来讲,最好的系统不是一个单纯的机械的系统,而是一个相互沟通的系统,部分包含全体,全体又影响部分,开放的、全息的、又是动态的平衡,内部有一个动力创造的系统。所以把八卦拿来研究一下,不是一个对立,是八种对立,代表了一种现代西方人讲的决策体系,他是一个从动力到目标的决策过程,这对一个西周人是很了不起的,这是理性,一个很大的理性。这理性还有一个好处,三才之德,一方面掌握到对天的了解,是宇宙;地呢,是讲环境,国家是地,社会是地;那么人呢?是个人,人的才智怎么去结合天地国家。从这个三才结构发展出来,可以说是很好的管理学,但是后来的问题是怎么去发展、去维护这个系统,去使这个系统日新又新,这是个实践的过程,西周人已经讲到这个东西了,大畜卦里面讲到刚健笃实,日新其德。中国古代这个日新其德是很困难的,这代表一种智慧创造,所以需要一种理性、一种制度来维护。但后来人口结构变了，科技进步，到了铁出现的时候，各种权力结构变了，你怎么去理智地实现？到最后只实现一个理想。这个理想如何在具体情况下落实，就要考虑很多现实的因素，我承认这是一个理性，但这个理性如何变成一套辩证的方法，让它能够在历史条件当中实践，结合实践因素作实践改造，这在中国人没有经过太多的反省，也许还有些外在条件。但现在来不及了，太晚了，就好像美国面临着日本汽车的冲击，日本市场在美国达到百分之三四十的时候，警觉已经来不及了，只能说能够保持住60%的市场就不错了。所以我认为你说的礼乐社会有这样一种理想，而且它也是在文化理性的建构中实现的，也许也是一种具体的实现。但是这种实现从孔子来说认为是一种典范，所以孔子希望把这个东西能够再恢复起来，但恢复并不是单纯原来那个东西，他也在想找一种诠释，怎么使这个礼恢复起来，怎么才能实践起来，但是用什么方法呢？他只是提出来克己复礼或者爱人，各种仁的方法，那就是克己复礼；然后己所不为，勿施于人这一套东西；但最终又偏向于心性，再加上他可能也知道的，这跟柏拉图一样，也是想找一个制度化的权力，他自己不能搞革命，他只想找一个制度化的权力，孔子不是游历天下、周游诸国吗？柏拉图那时不也在找一个世界图式吗？只有这样他才能够实现他的理想。所以从中国这方面来讲，儒家有制度理性，也有制度理性的典型，但方法上可能还需要一个时间的过程。同时可以通过历史的反省，《资治通鉴》、《贞观政要》都要有这方面的某种总结，但到今天，我觉得西方有很多经验值得参考。

蒋：我想这个任务是不是就落到我们的肩上了？

成：对，如何恢复的事在我们的身上，发展也在我们身上，这一点很不错，所以我对中国的前景是很看好的，二十一世纪中国是有希望的，但也不能说我们不努力；中国有若干希望和机会，也不能说美国就堕落沉没了，这就变成夜郎自大，是很可怕的。

蒋：今天我们谈得非常好，因为成先生明天早上还要去黄果树，今天我们就谈到这里，我代表贵州学界的朋友感谢成先生给我们讲了这番很有意义的话，好，谢谢！

蔡红艳根据录音整理

全球化中的东西方文化差异与交融

1985 年,我第一次回到国内,在北大作演讲,作客座,同时又在当时的中国文化书院做教师。那时 93 岁高龄的梁漱溟先生跟我们一起,在军事学院、外交学院演讲,礼堂里有一千多人,当时的热情是非常令人吃惊的。20 年后的今天,中国和世界的经济、文化不断发展,人类更需要进行再三思考。尤其是在当今中国面对世界,世界面对中国这样一个大环境之下,更应该思考人类文明的重新定位、重新整合的问题。从这个角度看,这个题目是老生常谈,但它又是一个新的话题,因为它具有新的意义。今天要强调的另外的一个重要意义是:过去的 100 年来,基本上是西方人来界定中国——什么是中国的文化、中国的哲学、中国的社会,什么是中国人应该扮演的角色。也就是说,西方界定中国仍然是过去的一种基本态度。但今天应该扭转来看,中国也有理由和权利去界定西方。当然,中西方最终都需要界定,彼此界定是非常重要的——对于理解西方,理解中国,对于发展中西都能够面对、参与和接受的人类未来,一个真正全球化的人类的未来,是有重要意义的。所以,这是一个新的课题。

前几年,一位叫塞特的知名哲学家写了《东方主义》这本书。他严厉地批评了西方人从自身的角度来界定和评价东方,并制定政策或者方案对付东方。当然,他并没有提出最好的解决办法。假若说西方人是用自己的眼光来看东方,今天的东方人并不满意,那么东方人应该如何处理这个问题？是否也应该有自己的西方主义的眼光？中国人是否要像西方人一样去面对西方，以自己的方式来了解西方？我认为，不管是东方人来界定西方，还是西方人来界定东方，都应该在彼此诠释、彼此认知的情况之下去找一个共同的世界，共同的认知。所以，不管今天探讨的是东西方的差异，还是交融，或者它们彼此的互动走向，都是非常严肃的话题。

要谈这个话题，不妨把全球化的概念先提出来。全球化的概念是从经济开始的。因为全球化要讨论基于经济的需要，达到一种经济互通有无、减少消耗、增加效益的状态，让每个国家都能够参与，形成像WTO这样的组织。但在当今看来，全球化要达到理想境界还需要一段合作。据报纸刊登，在过去的一两年中，各地区就发生过2000多件在全球化过程中的冲突问题，如果想达到彼此能接受的境界，还有一段路得走，冲突会是不断的。但是，若把经济延伸到政治，把政治涉及倾销、贸易的公平等等，涉及中国的就有300多件。可见，实现全球化的终极理想还有很长一段路程。所谓终极理想是什么？从人类整体来说，人的行为是受观念和价值信仰决定的，人不可能一下子掌握所有的资讯和知识，因此人对他人的判断、对环境和文化的认识往往都是有限的。这种情况之下，一方面人对全局的认识是有限的，另一方面还要顾全自己的利益，因此，有限的认识和对自己利益的重视造成的文化、族群之间的冲突或误解是不可避免的。同时，人具有某些共性，人在自觉或不自觉中具有共同的目标。基于这两者——人的共性和人的共同目标，人形成了一种取向——尽量达到相互了解、彼此支持而又共存互利的境界，这就是历史的发展方向。人的历史的发展，仍然是走向和，走向通。当然，要走向一个共通共和的世界，需要作出很大的努力，同时要依赖很多机制来避免错误，避免无意中所造成的伤害。一方面要更加努力，这是人的必然方向。人有共性，有潜在的共同愿望，就是成为人。所谓成为人，每个宗教和哲学都有不同的界定，但有一致性，即人需要进一步地去努力，所以必须要进一步地掌握自己，同时认知对象，认知他者，解决自己发展的问题，才能解决世界发展的问题。这在今天文化发展中必须要肯定。在这种情况下，一个面对的现实就是，人需要有不断的自觉，人需要提高，不断地拓深意识。人的意识就是人对自己的了解，而人对自己的了解应该也包含对他人的了解，把对自己的了解和对他人的了解合为一体，叫做人的意识。在这一点上，我非常看重孔子。儒家之所以称之为儒家，是因为孔子很明确地提出，人之初有很多闭塞、愚蠢、自私以及顽固。一个君子，一个人，会受到很多环境因素的影响，包括教育、文化等，所以人所受的影响是多方面的。但人需要突破这些影响，把好的方面显露出来，所以要提高人的意识。我曾经诠释孔子的人的概念，即包括其他人在内的对人的了解。在这种对人的更深更广的理解中，才能够对人产生关切，因为关切别人就是关切自己，关切自己就是关切别人。所以，人不只是爱人，也要认知人、提高人的自觉。有这种自觉才能达到对人的理解，才能进一步掌握人与人的关系，而且这种人的自觉还可以扩大到天地、宇宙、万物，所以这最接近人的动态本质，即人发现自己是在一个过程当中而不是一下子就变成他自己，也不是人先天就已经规定了这样或那样一个存在的本质，他的本质是在过程当中自我实现的。假如一个人放弃他的本质，他就变成另外一种层次的存在，譬如说变成鸟兽，变成禽兽，变成一种有趣的人的存在。以上我主要说明一点，今天我们在走向全球化的需求当中，人的意识必须有更深层的提高，这更深一层的提高才能解决政治经济上的问题，才能真正面对文化的差异、思维的差异以及价值行为的差异或者说宗教信仰方面的差异。

再稍谈一下中西差异的起点。所谓文明的轴心时代（其实这个轴心时代的概念还可以推广），就是在人类文明最早的启蒙时代，人类基于进化，能够逐渐地把思考的能力、学习的能力、自我改进的能力、认知外物的能力激活在人的存在之中，在生理上就表现为人的智能细胞的发展和人的整体机能的发展。这使人到了一个临界点，在那一点上，人已经成为具有一定的人的意识的人。此时的人是否就是人类学上所说的站立人或者思考人？我认为应该从思考人来看这个问题。当然，也可以从人类学来说。从工具的发明来看，新石器后期中国人已经具有一种面对天地、了解天地、了解自我的意识。西方也是如此。所以作为一个人种来看，人种的发展在整个进化当中是具有一致性或普遍性的，不一定只出现在某一个特殊地区。这里我偏向一种多元的人类起源的思考。从这一点来看，每一种环境、生态都可能对人的普遍性的内涵有所决定，但是也可能对人的特殊性的内涵有所决定。公元前800年—公元前400年这个阶段也称为轴心文明，在此之前，人类可能已经有了更早的前轴心时代。前轴心时代基本上确认为两个方向，这两个方向以西方文明的开始和中国文明的开始作为代表。最早的西方文明开始的时候，从埃及到希腊，从希腊再延伸到希伯来。这个阶段的人类文明，例如亚细亚的文明，基本上是以海洋、河流为基础，而最后归属在海洋的生态里面。所以它面对的是一种变化的物质世界，要求对物质世界进行明白清楚的掌握和认知，因此产生了浓厚的对象思维或对象的思考能力。这种思考能力是一种理性的思考能力，奠定了西方后来的主要传统。在中国，从新石器后期，在中国北方、中原的土地上，两河的文化（黄河和长江）已经跟天的运行结合在一起。这是一种以天地而不是以河海为对象的文化和生态，其重点在于讲求关系，而不是对象。但讲求关系和讲求对象并不相排斥。关系很重要，它在于说明整个人和物、人和天地、人和人之间处在一个平衡和谐的状态。所以人的存在、人的发展在于如何去保存发展这种平衡与和谐。这与早期的西方的思维方式——如何去掌握对象、控制对象、认知对象——有很大差别。这就是两者的区别，是后期东西方文化的基本差别。但并不能因为这个差别就认为是不同的人，这种差异是因为现代环境所引起，是人的一种突出的需要，基于环境的需要而产生，所以它反映的是一种特殊性，在这种特殊性里就可以看出人的思维能力，也因此包含了某种共同性。

在西方后来的发展中，出现了三种精神，支撑起现代西方文明的架构。这三种精神与中国的文明发展形成鲜明的对比。首先，由于对物质世界的重视，掌握对象，从而产生一种理性的思考，产生理性主义。理性主义就是如何客观地认识事物、掌握事物的本质。为了掌握事物的本质，甚至无视或不重视现象、外表的变化。其要掌握事物的本质，掌握事物内涵的规律，这就是理性思维或者叫做理性主义。理性主义是西方最根本的思维方式。第二种思维方式是，由于对象化，对个人的崇拜、对祖先的崇拜、对人的精神本质的崇拜，而产生出一个超越的高高在上的人格神或人格上帝。这样的思维就叫做超越主义。超越主义就是把对象超越化，成为人可以信仰的精神对象。这个对象本身是一个主体，但对人讲是超越的、完美的，慢慢发展成为神学中的上帝。从中国来讲，中国当时也有这样的概念。因为上帝这个词在《诗经》和《尚书》中出现过。但中国人并没有让上帝脱离人的世界。上帝，在中国叫做天，是整个世界的一部分，虽然超出世界，但与世界相联系，不是孤立的。而且没有把他完全模糊化、人格化，天是一个模糊的概念。因此，中国从地的概念慢慢走向天的概念，从天的概念再走向道的概念。由此可见，中国是把上帝道化，而西方则把自然之道人格化、上帝化，实际上是追求对象的本质而产生的一种超越。当然这种超越还有许多因素引起，尤其在基督教的发展当中可以看出来。因为基于一种生存的理由，宗教是必需的。宗教团结一个族群，作为精神的信仰来支持生存奋斗。生存奋斗往往有很多困难，遭遇很多灾难，例如犹太人的命运。这种情况之下，上帝就更作为一种需要，进一步地扩大、深化。从这个意义上讲，广义的西方把上帝的概念作为重点，即上帝的思维、上帝的主义，也就是上帝的宗教，是西方思维的重要核心。当然，上帝作为信仰的对象，发展成为不同的信仰传统。从犹太教到基督教，从基督教到伊斯兰教，都是如此。但作为哲学的对象，作为认知的对象，也是很重要的。它形成一种神学，成为人的知识的一种保障或者根源，也可以成为人的道德、人的精神的一种基础或来源。但在哲学思考当中，上帝正因为他无所不知，因而人对上帝很难把握，以至于康德说，我们不可能知道什么是事物的真相，当然也就无法知道什么是上帝。所以上帝只能信，不能知。但是上帝的概念还是存在的。既然上帝不能知只能信，因而人们必须更严格地遵循他，用各种制度保障这种信仰，用各种方法来推行这种信仰，使对上帝的信仰变成真，在某种意义上就是坚持提倡的行为主义。行为主义在宗教上的应用就是人使它为真，人信仰它，以这种信仰作为人行为的基础。这种真不是主观的真，而是人使它变成一种客观的真。主观的自我信仰就创造了一个超越的上帝的信仰。这对西方是非常重要的，因为只有这样才可以自圆其说，产生一个完美的系统。由此可见，理性主义和超越主义密不可分。宣传超越主义，并没有脱离理性。超越的上帝、对象的物质世界都可以经过理性思维变成合理化的理论，即可以用一套论证来说明外在超越的世界是什么。这个外在的超越世界，从哲学上讲就是真理。所以真理的概念非常突出，但真理概念的界定也不是很明确的。不同的真理界定基本上都具有对现象的超越性，具有对于自我对象的特殊性和外在性。这是西方很重要的一个概念。从这个概念就产生出第三种思维，叫做权力意志思维，或者意志主义。因为上帝无限大，人可以信仰他，人又可以利用自己的理性来合理化人的信仰，合理化人的道德，所以人显示出一种伟大和一种自我规范的能力。名义上人依靠上帝，实际上上帝依靠人。这种定律到了19世纪德意志的唯心哲学特别突出。康德以后，从费尔巴哈到费希特到黑格尔，从黑格尔再到叔本华、尼采，尼采干脆就说上帝已经死了。他说上帝已经死了，实际上是说人就是上帝。人的意志可以决定一切，人应该有理由、权利和自由去追求人的价值。他一方面宣称上帝已经死亡，另一方面又宣称人已经可以成为超人，其意志主义非常突出。这实际是隐藏在西方文化当中深度的人的自觉。超越保证了人本身的存在。因此人可以模仿这种超越，成为意志上的人。从而以超越之名、以理性之名可以做出很多事情，譬如以自由之名可以反自由，以和平之名可以反和平，以上帝之名可以反上帝。这就是西方理性主义的一个特点。现在的西方实际是走过这条路的，原来的希腊是理性主义，很多问题没有解决。

理性主义和超越主义（也就是希腊的文化和希伯来文化）结合，就是基督教和西方文化的结合，这个结合就是把早期东方的宗教（把基督教、犹太教看作是在东方产生的）跟早期的西方即希腊密切地结合，从而产生了新的西方，即罗马的天主教，它从第三世纪开始成为重大的力量。它之所以能够成为一支重大的力量，能够西方化，因为宗教本身具有凝聚人的力量，而理性具有说服人的力量。在情感方面能够理解人，在理论上能够说服人，因此当时的康斯坦丁大帝在第三、四世纪就把基督教当作国教，建立了罗马人的统一的西方世界。在欧亚之交的康斯坦丁，它的文化基础是基督教，有大教堂，外面虽是伊斯兰教的外廓，但里面有很多神坛，出土的物品上都是罗马字。后来奥斯曼帝国兴起，把它伊斯兰化之后，还没有把基督教完全销毁。现在刚好又把它突显出来。还有很多罗马人建立的地下宫在这个城市被发掘出来。这些可以体现基督教跟伊斯兰教之间的内在冲突，这涉及文明冲突的问题。简单来说，理性化的过程不断发展，当理性化达到极致的时候，就由超越主义来建立一个所谓意识化的行为，再把它理性化。因为超越化，人无法掌握上帝，上帝又不可知，那么人信仰上帝，就可以代替上帝说话。这是西方人在价值判断上的一种论点，是现代人的一种特殊、一种内在的转化。这三种取向结合在一起，就构成了西方人内外不一致的状态——内部民主、理性，外部强权、不民主。当初罗马人也没有完全把宗教理性化和意志化，虽然结合得更好，但还没等面对更多的问题就已经分裂了。罗马人以意志的权力掌握了世界的统一，最后也是打着上帝之名——罗马神圣帝国，神圣即是以上帝的名义，这一点就是政教合一的制度。到后来的民主国家化之后，产生地区化，又想到合起来，所以整个近代的西方往往构成三种力量的冲突——意志、理性和超越的上帝（信仰、宗教）。假如把意志当作道德的话，实际上就是道德、宗教和理性间的冲突，假如理性变成后来的科学，又成为道德、宗教、科学三者的冲突。怎样才能实现统一，这是西方文化内在的一种张力，也是其发展的一种动力，更是产生问题的一个来源。

从这个意义上讲，有两种组合，一种是欧洲主义的组合。欧洲经过两次世界大战，认为如果完全用强力、用罗马的方式、用一种自我意志来达到天下大同的话，会有很大的灾难。两次大战说明分不如合，所以产生了一种理性的思维，认为把欧洲变成一个共同体是明智选择。这是两次大战的教训。德国跟法国，一个战败，一个战胜。但是，战败后来变成战胜，也会了解到只有合在一块才更理性、更合理、更能够面对外在世界的挑战。它代表的是一种不断进步的理性主义，因为理性的概念也是在变化的，理性是以科技知识的进步，也以个人经验的感知所得到的统一的人的意识来决定。欧洲的理性主义是人文的理性主义、政治的理性主义以及经济上的理性主义。举例来说，有的国家，包括德国，发行欧元，事实上对小的国家有帮助，对大的国家有损失。今年又有十个国家加入。明知道这样对欧洲会有很大的影响，但是还是愿意接受这种加入，说明其中有一种理性的思考和超越。面对整个世界的全球化，只有更大的扩充才能减少地区的紧张和冲突，才能面对更多的外来挑战，这就是欧洲人的理性主义。另一方面，美国本土没有经历过战争，美国人从一开始就接受西方，但是却把西方视为一套以理性、科技知识作为达到生存目标或重大生存意义的手段。我们称之为实用主义。可以用理性知识说明欧洲文化，用实用主义来说明美国文化。我们必须把西方区分为这两种不同的状态。虽然它们都是西方，都有共同的根源，但是其宗教、道德和超越（意志、权力）三者的组合不同，即是把宗教、道德和理性或者科学进行组合，还是把理性、信仰和权力进行组合。欧洲是以理性为主，但美国人是以权力为主，把理性和宗教作为工具理性，认为只有扩大自己的权力，才能更好地保护自己。自己越强大，保护意识越强烈,尤其是受到攻击的时候,更要保护自己。美国先天自然环境优越,虽然来源不一定崇高。《与狼共舞》以及其他电影说明美洲的建立是在牺牲印第安文化的基础上实现的,而消灭印第安文化实质上也是继承了欧洲当初的霸权,也就是权力主义的发展。简单回顾历史,15世纪哥伦布发现美洲;16世纪葡萄牙人称霸,麦哲伦航海;17世纪西班牙称霸,17世纪是西班牙的世纪;18世纪则是法国人竭力称霸,后来被英国打败,所以才有19世纪英国不列颠帝国的建立。到20世纪,美国兴起,尤其在两战、冷战和苏联1991年解体之后表现更为突出。因为美国的工业化从20世纪初就开始,并不断进行各种改革,包括教育改革,从而吸取知识,发展科技,累积了世界第一的资本。在这样的优良条件之下,南北战争使其更好地统合国家资源,同时推进向西部大发展,形成了美国20世纪初的崛起。现在美国的工业基础是在20世纪20年代完成的,但到60年代、80年代、90年代产生危机,出现工业重组,如美国钢铁公司、福特公司、AT&T公司。重组就是利用反托拉斯法,利用各种方法变得更小,更分化,同时自由地发挥更大的竞争力。所以美国的经济发展、管理发展、教育发展在这一百年来具有很强的后劲。在历史的潮流中,它有相对优厚的自然资源,不断累积,还具有天然保护,没有经过战争,所以发展是惊人的。但美国也有自身的弱点。在这种优厚的条件之下,它更意识到保护自己的必要性,尤其是"9.11"事件发生之后。要加强保护自己,建立更好的保全制度和军事力量,更积极面对世界,把太平洋和大西洋变为自己的内海,遥控欧洲,远控俄罗斯,平衡中国和东南亚。之所以如此,是因为美国人一向就是以保护自己为主。第一,他们认为自己的利益是天赐予的,所以相信上帝。第二,他们知道大家都倾向于这种利益,想利用美国,沾一点美国的边,所以就更想保护自己。这是一种人性的自然,但在保护的过程中却引起了出乎意料的后果,受到攻击。保护使其更不安全。原因何在?天之道,以反为重——道的作用。老子和庄子的结论是物理定律——越这样做,越会产生一种反动力量：越是防盗，盗贼越多；法律越多，就有越多打破法律的律师（美国就是先例）。因此，更多地保全很可能有更多的危险存在。这就涉及理性主义产生的问题——理性能不能够控制一切？理性作为一种控制的手段是必需的，但又是有限的，不能超越其限制。除了理性和知识，还需要有直接的经验，直接的融合，面对人类作为一个整体存在的各种情绪和状态。在这方面美国人是幼稚的，智商很高，情商很低。仍然是比不上中国人——中国人情商很高，智商与美国人相比缺乏创造精神。迄今为止，美国人还在批评，认为中国的经济还是一种积累，一种靠廉价的劳动力的经济，并没有新的发明。每年《时间》杂志会总结一年中都有什么品牌出来，有什么发明，我看到里面有那么详细的列表，但中国人发明的东西很少。可能是因为不知道。回到国内也会看到有很多不错的东西，但中国人没有把它发扬、突显出来，所以没有得到承认或接受。恰恰相反，中国人是以美国为标准，存在一种依赖心态，从而更难掌握中国人发展的创造力。总而言之，美国的这种保护也造成了自己的困境。所以美国现在只好使自己更强，更加保护自己，更加小心翼翼。就像耶鲁大学的历史学家甘奈迪在《强权的兴起与衰弱》中写道，美国将来的失败，在于它太强，负担太重——想管很多事情，到最后筋疲力尽，导致衰落。其他那些能够保存自己、多元的社会会出现，这正是美国未来的威胁。从这方面讲，美国的实用主义正方兴未艾，正处在新生的状态，却又处于一种危机之中，即美国文化的危机。这种危机反映出人类智慧、道德与信仰的组合是否适当的问题，也是对人类智慧的一种挑战。人最好的状态是什么？是美国人、欧洲人，还是另外一种人？这里就说到中国。中国以关系作为思考重点来了解世界，甚至是从《周易》的观点——整个宇宙都是原始的太和而引起，太和作为起点就是太极，太极产生阴阳，阴阳互补。自然之中有阴阳，人要使自然阴阳的配合能够达到更好的状态，就必须了解自然之道，做出适当搭配，才能有更好的组合。人也必须要超越自我的主观性，超越偏见，要深刻地了解和包容世界万物以及其他族类。所以中国基本的逻辑思想是一种动态的和谐主义、包容主义。相比之下，西方基督教就偏向于以理性为中心的真理和是非判断，常常要判断真假。当把真和假对立起来的时候，宗教上就容易产生排他主义。中国人的思维与此不同，关系是真正的内涵，建立更好的关系、更大的关系、更包容的关系是人的需要。人在关系中成长，在关系中超越，在关系中满足、继承。这是一种生态哲学，它超越而又内在，理性而又情绪、情感，这种情感和意义我称之为感通。《易经》谈到两个很重要的卦。在此要特别强调，中国的知识论是儒家的知识论，有两个概念特别突出，一个是观的概念，例如观光，观就是中国的知识论。其中有个观卦，"天下之大，万物之盛"，就是要我们放眼来观天下，这种观就是整体的认识，认识整体，然后认识整体之间的关系，再来认识个别事物之间的细节，认识事物在整体当中的地位或角色。中国人是以大、以整体为主。例如，中国的姓名是姓在前名在后，姓比较大。再例如中国人写信，地址顺序是中国，山东，青岛，从大而小。西方人则相反，从小而大。他们看重细节，把大的摆在后面，先把握细节。有时太重细节，就忘掉了大的方面。西方人跟中国人不同，他们的思维是直线的、单向的。比如要读《淮南子》，把《淮南子》一章一节搞得非常清楚——文字、注释、句子，但是超过这个范围，便一无所知。中国人则全部要看，要通，就是重于通的概念。从观到通，这是重点，不但观而且要通。我在德国的大学作讲座的时候，有人问中国有没有知识论这个问题，我说中国有，就提到这两个字。最早的中国的知识论很简单，一个是观，认识整体。一个是感于内而行于外。《周易》里有一个卦，叫咸卦，咸卦是《周易》下经，也就是第三十一卦。咸者，感也。感就是感于心。人是理性的动物，也是感知的动物。人不只是理知，也是感知，知的来源可以从直接的感受中得到。感知论是指不但要感还要思考，还要反思。在感的时候才能决定自己是什么价值判断，所以感就是把外在观的材料变为内在的一种信念和理念。这就是中国人的知识论。但是要把它变成整体性的东西，你不但要观通，观其会通,这是观通,而且要感通——万物既然不动,然后你能够"疏通万物之故"——所以它感通,观通,最后是旁通一切,形成一个整体的宇宙观。可见,中国人与西方人不同,西方人的知识是各个击破,独立出来。而中国人是从整体来看世界,具有某种程度的人体现象学,从哲学上说这套知识论适合建立人的生活世界。把人的世界处理好的话,对人的发展,实现人的共同性和理想性极为有利,从而也就成为人的道德基础。有感而通,观而通就形成德,感跟观所形成的外面的世界就叫做道。所以道跟德同时能够统一起来,变成人的实现的一种方式。观和通具有本体的意涵。本就是根源,体就是体系,本体就是能够基于根源的宇宙结合的外物的一种动力,所形成、展开一体的天地、宇宙,包含自我在内。这中间的一个过程就是观而感,感而观,到通而久的状态。

我的基本观点是,中国人跟西方人的理性主义不完全一样,是一种整体性的理性主义,不是分析的理性主义。中国人也有超越主义,不是超越的超越主义,而是内在的超越主义——超越之后还要内在,外在的东西还要内在地消化,还要反省,所以是内在的超越主义,不是超越的超越主义。它是一种道德的意志主义,不是权力的意志主义。西方是权力意志主义,因为我有一个超越的上帝,我有理性的本领,那就要去表达人存在的一种状态。我要学上帝,因为上帝是最好的人,所以最好的人就是以上帝为版本。美国的科学家也要做上帝,所以他们变成一种能够控制世界的科学家。一些宗教也是想要控制世界。还有企业家,变成资本家,资本家变成更大的资本家,也要统治世界,因为他们就是以上帝作为标准。这就跟中国的道德不同。中国的道德强调道跟德相互对应,从人自己去了解世界,世界永远跟人同时存在,同时重要,因为人靠世界来滋养,世界也靠人来滋养。这就是关系主义,人人为我,我为人人,我中有你,你中有我。中国人这一点很可爱,没有保护主义的看法,也没有必要人人自危。所以做君子,独立于天地之下,又何忧何惧呢?这个忧是什么呢?君子谋道不谋时,是君子之忧跟君子之惧,他惧什么呢?

他不是怕人家打击我或怕我怎么样,而是说,君子固穷,也不在乎。这是一种伟大的理想,基本上代表着人的意识的理想,配合道家,从自然,从德性,结合成道德的意志主义。人可以控制自己,人可以独立自由,人可以潇洒天地之间,人不能只靠物质来生活,永远不要企业靠完全控制世界来保护自己。中国人这方面的组合是另外一种组合——意志、道德与理性,其中以道德为主。西方以及美国是以意志和权力为主。欧洲经过二次大战,是以理性为主。它们构成世界上三种生活方式和状态。在这种环境下,三者应该一决胜负,还是应该彼此更好地组合,需要三者的沟通、了解和协力。也许人类的命运和中西文化发展的最佳成果,在于这三种传统的协力和沟通。当然这其中涉及宗教和文化的问题等等,在此不赘述。

可以得出这样的基本结论:人类的未来还是在于人类自己。在未来世界中,中国会扮演一个重要的角色。中国的未来在于中国是否了解西方,是否正确地界定西方,是否也让西方正确地认识中国,中国人是否能够掌握西方、认识西方,同时认识自己,更好地发挥自己的文化资源、领悟生存的历史状态和根源。我个人认为,世界文化的发展,中国文化应该扮演一个非常重要的融合的角色,一个更好的角色,一个新的创造文明的角色。这是中西文化研究、中西文化相互理解的最终目标。这一点对今后中国的人文教育的发展和比较文化的发展,具有非常重要的意义。

文化自觉与文明挑战

"冷战"结束以后,世界上的政治、经济社会组织面临着解体与重组,这是人类在21世纪所面临的重大挑战。自亨廷顿1993年发表《文明的冲突?》以来,人们关心的是文明的冲突,而未能认识到文明的挑战。事实上,有了文明的挑战才可能有文明的冲突。但我认为,我们可以有文明的挑战,却不必非有文明的冲突与战争不可。也可以这样说,正因为有文明的挑战,我们才应该而且能够超越个别的文明,用和平的手段去实现文明的普遍性,而且是在个别的文明中去实现文明的普遍性,使文明的个别性或特殊性与文明的普遍性有效地与有机地结合起来,达到世界大同一体、人类多元并存的理想境地。但人类的难题是如何去实现此一个理想境地,是否有理由相信我们可以实现这一理想境地。为了实现这一理想的境地,我们应该克服些什么,应该认识些什么。

基于这些问题,我们必须说文明的挑战强烈地代表了人类社群发展的偏见:此一偏见来自过去,因为历史的积怨与不平、历史的傲慢与成见并不因新事件的发生而消失;此一偏见来自现在,因为现实的政策与状态趋向往往制造矛盾而非化解问题;此一偏见来自未来,因为人们对未来的恐惧大于希望,迷惑大于信念;此一偏见来自人类族群,因为人类的族群基于生存竞争而互不协调;此一偏见来自外在环境,因为科技持续进步促使人类群体与个人行为大量冲击环境、破坏环境,环境也因之反弹,形成灾害;此一偏见来自人类心灵,因为人类心灵有的局限相对,各行其是；有的坚持己见，刚愎自用；有的迷信科技，不顾人性；有的放任自我，不顾他人……所有这一切，都可以说是文明挑战中的负面因素。

但是，我们也可以举出文明挑战中所包含的正面因素。文明挑战中所包含的正面的东西可称为文明的理性。每一种文明传统多有其所以建立与传承之道。此道即所谓生活与行为的价值目标与准则，也是一套思维方式与认知及评价方式。依此目标与准则，一个族群或社群可以生存、发展与繁荣下去；依此思维与知识方式，此一族群或社群因之形成一种具有特色的文化。当然，此类承传之道是逐渐发展出来的，是经过长期的经验由自然走向自觉的。在这个过程中，人类的理性透过一些族群的智慧与英雄人物（所谓圣贤与领导者）逐渐彰显与扩展开来，凝聚了一些民族，创造了一些文化，发出了人类文明的光芒。这个过程并导致一些思想集大成、行为树楷模的道德人物，一些担当重任、突破难关的领袖人物，一些界定价值理想与人生信念、指导人生意义的精神人物，或一些建立知识、启迪智慧的哲理人物的出现。这一切，都显示了人类本质上的基本需要是道德行为、生活改进、福祉提升、精神皈依与智慧开发。

德国哲学家雅思贝尔斯（Karl Jaspers）称历史上文明突放曙光的时代为轴心时代。这一时代是人类文明的大幅度提升与文明英雄人物出现的时代。在公元前6至5世纪之间，中国出现了孔子，希腊出现了苏格拉底，印度出现了释迦牟尼。如果把中东文化的精神发展定位于世纪初，基督无疑是另一个伟大的人类精神导师。这四个文明中的杰出人物分别代表了道德、知识与精神的至高境界，并为这个至高境界提供了完美的典范。在这些文明之光的孕育下，新一代的宗教、哲学、文化、道德领袖人物也往往与时并起，或维护了旧的价值规范，或建立了新的价值标准。

有关这些规范、标准与境界，我们可以提供几个重要的考察：首先，在道德、知识、精神三者之间，不应该相互排斥。但在文明实际的发展中，它们之间的不同侧重，便构成了四种不同文明的发展特色：中国的道德文明，希腊的理性文明，印度的出世宗教精神文明与希伯来的超越宗教精神文明。其次，这四种文明传统的发展在源头上是相互融洽与依持的；四者在人性的基础上也是一体的。基于此，四者在现实的发展中也具有互补互动的可能，因而需要发挥四者和合的功能，以求得整体的人性与理性平衡发展的效果。第三，这四者各是文明理性发展的根本基础，故形成了一种统合的整体，促使文明向更大与更多的整合发展。不仅西方近代科学的发展可以看成为希腊理性文明的直接成就，而且精神文明的发展也可以有不同的走向：有基督教超越上帝的设置，也有佛教空化人生的说明。对超越上帝的认识也有基督教三位一体之神与伊斯兰教独一无二之神的分别。故精神性的具体发展实具有无穷延展的空间，在文明理性中不必局限于人类历史经验的一端。此种可多样化、可延伸的性能自然也可以用在知识与伦理或道德上面。知识的发展显然已从物质客观的园地发展到社会群体的范围，现在更延伸及价值精神的现象。伦理更是如此：由传统的德性伦理进展到现代的理性责任伦理，再随着社会的发展进展到功利伦理，在20世纪最后发展到了整合个人与少数的权利伦理。第四，在历史的长河中，文明功能的混合与融合也是常常发生的事：在中国儒家道德就已形成了一种准宗教，是透过教育与政府行政来达到的，具有完全的精神安顿性。当然其本质仍在于教化与人文化成与知行合一，把传统的宗教化解为主观的精神境界。现代的科学也形成为一种制度与思维和判断决策的文化，具有取代传统宗教信仰的能力，也可看成是一种对科学深刻信仰的宗教，或可名之为科学宗教。

在以上的分析中，我们可以看到人类当前的危机在于知识、精神与伦理的分离与分裂，这也是三者内部或内涵的无法超越自身以见整体的危机，以至走向极端，形成对立与对抗。在重知识的传统中遗失或忽视精神与伦理，而在重伦理的传统中却又不看重知识，缺少探索精神空间与知识空间的双重动力；在精神传统中往往轻视人间的伦理关系、人文修养与知性的科学文化。这也就成为当今世界各大文明发展的瓶颈所在，也是人类文明之光的理性盲点。全球化的人类经济与社会是否能够进行上述三大领域的价值整合，并在自身的领域中进行相应的内部整合，正是对人类社会全球化与人类文明全球化的严峻考验，也是人类文明走向另一高峰与轴心时代的考验，更是整体观念的人性更进一步的提升的考验。

要经受这一考验，人类不得不自我反省以求自我批判与自我超越，这便是所谓文化自觉的问题。如果不进行自我反省，人类不足以认知自身以及自身之长与自身之短；如果不进行自我批判，人类不足以舍短取长，尤其不足以谦虚以学，开放以知；如果不进行自我超越，人类不足以发挥其存在于文化深处的创造力、亲和力与融合力。这三种能力是极为重要的，没有创造力如何推陈出新？没有亲和力如何沟通对方或第三者？又如何体认他者或第三者？没有融合力则如何吸收与转化差异，形成新的整合？这些都是文明对话的前提，也是文明视野交汇的条件。

从历史的角度看，人类文明的开始就是人类理性的启蒙，也可说人类理性的启蒙决定了人类的文明的大体。至于文明发展的方向则受到诸多环境和人际关系、历史事件等因素的影响和制约。但即使如此，理性之光仍是在文化的陈述中透露出来。就以上说的四大文明论之，无论是开物成务的设施，知识真理的追求，伦理楷模的建立，或精神依皈的指标，都显示了人类文明的光辉。这也就说明了文明的理性是多元与多样的，它体现在生活与历史的具体发展与实践中。但我们也不能忽视多元的理性体现与实践仍然具有内在的规范性与应然性。此即为理性是价值而不只是知识，是理想品质而不只是现实成就，是整体而不只是分殊，是体验而不只是逻辑。因为理性最终要反映与体现整体的人性，而文明的多样性、综合性也正是要建立在这一整体的人性的基础上。

然而，人类历史的发展不一定遵循人性理想的轨迹。多元一体的人类文明的理性由于历史的因素而走进科学技术主导一切的途径。这是西方近代性自18世纪以来启蒙运动的结果。这也可以看成西方文明的知识真理的价值在 18 世纪以来的猛烈发展的结果。此一发展最初借助中东文明的宗教精神价值，较后则成为对精神文明实际的批判与挑战。科学的知识主义又引发了更成功的高科技工程，为人类的世界进行了技术性的改造，并造成了人类生存环境的危机。这是利用科技开物成务的结果。在此一过程中，伦理楷模与价值综合的逐步失落与精神价值的迷失，已为人类社会带来了意想不到的冲击与前所未有的伤害。当前世界恐怖主义的发生与反恐主义的推行都显示了技术不能代替正义、科学不能代替伦理、物质文明不能代替精神文明，地区部分文明不能代替人类整体文明的明显事实与道理。

西方文化近代的科学启蒙主义导向了科学理性主导一切，规划一切。这是一种危机，一种人类文明的危机。这个危机的核心在求一元化的外在统合，而忘怀了人类文明内在的多样与多元所启示的丰富的多层面与多方面与多方位的价值整体性，也就是人性的整体性。科学启蒙以前，我们已看到东西方四大文明的个别文明价值。如今我们对科学理性的批判不是要放弃科学理性，走相对主义与现象主义的后现代的道路，而是要重新认识人类文明的价值的一体性与多元性。一体是指人性普遍存在的创造性的潜能与寻求整体的需求，或可名之为内在的德；多元是指人类历史所呈现的文明传统及成就，足以启发人性的理解与自觉，或可名之为外在的文。人类未来的希望就在于以德成文，以文启德。一体多元的人类文明需要人类文明传统合作共存的精神，更需要深入人心与人性的理解与对话智慧。

今天我们所面对的世界在这 21 世纪的开头，不能说是治世，不能说是太平。这是一个治乱之间的时代，是一个表面繁荣内藏危机的世界。一如"9.11"恐怖事件毫无预警的发生，人类文明的危机与堕落也可能是旦夕之间的事。作为现代人，能不追求生活的价值化、人生意义的整体化吗？能不在生活的每一瞬间实现生活的价值、人生整体的美善与真实吗？

21世纪：中西文化的融合与中国文化的世界化

西方文化能够超越西方历史吗？

美国政治学家亨廷顿（Samuel P. Huntington 1927— ）在其论文明的冲突的文章（*The Clash of Civilizations*? Foreign Affairs， 72／3， 22-49，1993）中提出文明的冲突是未来世界政治形态发展的趋向。他提到西方世界或西方文明过去所经历的冲突是内部的冲突，表现在君权领土、民族国家与意识形态的对抗方面。这显然是就西方政治历史的发展立言的。换言之，亨氏的西方历史观是以政治权力发展及表现的方式为中心的。从这个角度看，西方历史应说为具有三个阶段的发展：近代民族国家发展之前的君权领土之争，近代民族国家主权之争，以及现代意识形态及社会制度之争。他忘记了在西方民族国家出现之前还有宗教权力之争以及宗教信仰之争。他也忘记指出这些过去西方历史的权力斗争都具有文化因素，甚至可说是西方文化发展的写照及自然过程，而且已经构成西方现代文明的"有效历史"（effective history），在某些条件下仍然会发生其内在的影响力。事实上，亨氏所谓西方文化或文明的冲突（cultural clashes）是离不开宗教信仰的冲突以及与之有关的社会价值、生活方式等方面的冲突，不管是在内或是向外（有关与外在的冲突稍后再论）。而这些又与不同的民族共生体有密切关系的。更有进者，它们最后还是要表现在霸权扩张（expansion of political power）与政治社会价值凌驾（domination in politico-social values）等权力方面的活动上面。换言之，西方的历史并不一定能够脱离其历史的动力和生命，而徒具一个文化或文明的面貌或形式，或发展成为一个纯是所谓文化而非权力的、非宗教的等等的存在。这在西方是不可能的，这在东方也是不可能的。人类社会可以超越历史到某一程度或某一部分，但不可能超越其全部。人类只能在一个长久的过程中逐渐改变与转化自己或逐渐学习改变与转化自己，以趋向一个理想的目标。历史是自我改变的基础，却也是自我改变的阻力。我们要学习历史，从历史中汲取营养，使我们能够庶几超越部分历史视角，展开世界眼光。

从上所论，亨廷顿提出未来世界文化的冲突问题已涉及了西方历史的过程成分问题以及西方文化具有什么本质及形式的问题。与这相关的是人类历史的发展本质以及人类文化的真实涵义两个一般性问题，在这两类问题未能清楚了解前是很难了解亨廷顿所指的文化冲突究竟是什么冲突，从亨氏的行文中很难不说他们的历史观是很简陋的，而其文化观则是含糊不清的。先就一般历史观说：显然的，历史是有不同的层次的，而不同的层次又是以不同的有效因果关系相互影响的。如果我们把自然历史看成是自然宇宙向人文世界发展的时间过程，而把人类的历史看成是人类基于其本性的活动及其活动引起的各种效果的总和与其自然组合，则人类的历史显然有其极其自然的发展动力，这就是人类立于其本能需要求生存、求绵延、求繁荣以及求最大的自由与最大的自我实现的自然欲望。但人类这些欲望是错综复杂地联系在一起的，因而常常交织成十分复杂的行为与意向效果。这就是历史需要理性的分析和解释的理由。但理性的重要性还不止于此。人性的构造成分中就有理性的作用在，人可以主动地或被动地运用理性来理解事物来设计制度来发展知识以及作出决策，这些活动能力也就使人类历史更为错综复杂了。但也由于此，历史有其内在的方向与内在的逻辑：它一则受制于其自然的惰力，另则鼓舞于其理性的决策。表现为人的，一则要超越历史的拉力以突显自我，另则又要依据历史以安顿自我。

然而历史毕竟是连续的：人的借助理性的决策以超越历史也是离不开历史的。它往往只是给历史的实质一个理性的形式而已。当然，如果一个社会把注意力和重心放在这一个形式上面，这一个形式也许也能够成为历史的动力或着力点。日本明治改革的历史就是这一现象的最好说明，即使如此我们仍然可以提出下面的问题：理性的形式固然能够改变一个民族或社会的兴衰命运，但它能在一段时间内改变一个民族或社会的传统性向与偏向吗？针对日本的近代史而言，我们因此可以问：明治维新改变了日本的历史命运，但它改变了日本民族的传统性向与思维偏向了吗？我们也可以问：西方历史所显示的西方社会内部的权力矛盾与强权意识历经了不同的发展阶段，难道已到了只能用文化来表达的状态了吗？而亨廷顿所说的这种意义的文化又是什么呢？

文化理念能够脱离意识形态吗？

一个正确的文化理念必须考虑文化中包含的各种因素以及他们之间的因果关系。首先我要指出：文化是一个动态的有机系统，体现在彼此相关的价值行为与活动中。这一系统也是逐渐发展起来的，它的发展与活动轨迹就是历史。这些轨迹的表征就是文明。我们必须区分文化与文明，这在中文中的"化"与"明"的意义的分别也是明显的："化"是动产的过程，"明"是认知的状态。但文化与文明是离不开的，有文化就有文明，文化可说包含着文明，有文明不一定表示文化的活动仍在，但却在一定条件下可以再造文化，如美国文化再造了西方的传统。又如中国的古文明也在现代的东亚各地区体现为当地的文化因质。至于文化系统构成的因素是什么呢？亨廷顿指出语言、历史、宗教、风俗、制度等因素，而没有说明他们的有机关系。他也没有说明文化的发展点是种族的共同生活经验。由于共同的生活经验各种相关的文化制作就逐渐发展出来，其中包括语言、风俗、宗教与社会经济、政治制度。这些制作的目的是多重的，有的是共同生活所必需，有的却代表个人或集体的欲望与权力意志。所谓权力意志是指影响、控制、主宰物与人的自然欲望，也可说是一种非理性的、非利他的，但却能够或意欲左右他人他物的自由，它可以为理性所抑制转化为理性的自由，如米勒所提出者。但它也可以假借理性之名以理性为工具，以达到宰制的目的或行其宰制之实。这就是哈贝马斯所说的"宰制"（domination）现象的根由所在。

无疑，许多文化制作是针对群体共同的需要而发展的，但也有些文化制作只是为了宰制的目的而发展的。文化的制作成为一个人或一群人对内宰制或对外侵凌的工具。在这个意义下，不但文化中的经济社会与政治制度可看成文化的产物，因而具有该文化的特征，而且政治制度、经济制度以及基于政治与经济考虑设计的社会制度、宗教信仰与意识形态，都可以作为对外与对内的宰制工具。当然，我们也要承认文化中也有非宰制的目的性与价值性的制作，如文学艺术等，此可名之为纯文化。文化系统能够促进生活的目的和纯文化的创造，也可以反其道而行之。它有效的行为与信念的建立就是文化传统或名为生活方式或思维方式的建立。文化的主体是发展文化的人，人可以因不同的生活条件创造不同的文化。由于各种因素，人可以主动地或被动地学习、接受或吸取其他的文化，正如人可以学习、接受和吸取另一种语言一样，因之，一个文化可以传承，也可以流传，可以被动地被挖掘，也可以主动地去发扬。一个文化能不能成为一个人类普遍的文化乃在于它的优良的品质、实用的程度、提供非宰制人的自由与促进生产的能力。这自然假设了人之为人具有的公平与公正的判断能力与选择能力，但也假设了文化主体的人的向往与追求公平与公正的愿望，说明此愿望的能力是与生俱来的。

这里我们要做一个重要的分辨：基于生活经验的文化行为与基于反省思考的文化行为是不同的。前者是价值理性的，后者则是工具理性的。但反省思考还有另一项作用：那就是对价值与工具进行自我评价以维护或改变行为方式。在这种评价活动中文化主体往往会采取惰性保守的态度,不但不从事批评改良,且以过去的成功为绝对价值的表征,自以为是、自以为善。更有进者,在权力意志的伸展下,自我评价往往对内抬高自己,对外则无限地贬低异己,这就是"文化优越性"和"文化排除性"的产生过程。有了这样的自我评价,加上上述文化中的宰制行为,也就是工具理性化与制度化的权力意志,文化与文化间的冲突不仅是可能的而且是必然的。但在这里,我们也要清楚地分辨这种冲突的性质是什么,确定主动性或被动性的区别、一方意欲宰制另方而另方抵制或是两方互争权力以称霸的区别。简单言之,我们可以把文化冲突分为"宰制性的冲突"与"抵制性的冲突"两种,前者标示着权力意志,后者则标示着对权力意志的抗拒。两者是有很大差异的。差别在于:世界上也有文化系统不必具有强烈的权力意志或在自我反省思考中已转化了权力意志而取代之以一种德行意志,则此一文化是不会基于权力主动引发冲突的,但却仍能基于德行的正义感对侵略的权力文化予以强力抗争。这自然也是一种文化冲突,但在价值上是与宰制性的冲突有很大的不同的。

所谓"德行意志"(will to virtue)是指抑制自我以仁爱加惠他人并追求和谐与大同的生活态度,但也有刚健自强、不屈不挠、守正独立不阿的精神。这是中国文化意识中最主流的道德意识,在孔子哲学中已充分地发挥出来,而其在中国文化中的影响更是浩大无边的。基于此,孟子区分王道(文化)与霸道(文化)的意思就很清楚了。王道文化不一定没有抗争与反抗意识。事实上,诸子中的墨子一方面反对战争,另方面却又力主为正义而战。孟子的王道文化与墨子的义战思想都可说已成为中国文化中的潜在意识和有效性历史,反映在中国实际的历史行程中。对照来看,西方历史,尤其是自16世纪以来的西方历史,处处都是血迹斑斑的征服战争、扩土战争、移民战争与争权战争,完全是一部赤裸裸的权力意志冲动肆虐的写照。

基于以上的分析,我们可以分别两种文化:一是冲突文化,一是融合文化。前者是以权力意志为动力、以宰制驾驭为目标的文化,也就是以维护冲突、制造冲突或发现冲突为文化发展的主调。后者则是以德行意志为纪律、以融合沟通为目标的文化,也就是以维护和谐、创造和谐与发现和谐为文化发展的轨道。在下节我将论证西方文化为冲突文化而中国文化为融合文化。这里我想指出的是:由于亨廷顿未能对文化外延与内涵作深入的分析,他的文化冲突的概念是不清楚的,而且还有误导的危险。基于我的分析,我们可以看到文化冲突的方式仍然不外是在政治上、经济上与意识形态或宗教信仰上的争权夺利。文化冲突的根源也就是政治冲突、经济冲突等的根源,是权力意志与宰制意识。消除了或溶化了这样的根源,文化间又如何会发生冲突呢?就上述的纯文化而言,文化间又哪有冲突呢?美国的摇摆乐与中国的京剧又怎能发生冲突呢?纯文化的创造愈多愈好,那会带来更多的精神空间与生活乐趣。但如果以美国的生活方式为优越并强加于人,那又如何不发生文化冲突呢?文化的优越感与文化的排除性就是一种文化的意识形态,最后也都表现为政治上的意识形态与政治宰制或迫害行为。一部现代美国电影《爆破者》,描述了一个有钱有势有头脑的社会人士精心设计了一套社会控制制度,一方面改变了社会生活方式,另方面也宰制了另一社群,使之与其对抗。这也是包含着权力意志的文化意识发展为内在文化冲突的一个说明例子。

透过以上的分析,我们还可以看到亨廷顿说的儒家文化与伊斯兰文化未来可能连手起来对抗西方世界的可能性,这不是由于儒伊有何文化上的相同点,而是由于儒伊在近代史上共同受到西方强权新殖民主义的迫害,一直到今天仍感到西方的咄咄逼近与宰制,也就有共同点来作抵制性的对抗,显然因之构成了一种文化冲突。在西方文化中的宰制意识与权力意志的照耀下,亨廷顿惊觉到东方兴起对西方的威胁,因而主张西方未雨绸缪先行部署抵制抗衡之道,这可说是激起了西方好胜之心,不分是非黑白,只求力保西方利益,这不是一种权力意志的现形么?亨廷顿在诸多文化发展的可能中看到了文化的冲突的现实性,难道不可说不是他的冲突意识在作祟么?当然他最后也提到了用理解沟通来缓解文化间的对立紧张,但他把这只看成是长程的计划而不强调其当前的重要性。这也不显示出亨氏的西方文化理念在今天也未能超越其原始的文化意识形态吗？

自由学者福山在其《历史之终结与最后的人》一书中提出西方的自由与民主是人类社会最后的形式，有其优点也有其缺点。他抽象地提出自由民主作为人类社会的理念和理想而未检查其内容，又只给它一个西方的形式，是其最大的缺失。自由民主的发展一方面是纯理性的要求，另方面也与历史发展与文化实践密切相连。福山之从黑格尔的精神现象学来论证西方自由民主发展的必然性也是不够的，最后获得人的自满理型反是一群既平凡又安于平凡的美国法学院念法律想赚钱的现代年轻人。如何解决西方民主自由与平等带来的人的精神之贫穷，以及如何面对与刻画人之为人的心灵结构仍是悬而未解的问题。而此问题的解决就不能只放在西方哲学的框架中去理解和处理。只谈自由民主而不谈社会正义问题更不可能是人类社会生活的最高境界。

冲突文化与融合文化：为什么西方文化需要中国文化？

我们可以举出下列中西文化的分析来说明何以西方文化具有冲突的因子，成为冲突文化的典型，而中国文化则不但不具有冲突因子且反具有中和因素，因而成为融合文化的实例。当然，此一比照正如许多中西文化的分析一样是拟议性的。它的根据是各种突出现象的综合以及对历史文化特征的透视。因之，它更是诠释与实践性的理解，而非普遍理性化的认知。再者，既然文化是动态的，在今天中西文化广泛的交流对话中新的文化变因也将在未来发生作用，甚至改变中西文化的气质。作为具有人性的人，我们有理由相信也有责任促使中西文化的融合带来更高品质的人类文化。

1. 西方文化具有强烈的上帝观和上帝意识：西方文化自希伯来时代以来就以信仰一位创造万物而又超出万物之外的真神上帝为突出的特

征。自罗马皇帝康斯坦丁于公元3世纪皈依基督教迄至19世纪末尼采大胆宣布上帝已经死亡，上帝信仰已支配西方16个世纪之久。但对西方人言，上帝真的死亡了吗？回答是否定的。现代的西方人要么就有上帝意识，因之有强烈的使命感；要么就没有，因之缺乏安顿感或蒙受失落感而有一种追求新奇与奇迹的迫切感。西方的宗教如基督教往往具有强烈的排他性，在历史上造成对外的宗教战争与对内的宗教迫害。相对西方而言，中国文化不具有超越的宗教之神的上帝观，而反具有强烈的自然观和与之相应的自然意识。中国人的自然观是深信人自自然中演化创生，因而属于自然，而其生命的变化是与自然的变化原理若合符节的。自然之动力来于自然，人能够深入理解自然的本体，就能理解到动态平衡、和谐转化与人生价值的意义及重要性，这就激发了人对生命和谐、生活和谐、人际和谐与天人和谐的追求。所谓自然对中国人来说就是在万物中看到的整体存在的变化过程，不另从人的意志或意识的模型（自由选择、设计与目的性）去作有关存在与创造的解释。这种自然观明显地表现在《周易》的太极思想与道家的道的思想上。也可说是由于这种自然观的自然意识，中国古代的上帝被转化为天，天又被转化为道，而道终归明于自然。《道德经》所说"人法地，地法天，天法道，道法自然"，可视为中国人自然意识的根本写照。

在这种自然意识下，人可以退而隐于自然，也可以进而创造人文世界，发挥人的潜能，这也就是儒家可以与道家相通而又必须与其有异的地方。由于这种深厚的自然意识，中国人也就能同时接受不同的宗教而把不同的宗教看成是实现人的现实目标的不同手段或方式。也就是能用现实的道德来统一超现实的宗教而使之现实化。也由于这种未作精确概念界定的自然观，中国人能为多元的差异找寻动态的统一或在实践中求其统一。

2. 在西方的上帝意识与中国的自然意识的对照中，我们可以解释也可以推演出西方文化中的二元对立与中国人的整体一元的对照。上帝造人一部分用的是外物，一部分用的是他自己，故而产生人与上帝存在上的对立（超越与内在的对立），以及人与世界存在上的对立（主体与客体的对立），甚至人自身的身心对立以及理性与欲望的对立。这些对立也就导向了其他方面的对立，也因而产生了用否定消除的方法来肯定一方的真实性与价值性而否定另一方的真实性与价值性。这就是以绝对的绝对化为典范的西方选择排除逻辑的发用，而与以绝对的相对化为典范的中国并存互容逻辑强烈对照。形而上学地说，选择逻辑的产生是上帝意识中的意志自由的表现；而并存逻辑的发生也象征了自然意识的含容体验。要解除西方文化中的二元对立以及避免否定消除主义，我们必须透视上帝形象背后的原始自然存有及其蕴涵的原始生命创生活力。这也就是要深入中国的文化形上学所包含的自然意识，以融化及解除上帝意识蕴涵的冲突矛盾与狭隘的排除性。

3. 西方的上帝意识有其令人惊异的历史效果，给人类带来极大的成就也为人类带来极大的危机。上帝意识在两方面给人带来成就：一是令人类站在上帝的主体性上面对自然万物以之为认知、探索、控制、利用及征服的对象。人类对自然的权威感由何而来？回答是来之于上帝。这种物化与冷视自然的态度造就了西方科学与各种科技，带来了工业化现代化，解决了人类求生存求福利的许多问题。但我们也不可忘记，人类为此付出的代价是很大的，科学与科技带来了环境污染、生态失衡和人自身的物化与意识失落，不但会造成人类的毁灭，也会造成人类的精神贫穷与死亡。这自然是现代文化的极大危机。

另一项上帝意识带来的成就是人类站在上帝的对立面，感受到自己的渺小以及不完美之性带来的罪恶感，因而激发起人内心中无限求成功、求荣誉、求肯认与求接受的欲愿，意欲借以洗刷自己的罪恶。这是基督教新教伦理在上帝意识下所运作的深度心理机制，自16世纪开始就把西方导向资本主义的发展。从这个意义来说，西方资本主义的兴起与成功不是偶然的，而中国未能发展出西方这样的资本主义也不是偶然的。在这点上我是同意韦伯的。但韦伯并没有看到自然意识中所蕴涵的发展潜力，正像近代污染性的工业与科技并没有看到非污染性工业与科技的潜力。但后者的可能是建筑在人对自然本身以及自然与人的机体关系新的认识上，而这种新的认识并不一定要全盘否定原有的一些知识与目标。相反的，它是在试验与学习的基础上作思想体系的改善与依此体系发明新的技术。由此我们也可以看出儒家伦理是否能作为东方工业化的精神基础与动力，其窍门乃在东方是否能从西方工业化领取教训而作改善与提升。在这个意义上，东方的工业伦理不一定全同于西方的工业伦理，而东方的工业化也不一定要走西方已走过的路。东方的工业可以是没有污染的后现代化的工业，正因为东方的工业伦理可以是基于自然意识发展出来的后现代的工业伦理。在这里我们可以注意到：所谓后现代或后现代化的涵义必须来自对上帝意识所作的自然意识的批判，而不应只是对上帝死亡的宣告。于此，我们也就可以得出两项结论：一是中国文化中蕴涵的自然意识（见之于道家的道与儒家的仁）可以提供一个融合文化的模型以消除西方冲突文化的诸种冲突与自毁的倾向；二是中国文化中的自然意识也可以包容与改良上帝意识而使其发挥正面有益于整体生命的作用。这就是何以西方文化需要中国文化的一个重要理由。但这也附带说明了何以中国文化也需要西方文化以发挥其潜力的一个重要理由。能够认识两者的互补性以及理解这样一个互补思想的方式或方法的重要性，才是一个最重要的后现代的思考态度。我们还要指出的是：西方的科技与资本主义是相得益彰的，这不但造成更坚持的侵略性的权力意志，形成所谓西方的道德自大，而且也带来主体欲望与理性客观的严重冲突，使人陷于两难或把人物化为纯粹的经济动物。

现代西方的四种思维偏向：为什么西方思想需要中国哲学（第五种思维）？

以上我已在文化的平面上论述了中西的互补性并突出地表述了中国

文化的融合性，现在我想从思想或思维的平面来论证与说明中西的互补性，同时也想彰明中国思维方式的包容性质及其在当代可以发挥的作用。首先，我们可以在此提出当代西方本身发展出来的三种对真实真理与人类自我认识的思考方式。由于这三种思考方式并不足以解决或解除西方面临的内在与外在问题，基本上来自东方的第四种思考方式也逐渐在西方形成了一个暗潮。因此，我也讨论了这第四种思考方式，借以表现了当代西方人类思想意识的多元性与复杂性以及发展中的动态趋势。在这四种思考方式的冲击下，来自中国文化与思想深处的第五种思考方式也将应运而生，象征着未来人类更高一个层次的思想发展和依之而起的文化发展。

1. 以科学方法为典范的理性思维：虽然西方古代即发展了以几何学及形式逻辑为典范的理性思维，但改变了历史传统，凝积了希腊理性、希伯来宗教的超越精神与世俗生活的实用需要的是现代西方的科学与技术。现代科学的特点乃在其能用理性的语言重新解释世界事物与人类经验而取得可预测的实际成果，从而发展了实用的控制技术，实际地改变了世界与人群关系。不幸的是，科学却走上了科学万能主义以及科学霸权主义。这可说是当代科学发展的流弊。不但如此科学本来是人类思想的工具，后来却逐渐成为物化人类生活的主导力量，把人的整体真实性都戕害殆尽。这是科学真理的普遍主义带来的不幸后果。

2. 以诠释传统为典范的历史思维：针对科学与技术泯灭人的整体性与原创力而提出批判的是海德格尔，他回到人的存在主体的内验来鉴定真实。这不仅批判了科学方法为客观的抽象的物体化，而且开启了伽达默尔个人主体的历史先有、先见与先解的传统权威的真理意识。在这种所谓有效历史的笼罩下，不但人回归到传统的网罗中，理性的方法也只是主体意识的一种失其自觉的延伸。人所能寻求的似乎只是历史与现实视野的交融一致。人并不能掌握理性的方法以有效地说明世界与控制人的主体。这是历史真理的主体主义针对科学万能主义发出的抗议声音。

3. 以绝对精神为典范的超越思维：在绝对的痛苦与绝望的体验之下，西方人建立了人的有限性与上帝的无限性的对比以及人对上帝最后的依持。这是超越思维的来源。但在现代西方，超越的上帝思维却经历了两种转变：一是上帝内在主体化为黑格尔的绝对精神，完全展示了上帝与世界与人的密切关联，但却把个体性的人完全抽象为非实体了。二是深切感受到现代经验的负面性，这就不得不跳越康德的不可知而仅如尼采宣告上帝已经死亡。上帝死亡并不代表人已真正回到了人间。相反的，它只代表人失去光明而沉沦在无边黑暗的深渊里。人需要超越自己，可是却得不到一支拯救的手！这就是现代西方人的现代处境：积极拥抱上帝的思维或消极否定上帝的思维。如果现代人不能超越两者，找回人本初的精神根源与精神面貌，人的现代化就是与西方人同一命运。

4. 以空无清虚为典范的静止思维：在现代熙熙攘攘负担沉重的生活里，需要静止的空闲已是日常的体验。但我所说的静止思维是要摆脱生活的盲动烦恼、波折痛苦与恐惧，寻找一个永远的安宁。这就自然走向以佛教的思维为其理想的境界了。1950年以后，在铃木大拙教授的大力宣传下，美国社会开始接触了佛教禅宗，并逐渐接受了禅宗为一追求宗教精神生活的方式。禅宗之长在能同时净化与静化生活与思想，而不必与其他主流西方宗教有太多教义上的冲突。因而60年代以后，美国几乎所有大的城市都有禅宗中心的设立（其中以洛杉矶的最大）。但西方对静止思维的追求还不止于此，因为在失落上帝、充满疑虑的清醒意识中，最最需要的还是上帝或一个可以摆脱心灵空虚的能够引起强烈情绪的信仰。这就是为什么在禅宗之外美国社会较年轻的一代又很快地投入到各种不同的东方宗教之中，甚至源于东方且具东方色彩的福音基督教之中。不管是印度的瑜伽教、印度教或超越静坐教或西藏喇嘛教或文鲜明的统一教，也都在这近二十年内开始流行。许多人是抱着尝试的态度，但更多的仍是寻找一种心灵安顿。这就造成了新兴宗教与原有主流宗教的各种冲突，宗教案件也就屡出不穷。更具有显现西方社会精神空虚的是迷信型教派的流行，到目前在美国至少已发生了两起丧失数百生命的事件。在西方的东方哲学研究中，日本京都学派如西田等人的逐渐受到重视也可说是静止思维对西方的神秘吸引所致。

从思想与精神状态来说，现代的西方是上帝已宣告死亡的西方，因之是历史意识逐渐复苏的西方，是赤裸裸的权力意志蠢蠢欲动的西方，是科学工具理性力求作主称王的西方，是在无解脱中仍盼解脱的西方，是同时追求安顿及新奇的西方。因此现代的西方是在极端的保守和自持中怀抱着极端的空虚与空洞，也是在极端热情的历史回顾中极端热情地张望未来：从这个了解来看，现代西方一方面有诸神复活的多元杂陈带来的新活力，另方面却有百病发生与水火不相容的混乱与矛盾。这正是一个需要重整思想秩序的时代，这也正是一个需要重新学习文化价值的时代。胡塞尔喊说："回到事物的本质！"但什么才是事物的本质呢？事物有没有本质呢？中国哲学以其深厚的对人的内在根源的了解以及对其转化潜力的理解，不正好提供一个纯真的人性的完整形象以作为事物的本质吗？中国文化以其优容自在的易学体系与变化意识，不正好在思想方式上提供一个含容多端而统会成章的思维模型以作为思想自我创造提升的本质吗？中国哲学原始的整体变化思维可以补助甚至拯救西方的灵魂与内在生命正在于此。

基于此，我们可以理解何以我们能把"以通变合和为典范的《周易》创新思维，看作可以解救西方内在精神与思想矛盾纠结的方案与对症剂。

5. 以通变合和为典范的创新思维：《周易》的思维方式是把任何分歧看成属于一个整体，然后在这个整体中找寻并穷尽所有的关联，并对这些关联作深度的透视以了解其可能具有的相反相成、相生互制等动态关系，最后在时间过程中掌握其历史源流及追溯其本源，又在其现在存有的结构中透视其发展未来。这样的思维方式并不是抽象与先验的：它是自长远的广泛的宏观与微观经验中积累成认知的，因而它象征也直接呈献了时间本质的过程结构和结构过程。时间是非本质的，但其自然的结构就是其本质而其过程就是其非本质。结构与过程为一体之两面,彼此相依而又彼此互换;这即表示了本质与非本质(如各种功能)也就是可以互换的。西方传统的本质主义只看到本质而排除非本质,而当代的解构主义则又只看到非本质而否定了本质。在《周易》思维哲学中本质与非本质是同时存在的且又相互依存与互换的。由此了解,《周易》思维显然可以为西方提供两种作用:一是合和当代西方的四种思维;二是在合和的基础上导向新典范新系统的创立,而此新典范新系统应正是新的一代人类所需要的生产与发展凭借。这里所谓合和(来自《易经·乾卦》象传"保合太和"之句)是指物之相依或相反是可以在一个太和的基础上合为一整体而逐渐消除其矛盾并进一步形成和谐的有机一体,创生和创造出新美与新好的事物与世界。这也就是一个从现实转向理想、从现在转向未来思想、未来文化的转化过程。

如果我们把这通变合和的《周易》思维用在上述四种思维上面,我们可以看到伽达默尔与哈贝马斯完全可以调和,不是不相反对,而是因其反对合和为一整体作为彼此相生的生活与思想内涵。历史内省与理性外观可以互补相成,因而相互推进并达到不同的人的生活与认知目标。这也正如主体与客体在开放的本体的系统中的关系。同样,绝对精神的上帝与绝对不可本质化的空无是相反而又相成的,只有在一个更深沉的层面上才可看到两者的互化。这也一如太极与无极、有与无之能相互转化一样。在这一整体太和的基础上,显然我们看到西方思维方式的发展与中国《周易》思维方式的结合(conjugation)与融合(fusion)的可能性。它代表的是中国思维的深入西方,提供了一个"后设思维"(meta-thinking)的框架;同样,这也是西方思维的投入中国,把中国的思维内涵推向现代化了。前者是西方思维的中国化而后者则是中国思维的现代化(以西方的思维内涵界定现代性)。合和两者而可称之为中国思维的世界化,构成中国文化的世界化的根本基础。

值得注意的是,说中国思维的世界化显然已包含了两种意义,即是中国思维的投入西方以及中国思维的承受西方，而不是单纯的中国思维的被接受或局部的发挥作用而已。它将是，也应是人类世界哲学与世界意识（也可称为全球意识）的一个发展的基础和过程。更值得注意的是：在《周易》思维的方式作用下，不但世界意识得到了肯认与发展，个别的历史传统与其根源意识也在一个一体多元的系统中获得了真正的定位与发展的天地。两者的共生性与其树立性是一起发展建立的。可是人们往往囿于狭隘的思维方式，只见其一而不见其二，两者之间又只见其反而不见其合。这也可以看出此一思维方式在今后世界意识的逐步发展、多元传统的冲突解决、历史主体有效性的建立都有莫大的重要性。无可讳言，中国人的哲学正是此一思维方式的源头活水。

在《周易》的思维基础上，中国哲学思想的主流儒家以及与之竞争联系的道家与中国佛学也都能顺理成章走向现代并与当代西方个别的传统交流与对话，借以发生创新的效果。透过个别的实践与长远的积淀，中国文化世界性的影响也就自然发生了。过去及一般讲儒家与道家或中国佛学（如禅宗）只是顺着西方个别的缺失与需要来发挥，如谓西方面临社会道德危机，故需要中国儒家以为补救，又如谓西方发生了环境生态危机，故需要中国道家以为补救，再如谓西方现代人陷入太多矛盾与烦恼，故需要中国佛学以为治疗。这些都会或多或少发挥相应的作用，但如果西方的思维方式不加改变或不取得一个更深的层面，新的思想只会带来更多的矛盾，而不能真正解决根本的问题。就儒家而言，也只有在儒家能够发挥《周易》思维的融合作用，提出一个融合各家道德哲学的系统及其可用性的标准，才能成为现代性的伦理思想。同样的，道家也只有把道家的道与自然的思想发展为一套自然生命伦理，融合进去现代环境科学，才能发挥广泛的影响作用。至于中国佛学（禅学等），显然的，也只有把净静的思维方式动态地融合在现代人的生活之中，它才能发挥积极的转化提升影响作用。这些联系与应用的功能因之也都必须用《周易》的思维方式来实现与表现。

必须特别指明的是：西方的哲学思想在这个世纪已作了大幅度的内在转化。这种转化集中表现在两项对传统形而上学、古典物理学以及思维方式的批判与扬弃，此即怀特海的过程哲学与海德格尔的存在哲学。两者都是对现代科学的反动和超越，以寻求一个新的动态宇宙以及新的人的世界。但两者又都受制于人的世界地位与人的主体的有限性的问题的挑战。这两个问题并没有得到解决。显然，当代西方哲学具备了需要及可以发展的潜力。而能带动这一发展的动力及目标不就可以说是中西思维方式相互融合而以融合为主体的发展吗？西方哲学的发展轨迹已为中国哲学预先保留了空间。还有一点必须提出的是：西方社会事实上已经开始了对中国或东方哲学的学习与吸收。就以《周易》来说，上世纪70年代以后，新出的对《周易》一书的翻译与介绍，已有数十种之多。这可说是一种突飞猛进。虽说多用于生活实用的决策上，但这也不可不说已为《周易》思维的理论提升与扩展打下了初步良好的基础。

在伽达默尔与哈贝马斯对真理性质的辩论中，伽达默尔把真理看成是历史的经验的结晶，因而以具有权威性的成见方式表露，虽具有本体性，但却局限在历史的理解循环之中，如何取得理性的有效性的证明变成一个大问题；同样，哈贝马斯把真理看成理性批判意识形态的结果，具有基于沟通互为主观的经验基础和个人基于内在反省的思想普遍超越性，但我们是不是就可以不问其个体历史性的根源呢？显然，这是不可能的，因为至少其产生是脱离不了具体的历史因素的。一个真理必须同时满足历史根源性与空间普遍性的要求。也就是说，同时满足个体性与普遍性的要求才能获得稳定的保证。如何从个体的思想创造实现突破历史的普遍性既是一种历史的考验，又是一种理性的考验。至于突破历史的程度如何却仍有待历史的考验，而对此突破的努力乃正是哲学家的事业。回归到中国哲学对之作理性的重建就是这样一种努力。

涉及如何发挥中国哲学的融合力量以转化西方并与之建立互补，我们就不能不考虑到中国哲学主体性与积极主动的创造力的发展。下面两节将就此一问题提出中国哲学本身的自强与重建问题。为了说明一个具体的思维经验可以发展及充实其内涵的普遍性,我们也将对一个思想的普遍性与普遍化问题作出一些理论的讨论。

自我反思与自我提升:中国哲学理性的重建

从伽达默尔与哈贝马斯争辩揭露的问题中,我们可以赋予理性的重建以更深刻的意义,而此意义是本体论的也是方法论的。我在二十多年前就提出并倡导中国哲学的重建,其中就提出哲学思想与体验的内涵透过理性的反省以理性的形式再表现与再实现。当时只提到理性的形式是以现代的思维能力与现代生活为基础的,并未考虑到理性的形式本身的与时变化的问题,以及在一定条件下理性的形式化的可行性问题。现在看来,我们必须强调理性形式的多元性和多重性(即使是纯粹逻辑也是以系统的方式表现而可隶属于或可归化于一个具有历史性的思考经验),同时我们也要考虑到理性形式的相对性与实用性问题,而这些都是要求现实的条件为基础的但我们并不必因此走入相对主义,我们需要认识的是在相对的基础上发展一个思想经验的普遍意涵,并赋之以理性的形式,且进一步说明其潜涵的普遍应用性(应用既是特殊的又是一般的,代表了相对与绝对的结合)。更重要的是,我们必须认识此一重建工作的创造性:它是一种创造活动,所谓创造活动就是在历史有限的经验中发掘人的存在的无限意涵(我们没有理由对此意涵设限,故我们可以谈"人的存在的有限性逻辑"如海德格尔与伽达默尔所示,但我们也可以谈"人的存在意涵的无限性逻辑",一如《周易》与儒道哲学所强调。因此,创造就是一种在历史中超越历史的活动,而其实践则是从理性世界中寻回到历史的活动,同样具有创造性。前者可名之为理论的创造性,后者可名之为实践的创造性,中国哲学的重建就包含着这两项创造性。

中国文化与中国哲学的发展在传统中是循着历史诠释的路线进行的。

这与西方的文化与哲学循着超越理性或想象的路线进行是不一样的。尤其是在现代西方，自文艺复兴以来，科学与理性哲学的思考方式正是凌越历史与世界以寻求一个人类的理想知识与价值，从思考反省的意义来说，是理性对传统历史的超越与批判，也是哈贝马斯所说的意识形态的建立。此理性方法意识形态的建立一直到马克思主义的发展可说已到达极峰。马克思的目的是要在一个理性的平面上用一套思想（经济理性）说明历史、解释历史、控制历史、改变历史而超越历史。这就是他的意识形态。他的意识形态的确影响了历史。但事实也证明历史也逐渐克服了他的意识形态，也为其意识形态提供了解释。这也说明理性是根植在历史之中而不可以完全脱离历史的。它必须与历史同步以求发挥它的有效性。《易经》说的"与时偕行"就是这个意思。对中国哲学的认识理解与发展和创造而言，我们自然应当掌握这个历史性与理性交互为用的智慧，用历史性来克服理性的意识形态化，也要用理性来克服历史性的现实权威化。在1993年的第八届国际中国哲学会议的主题论文中，我曾提出同时进行着重历史性的"综合的创造"与着重理性的"创造的综合"的双行管道与方法，以求达到中国哲学与中国文化的现代化与世界化，目的也就在于此。

论思想的普遍性与普遍化问题

有关一个思想的普遍性问题，首先我们要肯定一个思想内涵的两面即其经验的特殊性与其意义的一般性，而前者又有其本源的主体内在性，后者则有其指谓的客体外在性。在这种意义上，每一个思想都有其普遍性，所谓普遍性就是能够透射在性质相近的不同个体上。哪个思想能够透射的个体愈多，哪个思想的普遍性就愈大。应该指出的是，在这个意义上一个思想能有的普遍性是与其根植主体性的深入度有密切的关系的，同时也是与其能引发其他个体对其的解释性有密切关系的。也许一个思想的根植愈深，它就更具有普遍性。这是为什么呢？道理很简单，所有个体存在的本体根源是共同一致的（这是基于对包含了历史性的本体性的理解，也可视为一种超越历史性的理解）。愈能反本求源的经验（或体验）也就愈具有普遍性。因之，主体与特殊的深刻性就造就了思想的普遍性，也就是普遍的可用性。与此相关的一个认识是：一个思想愈能接受意义的解释，也就愈具有丰富的内涵；而反之也真，亦即一个思想涵义愈丰富，其可解释性也就愈高。在此种情形下，固然产生歧义的可能性相当高，但借解释来取得普遍的可用性的可能性也相当高。

如何使一个思想具备丰富的解释性呢？除其纵深度的向限外，尚可举出其形成过程中于主体各种有关事物的关联以及与不同其他思想的关联。这两者可称之为横向的意义网罗，而前所说的纵深度则可称之为纵向的意义网罗。我们得到的结论是，个体性不必是实现或表现一般性的阻碍，而可以是其实现的管道与起点。有关个体性与普遍性的关联，事实上，还可进行更多的讨论。怀特海就特别说明个体性与普遍性是逻辑的互涵，我们更可指出两者实际上是辩证的相连：思想与语言是个体向普遍运动的媒介与工具，也是普遍向个体落实的媒介与工具，因而是动态的具有个体与普遍的双重性。

推动中国文化的世界化与中国哲学的现代化

我在十三年前曾提醒中国台湾不能只发展经济而不发展文化。我问：经济成为大国、文化成为小国又有什么意思？我们今天面临如何建立一个中国文化发展主体性的问题。中国文化的发展应该是一个动态而整体的过程，文化中国也因之不可能是一个静态的个人王国。如何提升中国文化的自觉，如何促进及发展中国文化知识分子的沟通与结合，显然是真正发展中国文化的当务之急。中国文化的发展有赖于一个具有活力的中国文化社群的建立，而这种建设工作不应只是空谈而应表现为富有亲和力的奉献与实践。在这种建设中，所谓边缘和所谓中心都是同等重要的，两者的沟通与对话更为重要。

在这里我想重复强调中国文化的发展就在中国文化的现代化与世界化两种努力上。而这两种努力又各蕴涵着双重的意义：它是在了解西方批判西方汲取西方的过程中，透过自我理解与觉醒在一个世界的平面上把中国文化带到现代与后现代；它也是在促使西方了解中国文化与中国思想的世界性与深层性中奉献自身于世界，以达成人类未来更好的发展和成长。简言之，中国文化必须在自己的主体性上自我提升与丰富，也必须在自己的主体性上积极奉献与参与：在时间的向度上就是现代化，在空间的向度上就是世界化。

基于中国文化的自强与自我奉献的要求，我提出下列几项重要的工作信条作为发展中国文化使之现代化与世界化以因应21世纪人类之需求的基本条件：

1. 从事生息不断的中国哲学思想批判的重建，并在批判的重建的过程中力求中西哲学、哲学与历史、哲学与科学、哲学与宗教的双向沟通与彼此丰富。

2. 在中国哲学思想的基础上，发展人的哲学；同时也在中国历史、宗教与人文的研究的基础上，发展世界文化与世界历史人文世界的结构与过程研究，并使之成为双向的互为基础的研究，为人文与文化建设提出结构性的理想尺度或标准。

3. 开放内外社群的沟通、对话与交流，打破海内外中国知识分子的闭锁性与山头主义，讲求海内外中国学者社群中的相互肯认与彼此合作，并进而在世界平面上讲求贡献与要求平等的参与和平的分享。我曾提出这样的口号来说明我对东西文化、学术相互学习的理想："平等汇通，相互增益"（equal access and mutual enrichment）。

4. 在理论与理想的架构上，把广泛的文化应用性与理念实践性建立起来，伽达默尔曾举出希腊思想中的五种知的概念的相关性，即是

episteme / techne / phronesis/sophia / nous，分别表明客观知识 / 技术知识 / 实践知识 / 整体知识 / 知识理性，共同构成一个有机性的整体。现在我们更要强调它们之间的连锁性与互依性。所谓知行合一也可以从这个整体关系中去了解。在这个了解基础上，我们可以确定并建立五项重大的学术与文化应用与实践领域，以作为东西或中西文化与学术"平等汇通，相互增益"的理论性与实用性融合的实际项目，并借以建立东西或中西文化集中凝聚与系统扩展的实际事业。这五个项目是：人文学（含哲学）、管理学（含决策科学）、政法学（含经济学）、健疗学（含医药学）、资讯学（或名信息学，含语言学）。这五个项目的选定是符合知行合一、东西互利的原则的。它们可以作为广泛的东西或中西文化与学术的交叉研究、互补研究及整合研究的基础与起点，也可以作为人类新文化建立的开始。

5. 世界性与跨国性高等教育体系的建立：在上述五项文化与学术研究的基础上，我们应该致力于国际的东西大学教育体系的建立。很明显的是：文化与学术如果没有教育的推广与植根是难以广泛地传播与社会化的。现在的世界已是一个东西交流的世界，但世界意识的建立与实际世界意识共同体的建立却只是在起步阶段。我们缺乏一个真正的为东西文化作广泛与平等研究的学术组织，我们更缺乏一个真正倡导东西方文化与学术平等汇通、互相增益的高等教育机构。

中国文化的现代化与世界化的中心思想是：自觉的融入世界，但却运转如道之恒动，动而愈出，以至于生而不有，为而不恃，长而不宰。这也才是中国文化世界化的最深精义与最高境界。

21世纪的新探索：天道、人性与文明

21世纪已经到来，但它对现代的人类究竟有何意义？它是现代人类的处境的延伸，还是包含着无以避免的危机以及难以想象的机遇？抑或它是过去历史的重复与人类愚昧的重演？在此我不想学历史学家检视历史的资料提出历史的回顾，也不想扮演神学预言家的角色宣示未来的祸福，当然我也不想引用未来学者的言论以预测未来的大趋势。我认为更重要的是：我们要掌握当前人类的处境，深思人类所面对的难题，开门见山，直截了当地说出人类心灵深沉的忧患与期盼、疑惑与信念、失落与依持。这是要同时综合对历史的回顾、对未来的透视以及对人类当前的处境的认识来做到的。唯有在此理解下，世纪才有新的内涵、新的价值意义可言，世纪才能和人之为人的真理密切关联起来。

人的根本问题是人性问题。值此世纪之交的时刻，对此一问题的检讨极为重要，因为在20世纪里，人性的丑恶的形象已暴露无遗，足以使人类对人性丧失信心与信念。在20世纪有两次世界大战，杀人无算，毁伤无数，其中纳粹与日本军阀的屠杀残害无辜之酷烈在人类历史上可说是空前绝后，仅有绝无。如果人有善良之性，为何有此惨剧？但如果说人性只是自私好斗，弱肉强食，我们又如何面对多少圣洁无私、牺牲自我的仁人志士。显然，我们无法只就孟荀的人性善恶之争来判断战争中被扭曲的人性。显然，如果一个文化重视功利与物质，一个社会充满偏见，一个国家用心于暴力或一个制度掩盖着或保障着不平与不义，人性的善也很难不变得脆弱可欺。相反的，如果一个文化重视理性与道德，一个社会开放而无歧视，一个国家正直而重道义，一个制度明智而讲究公平，即使人性有很大的自私成分，人性的自私也较难发展为群体性的大恶。从这里看出人性之为天生的所予是与后天的社会制度和文化精神相互激荡、相互平衡的。在社会的力量与个人的力量相互权衡之下，似乎社会的力量更胜一筹。然而我们又必须注意，良好的社会往往是个人的善的积累，如果没有个人的善和理性作基础，社会又如何能开创其良好的制度并继续改善之。因之，良好社会的维持仍必须是以善为其基础的。如果没有这个善，再好的制度也可以逐渐衰退腐败以致完全堕落。从这个角度看，人性之善作为一个源泉是维护及改进一个社会制度的根本。人性之善不但不能不存在，而且必须要以极大的潜力来实现善之为善，如此方能解说人类历史是向前迈进的，人类的前途是充满希望的。

我在这里并不想评述本世纪以来有关人性论的种类与细节。大致来说，在儒家的影响下，中国文化与社会走的是人性本善论的道路，而在基督教的影响下，西方走的是人性本恶的道路。这里我要指出：儒家的本善论就孔子来说本来实有两面，一是善为仁义，一是善为礼乐，分别为孟子与荀子所代表。孟子讲性善为人所熟知，荀子表面上反对孟子，大讲性恶论，但他确信人之心具有反思的理性能力并能成其"大清明"之圣智，岂不是仍以人能自行开发出后天的善？人的后天的善是人从经验的教训中认知的价值理性（以价值为理性，即是能认清价值之所在，并能合理地对之追求与遵从）。因之，荀子可说为后天的性善论者，孟子则可说为先天的性善论者。两者与基督教的思想相较，又都可说为内在的性善论者。在基督教的《旧约》看来，上帝造人是上帝的善意，但人违反了上帝的意旨，是人利用其自由所犯的恶（违反上帝意旨为恶，亦可说是违反人当初对上帝的承诺，对上帝不敬、不义、不信与不当），故其恶可视为先天的，甚至超越的。这种先天的性恶论自然是与荀子大为不同的。人之不敬、不义、不信、不当之根本乃在人之自大、自以为是与以自我为中心。因之,此一不当可以视为是人的本质上的或本体上的不完善所致(因为他是上帝以尘土所造)。而其弥补则自然有待于人之创造者上帝的原赎(宽恕)。

与之相较,中国的儒家的性善是内在于人性的深处的,是以直接秉承天之所命的形式而存在的。故《中庸》说"天命之谓性"。楚墓竹简上载子思学派说的话更为明白"性自命出"。性是内在而命是超越,故儒家人性论中之性是既超越又内在,而且不存在着不敬、不义、不信、不当的问题(因为中国并无创世记的言论说明人与天有所隔)。这里所谓的性还要作另一层义疏:性既有能动性又是潜能性,故是与天之生生之德相联系的。这在孟子辨之甚明:性是自然的能力,是人可以深造于天道以自得的,故可顺着其源头以无尽发展,故就人之性说:"君子深造之以道,欲其自得之也。自得之,则居之安;居之安,则资之深;资之深,则取之左右逢其源。"(《孟子·离娄下》)命却是一种受限制的状态,只能为人所接受。而且,性有高下,四端之心所显露的性,是可以无穷推广与发展的,其结果可以保父母妻子,嘉惠天下但耳目食色之性却是不可尽情去耽溺的,如无限制必然导致自我覆亡,社会败坏。这是人性的智心所能分辨而认知的,因认知而又能体行,故是非之心的智心也是善性之一端。01

基督教与儒家有关人性论的分歧导向了外向救赎论与内在修持论之差别。差别的前提是:人渎犯上帝与人受命于天。这是两个不同的命题,如果把历史性与信仰性放在一边,两者的考验与印证却是要在人的实际行为中去找寻的。正如我们所看到的20世纪的人类历史所显现的,两个命题都可以找到自圆其说的印证,以人行之恶论证人性之恶,或以人行之善论证人性之善,以人性之恶论证人有原罪,或以人性之善论证人

---

01 在哲学心理学中,人的意识不能化约为人的脑细胞活动。同样人性所表现的智、思、知、忆、信、情、意、欲、觉、感等心灵与心态的活动,虽受生理与神经的整体支撑,但却不能化约为生理与神经细胞的活动,更不可能从基因的排列中得到信息。因之,人心与人性绝不限于单一静止的结构,而必须是整体性、动态性、关系性的生命存在,包含着丰富的内涵与创造的潜力。此一观点也解决了意志自由的问题:统一的精神与人性不受生理与物质的控制,直接成为认知可能性与抉择可能性的力量。

有原善。但所谓善恶的标准又是什么？这里我们就不能不提出文明这个概念。文明可以看成人性的创造性发展的成果，表现为物质的建设，也表现为精神的成就。物质与经济的建设固然可以造福人生，提高人们的生活，但也可能促进物欲，腐蚀生活，造成文明的衰落。精神的成就作为真善美等价值的表现与理解却能提升人的价值观，可视为文明的光明面。文以明之，不但彰显人性的智慧与美善，也能启迪他人，教化来者，故文明就其影响而言也可以说为文以化之的文化。由此，人性的善恶是可观其文明与文化的正负面的效应与影响来作论定的。但性善论与性恶论两者的是非却显然是无法绝对判断的。也许两者的差别正是终极宗教（宗教涵括道德与一切）与终极道德（道德涵括宗教与一切）的差别，前者要靠一个特殊的神学信仰，面对人的终极需要来约束人的物质私欲，后者则要靠一个宇宙发生论的道德掌握人的价值理性来激发人的精神力量。前者的中心思想是上帝，后者的中心思想是天道。就其终极面来说，两者都是宗教，两者也都是道德。因为两者都涉及人生的整体、人性的修持与价值选择的最后标准。也许我们可以说两者是两个生活方式、两种形上语言。两者可以有共同面，也可以有相异面，两者可以和而不同，不同而和，甚至对立互补，对立攻错，从而促进文明与文化的发展与向更好的方向转化。

我们可以说，人既有信仰的需要也有道德的能力，两者并不相互抵消。理论上，两者可以成为或看做一个成熟人格的两种面貌。当然我们也不能否认两者也可以发生冲突，相互诋毁。这就要看一个人能不能"大其心"、"尽其性"，来作出层次与方面的差别以及层次与方面的综合。我们对能够延伸为良好道德而又不妨碍他人信仰的信仰必须容忍，同样我们对发展为良好信仰而又不失其为道德的道德更可大加欣赏。信仰并不能全面决定道德，正如道德并不能全面决定信仰一样。经过人类世纪科学的洗礼，宗教的信不能不包含科学的真，而又必须符合道德的善。道德的善也必须尊重科学的真而不排除宗教的信。但宗教的信却又不必化约为科学的真与道德的善。当然，科学的真与道德的善也不能取代宗教的信的终极关怀。我们可以把科学与道德看做人类文明中共同的需要，也可以看做人性在人类求生存繁荣的文化历史过程中的合理选择，因而说明了人性所蕴涵的整体的善。我们是不是也能对宗教作如是观呢？我们不能不认知每一宗教具有普遍化与特殊化的倾向，更有其历史与形上学的特点，因之每一宗教也企图在时间过程中去解决其普遍性与特殊性的矛盾。这说明了宗教之所以存在的人性基础与其历史性根源之所在：解救科学与道德不能明显解决的精神支撑问题，为人生的杠杆提供了一个用力的支点，来担负其生命发展的重量。

不可忽视的是：透过对人类20世纪历史的反思，道德与科学已成为人类文明走向21世纪与未来的人类共同的需要。对于宗教我们要问，宗教在不违反道德与不否定科学的基础上，是不是也可以看成人类走向未来的共同的需要？我们从文化观察，回答也必须是肯定的。因为它涉及终极的价值、终极的个人存在的意义与生命的完全实现的问题。既然宗教不能化约为道德与科学，而后者也不能取代宗教或决定宗教，宗教作为终极信念反能以科学与道德的精神基础的面貌出现，为科学及道德提供一个主观性的或形而上学的基础。在此理解中，我们却又不能不区分宗教中纯粹的信仰与宗教中神学与形上学的理论。两者可以分别看做人性中有关情性与理性的需要，并分别为内在及特殊的与外在及普遍的两个方面。两者也可看做知与行的两面。两者有其对立性也有其互动性，形成了宗教在理念上与行为上的发展，包含天道／上帝概念的发展与礼法制度／宗教制度的发展。在这一意义上，宗教是人性表现的一个普遍特征，也是追求道德与科学的统一与人性的完整发展的一个人性根源与人性理想的活动。这种活动是以统一性、整体性、终极性与依托性为最高价值的。

在此基础上，我们可以论说21世纪是道德、宗教与科学相互融合的世纪，我们也可以论说不同的宗教文化在21世纪可能的融合与交汇，比如基督教与佛教、基督教与儒教、佛教与道教、甚至道教与基督教的融合与交汇。在这一论说的基础上，我们是可以看到基督教化的儒家或儒家化的基督教信徒的出现。对于后者，事实上，早期来华的耶稣会的传教士如利玛窦等人就是最好的例子。所谓儒家化就是采取了儒家的一般生活与社会价值观，重视儒行而不只是穿戴儒服而已。但是我们要指出儒家化可以有更深一层的意思，以儒家的本体论与宇宙论来界定与充实上帝的特性。譬如在一定的条件下，用太极与天道来重新思考与诠释西方宗教的上帝之性与能。当然这在利玛窦是绝对做不到的，而且是要大加排斥的。但这不必看做是不可能的发展。21世纪是一个全球化的世纪，也必然是一个多元文化分立而又相互融合的世纪。因之，上帝理念与天道理念的融合也正是宗教可以发展的一个文明方向。至于说到基督教化的儒家，明末的信教者当然也是一个具体的例子。但在今日，由于儒家的典范已失其明显的行为标志与影响，基督教化的华人或亚洲人往往就成为全盘基督教化的信徒了：从基督教中得其终极信仰，从基督教中得其终极道德，而且还往往走向了基督教的基本教义派。但我们不能否认一个发展的具有普遍性的宗教意识仍必须在时间过程中进行科学的真的检验与道德的善的检验，也就是人性求真与求善的检验。在这个检验之中人类也可以更新与发现信的真理与信的美善，为人类已有的真与善带来更丰富的内涵，但人类也可以超越狭隘的信仰教条，创造新的理性与智性的文明，一如西方之自黑暗的中世纪走出，走向文艺复兴，走向宗教改革，走向科学启蒙时代与现代化的世纪。至于现代人要走向何处，也正是我们在对人性的反思中所要探索与解答的问题。

基于以上所论述，首先我们可以对人性的概念作出一个更广泛的说明：人性是人类整体在人类历史过程中所展现的求真、求善、求全、求信的努力与成就。它是基于历史的表现可以被归属于人类的价值理性与潜能。他的表现的方式是多元与多层次的：它可以表现为个人本能的恻隐之心或同情心，也可以表现为人的正义感与是非心。但它也可以表现在人的理性反思的能力与理性的批判能力。当然他更可以表现在人的集体性的与总体性的抉择判断的思维上。最后它还能表现在人的对至善与全美的真理的意识的憧憬与追求上面。这些都是人类文明的结晶，也就是人类之性向的创造的发展的成果。我们要说个人的人性是不完美的，但它却包含了为善之端。它必须在社会文化道德宗教的激励下逐渐发挥它坚持与成就更大的善的能力。在这个意义上，人性与社会甚至与宇宙形成了一种互动的关系，并实现为既有历史性又有开发性的动态的人类文明的创造力。我们可以总结说：人性是一个文明力量的开端，一个实现文明、改进文明的过程，更是一个对文明的至善至美的理想的终极憧憬。

其次，20世纪的历史提供了一个我们反省人性黑暗面的机会，21世纪将是人类重建与重振光明的人性的机会。但这个机会将是一个非常严峻的挑战与考验。因为21世纪的人类将具有更大的科技、经济与组织力量，这个力量将可综合地或分别地使用来创造更大的人类福祉，但它也可综合地与分别地使用来毁灭人类的文明与生命。这个力量基本体现在三大方面：一是掌握毁灭性武器以控制全球人类的能力，见之于目前光学武器与高速计算机的研究；二是改变生命本质及控制生命的能力，见之于目前根质细胞与遗传基因的研究；三是集结及运用广泛的系统化的经济政治组织与媒体宣传伎俩的能力，见之当前经济财团、政治集团与宗教团体的影响与操作形势。如果突破这些种种可以为善也可以为恶的设施发明与建制来坚持整体的善的标准，来实现文明大同的景观，不为权力所败坏，也不为利益所迷惑，来实际地而且持续地追求善的实行与文明的创造，就是21世纪的人性所面临的最大挑战与考验，也将是人类必须勇往向前探索的道路。

人性有其本体的根源性的问题，也有其价值的创造性的问题。人性的根源与其创造的能力与方向是理解人性的钥匙。如果人性的根源是天道，人性所创造的价值是文明，天道、人性与文明的贯通表明了人性自身价值之所在。如何求其贯通将是21世纪人类的新探索，也将是原罪论的基督神学与原善论的孔孟荀儒家仁学的新探索。

二

中国哲学的现代化与世界化

近三十年中国哲学的发展与中国哲学智慧的挑战

历史困境与挑战

美国历史学家 Joseph Levenson（1920—1969）在他的专著《儒家中国与其现代命运》表明儒家传统面临现代世界的困境而被迫走向衰微与败落。自鸦片战争以后到20世纪50年代的历史也见证此一衰微与败落的事实。中国虽忝为战胜国，却不能充分体现一个战胜国要求有效占领与有效赔偿的权利，反而受制于内战与冷战的诸多外来势力。中国作为现代国家的振兴应该说是1980开革与开放以后的事。中国经济的发展与成功则是90年代中期以后的事。但中华民族的复兴应不只是政经改革的问题，它更应是文化与哲学理念与信仰建立与发展的问题。因为一个民族的兴衰最终必然体现于自身文化的兴衰上面，同时也体现于如何建立相关的价值理想上面。其实这两者密切相关：自身文化的失落无法导致价值理想的建立，因为任何价值理想必须从生活与实践做起，而非只靠抽象的认定即可，因之建立新的文化理想或引介任何外来价值系统都必须正视自身的文化传统，从自身文化的改革与更新做起。中国文化自身的自觉、检视、更新与充实因之为国人当务之急，刻不容缓。在此一文化自觉的过程中我们应发现作为中国文化的内核的中国哲学是具有极为丰富与卓越的价值内涵，充分显示体现人性的文明创造力，也呈现了一个激励人心的价值世界与生命宇宙。但在历史的尘埃中与故纸堆的霉气中人们却难以发现中国哲学的真相。为了直接回答中国哲学如何从历史走出来，如何显示活泼的生命，我在此只具体指出中国哲学的复苏在易学本体哲学的建立与发展，在儒家知识学与伦理学的开拓与发展，在道家自然哲学与自然美学提供的环境生态与精神自由的思辨，在当代中国马克思主义的中国哲学化与社会建设和谐化。这些原生态的中国哲学智慧不但在历史的长河中已获得更丰盛的发展与实践，创造了十分灿烂的文化宝藏，更深入到中华民族心灵的潜意识之中，完全可以成为中国文化复兴的动力与文化创新的资源。但历史的遭遇却让此等宝藏与资源冻结了，搁置了，遗忘了。

此处我提出当代中国文化的衰落与中国哲学的迷失因果相因的四个阶段，以说明中国哲学与思想发展的现状以及其问题所在。溯自18世纪初，满清政府权力虽极旺盛，文化活力并非用来开拓世界知识，探索未来发展空间，其精神导向却集中在整编历史文献，其目的在促进闭塞心态的权威思想。因而传统中的自然主义的文化活力未能利用时势转化传统经学为经世之学，而只是滞留在传统的经学教条之中，是一大不幸。更重要的是清代学术完全无法接引明末四大家对亡国之痛的反思教训，重建宇宙与文化生命本体之学。清代学者虽能远离明末王学走向主观的个人的安和纾解之路，另方面却又未能立一大体以整合宋明心性理气之说，开拓知识与价值互动的行为实践观。综合来说，18世纪中国哲学的元气只是保留在乡野民间，与文化社会脱节，不能成为知识与价值追求的动力。当然我们不能忽视戴东原（1724—1777）的突出的哲学思考，想从故纸堆中开拓出新的天地宇宙与人文并行发展之学。他批判理学与心学的禁锢思想，提出"生生而条理"的新宇宙本体学，为人的尽情与自由的发展奠定基础[01]。可惜的是他的努力并未推广传播，在有清一代并未发生重大影响，也因此无法阻止中国哲学传统在清代的政治与社会建制中走向僵化与贫穷化。正当西方进行大力从事启蒙运动的知识重建

---

01 我极重视戴震，在1965年即用英文翻译出他的《原善》三卷，并著长文说明天地宇宙的大化流行无一不善。所谓善者，导向人类生命与整体心灵与文化健康充实发展之谓也。见 Chung-ying Cheng, *Inquiry into Goodness，A Translation of Dai Zhen's Yuan Shan，with Introduction*，Honolulu：East-West Center Press，1971.

与价值重建的时机，中国却愈陷愈深地落入文化与思想的抱残守缺。一直到西方文化以船坚炮利的方式侵入中国。我注意到戴东原出生之年即康德出生之年1724年，戴东原死后4年即1781年，康德发表了他的第一版《纯粹理性批判》。康德解构了古典西方哲学与早期欧洲哲学，却建构了三座宏伟的理性功能丰碑。影响甚大，但三碑置于何处，整体景观如何，却未得到康德的安排。相反的，戴震刻画了宇宙、人性与社会三个相贯串的庭园，大可开发为一大园林，却未能吸引当代学者，庭园也就荒芜了。

我们可以把满清统治中国到鸦片战争这一时期看成是中国哲学陷入衰蔽的孤立期。从鸦片战争到1919的五四运动则可看成中国哲学在衰蔽中的奋勉期。此期最大的特点是发现中国的知识传统已无法比美欧美，制造技术更是落后。于是有洋务运动的倡导。在哲学思想提出"中学为体、西学为用"似乎具有思想与行为上的指导意义，其实并无此能力，只是装潢点缀而已。问题在于首先不知中学究竟为何物，当时既无哲学义理的发展，学者从何着眼六经里的生命智慧与实践智慧？又何以开拓孔子之学为天地道德之学？至于西学除技术工程外更不明其理论根源与哲学背景，在此情形下又如何以中学为体？又如何以西学为用？据实而论，当时对体用之关系实在理解得非常模糊，因为一个整体的生命宇宙与人文宇宙哲学已经失落，人的宇宙与生命定位也不清晰，也是因为与时代的发展、世界的进步完全脱离了关联之故。作为中国哲学传统的智慧的源头活水的《周易》所说的体是要人的知性与德性上与时俱进的。作为活生生的人我们必须与时跟进天地人的变易，也就是与道共存而弘道，而非仅尸位素餐，坐享古人的成果而已。当时倭仁建议废除体用观念是有时代的意义的。但他也只能废而不能立，显示了一种深度的无奈。[01]

---

[01] 为了解当时中国文化与思想的困境，可参考袁伟时著《晚清大变局》（上下册），香港明报2006年版。当然我并不赞成袁伟时的一些观点，但中国文化与哲学传统在晚清何以走入困境却是值得深思的。

五四时期终于让人们认识到中国文化传统僵化与贫穷化到何等无救的地步，这一时期可以看成物极必反针对衰蔽的革命期。此一时期在其极致是要扬弃一切传统，尤其要把传统儒家或儒学全部丢到茅厕去。这一震惊人心的革命主张显然极端热烈，但却缺乏对文化生命的整盘思考，更没有对民主与科学所仰赖的物质文明与精神文明进行深度的批判。故所造成的浮躁心态与潜在的虚无主义与短视的现实主义其遗害可说甚为深远。虽然我不愿意把70到80年代的"文革"比拟于五四新文化运动，因为前者有很大的政治因素而后者则是自觉的文化改造运动，但五四时代对中国传统人文学科的扬弃，对哲学的疏离，尤其对中国哲学的误认（如胡适的立场），在在都伤害到中国文化的命脉与其真实价值，势将完全弃之而不惜。"文革"虽有独断主义的意识形态为皈依，但对传统的文化生命的迫害也是有过之而无不及的。[01]

这一革命期的中国哲学发展可说有两个历史上未能想到的成果：一是基于革命引进了马克思主义，二是基于对西方的科学与民主的崇向激发了新儒学的新生。对于前者我的评论是马克思主义提供了中国革命所需要的理论与行动基础，因而就其成功地完成辛亥革命之后的社会主义革命，建立新中国而言，可说有改变时代扭转乾坤的历史意义。但马克思的成功并非中国哲学传统的复活，也非中国文化的更生。我们仍然面临着如何赋予我们的文化传统以生命与生活哲学的意义，我们仍然面临着如何把中国哲学传统的智慧体现为现代人的智慧以及世界的智慧。在这个意义上我们必须认识到新儒学的诞生不是偶然的现象。它所代表的是中国哲学的慧命在翻天覆地的变革中的觉醒与自我肯定。此即为中国哲学已进入脱离衰蔽的振兴期。在这个意义上我必须说：不但讲传统的先秦哲学是新儒家，讲宋明理学与心学的是新儒家，就是讲中国文化哲学，中国的艺术哲学，中国与西方的思想与哲学比较也可以算是新儒家，

---

01 五四可说是一个"毁灭的创造"（destructive creation）举动，只可惜未能有充足时间发挥创造建设的功能。当时日本侵华日急，使五四的创建精神完全未能发挥。

因为它们的意旨都在以积极地参与与建设展现中国哲学中的人生智慧。就此而言,我最终自我界定了(也许并非原始的认同)1987年方克立教授有关的新儒学定性研究的理念。[01] 此一理念应该不只是几个或十几个特定的哲学学者,而应是一个具有复兴及重建中国文化传统哲学的知性追求,其目的在以自己的生命提炼中国哲学传统中的丰富知识与智慧,并将其奉献于人类文明这个大传统。至少我是从这个眼光来衡量我自己的哲学事业与工作的,我也是用这个眼光来评估新儒学的发展以及中国哲学的发展的。

在2002年我和Nick Bunnin所编的英文《当代中国哲学》(*Contemporary Chinese Philosophy*,牛津Blackwell出版)一书中,我在作为结论的最后一章里强调当代中国哲学就是20世纪的中国哲学。[02] 我把20世纪的中国哲学的精神概括为对本体与知识及价值典范统一的追求。我并对此一追求的个别个案进行评价。很明显的是:相应于早期的孤立与挣扎,20世纪的中国哲学从不同方向来追求与建立一个本体真实的典范。熊十力结合唯识学与《周易》想重建一个宇宙体用的典范,为中国哲学而不仅为儒家哲学开辟一条具有活力的思维道路。但熊氏的问题却在不谙西方的知识学与科学,无法把他的宇宙体用论说得更切实具体,或经过论证引申为伦理与政治发展的基础。冯友兰的新理学用了新实在论的思想创建了一个理气结合的思想境界,却不能开放地去面对现实的诸多价值及价值选择的问题,尤其对本体与知识的说明不能同时对传统及西方进行深刻比较与评价。我想两者的限制都发生在缺乏对西方传统的深度认识,以及无法掌握中国哲学动态发展及其特殊的创造性原理,而不自觉地陷入到一个比较单纯的平面的话语架构之中。但我们也

---

01 1985—1990年期间方克立主编了"现代新儒学辑要丛书"14种,由中国广播电视出版社出版,对台港与美国新儒学在中国大陆的引入有重大的影响。
02 当代中国哲学涵盖20世纪中国哲学在中国大陆、台港与海外的发展。所谓海外,主要指20世纪60年代后美国的第三代新儒学的中国学者而言。他们大都生于中国大陆,长于中国台湾、香港、留学美国,对中国有深刻的先天关怀。

必须承认他们开拓了一个或展示了一个新儒学或新中国哲学的面貌。同时代的金岳霖有现代逻辑的造诣，能够部分地认同于逻辑实证论，因而努力地建造一个具有现代意义的形式形上学与知识论。但从当代分析的眼光来看，金氏的体系可能更是西式的架构，并未能容纳更多传统中国哲学的洞见资源与范畴。

我无法对20世纪的中国哲学家进行客观无瑕的评论。我只能说当我于1985年回到中国的时候，我看到的中国哲学界除了马哲的言论外几乎全是中国哲学史的解读和对中国哲学史的批判，而非自中国哲学或对中国哲学的哲学评论，更遑论中西哲学的平等交流与沟通或交互理解与攻错。当然我在1985年回到北京大学讲学时，当时还不能说是一个开放的时代，更不是一个富裕的时代。我所面对的是即将发展的各种变化以及某些发展的方向。在此氛围下，我的哲学见解，一方面受到学界的重视，另方面是否引发重大影响却也未知，但对开放视野、开发论题无疑发挥了作用。但我的《儒家哲学论》、《本体诠释学》、《中国管理哲学》与《中国易学形上学》却也是在当时初次提出的。今天我们研讨的主题是三十年来中国哲学的回顾与展望。从我1985年回到大陆，到今天正好是25年。对我个人来说，25年不是一个短的日子。从1985年到今天我每年都回到国内，应邀参加了无数次大大小小的会议，有纯哲学的，也有或许更多的是文化与儒家的会议。就事实来说，我被视为当代新儒家的第三代。因为我的老师辈就是学界所认同的新儒家第二代，因为他们是第一代新儒学家熊十力的学生门人，其中包含唐君毅、牟宗三与徐复观。但我接触最多的老师是方东美先生，我受他的影响最大，而他却也做过唐君毅的老师。从某一个意义来说唐先生也是受到方先生的影响的。受熊十力影响最大的乃是牟宗三先生。我和牟先生有问学的联系，但我却是更多的在书本上对他进行学术理解的。徐复观先生是我父亲的诗文之交。我是把他看成父执辈。必须说明，所谓第三代新儒家是寥寥可数的，除了我和刘述先走的是哲学的专业之路，其他人都非哲学专业，但并不妨碍他们发挥他们儒学思想的长才,其中杜维明很注重儒学中的宗教性问题,对现代性与儒家精神性之关联有深切的关注,而余英时作为著名的中国思想史家则在中国传统思想史中挖掘传统儒学知识分子在社会与政治上扮演的角色与成就的智能,目的在显示传统儒学或儒者在传统历史中保存与促进儒学文化与价值的社会实践与政治实践的重要地位,借此也说明了中国思想史的独特性格。

我1985年回到中国之时,已经初步建立了一个中西比较哲学的架构。我的哲学的成长史是在中西哲学交响激荡与整合的过程中完成的。我个人的经历也许可以作为现代或今后中国哲学学者的一个参考,也许也具有一定的示范意义。

2008年李景源主编的《中国哲学30年》(1978-2008)在北京的中国社会科学出版社出版,该书是我见到的最新最完全的对中国哲学近30年的发展的回顾与评价之作,内容极为丰富也极为翔实,包含面也极为完整,较为详尽地探讨了中国哲学各方面(十一章代表的十一个方面)的研究成果。在中国哲学史一章中更提出了冯友兰与冯契写中国哲学史或逻辑思想史中一些发展的关键问题。但对我在上述《当代中国哲学》中提出来的中国哲学的典范建立问题却未涉及,对本体学与本体诠释学的实际影响也毫无陈述,对中西哲学相互诠释的方法问题更未涉及。显然这些问题不是中国文化现代化或文化保守主义或儒学如何发展等问题所能涵盖。但却是当代中国哲学重建与当代新儒学发展的核心问题。[01]

我的开创与参与

在大学时代我很早就经历到主体的情性与价值判断与客观宇宙的知识及存在的两大向量的冲击,而两者的冲突矛盾是难以避免的,但我感

---

01 与此书相较,本文在本人直接的观感与体验、认知来陈述这30年中国哲学如何发展以及如何评价,并同时表现了一个动态的发展过程。

觉到两者的冲突与矛盾也必须要加以深刻的化解的。个别的实际的化解不管采取何种方式仍然是个别的，一个整体的理论的包含与融合（超融）才是真正的哲学解决方案。要了解此一解决方案自然涉及深层次的自我存有、宇宙存在、知识可能与价值基础、伦理智慧或实践理性等意义与实际体验与认知等问题。在我此后的哲学研习与思考中，乃逐渐深入到中西两大哲学传统的观点与出发点以及依此建立的体系结构。当然这不是容易理解的事，因为每一个体系在一个大传统中有它独特的经验与理论或信仰基础，也面临不同问题的关系化、层次化、复杂化与简易化的探讨。早期的希腊自然哲学家有其专注之点，到苏格拉底却因人文环境的改变提出了认知自我的问题。在中国文化传统中又何独不然，认识宇宙自然与外在的人一直是早期易学与或政治定位学的中心关注，但到孔子个人的生命与价值自觉及其应有的普遍体现，却成为了他开创的"人学与仁学"（追求与修持人的仁的体现与自我实现）的核心内涵。但中希两传统所面临的问题及其转化虽然相似，其所体验的真实却不尽相同，甚至完全相反，一导向外在的超越，一呈现为内在的性向。但两者也都不能否认内外相应的有关存有，因此面临到如何调和或整合内外的问题，进而对现象与真实的性质与关系要进行关系性的思考。这其中当然又不能不面对变化本质的认识与思辨，产生了形上与形下的不同品类的区分。

    在对希腊哲学的逻辑理解与对中国哲学的性向的理解下，我认清了中国哲学的源头问题，因而在20世纪80年代初即提出了易学为中国哲学思维的源头活水的见解。此一见解有两层重要意义，一是为中国哲学史找到了一个真正的历史起点，并能作为永恒的源头活水，一是为中国哲学找到了一个逻辑的、知识的以及形上学的基石，足以说明中国哲学之为哲学的重要内涵。也许还有另一番含义，乃在为中国哲学的更新机制以及其未来发展方向奠定了一个基础，此即"本体学"与"本体诠释学"的开发。宋明理学回归易学思考、深化易学思考以体验与建构当时新儒学的形上与形下架构是一个重要建构，但未能充分容纳佛学却是一个反映时代问题的自我设限。

我无意在此详细描述我的哲学的探索之心路历程,我是一个体验者,也是一个建构者。也许我更多的时间是在体验与思考的观察中。我所谓体验与思考是在认知中学习,在分析中理解,在整合中察识,在经验与概念的超融中体现与实践。没有体验与思考就没有建构,有体验与思考也不一定有建构,因为建构必须要有深刻的体验与思考之外的知识与语言,表达为一体系或一个论述。由于此,有一些名为建构的往往只有语言,而不见相应的知识,更难感受到深入的体验的智慧结晶。

我对上述主体价值与客观知识的统合问题所采取的解决方法与方案是:基于中国哲学最开端的宇宙观的观与生命观的感,我提出观感在本与在体上的一致。观即全面察觉主体客观的呈现真实,而此真实是变化而创生的,已然包含了我的主体生命与意识之中;而感即实质体验客体在主体的引发的自我感应,同样包含着创造变化的内涵,两者都在一个最原初的生命发动的基点上面,此一基点即是本,同时具有时间意义、空间意义与事物发生意义以及其间的逻辑关联。对此我最近区分两种学问,即是发生学(genetology)的认定与依据学(groundology)的认定,[01] 以说明宇宙本体与心性本体的差异。从此一观的观点,我们可以看到或理解到主客、内外与天人在本体之本上的一致性与统一性。但本是要发展与发生为体的,能够成体在不同的存有的层次上有不同的体的形式与内涵。如在量子论的基本粒子中在量子世界中很难有稳定之体的成立,但进入到物质世界层次,物质之体就有了一定含义。再进入到生物与生命层次的生命世界,体就有明确的内外之别。到了心灵层次的人的心灵世界,此体是要心灵自觉才有深刻的存有与本体哲学含义。中国哲学是重视人的生命与心灵之体的,其对人的价值的肯定也基于此。此所以在

---

01 此两词为我所提出,在当代科学哲学研究中代表了"logic of discovery"(发现的逻辑)与" logic of justification"(论证的逻辑)两个研究方向。前者为 Charles Peirce、Karl Popper 所重视,后者则为 Rudolf Carnap、Carl Hempel 等人所重视。邓因虽未明言此一分别,却在语言的结构与意义的发展描述中同时重视两者。

中国哲学中人的重要性是在人的本体的基础上肯定的。

所谓人的本体有两义：人的体是由本发生与发展而来；人的体的存在是有本的形而上的基础的。由此两义，人之体的存在的基础仍然是生命持续发展与提升之根源与依据，此所以人必学到自反而诚，寻思立身之本，而以本的活力与创发力来修持自己以至精进不已，自强而不息。此一修持与精进的可能正说明此一立身的生命之本是与天地宇宙大化紧密相连，血脉相通的，所谓"投身大化中，人与天不隔"，"人能弘道，非道弘人"。

中国儒家哲学自孟子以来即重视心性之学，同时发展为性命之学与性理之学，甚至展开为性情之学，基本上都是本体之学。如就性与生的关系来说，生即本，生之是发生，本之是依据，其实所指是形而上的一样。性却是体，有体方有性，有性方有体，只是此体此性的内涵可以不一，所本也不全一致。"生之谓性"之提法是省约了本发生与发展为性的过程，不可不知。在此基础上我们才可以论证孟子性善之说，盖性为体，就其终极的宇宙根源而言当然为善，此善代表了生命的可能以及生命发展与完成的可能，所谓"继之者善，成之者性"者是。性即大体，是与歧生出来的小体有别的。此一分别对理解人的本体的道德意义是十分重要的。

总之，我提出有关本体的新的理解是有见于在近一百五十年的中国哲学衰蔽期间本体原本意义的失落。也许传统中国哲学家从两汉到明清用此"本体"一词时也未作本与体的区别，更未明显地指出本发展为体的发生过程。但我仍有理由相信他们心中或概念中有此分疏而统一的意涵。由于传统不重义理的精确分析（不是不能，而是不为），以至此一本体之精义也逐渐流于淡忘了。到了近代更大的迷失乃在用此"本体"一词来翻译希腊文"on"或现代西语"onto-"一词，"ontology"也就变成了本体论。"ontology"在西方现代的失落也就变成中国哲学思考中"本体论"不受重视或遭受严重误解的现象了。我的前期学生加人安乐哲未能掌握本体一词的精义，把本体学看成是西方的ontology上的本质主义（essentialism），因而大量引进美国杜威实用主义来说明中国儒学。但此一实用主义的儒学根本就无法谈本体论的心性结构，更无从通天通地以说明人的创发的存在价值、创化精神以及儒家伦理有超越关系主义与角色主义的重要内涵，而为人之为人所必具。终极言之，美国实用主义的意义落实在人之本体的用上面。

我在重新厘清本体概念的基础上，更进一步理清了人之心性本体的内涵四方面：一是内在性，建筑在自我反思的感思上，产生了价值；一是外在性，建筑在对外在世界的不断的观察与知觉上，产生了知识。对两者深化的理解以解决两者冲突矛盾的经验导致朱熹的格物致知的诠释理论，也同样导向康德超验的理解或理性的范畴论。但外在的世界真实是否也有超越经验的一面？在经验的基础上能否探知此一超越知觉与理解本体的存在？康德显然对此有较为明确的回应。物自身与上帝显然对康德而言是合理的假设，但对朱子与其他的儒家或道家呢？我的回答是：从本到体的察识与体验是外在的也是内在的，外在的过程是观察得到的，内在的过程是要在内省意识的涵泳中体验的。因而说外在的本不能不说一个太极与道，道即动态的太极，太极即静态的道。此两词可说同时具有经验性与超验性，可以视为事物发生的依据。同样，人之心，心之性，性之理也同时具有经验性与超验性。经验是直觉之事，超验是理性之事，直觉与理性均为生与生生的功能与活动，代表了自由与创生行为的活力。故我们仍有理由谈超验的天与世界创化的过程，而我的存在也不外于此一由本到体以致用的过程。但另一方面，我也可以深入我心我性在我省思的过程中呈现的深刻内涵，而又能与外在世界响应者，此即内在超越者的含义，实现为人可以追求的道德完美与伦理和谐的价值，也体现出人的存在的根源性与目的性的意涵。朱熹对理的描述有不尽一致的地方，招致后人的批判（见后），但如把生成论或发生论与理据论分开来，呈现出理的两个面貌，不但可以圆融他的理气概念，且反能解决康德针对四个二律背反（antinomies）所面对的问题。

总言之，我把本体的心性定位为内在性（价值）与外在性（知识）、外在超越性（目的）与内在超越性（根源）四个思考向度，同时也展现出四者相互的关联。内在与外在是统一在人的主体的知识统合的基础上，外超与内超则是统合在人的主体的价值发展需求的基础上，同时具有目的性与根源性的内涵。事实上，内在与外在之统一已经有价值与知识的统合的含义，而外超与内超则更上一层地体现生命追求自由与必然的统一的意志上。外在的天启发了内在的性，而内在的性则彰显了外在的天，两者并不相隔，且是个体在内外之性体基础上进一层实现更高层次与范围的统一的基础。当然此一统一性的意义也有宗教性的含义，说明儒家本体论所包涵的宗教性或精神性含义。但儒家并非显明意义的宗教，而是包含隐秘的宗教热诚的实践哲学（practical philosophy with spiritual / religious piety）。

对于人之本体的认识有其有相当复杂的一面，但如能仔细思考必能掌握其具有条理的内涵。其中我们要辨别内在性的认知活动与情感活动，掌握两者分别的判断活动或评价活动，最后我们还必须面对认知判断所产生的知识与情感判断所产生的价值之间的融合与互动问题。关于本体的认知活动，显然我们可以采取康德的内在范畴论的进路而注重知识的内在主义（internalism），但我们也可以采取蒯因所坚持的存有承诺（ontological commitment）的一阶谓词逻辑的进路而只依赖科学的外在主义。基于我对两者的理解与分析，知识不能只限制在外在主义的观点，而最后沦落为约化的物质主义。故从整体的观感宏观体系的自然认知来说，纯粹的外在认识是与事实不兼容的。所导致的非正常的一元论（anomalous monism）也是难以自圆其说的。因之我的知识论所采行的原则是：1. 从观的外在性取得客观的知识；2. 从观感的自外而内的过程中取得主体自身的知识与价值；3. 从感观的自内而外的过程取得主体间的知识与价值。此一主张实乃结合康德与蒯因的知识论而来，我名之为本体知识论（benti-epistemology, onto-generative epistemology），[01] 因为它必须仰赖一个正确的本体概念与体验。基本上，中国传统哲学采取的隐性知识结构见之于孔孟荀即是由此一本体知识论的进路建立的，宋明理学中朱子是此一知识论的重要继承与探讨者，并有把隐性的知识系统转化为显性的知识机构的倾向，但却未能得到当代哲学家的认识与鉴赏。基于我的如上的分析，我们必须肯定这是一个十分值得构建的哲学工程。重要的是"本体"一词应被看做具有由本到体的创化意义，是兼具根源意义、体系意义与根源发展为体系的发展意义。如此才能把本体的四个象限说清楚。因为宇宙本体之本也许只是道与太极，但到了人的出现，在宇宙意识之外却有了整体的心性结构意识，因而可以有意识地探讨其四个到五个心灵内在的特质。

人类知识的可能一方面见之于对外在事实的理解，另方面则必须假借理性的推演与想象的掌握合理的可能性。我们理解一个人，必然包含对该人之心志的理解。我们理解一个文本，必然要对该文本的意义与作者的心意有所掌握；同样，我们理解一个历史事件，必然要对其前因后果与其发生的目的与趋向，有相当的认识。这些格外的理解如何可能？显然我们必须认识到我们的理解一方面来之客观，另方面来之我们的心灵。我们只能就我们自己的心灵感应与对他人他事的观察与反思来理解他人、他心与他事。此即是说，理解他人等于及时进行对自我本体的理解。理解他人必须先理解自己。此一自我理解即是本体的我的内外统一的认知，其基本原理反映在人对历史文本以及他人的活动能进行有限的理解基础事实上。本体不是物自身，物自身在康德是客观存在的理解，

---

01 注意，我用"onto-generative"一词来表达本体由本到体的发展现象，有别于单纯与静态的"onto-"一词。本体即是"onto-genetology"，而不是单纯与静态的"ontology"。以前我的著述中多假设了本体论可以暂借"ontology"一词以表达，但这正是问题的来源。我思虑多年，总算找到了一个我可以满意的本体论的西语名词即"onto-genetology"，此词由希腊文"on"、"genesis"与"logos"三字结合而成，很能代表中文由本到体的逻辑发展的意思。我也区分本体学与本体论，把学看作论的经验发展的基础。

而在儒家本体才是内外整体理解活动的根源。

我的本体诠释学即是建筑在本体的自身的理解与其理解能力上。人能经观感而理解事物与自我，其证实能力仍在观感的基础上，亦即初步的观感带来新的观感以为其证实的基础。其有效性来之于整体的一致、个体的内在、外在甚至内超与外超的个别及集合与整体一致与新的观感的相应上面。此一内涵的理解非只是概念圆融论者（Coherence Theory），而又同时是整体相应论者（Holistic Correspondence Theory），所相应者为整体的观感所显示出来的动态时空与事物。对此理解的用语言的表述即是诠释，由于语言的相互主体性或曰主体间性（Intersubjectivity）。诠释是基于整体的理解进行的语言沟通，以促进人与人间对同一或不同事物、历史、文本、事件的整体或部分理解。而此一理解也可推广到文化传统与文明体系。基于语言此一理解可以因对话而发生也可以导致对话，增进新的理解。

我的本体诠释学与伽达默尔的哲学诠释学（"哲学诠释学"一名并非伽达默尔所取，而为其文集的编者所给）最大的不同，是我有本体的观念作为理解的基础，本体具有内外的开放性，是人人在其观感发展修持的基础上可以逐渐建立与完善的。由于本体的体验与观察，语言的发生也得以说明。伽达默尔的诠释（Interpretation）显然也有内外两端，但其整体性与有效性与持续的发展性，却没有一个宇宙本体论与人的本体论的基础。他明言（2000年五月与我对话）他是以海德格尔的此存（Dasein）为基础的。由于此存的无根性（Rootlessness）与甩出性（Thrownness），此存的人的理解是不定的、主观的、临时的。因之人的自我理解与相互理解也是充满不定与迟疑。客观的知识的理解更是不可能。目前学界集中精力翻译伽达默尔的全集，是一件大好的事，但翻译也是一件涉及本体诠释的事。也许透过翻译的体验与对伽达默尔的理解，本体诠释学的洞见也会有所彰显。

我在1985年于北大讲学期间就提出本体诠释学。1987年在上海华东师大应冯契与王元化两先生之邀主讲中西哲学的会通再发挥了一次，此后虽有相当影响，但由于学界集中精力在文本上用功夫，对于理解的理论建设与理解的方法学的应用反而有所忽视，是十分遗憾的事。我想我自己也有相当的不足。我虽然组合了《本体与诠释》主题系列，如今此一系列发展到第七册，但因为我未能更专注地说明本体学为何，诠释学为何需要本体学等情节，以至学者也多未能掌握要点而后进一步去揣摩实践，发挥本体诠释对自我、道德、历史与他者传统的理解与语言表明。最近我在华东师范大学志远高级研究院应邀主讲了"本体学与本体诠释学"系列讲座，已整理出来30万字的手稿，等订正后出版，应该对中国哲学如何透过本体诠释学再发展以及与如何借此与西方哲学沟通有所帮助。

此处我必须再次提出我对学界所谓"经典诠释"的理解与看法，所谓"经典诠释"其含义在从事对经典的诠释，并非一种诠释的眼光，诠释的哲学或诠释的方法。它只是表明一个对象，而把诠释作为一般说明与阐述的活动。经典诠释对于中国文化与哲学传统在一般读者群中的推广显然有极大的作用，因为经典的古籍，无论在哪一个领域都是难以一般化的理解的。如果有人基于自己的感受把它白话地解说，并能使此一经典活化为通俗的智慧，这也可以说是一种对经典的诠释。我对这种于丹式的经典诠释也能看到它好的作用。但就哲学的研究与发展来说，对经典一般的诠释显然是不够的。一个学者对一个经典要进行深度的理解，仅靠历史的引证与文字的注疏也是不够的，因为这仍局限在训诂与考证的传统之中。当然我所说的不够是相对哲学思想的沟通、发展与创新来说的，是相对一个中国哲学的体系发展与中西哲学的会通来说的。为了此一需要，显然我们要有本体学的省思，知识论的批判，以及道德伦理哲学的理解与实践来作为引导的。本体学、本体知识学以及基于此的本体伦理学、政治学与管理学也都是必须深入理解的，甚至美学的本体化也是必需的。

我最近一次在四川大学的讲学中提出了两种治学或思维的方式：一是传统的画龙点睛的方法。即是尽量地把一条龙画成画好，然后再用神来之笔点上龙的眼睛，该龙也就可以腾飞而去。但问题在龙画好不一定能点睛成功，也可能无睛可点。很多成品往往只是一条无眼睛的龙。也许我们也要想想另一种治学或思维方式，先想好眼睛的形象与神采，甚至先选好位置点好眼睛，再来铺设与布置龙的形体。一旦体成，一条活生生的龙已是跃跃欲飞了。此一方法我名之曰"点睛画龙"。在我的本体诠释中，龙之眼睛是本，龙之身形是体。循体建本，固然可行，但因本成体，则更见精神。

发展泉源与洪流

这30年中国哲学的发展在中国境内已然形成了一股洪流。2006年以后，各方人士提倡国学，中国哲学的研究更是甚嚣尘上。再者，我虽早自1979年提出"和谐化辩证法"的论述，[01] 2002在上海文艺出版社出版《创造和谐》一书，在中国一直要到2006年官方提倡和谐社会的建设，才促进了和谐思想的积极研究。其实，中国哲学自始即是和谐哲学或和谐化哲学，首见《周易》，次及儒道。我们回顾30年来中国哲学的发展，可以说隐然的走势就是趋向和谐哲学：也就是和谐的走向世界定位，政治稳定，社会祥和，经济发展与文化发展整合，效益与公平结合，中外文化会通与融合，中西思想沟通与视野融合。因此我们也可以说，官方的提倡和谐思想乃是接受海内外中国学界与国际政治发展的影响所致。我用泉源与洪流一词比喻中国哲学的发展，也在暗示这股洪流的源泉之水事实上来自海内外中国哲学家的创化与推动。如果这是一波中国哲学

---

01 此一论述原是用英文写出，旨在说明中国哲学的方法论其过程与目的有极大的一致性，而方法与理论也有内在的一致，这与印度的否定或消解辩证法、西方的冲突或矛盾辩证法是不一样的。因之中国哲学中的和谐化辩证法是方法也是目标，是实践也是理论。其源头来自易学的发展。

的振兴与创新运动，第二代台港的新儒家显然发挥了播种开源的作用。当然这种子的原型仍然来之中国传统儒学的自觉与灵机，在哲学衰蔽的时代里坚持它的生命，在风吹雨打的日子里艰苦卓绝，奋发向上，流转海外。我们也不能忘怀在欧美文化园地里耕耘与推广中国文化与哲学的第三代新儒家。

海外中国哲学观念的建立与推广必须归之于英文《中国哲学季刊》（JCP）在1973年的创立与"国际中国哲学会"（ISCP）在1975年的建立。早期中国的知名学者汤一介先生、肖捷父先生与金春峰教授在1982年最早参与了"国际中国哲学会"在石溪纽约州立大学国际会议。接着下一届就有庞朴先生与刘大钧教授等人参加。如今此一两年一届的中国学术会议已进行了32年，明年7月将在法国巴黎进行第17次会议。而英文《中国哲学季刊》则迄今已出版37年，并自2006年以来进行四期一书刊，并以书的方式发行于全球。"国际中国哲学会"以及我较后创办的"国际易经学会"更带动了其他海外中国哲学团体的成立与中国哲学刊物的发行。甚至也带动了国内大型儒家学术组织的成立与发展，最鲜明的例子就是"国际儒学联合会"的创立，是从我于1988年的倡导到1994年的成立经过了一番崎岖的过程而完成的。中国哲学的源流之水开展为纷纷众流，终必汇集成为滔滔大川，灌注人类文明的大海，为人类的心灵启发新境，充实与提升人的存在价值，为世界带来智慧的曙光。

我不反对说当代新儒家已经有了第四代与第五代，而这第四代与第五代的新儒家更是大陆新生代的中青年学者。但我不认为第四代与第五代的新儒学已完全脱离了第三代与第二代新儒学的影响。事实上，第四代的新儒学在内容上更受第二代新儒学的影响，而在方法上则不自觉地或潜在地接受了第三代新儒家的影响。自2006年来儒学从各种方向进行复苏，所立名目，不一而足。我认为最大的成就就是儒学的平民化与民间化。儒学的平民化在当代可说源于上海华东师大的冯契先生对"圣人"到"平民化的自由人格"的伦理思想，为德性社会的普遍发展提供了一个现代模型。儒学的民间化则导源于台港第三代儒学,其动态发展的回馈震醒了中国知识分子的文化潜力,成为中国兴起的文化资源与依持。如果此一文化潜力能够进一步发展,我认为必然形成世界文化发展的力量,直接冲击西方。中国如何运用此一力量,甚至东南亚国家如何运用此一力量,都与中国儒学未来的发展有实质与方向上的关联。在此等全球化的势力影响下,中国儒家不管是第四代或第五代是否能够担当发展的大任应是中外学界十分关注的课题。相对这一关注来说,我们不能不进行一个严肃的反思,看看新一代的中国儒学以及相应的中国哲学在目前发展的状态。基于我的哲学主见,我们不能不认为21世纪将是一个世界新轴心文明相互理解的时代。因之中国哲学也有必要扩大胸襟来与其他传统进行同情互惠的理解。此一理解又必呈现人之所同,正视人之所异,发挥同异互动同异调和的行为方式,建立一个放之四海而行之的人性伦理。

在哲学的领域里,最根本的问题仍然是宇宙与人的本体学的回归,无此将无以修持人己以趋同存异,维护认知行为与伦理行为的普遍性,同时也开发文化艺术发展的独特性。

回顾30年中国哲学的发展实况,我将简述有关的课题与项目,并将就我观感与思虑所及,指陈问题,进行适当的评述并提示发展的方向。

1. 马克思哲学的中国哲学化与中国哲学的马克思哲学化[01]

马克思哲学在中国哲学的发展过程中将占有什么地位?它的发展将发生什么样的作用?无疑,在官方的意识形态方面,马克思哲学的研究,尤其马克思哲学的中国哲学化的研究具有现实的重要意义。从这个角度来看,马克思哲学是政治经济哲学,是政策决策哲学,也是管理哲学与国家发展哲学。它的发展必须建筑在国情的理解与中华族群的发展

---

01 我用"中国哲学化"一词以表示重点在核心概念、核心目标与核心方法的认同与融合上。有了"中国哲学化",马克思主义的中国化或多方面的中国适用与实用也就自然可行了。

目的的正确认识上面。因之它不可能只是教条,而必须把中国的历史文化的潜力与中国哲学的大方向与价值考虑进去。因之我们有理由说,马克思哲学的中国哲学化是极其自然的事。目前,官方倡导和谐社会思想与作为国民应有的荣辱观其实质是儒家哲学,因而也可说是马哲儒学化的一个具体例证。多年前,我在中央党校应邀讲演中国管理哲学的概念,与马哲进行了良好的交流,得到认同,又是一例。当然,马哲有偏向西方形上学与科学哲学理性主义的一面,在中西哲学的交相理解的工作方面能作出非常重要的贡献。但值得注意的是,我们却不能用西方的存有形上学来框架中国哲学的本体形上学,尤其在本体的理解上,要分辨存有与本体所指的不同,本体可以是存有,但并非所有的存有都有同层次的本体性。因之,中国哲学中没有明白表述一般的抽象的存有是有重大意义的。中文之"是"字因之逻辑上也不等同于西语相应的"verb to be"。中国形上学重创造发展,存有因而具有创发性与层级性,反而更像 Russell 的 "Ramified Theory of Types" 不同层级的集合(set),可以隐性的表现在具体的语义网络与语言用法中。在我最近的科学哲学的考察中,我发现自然科学中物理学与生物学的交叉研究必须预设物质发展为生命的创化过程(process of creative emergence)。从生命科学发展到心灵科学,显然也必须预设生命体创化为心灵体的过程。其实,物质世界的成立也不能不预设量子四力与量子作为能量的载体的整合所形成的创化作用。这些创化作用的动作并非"是"的逻辑含义所能包含的。中国哲学的形上学当然可以取得一个希腊形上学的形式,有助概念的某一程度的认知,但却掩盖及限制了他的活力与真实,而为中国形上学的贫穷化。

另一值得评述的地方是中国儒学中包含着强烈的人性情感主义:道德伦理并非理性意志刚性的规定,而是发自每个人性内心的向善之情,所谓"道始于情,情生于性"。这个情既是特殊又是普遍,并非单纯的主观情绪。社会的发展在如何提炼此情,为成为更合理更为有利于个人与社会的发展的力量。职是之故,感情不一定非与道德有冲突,而道德也不必见外于法律。事实上,理想的道德(伦理)必来自精纯的感情而理性的法律也必来自情理兼顾的道德伦理。近年来,涉及孔子"亲亲相隐"的情感伦理学与现代化理性主义的法律学的辩论,正好说明中国哲学的发展对建立一个情理法兼顾的法治国家的重要性。首先我们要从广义的隐的观念着眼,为亲者隐是自然的人性(孔子所谓"直在其中矣"),但为公义,家人不能营私,但也不可打击亲者。家人应尽力保护亲者的私权,甚至劝解亲者面对公义而提供亲人情感的支持,也可以看成为一种隐而直的作为。孔子重视社会发展的情感伦理基础,为亲人隐,也应有支持花木兰代父从军的含义。父为子偿债,子为父受罚,在文明国家的民法范围内,仍然是可行之道。至于孟子所举瞽杀人而舜负之以逃的例子,并非常理,其逃正说明公法不可轻,更不代表最后不必绳之以法。邓晓芒立场与郭齐勇立场的争辩有很大的意义,但就中国理想社会的发展目的来看,两者不是不可兼容并蓄的。

我们除了可以谈马克思哲学的中国哲学化外,我们也可以谈中国哲学的马克思哲学化。后者是什么意思呢?我的意思是把马哲化看作是对中国国家与社会及经济的发展的关注,结合科学思考来解决发展与创建问题。传统的中国哲学似乎太偏重形而上与个人道德的修持问题,对于天下大事、国家发展、国际竞争合作等问题较少留意,但此等问题对现代的人类社会的发展是十分重要的,尤其对如何建立一个现代国家与全球化中超强地位与责任的中国等事不可不加留意。因之我说的中哲的马哲化是就其关注方面来说的,并非就马哲的主张来说的。总之,我们应区分马克思哲学关注的对象,马克思哲学的思维方法与马克思哲学的具体主张三者。中哲马哲化,一如马哲中哲化,是就关注的对象与思维的方法进行各自中心思想的阐述,旨在形成知行合一、情理一致的共识。

2. 牟宗三哲学与唐君毅哲学的发展与超越

近三十年来,中国哲学中最值得称述的是新儒学中第二代牟宗三与唐君毅哲学在中国大陆的发展与影响。所谓第四代儒家基本上是以牟唐的哲学为圭臬的。尤其是牟宗三的哲学更受到格外的重视，成为儒学哲学研究的重镇。有人甚至把牟学作为中西哲学会通的一个不可逾越的典范。我接触到的当前许多大陆院校的哲学专业的博士生若非在中国宋明清思想史上做功夫，就是在牟唐等儒家哲学中进行阐释与疏解。这当然是一个好的现象，但这些研究的目的究竟是更好地掌握中国哲学尤其是宋明理学，还是更好地掌握西方哲学，还是更好地完善牟唐的系统，建立了中西的会通？要回答这些问题并不容易，我在此只想表明牟唐等对宋明的研究与对中西的会通有其独特的优点也有其独特的问题，研究他们的目的应面对此两方面的问题。但为了中国哲学的进一步的发展，对两者系统地超越也是必需的。

基于我的理解，我认为牟唐的哲学基本建筑在黑格尔辩证法的基础上。黑格尔的辩证法是概念在正反合的思辨上解释存有的现象与真象，并不重视对实际世界的观察与认识。从这个眼光看，牟唐的哲学可说缺乏经验观察与理论认知的相互限制的一环。这根植于黑格尔思考方法：一方面批判康德，另方面又接着康德用先验的理念来解除理念所包含的矛盾。这个方法如果是以肯定为主题必然导向绝对的有，而如果以否定为主题则必然导向绝对的无。我主观的认知是唐倾向于绝对的有，他称之为"超主客的天德流行境界"，而牟则倾向于绝对的无，他称之为"无执的存有论"。也许在此一表述下，他们两者可以有一个综合，而此一综合应该超越于两者。这一超越的综合也必须回归到真实的整体的人的本体，在经验与体验中面对活生生的天地宇宙与万事万物，成就具体的人的善美与德智。

我先讨论牟宗三。他的基本形上学在实质上依循康德的现象与物自身的区分，表述为两个存有论。康德的超验（Transcendental）形上学只是知识与道德的逻辑条件，对于牟却成为无执的存有。在 CPR 中康德说明我们无法直觉物自身，虽然物自身是我们感官知觉的原因，但我们却不知其为何物。在 CPR 中我们的道德意志（Moral Will）即可假设为自由的本体真实，因而可以为道德立法。牟受熊十力的影响以此道德意志为自然呈现，为我所自觉，故可是为自由无限心。牟的洞见在把此一康德式的自由无限心等同于阳明学的良知本体，再来追问此一良知本体如何开展科学知识与民主。如此导向到他的坎陷之说。若就执与不执的问题来说，康德并无此困境，康德的超验的自我本来就包含了天上的星空与心中的道德律，两者并列并无矛盾与排他，因之也没有执与无执的相互排除。逻辑的说，无执的真相排除了执的现象，反而是一种执。这在康德也是如此看的，因为这是传统独断形上学如莱布尼茨或传统神学如阿奎那之所由来。牟的两个存在论的观点可能又源于大乘起信论"一心开二门"的启示。康德无须解决知识的可能性问题，因为知识的范畴与经验本体就在理解之中。但对牟来说，说明知识或科学却成为他必须克服的无执的存有的难题。

我认为牟先生对康德的理解有形而上学的错觉，他把康德反对的对象超越形上学看作中国本体论的所体验的本体世界，因而进行了儒道佛三家有关智的直觉的论述。如果儒道佛所论述的本体世界就是西方哲学中智的直觉（Intellectual Intuition）所要把握的真实世界，此一真实的世界也不是所谓无执的存有了。因为三家的最高境界也不一定能推断为同一的无执。难道我们果然有儒道佛三家或更多的无执的存有吗？此一无执的概念又如何定义？存有是不是就是一种执呢？"无执的存有"是否为一矛盾概念？是否三家无执的存有都无法开出科学？科学又是如何开发出来的？康德的三大批判不正在说明知识理解、道德立法与审美判断在超验自我中的并行而不悖吗？牟对康德有的误读误解，陈荣灼等学者多有所说明。但我认为牟的最大问题出在想用儒学来解决存有论的问题，不但混淆了存有论与本体论，且陷儒学于两难之境：超越无执于直觉的良知本体乎？抑坎陷于客观知识而排除良知乎？他的道德形上学是无执的存有与有执的科学的对立，是脱离了中国传统中的本体学的框架走入西方排他辩证逻辑的存有论的怪圈而不自知。

我很早就注意到牟先生对坎陷的说辞。他的这一概念发源甚早，从他的有关《认识心》之作一直延伸到《智的直觉与物自身》一书。也可见他的坎陷于坎陷一词之深。但坎陷是黑格尔自我否定的化身，要经坎陷的坎陷才能提升或升华（Aufheben）到更高的境界。如果牟先生是就此辩证的转化着眼，则用自我超越的概念或更能体现他所要说的内圣开出新外王之义。但我们从文本得到的信息却是二元选择逻辑的应用。

牟先生另有两个洞见赢得他广泛的影响：一是对宋明哲学判教式的评价。其中他对朱子的评判为儒家哲学传统中的"别子为宗"，因为他认为朱子的理的本体哲学只有存有而无活动。我对牟此一论断的反响是为朱子叫屈。朱子重视理与气的相依并存互动，是不能说理只是存有的。再者，理气都是宇宙本体论的有机部分，如何只从存有立言？可见我说的本体概念及其义理在近代中国学者的意识中已荡然无存了。如果我们区分发生学的理与依据学的理（如上所说明），我们也得不出牟的结论。朱子之学并非别子为宗，而是极富创见极重体验与经验的集大成者，正是中国哲学发展的一个重点与模范，如何竟说为别子为宗？朱子与象山及阳明，观点与出发点虽有差异，但均同属于一个我说的"超融的本体论"传统之中。我创用"超融"一词，旨在说明在一本的基础上容纳多元而后整合为广大开放一元的多元。诡异的是，如果牟看到朱子说的理的世界为"无情意，无计度，无造作"，为何他不认同其为无执的存有？如果朱子把理气分离，不正符合牟自身所倡导的无执与有执的两个存有论的框架了吗？如果真是如此，朱子反而是牟的存有论的原型。

牟的另一洞见是对华严与天台的判教，以为华严只是终别教，而只有天台是圆教。因为只有天台能够镜里镜外悉包，善恶全收而方便转化。我很欣赏牟先生所作的对天台哲学的本体诠释，与其两个存有论相较，显得更有动力与开放性。这也和他一向讲的坎陷之说有逻辑思辨上的异趣。但我认为他可以更动态与开放一点，进而注意到华严的超验性也正是天台的实证性的基础，而天台的方便法门也正是华严理想性的体现。两者在一个本体论的诠释循环中是不可完全独立或对立来论述的。

由于我对康德哲学的特别关注，也由于我对牟先生心性之学的存有论的深入重视，我常常把我的本体学与本体诠释学对照牟先生来理解。就以上我对牟先生的四点论述来说，我的对照是：（1）我的本体哲学是从经验与体验的观感发起，根植在中国元初的宇宙形上学与本体论之中，而非源于康德的超验或黑格尔的原初理性或佛学中的无执之空；（2）人从经验与体验中自然获取知识与道德，两者实互涵而并进，我诉之于古典儒学的潜在的本体智慧来理解；与康德的先验范畴论比照，我更采取蒯因经验自然主义的进程；（3）在知识与价值的双向充实的过程中一方面获得道德的自由一方面又能扩大认知，择善固执，与时俱进，此点实基于古典儒学格致诚正论说的创发而来；（4）我重新诠释并整体诠释康德，与古典儒家与宋明理学心学分别进行相互诠释，不但建立中西融合的范式，也在说明人的存有与本体的复杂系统内涵；（5）我的本体哲学并无坎陷问题，只有兼容与超融问题，超融是结合超验与经验而来；（6）我重视朱子的创发性与超融性，对朱子哲学的基本命题如"中和新说"与"心统性情"进行分析，说明他的思想的体验自觉基础及其形上本体的意涵；（7）对朱子与阳明进行深刻的本体诠释，显示两者在一个创化的本体体验中的融通互涵；（8）天台与华严在禅学的体悟与实践中整合为一，此点参考了方东美先生的观点；（9）重新界定康德的超验的自我为超融的自我，而非无执的自我；（10）我重视20世纪分析哲学、科学哲学与语言哲学的发展，吸取蒯因整体主义，赋予其创发的动态性（《周易》与怀特海），在对我的哲思进行系统化的过程中极力避免非正常的约化性。

由于我用了大量篇幅论述牟宗三先生，为了节省空间我想对唐君毅先生的论述与评论尽量简短。这也许是对唐先生不公平的。但我会在适当的时机里加以补足。我认识唐先生比认识牟先生还早，早在1965年我开始在夏威夷大学执教并参与东西哲学家会议之时即认识了唐先生。当时我接待所有与会的华人哲学学者包含方东美老师在内。数年后我创议成立"国际中国哲学会"组织，得到了唐先生及其他先生的支持。牟先生说唐先生是"文化意识的巨人"，我却把他看做中西哲学与文化比较与沟通的先进，较之第一代新儒学的梁漱溟先生并不逊色。唐先生之重大贡献之一，是第一位基于中国古典哲学的思想写出一本《哲学概论》。当然，那不是真正的哲学概论而是一本中国哲学导论。唐先生有很多有关中国文化与哲学的书。但似乎只有他最后的著作《生命存在与心灵境界》系统地陈述了他自身的哲学思想。我想就此一哲学体系的特点说明中国哲学可以进一步发展的途径。

唐先生的《生命存在与心灵境界》（1977）中说的心灵有三个层次，每个层次有三个心灵境界作为主客与超主客的表述，而三个层次也表现为客观知识、主观意志与超主客观精神的活动。第一层次是客观三境：万物散殊境、依类成化境、功能序运境，分别论述殊相、总相、因果等；第二层次是主观三境：感觉互摄境、观照凌虚境、道德实践境，分别论述感性、理性、意志等；第三层次是超主观客观境：归向一神境、我法二空境、天德流行境，分别论述神体、法相、德用等。有意思的是这三个层次的个别内涵分类是依主客与超主客进行的，但三层次却是依客主超主客来排列的。为了说明先主后客的秩序，也许应该把第二层次调到第一层次；但如为了说明先客后主似乎应该把每一层次的内涵可改为客主超客主。但这是不可行的，因为有悖于唐先生要从无序到理性秩序及意志的原意。由于此，是否应该把第二层次的主观三境调到第一层次，而使第一层次的客观三境提升为第二层次？但这样做似乎又有一些价值上欠缺。总言之，这"心灵九境"应该有一个更好的逻辑与精神现象学的整合与上下左右的相应，但这涉及更深层次的结构与眼光问题，我在此不予讨论，仅提出问题以供学者思考。

唐先生的"心灵九境"显然采用黑格尔的《精神现象学》的方法，

有为不同知识体系与哲学境界判别高低的意思。所谓高和低的一个判准是超越性。超主客当然高于主客或客主，但主客又如何辨高低呢？也许用主体性的自觉与理性来确定主高于客。于是就有了一个高低分明秩序井然的心灵境界整体体系了。但在超主客的层次如何论证"天德流行"高于"归向一神"与"我法两空"却是一个问题。如果只从超越性讲，儒家的胜境如何高于基督教的胜境与佛家的胜境？对有无真实不二的唯一判准谁来作出高下的判断？我的观点是我们也许并无此独一无二的判准来作出这样的判断。我们可以有不同的判准以及不同判准组合的判准来说明每一个宗教性精神境界的独一崇高性，但却无绝对的唯一的高下排列。也许我可以提出我的"超融"概念来定高下：凡是能超融对方的就是更高的境界。但这也不能说明太多，因为每一精神性都可以说有能力超融对方。事实上也如此，理论上也有此可能。这说明什么？这说明一个精神性的高低还在实践中是否能做到包含涵摄，圆融无碍，创造出现实的和谐来。就此论之，儒学境界或果如唐先生所表述最有可能荣膺最胜境之衔。

我欣赏唐先生的"心灵九境"本体心性学的丰富内涵，认为此一本体心性学或心体观照学也为本体诠释学提供了丰富的诠释资源。牟先生与唐先生都为当代新儒学的体系建立奉献了形上学与价值哲学思考的重要典范。后来者应该从中同时取得教益并领取教训，建立更美好的中国哲学体系，容纳他们的洞见，开发他们的智慧，继承他们的精神，青出于蓝而胜于蓝。

3. 中国哲学史与中国思想家研究的建树

从1985到到今天近二十五年内我看到中国哲学研究工作最优秀的成绩是中国哲学史与中国思想史中对个别哲学家的研究。这种研究是十分重要的，因为它是最基层的，是与哲学的原著与版本的订正密切联系在一起的。更重要的是它也继承了一个现代中国哲学史撰写的光辉传统。从胡适之到冯友兰，甚至到台港的劳思光，哲学史一直是中国哲学发展的根本关注。但冯友兰之后,哲学史的编撰与写述固然众多,但却不能带动更多更好的中国哲学研究,使我们对中国哲学的发展与历史中相关的哲学家有更深刻的认识,甚至能够带动新的哲学的思考。这就意味着哲学史的作者要有深厚的哲学素养才能挖掘出历史中的哲学智慧,并赋予它以时代的新意义,启发后来者。基于此等考虑,最好的历史写作者必须同时有历史发展意识,也必须对个别的哲学人物有深入的研究,方能取得对哲学史的独特的认识。历史与时代都是与时俱进的,过去的历史也必须重写。每一个历史都代表它那个时代的思考与研究的学问水平。如何写好中国哲学史因之是一个重大的时代挑战。

在这二十五年,中我看到年轻的中国哲学学者提出了这个与那个哲学论著,可说到今天所有中国哲学中的重要人物都已有了相当专门的研讨。南京大学的中国思想家研究中心20世纪80年代到90年代出版的匡亚明先生编撰的200部的《中国思想家评传》就是一个好的例子。当然我们现在仍然缺少一本精致而又有创意的中国哲学史,然而基于我对学界的理解,在今后的岁月里,我们也许可以有乐观的期待。这一个比较理性的中国哲学史显然必须具有下列几个特色:(1)它必须提出一个哲学思考的框架来进行诠释;(2)它必须说明中国哲学的原始;(3)他必须掌握历史与思想的关联以及思想与思想之间的关联;(4)他必须有相当西方哲学的背景认识与世界哲学的眼光,用以更适当地诠释与开拓新的义理;(5)他具有细致与系统的分析方法与综合智力,清晰地说明问题与方向。基于这些严格的要求,此一哲学史也许可以由数人执笔,甚至可以采取分期专论的写法。

在中国哲学传统中,易学与哲学有密切的重要性。在这里我不能不提从1987年开始在我及国内同仁的倡导下,中国学界对《周易》与易学的研究产生了广泛探索的热情。最早表达此一热情的应属山东大学的刘大钧教授。在1987年他召开的第二届的《周易》研究会议上我为《周易》进行了哲学的定位:《周易》的形成是中国哲学的源头活水。对我而言,

《周易》的哲学研究为我解决了中国哲学的原始（Origin）问题，也提示了一个宇宙形上形下动态合一的本体哲学雏形。有关《周易》的哲学研究，最具有启发与参考价值的是北京大学朱伯昆教授撰写的《周易哲学史》（1995）。另一方面，刘大钧教授在复苏与诠解先秦两汉的易学有关的占卜的传统作出了杰出的贡献，他主编的《周易研究》与他主持的周易研究中心在探讨与充实中国先秦以前的哲学文化资源上起了重大作用。在阐明中国哲学的源头的问题上与厘清三易对本体形上学的启发问题上也发挥了意义深长的功能。

我认为当前中国哲学史的研究虽未有一个完美的成品，但近二十五年来诸多已发表的著作却不乏精品。此处我必须要彰显原在北京大学现在清华大学的陈来教授十分杰出的成就。陈来的成就是多个方面的，但其所长正是他能专注哲学史中关键人物的哲学思想来自的文献，能用十分清楚与适当的语言表达出来，涵盖面广。显然陈来具有史家的特长，能收集到有关的原始资料组合成章。他善用资料对中国哲学史中早期的问题进行了较为系统的分析，探讨了相关的问题，也提出具有创见的简易结论，就是一个好的说明。1985年他刚获得博士学位之时送我的《朱熹哲学研究》的打字稿已显露出他的分析才华，应用史料，优容自若，辨思无碍。1991年的阳明学研究《有无之境：王阳明哲学的精神》更见其思辨的能力。在史与论的发挥上可说兼容了冯友兰与张岱年。今后他应是写出一部出色的中国哲学史的理想作者。

陈来之外，我要强调武汉大学郭齐勇教授对儒学复兴的重要贡献，他作了熊十力研究，为新儒学进一步阐述了开创者的思想背景与体系，此功实不可灭。最近几年他编著中国古典哲学名著选读，他的简明而又富启发性与探索性的《中国哲学史》（2004）都是推进中国哲学研究的重要动力。他的另一重大的贡献是他对儒家伦理在"亲亲相隐"问题上的现代阐明，为儒家伦理的情感主义基础作了十分周全的论述与辩解。上文我已提到他的论辩的影响力。

还有其他中青年一代的学者应赢得适当的表彰，这些学者不止是中国哲学方面的学者，而且在不同的专业领域中作出重要的贡献，把中国哲学推向未来。如上世纪50年代后期出生的上海华东师范大学的杨国荣教授，他对阳明心学有自己生命的体验，并能结合主题存有的意义与价值问题来诠释阳明，最近探讨世界哲学的含义也有极好的创意。如四川的蔡方鹿教授对宋明理学锲而不舍的钻研，看出他能立于历史却在思考哲学问题，可说走入了本体哲学思考的传统。更年轻的学者彭国祥精研明末心学，有其师陈来的分析能力与采集能力，接触学者甚广，必能众端参观，其潜力也难以估计。人民大学的梁涛与杨庆中两位学者对古典儒学文本的研究极有造诣，并深具眼光，重视经学大问题与基本哲学问题，尤其关注经学的哲学重建问题，他们未来的成就也将不可限量。我必须说我此处所提出的名字主要基于我所已接触到与观察到的人物。但我知道中国哲学中这三十年培养出来的年轻杰出人才与精英实不在少数，我每有发现，总是表示欣赏与鼓励。这促使我对中国哲学未来的发展，我称之为现代化与世界化的方向的发展，保持着最大的信心。

4. 中西相互诠释与哲学名著翻译

上述中国哲学的发展有两个重大的方向，一个是现代化方向，一个是世界化方向，两者实密切相关而又相互带动。这在我早期的论著中已有所说明。这两方面无疑都涉及与西方学者沟通问题。这也就不能不涉及哲学经典著述的翻译问题。显然，中西哲学经典的翻译问题对中国哲学的发展（现代化与世界化）有巨大的影响与推动关系。显然，我们不能期待在国内的每个学者都熟谙西方的哲学专著，同样我们也不能期待每一个西方的中国哲学专家或哲学学者对中文的原典有文本的阅读能力，因而中对西的翻译与西对中的翻译是同等重要的。20世纪中国哲学的发展依靠于此，近三十年来中国哲学在大陆的发展与在西方尤其美国的发展更依赖于此。这里也就不能不提近三十年来在美国英语世界中中国哲学的发展盛况，此一盛况的可能就在于熟谙中英两种语言在美取得哲学专业学位而又在美国长期教学的中西学者的持续努力所致。

在西译中方面，我特别有感于康德三大批判自德文原文翻译到中文的成果。这三大批判的出现（2004）不能不归功于武汉大学邓晓芒教授与其师杨祖陶教授的卓越努力与持续投入。2006年我又看到了人民大学李秋零教授主编与主译的《康德全集》的前数册，最近知道此一全集九册已于2010年4月完全出版，这也是一件了不起的翻译工程，除反映了李教授本人的卓越成就外，也反映了中国学界积聚的实力与社会生活的稳定性。至于蒯因著作的全部译出出版，其速度之快更令我吃惊，显示了当前中国哲学学者高度学习的精神。当然对蒯因的研究在中国也方兴未艾，但应该有一番好景在前。我也知道对伽达默尔的全集的翻译也在积极进行。华东师大的潘德荣教授与山东大学的洪汉鼎教授的合作是一件极为有意义的事，我是乐观其成。我深信还有大量的西译中的工作在进行，这将对中国哲学的创新性的发展产生结构性的影响。

在中译西方面，我看到的多是中译英的成品。值得注意的是欧洲国家包含德国但排除法国，都已倾向用英文发表著作与论文。德国哲学的英文化自上世纪30年代的逻辑实证主义时期就已开始，后期维特根斯坦就是一个好的例证。二战以后很少有德国的学者不能用英文表述意思的。我1997年到柏林科技大学讲学，2000年访谈伽达默尔，以至2001年、2006年与2007年在德国访问与开会都是德英并用，沟通与论辩都极顺畅。在此理解下中译英也能影响欧洲，即使没有相应的非英语欧洲翻译。但我也不能不敬佩俄罗斯、斯洛文尼亚与斯洛伐克等国学者用其本国语翻译中文著述的努力，显然对传播中国哲学于偏远地区有极大的好处。在中译英的汉学学者中最早也最出色的是陈荣捷教授，他的《中国哲学资料书》（*Source Book in Chinese Philosophy*）（1963）仍是极为有用的教学工具书。较近代则有不同的英美方汉学家翻译了中国哲学的不同经典，有儒家的，有道家的，也有佛家的。经我介绍认识而进行密切合作的郝大伟与安乐哲，前者为后现代哲学思考者，后者有汉学的专业，两者除合写有关孔子等书外,又合作翻译了《论语》与《道德经》,最近安乐哲又与 Rosemont 合作翻译了《中庸》与《孝经》。他们合作无间,译文流畅,虽然在许多重要概念上与原文有相当出入,但他们的努力却是值得赞赏的。

翻译涉及一个词义与意涵的转达与传播的问题。我在一篇论翻译(Translation)的学术论文中指出,翻译必须符合三个要求,一是语义上的一致要求;二是读者群中理解上的沟通要求;三是反译回原文的近似性要求。许多英译中的文字极端背离这三个原则的要求。事实上,如果有两个背离就算不得好的翻译或曰信达雅的翻译。为了解决这个问题,我们应该鼓励更多的翻译。就哲学的专业研究工作的需要而言,当然仍以回归原文为佳。

自1979年代我在美国哲学界倡导《易经》哲学并在研究所开设《易经》哲学课程以来,我注意到在英文的汉学界里,二十多年来的中译英的《易经》版本多达十种以上,这数量是超过以前的任何时期的。其中 Richard Lynn 的翻译是最出色的,但其他新翻译的质地在许多地方仍不能逾越以前理查德·威翰的德英文本。

最后我要特别表述英文中国哲学研究的基本情况以及它对三十年来中国哲学的发展的重大影响。上面已提到这30年中国哲学的发展与1973年英文《中国哲学季刊》的建立发行,以及1975"国际中国哲学会"的创立及每两年开国际会议的活动有密切关联。在此两大建设之前,西方哲学界完全没有中国哲学与中国哲学家仍在从事思考这个理解。这两大建设之后,西方哲学界才产生了中国哲学这个理念,也才意识到中国哲学是活的思考而非为思想史的探索或汉学的对文本与人物的表述这个真实。在过去近十年的时间的进程中他们也才逐渐理解到中国大陆的哲学思考不只是意识形态的反映而已,当然也逐渐理解到中国这个国家正在进行一个由潜而显由小而大的文化振兴运动。但实际从事中国哲学在海外或西方学界探索与推动工作者是少数心有慧见、向心中国文化的西方第二代（至今应在35-65岁）西方学人以及来自中国文化地区的大陆、台湾、香港或其他地区的华人学者。他们各自辛苦求学，艰苦卓绝地奋斗，最后学有所成，逐渐加入了中国哲学的发展与创新事业的行列之中。当然"国际中国哲学会"与英文《中国哲学季刊》是原始的汇聚点，后起效法的其他学会如"留美华人哲学家学会"与学刊如 Dao 等，更在近期分别负起了发展与推广中国哲学的工作或使命。

在过去三十年内早期知名的美国学者中从事研讨中国哲学除以上提到的新儒学学者余英时与杜维明外，尚有下列诸家：Robert Neville, Antonio Cua, Nick Bunnin, 唐力权, Julia Ching, David Hall & Roger Ames（郝大伟与安乐哲，上已提及），Philip Ivanhoe, 信广来，沈清松，林安梧，John Berthrong 等。过去十五年内新一辈的人才也在不同中国哲学的专业中露出头角，作出贡献，其中包含李晨阳，姜新艳，On-cho Ng, 赖贤宗，杜宝瑞，顾林玉，黄勇，陈醒悟，刘纪璐，Karyn Lai, Anthony Perkins 等人。

我主观界定海外华人哲学学者及西方从事中国哲学研究者在过去三十年扮演的角色为开创者、诠释者、比较思考者、传播者与翻译者。相应不同的时期，早期应是开创的时期，近期则更多诠释、翻译与传播的工作。早期是中外分流，但近期则有中外逐渐合流的趋势。我认为这是一个好的发展，象征着中国哲学的发展正在如火如荼地进行。这也说明了中国哲学的发展不仅是一个国内现象，而且更是一个海外与全球现象，是一个由海外带动国内与国内结合发展的现象，而且将是一个由国内走向国际与国际联合发展的现象。它的辉煌发展将奠定一个人类文化与人类思考发展的新途径与新方向。我将虔诚拭目以待。

摘要及总结

中国哲学的发展在近代中国史上经历了一个艰苦奋发复杂错综的过程。无论在海外或在国内都是如此，由于中国文化的现代命运是面临衰蔽，在孤立与挣扎中向前向上追赶，中间并经过革命的阶段，过程十分艰辛。这近三十年的发展更呈现出中国哲学从虚无走向充实的自觉自强、锲而不舍的努力。本文在探索中国哲学的基本精神如何失落又如何振兴，面临何等困境，如何克服困境。本文的出发点是我个人三十年来自身的生命体验与思想创发的反思。因之我从历史背景的审视说到我个人的积极开创与参与。然后就三十年来的中国哲学的学术成果与活动进行分析的描述以及重点的评价。这又分为四个方面来进行：1. 马克思哲学的中国化与中国哲学的马克思哲学化；2. 牟宗三哲学与唐君毅哲学的理解与超越；3. 中国哲学史与中国思想史人物研究的建树；4. 中西双向诠释与中西哲学名著翻译。我的旨趣在表彰成果、抉发问题，也在说明一个发展的过程以及对此发展未来的期盼。由于中国哲学精神所涉及的价值理想与基本的人的内在体验，我确信中国哲学的发展不但为中国的发展所必须，也为世界的发展所必须，尤其在宇宙与人的本体哲学、生命哲学与伦理哲学方面都将激荡起思想与生活的火花，同时也将为人的内在超越与外在超越，人的独思与人的群居，带来不可取代的智慧之光。

全球化背景下的中国传统哲学

从历史的观点看，中国传统哲学的全部领域构成了一种全球化的背景，在其之下，百花齐放，百家争鸣。这些相互竞争的学派，其活动之活跃性以及生命力之强度，即使称不上胜过，至少也及得上当前存在于各西方哲学流派中的争论程度，抑或说胜过日益强烈的知名的东西哲学地位的争论。事实上，在今天的这种全球化背景中，我们很难达到在中国哲学的黄金时代所呈现的生机勃勃的争论局面，那种局面无可比拟。

相比之下，我们却看到，在现今的世界上，西方哲学作为主流文化为维护其权威，将之作为从未受过挑战也不可受到挑战的既定体系，具有或多或少的特权统治地位。似乎直到最近一段时间以来，还没有在各个领域为一种有效批评的产生提供机会，也没有为与西方主流哲学所使用的范畴、方法、范例提供相对立的途径。这说明，在对比之下，现今的哲学争鸣也只能使自身全球化到如此程度，即它将允许从其他主要传统而来的哲学观点和类型哲学存在来为其赢得主张。当然，并非一定要对范例作较大的改变，但是无论如何有一点非常重要，那就是看到哲学的百花园中万类俱存、百花争妍、自由竞放的景象。或许在中国人看来，像司马迁和班固这样的历史学家，尽管持有不同的官方主张，但却能够把中国古典时期各不同流派的哲学归于同一个哲学源头。然而，对于现今全球化背景中的世界各哲学流派，却不能做到这一点。

我们可以看到在中国历史上的公元前700年至公元前200年间，不仅主要哲学派别相互竞争,而且每一流派都有其繁荣期,并且都在某一专门领域或不同的区域引起过关注。尤其在两个主要派别——儒家学派和墨家学派之间,发生了一场具有重大影响的公平竞争和为真理进行的抗辩,最后,儒家逐渐由于政治和社会的需要而上升到独尊的地位。

我们今天面临的迫切问题毋宁说是相对于现代世界为中国传统哲学的全部领域所具有的真理与价值的相关性、相对性进行探讨,同时也要在超越我们已有水平和惯例的基础上理解相关问题及其答案。非常有趣的是,我们注意到,在我们从中国古典传统自身固有规范中所得的既有水平基础上,我们可以看出,作为现代人的我们,依据我们的哲学理解水平和政治的、社会的要求,在多大程度上与它们靠近。要在理解力和评价上作出比较,我们必须避免简单的定位和误解,并把错失的确定性降低到最小程度,还必须以自我省思和自我批评的态度去审视其研究方法和结论,为我们自身的利益和智力的提高而学习。

以下,我将从中国传统哲学对人类的全球性关联的角度讨论七到八个方面。我这里有两个假定,第一个是历史上的哲学流派至今仍为人们的思考提供着资源,并始终保持活跃而从来没有真正消亡。我认为,即使1919年的五四运动和1966—1976年间的"文化大革命"对这些哲学流派进行了否定,但它们仍然潜藏于中国人的深层意识中。我的第二个假定是,我们作为现代人应该学习和挖掘中国传统哲学中的见识与智慧,因为我们需要发展一种关系人文学(a philosophy of inter-humanity)和协和人文学(a philosophy of co-humanity),为人种的繁衍和文化的发展解决危机,也为人类生活质量的提高和人类共同生活价值的丰富提供资源。基于以上所有原因,我主张,中国传统哲学在最大程度上关联着人类文明的复兴,而非只是不同位置与层面间的世界性的相互理解与相互对话。

首先,关于儒家思想我想说明三点,这对于理解作为人类和正在成长的社会及世界共同体成员的我们自己来说至为重要和必要。第一,如果一个人知道他如何使自己提高修养和正确行动,他将是一个"吾性自足"的存在,这一点儒家阐明得很清楚。如果人不培养德性,则一个社会无法存在,个人也无法存活,因为在寻求一个集体中人们的共同利益的意义上,是美德把个人和集体紧密联系起来,使二者都能发展壮大,来共同创造和享受一种文明状态的价值体系——文化。政府的目标是宣称对这种社会的维护可以使人类享受成长和发展的更为优越的环境。依照这一点,传统儒家观点的第二点是,人类权利的现代概念中如果缺乏人类德性将会变得空虚。如果人们都失去了美德,我们还如何谈人类权利?这与动物权利、植物权利将没有什么区别。权利从这种意义上讲是认识人类的工具和手段,而非人类追求的结果。

我以为,儒家思想所理解的权利最为本质的一点是,我们在自觉谈论人类权利之前,应该营造一种平等和自由的环境。因此,孔子主张"庶矣哉","富之","教之"(《论语·子路第十三》),但这并不是说政府不应该尊重权利,而是说除了尊重权利,建立在人类美德基础上的具有尊严的人类应积极意识到权利的内容,政府应该提供这种条件。这或许与当代人类学伦理学家麦金太尔和泰勒所试图论证的有相似之处。

关于传统儒学思想的最后一点是,人出生于天地之间并与道分不开。这是说,我们不能把人降低到决定于科学和技术程度的状态,人类必须被当作整体存在物(a holistic entity)来对待,其植根于整个宇宙,其未来向整个世界敞开。这就意味着,他必须过这样的生活——尽其努力服务于社会,并且以其族群的根源为荣。这种儒学主义的家庭伦理(family ethics)、社群伦理(communitarian ethics)、宇宙伦理(cosmic ethics)的网络结构将会为失落的、堕落的现代社会恢复活力,并提供全新的视野和有益的指引。

显而易见,今天的全球经济一体化将要求一种全球性的伦理去维护完全经济化和与之相关的政治化,以便于人们能维持其道德完整和精神自由。看来似乎儒学在面临这样的挑战之前,比其他任何类型的伦理更好,也更具独特功能。第一,儒学不与任何土生土长的宗教相结合而植根于本体宇宙论（onto-cosmology）中，它与以正在发展的现代物理学和生物学为基础的哲学相互呼应；第二，儒学有已被历史证实了的、已经较好发展了的社会伦理，它被普遍地、深刻地运用着，并且被扩展到用以覆盖义务伦理学（ethics of deontology）、功利主义和权利理论的广大范围。因为如下两个考虑，经济全球化的增长趋势及人类共同体中的文化交流使基于德性的儒家伦理成为迫切需要。

接下来，我谈谈道家。无需说，由老子和庄子开创的道家给现代人带来了新鲜活力、新生的解放理性和崭新身份。道不可定义，它只能通过与生物多样性（bioversity）的宏观本性相互作用并对宏观世界的事物进行思考的背景下才能体验到并理解它。道家思想在这一方面能给现代人以失去的思想之朴素、心之纯净及精神之超越。它还可以提供愈合伤口、重获力量的安全精神天堂。《道德经》开头就说："道可道，非常道。"这里说的不只是指向一个不可言说的持续的道（常道），而且意在表明普通事物都是在不断变化的，它们的变化可被表达成一种变化的道（变道）。因此，以道说明道理可以被看成是一种事物创生变化的辩证法。

这种事物创生变化的辩证法也可看作常道的自身变化。在这种意义上，道家思想提供了一个创生性的本体宇宙论构架（an onto-cosmological framework of creativity）。正是这种创生性最能满足现代人的需要。它不仅依据非人类中心论生态学和生态伦理观点，而且表达了人们追求生命存在起源的渴望。我近年来访问过法国和德国，并惊异地发现几乎所有的汉学学者都痴迷于新近发现的马王堆和郭店的道家史料，我想这不仅是单纯地为其治学方法注入生命力的标志，而且是渴求道的真谛的象征，这与欧洲的绿色生态运动（the Green Movement）相一致。

据以上所说，我们是否因此可得出中国人的精神与道的情感相一致并体现着道，不同事物因同属于道而具有共同的相似性和差异性，道不需要对事物赋予个性就使所有事物显示出个性和独特性？如果是这样，这一定是一种笼统的理解，甚至是对道的一种错误陈述。对道的真正理解是：道生万物，其中的每一事物都具有存在的自由和生命的活力，因为每一事物具有的特殊性享受着与道的同一现实性，它作为生命的起源及持续存在，具有活动的自由性与创生性。因此，我们可以证明老子和庄子的观点：一个个体的形成完全依赖或在很大程度上相关于事物在创生过程中的相互作用和发展，同时也在自发性的感应中实现和表现全体性的和谐。这一点在体现变化哲学的《易经》一书中可以得到进一步的解释说明。

在过去三十年中，美国和欧洲出现了对《易经》的丰富的、各种各样的翻译，注意到这一点是十分有趣的。因为詹姆斯·理雅各和理查德·卫礼贤的两个《易经》版本一直存在于过去的六十年中，所以这种现象的出现毕竟太突然也太令人惊奇。当然，《易经》作为风行一时的东西无法保证其对易的真正意义有正确的理解，无论是对现代学者还是对普通路人。但这也是明确的，由于易经哲学中关于事物的起源及变化都是由于阴阳的交替作用而实现的，它提供了一种创生性的本体宇宙论（a creative ontocosmology）和有益的自我组织（self-organizing）和自我诠释（self-interpreting）体系，并使自我预测的应用和自我理解能同时完成。没有其他任何一种哲学理论在这一点上能与之匹敌。这说明了对于易的哲学，理论与实践的紧密交织给予人的生命以活力，而不只是对于人的心理而言。所以本体论和宇宙论的交织都把存在物及其变化与非存在物的关系看作是关于现实的内部体验，它一面使创生性和超验性得到体现，一面又沉浸于存在物当中。因此，一寓于多，多寓于一，静寓于动，动寓于静，这种有机联系的现实性是充实个性的基础，亦是自主的根源和自由的良好支持。

在我看来，道家思想和易经哲学满足了现代人探寻本体宇宙学的本根、原因、创造性发展及个性自由的需要。世界愈日益全球化，就愈需要这种类型的哲学。形成这种状况的原因之一，在于道和易的本体宇宙论从综合性观点的长期实践中体现了存在物的真义。

如果道家思想和易经哲学为物质的个别性及普遍性提供了有机现实性,那么它如何在形式方面呈现它自己呢?为了说明这一点,我必须认真地借用沃尔夫(Benjamin Whorf)的论点:在中国人的想法中,那种思想哲学的基础应该在日常的语言运用中得到持续的显明。正如人们可以说思想和语言总体上是一个东西,但这并不是说人们所思考的和所体验的都必须由现有的语言来表达。假定表达的多个层面和关于语言自身的创造性被提供,那么所有思考的都可以用语言表达出来,所有不能在绝对意义上表达的也不能被思考——人们可以把没有经过思考的这种状态看作是思想的局限性,因而也可看作被动地体验到了语言的局限性和人给予自身的超验性。这意在说明,如果道不能被正确地理解和用汉语准确地描述,那么基于汉语的中国思想就无法产生出道的理论。

依据这种理解,陈汉生(Chad Hansen)把汉语表达成一种物质性的质料语词(mass term),目的在于以中国的思维方式理解道。这种做法具有特别性。首先,没有必要为道的理解而将语言作为一个质料语词,因为人们可以依据句子和词的意思而非必须经过语言形式的推演才能获得对道的理解。其次,认为汉语基本处于质料语词的层面上,或者在所有事物及性质分别在质料语词作为本体论要素的条件下被使用,这一点是不真实的。我们应该首先指出,汉语的用法,像其他任何一种语言的用法一样,都是建立在句子的基础上,我们是通过句子的用法和体验的实际状况相关来学习和领会语言的意义的。但是,当我们用汉语句子来陈述一个真实的主张或者表达我们的目的时,我们可以反思词或短语在句中的所指。由此,汉语的词书产生了。

依据东汉许慎的观点,汉字的形成有六大基本原则,有两条是十分基础的:就是形象的说明(象形)和事物的指称(指事)。关于第一条原则,有许多汉字就是依据世上事物的可见形象而简单发明的。这样一座山依据视觉就被描绘为"山",马被视觉性地描绘为"马"。

这样,一个字就成为一个事物的"标志"(icon),如果用皮尔士(Peirce)

的话说就是这样。关于第二条原则，一些汉字表明被指示物的功能和作用，或者仍然用皮尔士的话说，是世界事物的指称符号（index）。第三个原则是形声，是与第一个原则中形式构形相对应的声音构形。第四个原则是以字的对照、涵义的理解为依据（会意），这对于使符号化的表征扩展到完满的空间是极其重要的。这样，我们如何来理解"武"这个字（在形式上是放下武器之意）就需要我们正确地解释这个词意欲的指向，并且在这种情形下，它具有一种实质力量，能够通过战争来维护和平。这类型的词语在皮尔士的符号理论中属于象征符号（symbol）范畴。许多汉语的复合词语都是依据这种原则以标志和指标为基础建立起来的象征性符号。但是我们必须清楚，只有当使用这些词语的语境足够充分时，此项原则才能解释其所有的特殊用法。

后两项原则，形式的借用（假借）和共有的注解（转注），提供了汉字构成的另外几种情况。显而易见，这两项原则的确都建立在第四项原则——象征性理解——的基础上，如果没有它，词语的假借及转注都无从实现。另外，可以明显地看到，它们都是在语义的及造句法存在的条件下才得以实现。只有这样，进行正确的阅读和参考才有可能。

我的关于汉字构成形式的六项原则的讨论，意在消除关于汉字及其语句的过于简单化、绝对化的用法和指涉。这些原则是在给定的情境和文本的语境中对意义和指涉理解的情况下适用的。从而，没有任何一个汉语词语能够被完全孤立地独立于文本和其上下文而理解的。当然，一个人可以想象是以上理解之道提供了我们理解事物和状况的最终情境和背景，因而对于词语和句子的理解代表或指向了事物和状况，但是，这并不是说，汉语在没有针对性的所指及其使用的特例的意义上必须是道的，或者说，在有目的的指涉中被纯粹地理解也必须是道的。

在这里，做这样的区分是至关重要的，即区别全体性、事物在类似道的作用（dao-like process）下的相关性以及事物的个性，因为，对在个别意义下词的理解和用法也是道的创生性作用的结果。我们无法简单地通过前者来解释后者,相反,我们应该意识到道的创生性包含有两个方面的作用,使全体个别事物联合在一起的概括性和把个体事物分做单一实体的分殊性。对中国人的思维方式仅作道的理解,会把复杂但又具体的汉语功能和对于现实性部分的形而上学式的理解混为一谈,它将导致前面所说的对道与哲学的创生性的误解。我们必须认识道的理解之外尚有理的理解。

需要说明的是,对事物进行指称的原理中的指称观(指观),在许多中国传统哲学家那里用来解释他们在理解现实时的哲学立场。我打算介绍三种关于指的基本方法和手段。第一种是儒家陈述的。儒家主张正名的原则,据此,名称要依据事实性进行指称意义上的校正,事实性亦需要根据名称的正确用法而被指称(名实相符)。这样,父亲便因他应尽父亲的职责、培养做父亲的德行而成为父亲。相似地,儿子、统治者、大臣也同样如此。基于这样的道德现实主义,我们可以看出名称是怎样依据其分解性注释和个别性而被使用和理解的。这样,道德品质可以被认为是那些被命名的个体在相互关系的条件下的结果。

在《易传·系辞》篇中,对运气和不幸的征兆的解释也是从指称的原则下获得的。辞(条件)和形式(卦)有些相像,但在暗示性上有所不同,因为作为各种术语的指称是对在其理解下的指称物的指称("辞也者,名指其所指")。这是语言学现实主义的立场。它建立在对于事物和名称的分别指涉和特殊性的正确结合的基础上,这种情况下的命名使得各个术语既非一般也非个别,既不具体也不抽象。

与语言学现实主义相关的一个问题是涉及语义量词的用法的,如"一个""一只"、"一条"、"一群"、"一块"等。关于这些量词,我曾指出应该区分个别指称类型和形容描述类型。当我们说"一块肉"时,我们是把一个质料语词用"一块"这个量词个体化为一种分解的指称物;但当我们说"一个人"、"一头牛"、"一匹马"或"一条鱼"时,我们仅仅是描述了一个已经被分解指称了的人、牛、马、鱼。这种描述类型之所以可能，是因为我们有形式构架的第一条原则作为引导，这样，关于怎样把一个具体事物在文体上被描述的问题，依据我们被提供给这个事物时所首先由视觉而构想到的便可解决。因此，你只可以说"一条鱼"，而不能说"一条人"；我们只能说"一个苹果"，而不能说"一件苹果"；你可以说"一件衣服"，却不能说"一个衣服"。

所有这些量词的用法与将名称的分解性注释的个体化无关，与这些名称相对应的所指物早已在被注释时分解了，或由于在上下文中语言的作用下被个体化了，还有可能在与儒家所主张的具体现实主义哲学背景相对的名称本体论的条件下被个体化了。

第二种是道家的观点。对于这一观点，用庄子在其《齐物论》中的一句话来描述就颇为典型："天地一指也，万物一马也。"（天和地只有一个性质，而万物都与马没有分别）这在领会了将万事万物都统摄于道之下的说法与"道通为一"的精神之下的说法之后是不难理解的。我们必须从道的动态的及总体的认识方面去实践和体现它，以便于事物之间的所有的不同都可以在道这一统摄下消解了。这样，事物除了道的性质没有其他性质，事物的指称除了道的指称没有其他指称。

在这种理解下，我们仿佛觉得道是对所有事物及思想的意义的阐明，但是它只是强调了道的两个方面的其中之一，即使在庄子那里，也还有道的另一方面的含义。在这种含义下，大多事物仍然保留着它们的个体性和自主性，并且享受着其作为独特事物而具有的内在性态，比如说庄子所赞叹的"鱼之乐"即为一例。

第三种是名家或辩者的观点，我将公孙龙子作为这个学派的代表人物。在以前的二十年中，我对公孙龙的纯学术现实主义或柏拉图式的现实主义性阐明作了研究，即我发现他的抽象本体论和抽象实体的本体论的阐释立场，的确是从对其传世的五篇论文（除了关于其事迹的第一篇）的分析理解中获得的。对于公孙龙的著名论断"白马非马"应作何解释？从公孙龙的论述中明确看出：白和马除了分别指明一种色和一种形之外，还被看作是抽象的属性。

基于这种抽象本体论的理解，我们能很容易地看出，白马为什么不是马，是因为"是"表明类型的同一性和事实的等同性，而非种类成员的资格。公孙龙进一步论证说"马"并没有定在"白马"所具有的白色上，这表明所有的属性都是不定的，这样，定或固定对于识别物是什么和物是哪一个时就十分必要。这就是说，在确定的基础上新的身份被建立起来，如没有确定，一个名称只能是一事物具有的简单属性的指明或提及。对于这一点的理解可参看公孙龙在其《坚白论》中的有关论述。

这样，我们可以较容易地理解那篇难懂的《指物论》（与庄子的《齐物论》相对）。这篇文章我曾经在这二十年中数次讨论过，并将其翻译成英文后形式化为逻辑的语言（"物莫非指，而指非指"）。

依据语言本体论的这三种观点，我们可将其有效地应用于汉语言本体论，（因其可看作源自汉语本体论的阐释）从而形成儒家、道家和名家关于汉语和哲学的观点。显而易见，儒家的观点产生的是一种强调确定性使用的实践现实主义，而道家的观点产生的是一种整体理解基础上的生机本体论，这二者并没有矛盾，但二者均根本不同于名家的抽象属性本体论。但只有在这里（名家观点）我们才能看到一种综合的可能性，即抽象属性本体论可以被看作是指称原则和名称校正原则运用的基本逻辑延伸，它可用作对概念构成和话语形成的阐明和批评。

因为语言的实际效用和不同场合的不同理解，汉语本体论的正确解释一定集中于儒家的观点，而道家和名家的理解方式只能作为在特定哲学推理过程的条件下进行论证的事例。不论在后期墨家哲学还是在荀子那里，儒家对语言的实际的、确定的、现实的理解方式都得到了加强和详尽的描述。指出这一点也是很重要的。在这基础上，后期墨家和荀子都对道家和名家的观点进行了批评，关于这一点，我不打算在这里详细阐述。但是我却想指出，荀子在其《正名》一文中对于"三乱"的批评并不是针对后期墨家的逻辑而言的，却是指向墨家学派的一个分支——

他们总乐于把不同语境中名称的使用解释为不同的意义，而不注意这些词的常规用法，如对"杀人"、"杀盗"的解释。

以上，我谈到了中国传统哲学的四大学派，即儒家、道家、易经哲学、汉语的构成及名家及与之相关的五大领域。我还想进一步补充墨家学派，并指出其理想或信条功利主义（code-untilitarianism）原则"交相利，兼相爱"在当时的意义和重要性，这个含义的重要性在于对普遍关切下的功利伦理学和道德伦理学的结合重新审视的需要。现在我还可以补充孙武和孙膑的兵家学派和关于作战及取胜的战略战术原则的系统阐述，这个学派在研究战略和战术上对现当代商业理论和实践领域都提供了思考的模型。甚至纵横家关于合纵、连横的策略对于政治力量和在全球化背景下国家民族之间的平衡、抑制、约束、对抗政策的使用都有启发作用。

综上所述，依据中国传统哲学的重要的全球性参考和全球性性质，它的每一部分内容都对我们具有重要的意义，不论是在对当代世界的哲学式理解的方向上，还是在智力和实践方面的问题的规范化估价和导向上。

王颖　译

关于中国传统与现代化问题的对话
——成中英教授访谈录

成中英教授最近在北京天则经济研究所就中国哲学和西方哲学相通的地方作了一次演讲,他认为中西方哲学可以打通、可以整合,也就是可以建立起和谐的哲学。成中英教授试图用中国文化构造一个体系包容住西方文化,然后用西方文化中的管理因素去实际操作中国的日常生活,即是使经济、法律等生活具有可操作性。这在成教授看来就弥补了中国文化的不可操作性和西方文化的操作理性、工具理性的不足,以达成一个比较美满的结合。我认为成教授的研究是很深入的,总体上我是接受的,所以,今天想与成中英教授单独在更现实的问题上,也就是从中西哲学和文化的比较、融合、对接的问题,以"中国传统与现代性"为主题探讨一下。

我先把成中英教授在天则所的演讲主要内容,用我的框架整理一遍。然后推出今天的主题。

成教授上次的演讲主要谈论了两个问题:一个是西方文化的三个主要来源,也就是三个互相冲突的因素,他认为西方文化冲突的三个主要因素来源于古希腊的文化、希伯来的宗教和古罗马的法律。这三方面是不同源的,是从不同地区不同文化中来而融入欧洲文化传统的。当然,不同源并不意味着非冲突不可,但是冲突的可能性会大一些。

下面就会出来为什么这三个因素之间会有冲突问题。这是我现在还没有想通的问题。成教授提出这三个来源是有道理的,这符合我们通常读到的西方文献中西方人对他们自己文化的看法。这三个来源意味着以下的一些含义:

古希腊的思想和哲学中有一个很突出的东西——逻各斯中心主义(logocentrism)。从苏格拉底以前的哲学家就强调启蒙,认为世界有一个内在的理性结构,这个理性结构的名字叫逻各斯。用赫拉克利特《残篇》中的话,逻各斯不是很轻易地展示给每个人,你要用你的心灵去思考,你才能理解、看到逻各斯。因此,不思考的人是得不到逻各斯的。一旦你用心灵去思考,你找到了逻各斯,那逻各斯就化到你的心灵中去,你就可以理解这个世界的逻辑结构,也就是逻各斯的结构。事实上逻各斯就是世界的本质,它展现出来就是逻辑。所以,逻各斯(logos)和逻辑(logic)是同根,只不过逻各斯是内在的东西,它不能展现出来,而一旦展现出来,就成了你脑子里所理解的逻辑。这就演变成了理性的基础——逻辑学(形式逻辑)。像 A=A、A ≠ A 等这样二律背反的问题就出来了。有了逻辑的方法,你就可以用你的理性进行概念分类工作,把世界划分成各种各样的类别。结果就包含了一个很有意思的文化因素,按成中英教授及其他西方学者的看法,就是把世界划成了物和我这两个极端:一个去理解世界、征服世界的人,另一个与人(与我)对立的就是物。也就是 A=A 的概念,把世界截然分成物、我两端,而没有一个东方哲学中的中庸环节。结果,用这种形式逻辑或逻各斯中心主义的看法去对待世界,就产生了我为延续我的生命,追求我的进步、我的利益就要去征服物的世界,这便产生了一种对外的征服意志或征服心态,所以西方人的文化向外扩展,他们想要用理性去为外物立法。而所谓理性也就成为:我去征服物的世界的过程。

在古希腊文明的逻各斯中心主义理性地立法过程中,又掺进了西方文化的第二个来源:希伯来的宗教因素。希伯来宗教因素是受到两河流域和埃及古代文明"阴沉的心理"（黑格尔语）的影响。它有一种像从地狱里出来的负罪感。也就是说有一种忏悔意识。正如尼采的观点，希伯来文化对西方早期的英雄主义的希腊人来讲，就像一副毒药，它让你觉得自己在良心上有罪。结果使英雄（hero）由强大的人种变成了最软弱的人种，因为他们总感负罪（feel guilty），总是自我忏悔，这也就是所谓原罪的概念。这种忏悔意识强调人的原罪是不可自拔的，你没有办法消除你的原罪。唯一可以拯救你的，或可以超越你的有限生命的、赋予你有限生命某种意义的，就是你要靠一个外在的上帝来赦你的罪，来拯救你的灵魂。这就导致了所谓外在超越，就是西方人和东方人完全不同的超越路径。这和上面所说的希腊理性实际上是一致的，也是物我两分。通过我的沦陷，由一个外在的、客观的真理或真神来把我的灵魂拯救出来，这是一种两分法，内和外。所以希伯来的宗教因素可以被受过希腊文明影响的欧洲人接受，因为这符合他们的逻辑思维方式，同时，这种忏悔感深深植入进西方文化中，变成一种宗教行为。后来韦伯就认为基督教促使了资本主义的萌芽和长足发展。

接着，第三个因素就是罗马的法律。中世纪罗马法将逻各斯普世化了。就是说，你一旦承认你自己不能自己从原罪中拯救出来，你就应该接受上帝的权威，你一旦接受上帝的权威，上帝的权威就应当是普世的，是对所有人的。结果罗马法律的精神就变成了普世法律，也就是成中英教授非常强调的普遍主义的法律。这是在道德哲学研究中我们经常引用的东方的特殊主义和西方普遍主义，在普遍主义法律下，合作秩序可以很容易地扩展，所以资本主义发展很快，市场经济半径能够很大，像国际贸易都可以做起来。而中国的特殊主义导致的只能靠人际关系来进行贸易，所以很难扩张。当然这也是有利有弊的。

在希伯来忏悔型宗教基础上，又经过了罗马阶段，把上帝的、普世的法律融入了欧洲的传统。那么这就涉及了两个问题：一个是由上帝为人类立法，另一个是通过普世的法律来协调人际的关系。在这两个因素的作用下，人际关系就极大地淡化，因为本来是由家庭这种社会组织来协调的人际关系现在就不行了，而要通过宗教的忏悔方式，你要直接与上帝对话了，你就不能再涉及韦伯所说的人间情欲的问题，所有人间义务都要淡化。所以普世的法律和宗教的情怀把由家庭纽带、血缘关系构造起来的人际关系极大地淡化了，这样西方人经过了宗教改革的极端派，最后导致个人与上帝直接对话，通过一千多年的宗教生活以后，现代西方人就从宗教的个人主义脱胎出来变成了上帝死了以后的孤独的个人。所以，我有时候认为西方人的特点是每一个人都像一只孤独的狼，在这个世界上就是孤狼，像杰克·伦敦小说中描写的一样。西方人感到没有任何依赖，因为他们的亲情已经很淡化了，然后上帝又死了，所以在现代的启蒙中，他就变成了一个孤独的、连上帝都找不到的人。结果是从宗教的个人转化成理性的个人主义运动。

以上就是西方资本主义发展的一个过程。而且是很符合他们的思维范式的，他们都能接受，从逻各斯中心主义，一直到"物我两执"，然后到拯救我的上帝，到普世法律，这样一直下来，从启蒙理性发展到孤独的理性的个人主义。现在西方现代性的危机就出来了，就笼罩了整个西方社会。西方人进入现代解魅后，用理性的法庭代替宗教法庭以后，也就是用理性代替宗教后，他们认识到，西方的理性是工具理性（韦伯语），而不是价值，是用工具取代了价值。结果，人就感到很失落，人的价值就没有了。原来有上帝的时候人活着还有意义，现在上帝死了以后，等于人就死了，这也正是萨特所宣布的。所以个人的理性就成了休谟说的激情的奴隶、情欲的奴隶。工具理性就是情欲的工具。原来上帝拯救原罪中的人，使人能超越有限人生的意义现在没有了，现在成了非宗教的消费主义，像美国社会中的现世享乐、末世主义等。这也就是现代性问题、现代性危机。我倒不认为现代危机是由西方文化的古希腊、希伯来、古罗马三个因素的冲突造成的。

以上是我对成教授就西方文化三个来源的看法的总结。下面是成中英教授对中国文化三个核心的概念的看法,这三者是同源的,是一个来源的。这三个概念是道、德和礼,它们都来源于中原文化。道是天道流行、天行有道的道。据有人考证,这个"道"在《周易》中是"首"字。如果这点可信,那道就是中国文化最早的概念之一了。第二个概念是德,德在周代也有了。按现在汉学家们的经典解释,道相当于西方古希腊源流里的逻各斯。世界的本质,它是不能外化的。道也对应着古代印度的ritam,古代印度吠陀哲学中谈论的,这个字义是英文right的来源。ritam中包含着道德的意思,包含着宇宙本质的意思。也就是你要知道宇宙的本质,你就有了行为的权利,你的行为就是道德的。这在印度哲学中是一致的。所以,道对应着西方的逻各斯和印度的宇宙本质和德(ritam)。德就是天道下注到个人的心灵。所以你感受到天道后,你就能行德,你就有了德行。这就开始涉及人的行为了。有了德意识的人,就是大人、君子。他们如何再将德外化到社会用来协调人与人之间的关系,就产生了第三个概念礼。将德外化成礼就有了行为的规范准则,社会就可以一以贯之地协调起来。可见,道、德、礼是互补的,是平衡发展的。这是我看成教授理解古代中国的三个核心概念。而道、德、礼三个概念告诉我们,中国人的基本超越方式是内在超越,是通过我们的心灵得道,与天道融合在一起,而不是借助于上帝。

我想就超越补充一点。我在以前的文章中很少谈超越,但我最近感受到了这一点:为什么经济学家很少提文化差异,而在经济学以外的社会学科,像法学、政治学、社会学及更人文化的文学、史学,就非要强调文化差异问题。这是因为我们经济学家处理的日常经济行为,在统计意义上比较不那么受到文化差异的影响。但到了更人文层次的社会科学中,就受到很大程度文化差异的左右。文化差异并不是在日常生活中表现出来的,日常生活无非就是物质生活,在物质生活和市场经济这两个层次上,显现不出来文化差异的东西。但在物质生活和社会生活中间,人的存在都是有限的,每一个有限生命的人,他的人性要超越野兽性,他试图超越、克服有限性，按存在哲学的看法，他总试图超越内心的恐慌、烦躁、厌恶（sick）。不管是哪个国家的人，只要他有理性、人性，他总是要超越有限生命。而超越方式决定了各国的文化差异。比如，上面我们说到西方文化来源的时候，所有的西方人想超越有限人生的时候，就要靠上帝，靠一个外在超越。他去教堂，去做慈善事业，去接近上帝。他通过这个办法觉得自己的生命有意义了、超越了。因为没有家庭纽带，他们就会认为将一大笔资产留给子女，没有什么意义，甚至从极端来说是一种罪孽，所以就捐给教堂了。

而我们家庭血缘的概念虽然经过一百多年的西化，还是根深蒂固。我曾观察过许多企业家，他们的目标还是修身、齐家、治国、平天下。中国人的超越是非宗教的，我们没有宗教情感，在没有外在超越可以选择的情况下，我们又要超越有限生命，怎么办？结果只好像孔子说的立言、立功、立德三不朽。当然最原始的不朽就是生孩子。谁家做皇帝，他们家的姓就很大。再高一点就是写东西立言，修长城立功，最高就是像孔子万世师表立德。如果再往上就是一切皆空、六根清净。这时你就信佛，没有人性了。但大部分中国人很难接受非人性的超越，不会遁入空门。否则超越本身就没有意义了。所以中国人五千多年来的基本生存方式受到了文化模式的塑造，而文化模式的核心就是超越方式。因此，我们的超越方式不变，行为之道的基本模式也不会改变，就是中国的。所以我认为，文化上的差异集中表现在超越方式上。

这里不妨再小结一下。西方文化的三个来源是古希腊的逻各斯主义加入了希伯来的忏悔意识：原罪不可能内在超越，要借助外在的上帝来超拔个人，由于有了宗教的个人，使其他的人际关系都淡化了。经过文艺复兴和启蒙运动，将宗教法庭改成了理性法庭，形成了理性的个人主义，并取代宗教的关怀。而这个理性是工具的理性，不是价值的，结果价值开始失落，造成了西方的现代性危机。在上帝已经死了以后，他们宗教的个人变成了理性的孤独的个人。而我们中国道、德、礼是互为补充、平衡发展及内在有联系的。这种儒道互补的道德体系，在鸦片战争前可以维持中国社会的运行。但到了船坚炮利的西方文明打进来以后，我们就面临着民族生存的问题，所以我们的传统不得不变。结果我们被逼着去学西方的船坚炮利，去学他们的德先生和赛先生，甚至是学西方的文化。结果为了生存我们就得变法，我们就得求发展，求发展在这一百多年的意义上就是求现代化，求西方式的现代化。因为我们的现代化无非就是借助西学，就是西方的工业技术、组织手段、组织方法。这就把原来我们的耕读之家这样维系中国社会传统的基本单元破坏了，当然还包括上面的皇权、下面的绅权等一套政治和社会的制度都被破坏掉了。结果中国这一百多年来受到西方文明的冲击之后，变成了礼崩、德坏、道统废。

但是我们的超越方式改不了，我们追求的还是有限生命，在现世中超越，还是要感受到正心诚意、格物致知、修齐治平人生道路的感召力。因此，我总结中国人在这一百多年中是欲西化而心不从。这样我们一直发展到了现在，我们可以说温饱问题已经解决了，也没有了外族入侵，在生存问题解决后国人开始注意到心灵的发展，我们开始发问：我们的心在哪里？我们的价值在哪里？所以现在又起来一股潮流，试图用中国传统的价值批判我们现在的现代性以及西方式的物质生活。

这样就引出我想与成教授讨论的"中国传统与现代性"话题。首先，我想请成教授重复一下以前我们在 E-mail 上讨论时您对传统的定义。这是一个学理上的概念，您认为传统应该怎样定义？

成中英：刚才汪教授已经把我的观点讲得很完整了，而且讲得很精致。传统是人们不断对过去已经发生过的事情、建立的价值规范加以系统化，加以整理，产生一种认定。它是过去文明的结晶，并对现在具有一种内在动力的约束力。同时，传统还对未来有着一种规范力量。当然，传统对未来的规范力量有多大是需要考虑的。传统作为一种历史动力，它是人对过去文明成就形成的一种整体性的阐释（interpretation），是人对自己文化的一种系统阐释。

比如我们以儒家为例。儒家构成一个传统是逐步形成的。在历史发展中，在孔子出现前就有一个前儒家的文化形成过程，经过夏商，到周代时就已经有了一个比较完善的人文制度，像《尚书·尧典》等说的一样。对孔子来讲，他主张礼不能失落，要复礼。但孔子有他自己的理想，有他自己的关怀。他曾说：夏礼我知道，殷礼我也了解，但我从周。可见他对传统是有所审议的。孔子同时很强调仁的理想。仁是孔子所主张的内在的一种完善的追求，是君子人格的追求。孔子力图通过对仁的追求恢复社会秩序，而他作为人文主义者、人本主义者，孔子又不仅仅停留在秩序的建立上，他认为社会秩序的建立是对人的发展有帮助的。因此我们应该看到，前人是从历史中经过审视得到一个较好的选择。

再如圣人也是慢慢形成的概念。圣的概念很早就有了，而孔子赋予圣人的意义是内在的德的内涵。他认为圣人就是非常明智又能治理国家、将人类社会带向一个较好秩序的人。孔子对人的终极关怀有两面：一个是人的完整性，另一个是社会的完整性。可见孔子对周礼的文化作了理性的批判，得出礼是代表社会外在、仁是代表个人内在的观点，两者都是内在统一的。这些都是孔子从传统中审视出来的。后来孟子追随孔子，再后来慢慢形成一种规范，并对历史产生影响。

而不止是学术上的规范了。这个传统到孟子有一百多年，后来一方面慢慢被理想化，包括人格的理想、社会理想；另一方面又与中国的制度联系在一起，这就使我们可以从夏商周中找到某种对礼的继承性。

因此，我认为传统是个比较复杂的观念，它具有历史的总结性、继承性，又具有历史的阐释性、价值的规范性。传统可以分成几个方面：理想、历史基础、历史过程。同时传统又包含了几个层面：学术层面、制度层面和历史的连续事件层面。在一个大传统中会包括宇宙论、伦理学、方法论等内容。如果要简单地说传统，我认为就是一群人在经过历史事件后所形成的一种文化的共性或共识。

汪丁丁：对，一种共识，我发现从现代哲学的意识上，您还是很强调人的这种能动地对传统的重新阐释的。

成中英：是的。重新阐释这很重要。因为传统毕竟还是人来总结的。比如，有些具有高度叛逆心态的人，对传统来讲就像是离开了过去走过的路，传统对他就不发生作用了，但他还在这个社会中，他还会受到遵循着传统的人的制裁。

牟宗三先生将传统分成道统、学统和政统。而是否因为中国在政治上的某种连续性就能构成政统，我是有保留的。当然政治传统可以包含一些包括大一统、皇权思想、三纲的政治儒学等内容。但这与孔子理想化的政治理性是不一样的。因为开始虽然有人将"君臣之义无所逃于天地之间"看成绝对真理，但到了明末清初，黄宗羲就认为"家天下"是不对的了。过去周代有"溥天之下，莫非王土；率土之滨，莫非王臣"的思想，但在传统中，这句话的意义慢慢就有了变化。如果我们从实际制度来看，在周朝时还是很重视地方分权的。汉朝时，宰相制度与皇权的关系还比较接近周代的传统。唐朝也还可以，但从宋明以后，皇权就太集中了，宰相制度也被废除了。所以政统制度是否真的维护了下来，我是怀疑的。因为如果是政统，就应该有一个不变的典范才对，但从历史来看，这个典范并没有维持，就像黄宗羲所讲的，过去中国的政治是江河日下，完全是一种非理性的继承。因此，我认为真正的传统应该是实践与其影响彼此间寻求一种平衡的。

道统问题就与现代化有关了。我们是应维持现状，还是给它另一个阐释，使这个传统中的理想性与现实性需要结合起来，将传统中的理想的规范与现代性中理想的规范结合起来，这恐怕就是我们所说的融合问题。

至于学统，在孔子以后也有了变化，而中国有没有个独立的学统还是个问题。中国早期虽然有为理治学，但后来儒家的为学还是为了平天下，在现实意义上就变成了入仕，学而优则仕，这就没有了独立性。

所以牟宗三先生虽然说有三统,但最终还是只有一统,即政治、社会、经济从内部讲属于道统,从外部讲是政统。

汪丁丁:我很同意成教授对牟宗三先生的保留意见。实际上新儒学发展到现在,始终没有解答这个问题:不管你是道统还是政统,中间总缺了一个可操作的层面——政治哲学的架构。因为政治哲学向上承接着人们的终极关怀、道德关怀,向下接着经济生活、法律制度、政府功能、社会生活,所以政治哲学的构造和政治哲学的认识,是关系到内圣能否开出新外王的关键环节。刚才成先生实际上已经谈到了如何把理想的人生模式变成可操作的社会生活方式,这中间必须有一个可操作性。而这是在中国的传统与现代化中没有补上的一课。我们的传统到现代社会里,出现了礼崩、德坏、道统废的局面,然后直接进入西学,完成工业化过程。但我们又无法完全学西方人的生活,那我们就需要在一个中国人的道德关怀下,衍生出来中国人的生活方式,同时又要接续上当代中国人的新的传统、物质生活模态。这就出现了一个如何建构政治哲学的问题,在一个政治的框架里面可以容纳进德先生和赛先生,可以容纳进"莫姑娘"(道德),然后才能拯救中国人的心灵,才把天德流行和道德关怀下注到具体的社会生活中去。这就是我们面临的一个大的问题,即如何重构或重新阐释当代中国的政治体系或政治架构,使个人、家庭、政府和其他社团组织能够都融汇在一个道德关注之下,来解决我们现代社会的物质生活问题。我们现在的物质生活是已经现代化、工业化了,但是没有价值,价值在沦丧,这时就有了一个原来道统意义上的或成先生说的德的意义上的道德关怀、苏醒,但这中间接不上,苏醒了的道德意识只是表现在少数人文知识分子在国内商品大潮里的孤独的呐喊。有时呐喊还被别人批判为超越现实的、凌驾于众人之上的精神贵族,这是完全不着边际的批评,但这种批评也是很重要的,很需要的。现在我们就是要如何把这种批评变成着边际的批评,变成一种对社会的现实批判。这时就涉及如何从人文的关怀、从道德的关怀下注到政治层面上,即从道德哲学经过政治哲学而变成其他社会科学层面上所处理的问题。所以，如果人文知识分子总停留在呐喊层次，那就总是和商品经济大潮挨不上。这也与我们目前所关注的道德和管理结合问题有很大联系。所以请问成教授一个关键的环节——政治哲学是如何构造的。另外，您所理解的个人、家庭、政府、社团组织在中西文化整合中，如何建立符合中国的传统道德关怀的关系。如果我们不修正传统的超越方式，而仍从内在超越和仁出发来外化成礼，进而协调社会生活，那就必须回答在政治哲学的层面上您如何构造一个体系；再一个问题就是您现在对管理和伦理构造的大的框架。

成中英：汪教授问的是比较大的问题，而汪教授能问我这样的问题，我是非常骄傲的，因为汪教授是在对制度经济学很有研究的基础上才能真正抓住、提出这样的问题。事实上牟宗三先生也曾考虑过这个问题。他提出了"内圣开出新外王"。所谓开出外王，就是使仁者之道、良心变成客观化的制度，但这还是向上走，有更抽象的意义。而我们需要更落实地看良知、内圣怎样与外在的制度建立起关系的问题。

我曾提出了一个框架，现代化要求之下的中国哲学、中国文化的进一步发展，在于我们中国文化在现代化中横向面与西方文化的交流、融合。

过去我们缺少一个机会，这个机会就是没有外界因素使我们的文化能顺着自己的路子缓慢地发展下去。但事实上人类的历史发展并不是这样。从根源上，大家都是人，由于各种历史、生态因素是多元的，这些多元最后又要整合成一元。同时在一元中又不否定、消除多元。我并不主张像黑格尔那样回到一个绝对精神。多元能体现个体的价值、社区的价值、不同层次社会化组织的价值。从整个世界来看，是许多国家通过政治、经济、社会联系在一起的共同体，因此也具有很多层次，是多元的。当然世界的共同体一开始必然是经济性的，是由经济行为带动社会，最后带动政治。这是需要长期进化的结果。但不管怎么说，我们中国的历史和世界的历史现在正好在一个交汇点上。这也就是我们所说的中国走向世界、世界走向中国。这个世界基本上就是指西方主流世界。因为，近百年来是西方文化带来灾害，带来中国人的觉醒，带来中国人的问题，可以说现在我们仍在西方文化的冲击之中。因此，从这个角度来看，中国必然要对带来灾害性的冲击作出反思。人经过长期的挫折之后，就会变得理性地去思考问题，在思考中还要找寻自己的根源，找寻一个认同的支点。我想一个民族的文化基本上就是这么来的。例如，古代希伯来人就是受到外族的侵略，整个民族沦落了，后来这个民族经过冷静的思考，产生出一种激情，通过宗教建立起社会的网络组织，使分散的犹太人不失掉他们的观点。另一方面，他们从根源上把耶和华变成一个超越的上帝，给他们一个精神支柱。

我们中国人似乎也有这样的问题，但我们不像希伯来人那样高度地自觉。所以我们还面临一是如何建立我们的社会网络，二是怎样找到一个精神的支柱问题。而精神支柱是与根源有关的，所以我们又要走回到对中国根源认识的问题。

我们的根源就是儒家思想中的道、德、礼，这三才是合一的。道是天道，德是人道，礼我们可以看成是地道。我以前所说的周礼制度就是一种由于历史经验建立的一个深度理性化过程。同时我们还要和西方继续交流，在交流的基础上要达到与西方完全平等互惠的程度。在交流过程中，也需要一个理性化的深度认识。假如西方侵入中国的时候，中国和他们一样强，能对他们进行有效抵制，使西方不能压迫中国，使西方佩服中国，那么对西方也会有一种较好的作用。但历史的发展不是这样，当时的中国极弱，西方列强强势进来，中国被压在下面，使我们的信心、传统都丧失掉了。而西方自以为得意，造成一种霸权心态，这对西方事实上也是不很健康的。这就缺少一种平衡性，甚至导致不理性。假如中西方能够进行一种平等的文化的深度对话，就会对中国本身的发展产生动力，对西方的发展也能产生一个较好的平衡。从这个意义上看，应该有一更深入的理想概念。因为我们面对的是不同的历史、不同的看法、不同的价值，所以我们要找寻一个什么理性能够包含这些差异，而且能够解决这些差异造成的矛盾。

西方人实际上已经在找了，像哈贝马斯为了解决在西方传统中所遭受的各种制度造成的心态隔阂，提出把理性的概念扩大到体现在人的没有隔阂的精神空间中。他要解决的是精神上的平等、利益上的公正问题，并力求建立一个能够沟通的社群。这个理想是很不错的，很接近我们大同化社会，即容许差别，我理解别人，别人也理解我的一个公正的社会架构、制度。要建立这样的制度就需要进行整合，而在整合当中就会有更大的系统产生，使大家都有相应的定位，以改变过去的一些偏见。如果完全从学理、从阐释来讲，哈贝马斯事实上提供了伽达默尔所讲的视野融合（fusion of herizons）的比较具体的方案。这里我把哈贝马斯和伽达默尔进行了比较。虽然他们的观点并不一致，但两者有着辩证的统一。伽达默尔认为历史就是一种偏见，偏见就是一种成见，是一种固有的保守的态度。但我们怎么走出来与别人结合在一起呢？这就需要一种有效历史结合，而要结合就必须透过理解。他们的差别在于，伽达默尔坚持将历史看得很重要，他怀疑人能否真的跳出历史变成理性的动物，而哈贝马斯认为，人们可以跳出历史。从这个意义讲，伽达默尔代表的更像希伯来传统，哈贝马斯代表希腊传统。如果这两者结合得到的话，产生一种共识，再用罗马的方法建立一个好的规范、法律、制度，也就是游戏规则，那么大家就都能有空间了，大家都能够约束自己、发展自己。所以，我认为这倒很合乎中国所说的大同小异。这个工作是需要高度理性的。而上述两个方面的理性是中国人需要做的。所以理解不是空洞的，而是对人的共同生活的活动空间、组织空间、行为空间、意义空间建立一种共识，并在这个共识中透过一定的法律制度来规范人的行为。这就又照顾到了历史，又照顾到了不同的差异差别。这是我们需要作的一个历史反思，同时又是一个理性反思。如果从中国人的思维方式讲，我们可以回到一个整体性的宇宙观去了解，像《周易》中的宇宙观一样将天地之大、万物之多都包含了进去。

因此，我们可以认识到差异的存在可以包含在大的系统中。差异的存在并不是要把差异消除，也不是说非要在差异之间找寻重复的点，而只要大家有一个大的系统，一个共识的话，差异之间的共同点就是那个大的系统，它既是内在的又是超越的，这样构成中的差异就是彼此互为补足、补充的。就像《周易》中阴阳之间的关系。

因为人是多功能的整体，因此，两种文化的配合、两种社群的配合是一种多功能的结合。只要两者的结合点多于非结合点，那两者就构成一种互为阴阳的结合体。联系到现实就是我们对中国文化进行反思整合和对西方要求相互理解、平等互惠是可以结合在一起的。从对自我的认识来讲，我们一定要找到根源性。西方人是不是找到他们自己的支柱点是他们自己的问题。如果他们能找到一个立足点，从这个立足点来阐释、包含中国文化，并不妨碍我们从中国的历史阐释来包含西方。这样两者互为阴阳，互相包含，我认为这才是比较合理的世界。我们和西方并不是谁要主宰（dominate）谁的关系。如果双方都抱着主宰对方的态度，这个世界就一定是不平等的。当然主宰的情况是会发生的，但我们希望主宰关系是在动态平衡中调整的。

从以上的分析，我就提出要有一个理性空间。这个理性空间对中国人来说，就是过去我们没有办法把一个人群之间的有关利益理性化，也就是过去儒家建立的是以地缘或血缘关系为基础的社群伦理。这种社群伦理就是孔子所说的"推己及人，己所不欲、勿施于人"。如果我们透过深度理性的反思，产生一种理性的认识，我们要求的是在德的基础上产生一种理性和建制，这种建制是以制度和法律方式表达出来的，而且要把它不断修正，变成一个普遍性的东西。

为什么我们要建立一个理性空间呢？因为虽然"推己及人，己所不欲、勿施于人"的行为规律是很好的，但是这不像康德所说的理性立法，即要跳出感情，建立一个大家都可以遵守的规则。我们要建立的就是一种这样的责任伦理，而责任伦理对大家都是好的，这是制度性的、公利的。要让公利的理性进入到我们思维当中，成为我们思维的一部分。我们中国人从传统来讲是比较重情性，而不重视理性。但作为人就需要有理性，不管是西方人还是中国人；如果西方人能做到有理性，那我们中国人也能做到。同样，中国人传统中的良知理论，西方人也是可以接受的。也就是说，在深度理论的思考当中，变成一种本体理性，整个呈现出两个层面：一个是对个人行为的关怀，是以个人的体验、认识作为基础，这是价值理性；另外一个是理论理性或纯粹理性，是知识理性，它以知识为基础，客观地去条理世界。这样，价值代表的是目标，知识代表的是建制、方法。最后才能实践出来，实践是需要结合众多的人来为价值理性的过程立法，来制度化。这样就能解决中国传统中内与外、知与行的关系问题。在内外问题中，外有两种意思，一是外在的个人，一是外在的集体性，这个集体性并不是单指现在的一群人，而是对抽象意义的人，有"为万世开太平"的含义，其中又有一个动态的阐释，再把抽象行为转换为现实的东西。这样我们就可以达到一个制度化的目标。

总之，要达到以上目标，有三个因素。一是法制的概念，制度化的规范，这需要深度的思考，需要现性的反省。什么是对人类最好的，对社会最好的？什么是最公利的？在这个反省当中能产生保护个人利益的伦理，也就是从中国传统的德行伦理走向一个以普遍理性作基础的责任伦理，责任伦理再制度化成为公利伦理，从公利伦理再变成调节个人与群体关系的权利伦理。

汪丁丁：您这就从道德哲学过渡到政治哲学了。

成中英：对，这就开始过渡了。再有理性立法，制度理性。在这两方面的基础上通过教育、宣传使更多人具有这样的认识。在具体事情发生的时候，中间需要一个阐释，就是如何将抽象的理论运用到具体的实践上。因此，社会当中需要一群做阐释工作的人。他们要很公正，能考虑到历史条件，考虑到普遍性。我想这样就可以运转、可以操作了。总之这三个非常重要，一是理性立法，二是中介阐释，三是一般性的共识。

现在我们的法律理性是有了，但还没有制度化到很细致的程度，这是第一个不足；第二个，一般人没有形成共识，他依然照着德行伦理甚至没有伦理去做事；第三，我们中国还缺乏一个中间环节的阶层，这个中间阶层在西方是法官、律师等，而我们没有找到一个较好的办法来表达这种政治认识，将法律与市民社会结合在一起。为此，我们就需要更多的市民组织、学会、协会、民间领袖、社团领袖、公共舆论的领袖等等，以起到制衡发展、公开化等作用，起到既维护共同利益又维护个人利益的作用。

如果我们在这个意义上回到刚才讲的三维结构，那么道就代表一个能考虑个人发展的最高度的理性立法，它是对个人权利具有管理权的一个权威，是一种共同的社会意志。德就是一种制度理性，使人能够冷静地思考问题。原来的礼也可以变成制度化的法制。这些都需要高度的阐释，阐释使它转换，又使它联接在一起。因为它们的根源性是天地人合一的。所以我们中国人在对现代性的认识中，必须经过以上的转化。这是为了我们的存在、丰富与发展，也是为了世界、人类的发展，甚至是对西方尽仁爱之谊。

建立了新的制度之后，并不意味放弃了传统三维结构，而是使三维结构的关怀更细微。对中国来说还比较容易掌握，因为我们内在没有大冲突，没有内部融合问题。但在实践的层面上如何分得更清楚一点？在历史过程中，从个人讲可以融合。最好的结果是我个人所以为合理的东西就是法律所认定的东西，而法律认定的东西也正好是权威接受的东西，就是孔子说的：从心所欲而不逾矩。这是与自然合拍，是最好的理想。但在过程当中，我们还是要把情理法分开，其中的根源从个人来讲是统一的，从整体来讲是随着制度逐渐完善化而统一的。它是从个人的本体理性展开出来的。这就是天地之道，天地人就是要这样实现理智的合一。

汪丁丁：我想再追加一个问题：现在我们已经谈到人了，您刚才说制度化已经在政治哲学层面上谈得很具体了，那么，您承认不承认我们现在有知识分子群体以及您对知识分子的定义，我们还有一个统一情理法个人的群体，由知识分子多多少少分工来完善深入理性，而法是由精英政府的人来做普世主义法的工作？我想问，这种分工适合不适合中国社会，是不是要有一群人做知识分子的工作，还有一群人就是做普遍立法的工作，像新加坡，然后由企业家在这样的格局之下，通过个人奋斗来进行经济和物质的创新。这是一个问题。第二个问题，如果想实现刚才您说的构想，如果又不做到严格的社会分工，那么您的理想怎样才能达到，对未来中国社会的基本构成，您有什么描述？

成中英：我是这样看，现代社会大致有三个分工：一批人是从事管理的，其中包括政府，负责规划、维持秩序，他们代表一种权威。但管理需要目标、知识，这时就要一批人来不断审视目标对不对，方法对不对，以及适应大环境变化的知识，所以知识分子是很需要的，知识分子的另外的作用是经过选择和检验使文化、文明能够传授、绵延下去。再有一群人是做社会的动力系统，也就是搞企业，通过"无形的手"为社会不断提供物质资料。这种三分法是基本合理的。

以上三种人的分工就好像天地人的关系，起规范作用而非宰制的权利是中国人理想的天，天不是宰制的，而是体现一种公平，所谓"天网恢恢，疏而不漏"，是具有厚生之德的。地代表生产的企业家，在天的规划之下，地能生物。如果天要不调的话，也就是制度不好，生产就会很糟糕。知识分子就是人的因素。他们掌握理想，负责传承，能够平衡天地之间关系，并吸收天地之间的营养来宏道。所以社会需要知识分子，因为他们具有阐释的功能，是一个上下阐释的媒体，又是一个古今沟通的阐释媒体，在阐释中使天地融为一体。广义的知识分子包括研究者、学者、论述者、社会评论家等等，他们应该具有一种社会关怀。

在一个现代化的社会中，知识分子作为一个群体很重要。而在一个病态的社会中，知识分子的作用就会失调，他们将无法起到阐释、联系古今、上下的中介作用。结果知识分子被工具化。一个社会中，天地的力量很大，所以知识分子最好和企业家建立一种很好的关系，来平衡、补足天的作用，补足政治的作用，因为政治作为一种资源分配的手段恐怕不够、不足。

最坏的情况就是天地都来压迫人。如果知识分子被工具化，社会就会丧失目标，人的整体性发展、社会的价值就都不可能实现，这是比较可怕的。还有一种情况是各自为政，天管天，地管地，各自作为一个利益集体来利用知识分子，结果作为阐释存在的知识分子就被分化掉了。结果造成人的偏向发展。尤其对文化会产生很坏的影响，因为文化作为一个生存工具或方式是需要融合的，一旦有偏颇、不平衡，就会在以后造成更大的不平衡，就走到一个死胡同中，使民族和社会衰落。

因此，知识分子能在市民社会中存在，要得到政府的基本关照和保证，又得到企业的一般支持，他们才能够发挥文化传承、建立平衡、确立社会目标的作用。

陈蓬录音并整理，经本人校阅
汪丁丁　北京大学中国经济研究中心教授

新论人文精神与科学理性：中西融合之道

牟宗三先生就中西文化的内涵区分道统、学统与政统。他认为中国文化有道统而无学统与政统。但他又以为在中国文化内道统即是以仁教为中心的道德政治或礼乐政治教化系统，直言之，即是儒家的思想与价值系统。在此了解下，他以为道统、政统与学统是一件事。但这些说法十分笼统，并不能反映真相，尤其不清楚的是他未能分辨传统与系统，他的三统有时指历史性的传统，有时指具有规范性的系统。但究竟何指，牟氏未能确示，而两者的关联更是未加讨论。在本文中，我们分辨传统与系统，并明示两者的关联。并在此基础上来讨论中西文化融合之道。传统是历史性的存在，尤其具有现实的影响力，构成伽达默尔所谓的"有效历史"。因之，它不必只是历史，而有或多或少的规范权威，但其规范力量不一定来自理性自身的说服力，而是来自人的群体情感与习惯。系统是理性建构的产品，具有理性的说服力以及理想性，它成为规范是意志的行为，因而代表了一套有组织的价值概念或理念，基于实践与实行可以改变历史，也就可以成为历史性的存在了。质言之，传统与系统可以彼此渗透，相互界定。但系统以理想性、完整性及理论性为主体；传统却以现实性、实践性及心理的依存为主体。传统可以用来界定系统、发展系统、实现系统，同时也可以包含一定的系统成分；系统可以用来改造传统、发展传统、把传统完善化或理想化；同时它也可以逐渐历史化而形成一个传统，因其自身的僵化与惰力或限制，有待更高理性系统的自觉提升与改进，也有待新的历史来进行实现。

首先中国文化中除了道的传统之外仍然有学与政的传统，且三者都或多或少形成自圆的系统。只是三者的内涵与三者在中国文化中的关系与相对应的西方文化范畴不一样。就道涉及的概念来说，传统中国有内圣之学，心性之学，道德人格的理想（圣贤理想）；传统西方有宗教神学，形上哲学与伦理教条。在学的方面，中国有以经验为主体的知识与技艺传统，虽然地位不高，但被认为是中国人对世界认识的一个重要部分。至于德性之知与义理之知则显然属于道的统绪的构成部分，既超越了小学范围，又超越了大学范围。从宋明理学眼光视之，这一部分的学问显然是为事、为人、为政的基础，也可以说既是治学的基础又是治学的目标（引戴东原"识字所以知道"）。西方的学古典有逻辑与类科学的传统，到了现代西方的知识体系逐渐建立，形成了以客观真实为对象的客观的科学知识体系，内涵与方法、假设与成果、理论与实用（科技）、预期与证实，都条理分明，井然可陈。这一部分是中国传统所欠缺的，是中国文化要补课与发展的。

在政的方面，我们不能忘记中国历史的发展有其政治体系的源革，也有其政治制度发展的轨迹，更有其政治权威或权力的建立实施与转达方式，不可谓之或无。这将是一种不负责任的说法。至于追问此一政治体系的合法性如何，与今日的西方或人类政治理想的距离如何，那将是另一个层次的问题。在西方政治传统自有其多方面的变革，并非只有单一的政治制度传统。当代学者往往最关心的是西方民主政治的历史或文化基础问题。对此一问题我们也不可以单一的因素加以分析，认为民主只是源于希腊古代。古代雅典城邦的公民民主固然有其形式上的示范性，但西方近代英国、美国与法国的民主却各有发展与促成的因子，不可一概言之。其中两个最重要的因素是民间（社会）经济的力量与宪章约法的力量。社会经济的力量显然是民主要求的动力与民主制度的支持力。但宪章约法的力量也不可小视。更重要的是宪章约法的作用必须依赖理性的公正性与公平性及其被认同的说服力才具有恒久与普遍的约束力量。

在西方何以理性立法具有比在东方更大的说服力是值得探索的问题。显然,这还要从历史传统中去寻找答案。理性立法还必须具有遵守契约的习惯才能普遍生效。故宪政约法还不全靠理性自身的力量发生作用,而仍需假借具有尊重契约与理性的传统习俗与习惯或信仰以实现践行。这就提醒我们注意西方文化中的契约精神以及与之有关的基督教神学,以及希腊罗马行之有素的古典数理与逻辑教育。

总言之,当代西方的民主政治是多种多样因素所促成。要行民主就要在多种多样因素上培植力量,方能生根发芽自然结出民主的花果。孟子所言"无忘,无助长"是为得之。就此言之,理性立法并不涉及牟氏所谓道心的"坎陷"问题,而是道心的平衡发展问题。我用道心一词以标示民族集体精神的反省的自我认知。在中国,此一道心的平衡性在历史上未能得到动态的调适,未能在适当的关头把民本的信托转化成为民主的制度,是历史的偏向与重担所造成。若追究责任,不但责在专制的君主,也在理性朦胧的臣民,反映的是群体实践理性的缺失。要补课,不在"坎陷",而在觉悟与决断。当然培植社会经济力量,等待发展契机,进行理性说服,然后才能以当事者或当权者之明智与理性决策行之,则必能克服历史的惯力,顺应历史而又超越历史,运用历史而不扭曲历史,做到水到渠成的境地。

不可不提的是:民主自身是一个理想的价值,在中国的儒家理念中并非无中生有。孟子以民为贵,宋儒张载要为民请命。儒家所以汲汲于途要为政者为民着想,是以百姓之民未能集体自陈,故以体民之心为民代言。所代言者仍应假设为民之所欲、民之所企。如果民能自言,则儒者固可不必越俎代庖,当以人民的声音为标示的。故儒家站在为民请命的立场,运用推己及人的智慧,是必以民主为民本之所归的。民主在儒家传统因之也非道德精神的"坎陷"问题,而是道德精神的真正实践问题。

总结以上所述，西方的文化传统有其文化的多元内涵，包含宗教之道、哲学之学、统治之术等等。此一文化的多元内涵就整体形态与历史生态言是与中国文化中的道德之教、伦理之学、为政之道完全相异的。两者文化中此等因素的关联与组合也是大不相同的。但两者优劣的比较却必须同时用相对的与统一的标准进行。在一个现代化的、全球化的网络中，统一的理想标准有其极大的相关性与可行性。更何况人类的历史经验让各文化传统能够相互参考、相互学习并实际进行对话与协商合作。在此理解下，理性精神的全球化与人文精神的全球化当为顺理成章的自然之事。然而，吾人也必须提出警讯：如无人文学者、教育家与知识分子的自觉与努力，促其实现，当为自然之事亦将不必然发生。

衡之历史，中国文化的精神是人文精神，体现在道德伦理人际关系的发展上，而西方文化的精神是理性精神，体现在科学知识的发展上。两者之中的任何一面的单线发展与独断专行必然带来人类的灾害，此在历史上可以举例说明。20世纪西方纳粹迷信人种优劣，又以科技集体杀人，毁灭种族；21世纪美国发动伊拉克战争，用科技武器杀人，极尽能事，都是实例。故在西方人文与理性两者的同时与平衡的动态发展是非常必要的。

人文的特色是以人为本位，以人为整体，但却往往失之过于求全，未能就人的个别性能作普遍的发展与组合，以达到群体性更好的应用与发展；故道德的自我并不能福利天下，因为欠缺理性思考的工具理性与技术理性的应用能力，又欠缺集体管理的组合与决策能力，未能转化危机为生机。故不能不重视知识与技术，以方法来实现本体，而非凭借道德来解决实际的问题，不然只是空谈，而非实学。

当然，人文精神应包含科学理性，价值定向应规范知识经济。但两者的关系也不是单向与死板的：科学知识必然导致人的知识性的解体，但也提供了一个重新组合人的生命与生存的技术。就当前生化科学的发展看，人之生死现象全可视为生物化学的功能，人之生何价？死之意义又何在？但生化技术又带来人类发展的生机，个人生命可借之修补与延长，群体生命也可借之改良与发展。同时，生化技术也带来极大的危险：如果自然的进化完全受到理性科学的控制，其结果也不可预知。有些不可逆转的基因改变是祸是福目前已成问题。在此，人文的整体价值判断显然极为重要与关键。人固然不知具体的未来，但人却能就其生命整体的实现在心灵上确定他的终极价值与理想或实际愿望。不但如此，科技延长了人的生命，开拓了人的空间，人如何寻求与安排人的物质与精神生活以求得幸福与满足，却并非科学理性所能承担。充实人文价值，发展人文精神，体现人文的美善，反而成为当前人类存在的重要课题了。

回忆、怀旧和未来
——乐黛云与成中英对话

乐：成中英教授是我们的老朋友。他从哈佛大学获得哲学专业的哲学博士学位。他所做的工作更理论化、更哲学化，而且在很多地方有很好的见解和很高的成就。今天能跟他一起讨论一些人生问题，我觉得很荣幸，希望能把它很好地记载下来。这次想专门讨论一下回忆和未来的问题。

从复仇与遗忘谈起

乐：我们是不是可以从复仇的问题切入？复仇是一种回忆，同时塑造着未来，延续到后代。仇恨不断延续，不管是在巴勒斯坦也好，在阿富汗也好，这种血仇如何才能真正地化解，恐怕是一个很大的人类的难题。中国文化中，也有复仇的传统。如眉间尺和雌雄剑的故事。鲁迅在《故事新编》里编写的《铸剑》，就是根据这个故事改写的。原作见于《列异传》（相传为曹丕所写）和东晋干宝的《搜神记》。故事写的是杰出工匠干将和妻子莫邪铸造了雌雄二剑。楚王得了雌剑，为避免其绝代工艺为他人所用，杀了干将。干将生前将雄剑埋于南山之阴，留待儿子长成，为父报仇。16年后，儿子眉间尺实现了这一宿命。其实他并未见过父亲，但他整个一生回忆、怀旧和未来都注定了必须为报父仇而生存，最后献出自己的生命。一个 16 岁的孩子怎么能得见国王呢？这时有一个黑衣人来帮助他，条件是要用孩子的头和雄剑作为诱饵，骗取楚王的信任。眉间尺英勇自刎，他的头颅随黑衣人进入王宫，在一个金色大鼎中，翻滚作"团圆舞"。黑衣人趁楚王就近观看时，将王头亦斩入鼎中。眉间尺的头颅与楚王头撕咬翻滚，却不能取胜。黑衣人为帮助眉间尺，将自己的头也割下，投入鼎中。最后三个人的头颅都在这个大油锅里沸腾，终于全都变成了白色的骷髅。骷髅是无法分辨出哪个是国王，哪个是复仇者的。分辨不出，怎么能按身份埋葬呢？于是，只好将三个骷髅头埋在一起，都成了"王"，称为"三王冢"——复仇者和被复仇者难以分辨，合为一体。短暂的复仇与永恒的死亡相比，人世间极为重要的价值与生命的消亡相比，意义何在呢？我觉得鲁迅写这个故事很有深意，充满了反讽和象征的意味。《罗密欧与朱丽叶》的故事也是一样，家族仇恨的记忆毁灭了美好的生命和爱情。我们应该怎样对待这类记忆呢？其实中国也还有另一种传统，那就是张载说的"仇必和而解"以及民间的"一笑泯恩仇"等等。就是不要把仇恨老是记住，冤冤相报，永无了结，而是要找到一个解决的办法。今天处理人类关系，复仇是一个很重要的问题。回忆、记忆与复仇的关系到底应该是什么样的？你对伦理学很有研究，能不能从这些方面给我们一些启发？主要是你讲，我不过是提一些问题而已。

"仇必仇到底"还是"仇必和而解"？

成：以色列和巴勒斯坦长期的仇恨愈演愈烈，不是一两个国家的领导者就能够很快解决问题的。当然仇恨的长期斗争发展下去，对于两个民族的福祉不好，对世界和平的实现也是有妨碍的。我们相信人类的智慧可以寻找到一条解决之路，但这就涉及自我意识、世界意识、未来意识、超越意识与第三者角色等问题,尤其在如何进行中介的调解(mediation),以及如何来具体化解实际的纠纷热点与实现攸关双方共同利益与有利关联,不能不作讲究。值得我们注意的是:个人间的仇恨理论上也许可以用报仇的方式解决,也就是说,如果不涉及第三者,我们可以就"债有主、冤有头"的方式解决问题,不超出范围,不伤害无辜,也许仇恨就可以在绝对平衡与对等的偿还中复归为零。但问题是我们个人能够做到这种绝对的平衡正义吗?太多因素,情势的、情绪的、观点的、价值评估的各种因素,甚至宗教的因素,都让我们无法做到绝对平衡与正义。干将与莫邪的故事说明了即使是寻求个人的报仇也必须有外来同情的助力,还得付出更多的生命代价才庶几成功。要不然,就只能冤冤相报下去,甚至身受其害的苦主只能听其自然淡化、消解、遗忘,含恨以终了,留下永远的往往不为他人所知的悲痛或冤情。说到两个集团或两个民族之间的仇恨,往往是因为冲突过久,杀戮过重,造成的灾难过大,承受的痛苦过烈,两民族间的记忆是难以遗忘的。再说,这还往往涉及原始的争执,如宗教信仰的差异、土地主权、当权者的个人爱恨、利益或权益的冲突等等因素,加上与第三者关系及相应不同发展目标等问题,故而造成纠纷不断,事事相连,事事相关,冤仇与时俱进,更不知何日可以以及如何得以消减。与仇敌共处,或成为生活的另一种方式;等待报复或报仇,或成为生活的一个永续的目标。同样,如无外力调解以获得双方有反思检讨或谈判的机会与愿望,这个冤仇之结就只好一代又一代持续下去了,不但成为历史的一部分,也成为铸造历史的一股力量。以色列与近东的伊斯兰教国家似乎正处在这样一种难以化解的仇敌状态,在怨恨中背负着沉重的历史,在各自寻求平衡与正义的行动中,与历史的创伤同步前行。也许这是人类的宿命。但它也有深刻的生命道德意义:它要我们无论作为主动者或作为被动者,都要从反思历史的复杂而悲痛的教训中,重新起步与重生,有如烈火中的凤凰,希望能做到生命更为精纯,心灵更为正直,因而虽为胜也能谦让与偿还,虽为败也能要求与包涵，虽有大仇也能宽恕，虽处耻辱也勇于认错。这种自我化解可能才是真正的化解，因为只有它能够重造记忆，重造历史，在新的记忆中溶解旧的记忆，在新的历史中诠释旧的历史。终极而言，这个过程必须用来化解族群之间的仇恨，也必须用来化解个人之间的恩怨。但这并不妨碍在我们实际的生活中仍然寻求现实的、合理的、正义的、具体的平衡手段来化解个人与民族的仇恨。

以上说的是我的观点的一个梗概，其中包含着两个原则：一是自我坚强以寻求合乎正义与慷慨的原则，一是发展他者以寻求平衡与公平的原则。两者都可以说是一种超越，也是一种转化。前者是自我要求的，后者是要求世界的。两者并无矛盾，甚至必须同时进行，才能达到相互支撑与转化的目的。回到您陈述的鲁迅写的故事，从第三者的角度讲，这样的结果也是为寻求一种平衡、一种补偿，界定一个正义的人生。从第二代的孩子来讲，他在历史事件之中，除非他不知前因，他已无力摆脱历史，在当时显然命运注定要他复仇。人生本来就是这样，往往不能不受到过去和外在事件的影响，而不可能只是一个纯粹的自由体。人都属于一个历史、一种文化、一个家族，有很多创伤，很多痛苦，很多不利，他怎么去面对？追求正义，为不义的待遇与处境复仇，因之也可以被认为是一种正确的、合理的、合乎道理与人情的寻求恢复的生命行为。从楚王来说，他就必须付出这样或那样的代价，才能为他的自私的行为负责，才能消除那个家族或那个社群的不平之慨。如此说来，复仇也不过是一种寻求补偿、解决正义问题的方式，虽然不是唯一的解决方式。当然在今天我们必须诉之于法律，期待法院公正的判决。但在古代，公共权威的法律还未能建立起来，复仇就是一种自然正义实现的方式，可以看作是尽自己的力量来寻求一种平衡。在欧洲的贵族间，往往为了争夺一个女子的爱情或解决某种纠纷，双方同意决斗（dual）。最后，也许是本来属于正义的一方失败了，但是你同意了，你力不如人，你就得接受弱肉强食的残酷事实。从这个角度看，决斗并非一个理想的解决问题的方式,它是把偶然与死亡当作终结。但偶然与死亡并不代表正义的终结,不可能作为解决正义问题的手段。因此,任何正义的复仇不能因决斗的失败而终结。因为不能因一时的强力而对正义失忆。复仇在寻求平衡,如何取得平衡,这正是人们必须面对历史探求的问题。就以上两原则来说,为了解决问题,我们一方面要求自我满足的解决,另一方面,却不能不维护记忆,为一个社群、一个社会或一个家族提出寻求平衡的要求,并发展适当的制度与前景,从记忆中领取有益的教训。总而言之,广义的复仇记忆在我看来,是一种对人整体性的生命要求满足平衡与正义的自然现象。广义的复仇事实上是一种自求平衡的要求,但却必须与外在的因果结合起来考察,也就表明人生必须面临一种教训,就是你如果制造出一种不义,一定有人会来要求恢复与补偿——当然亲属是最有权利、最有责任去复仇的,但是即使没有亲属,对一个不义之举,第三者也可以提出公议惩罚你。我们现在的法律赞同这个方式,这就是公诉。杀人者的行为,不是用私刑来了结,而是用公诉的方式,长期地来追诉。杀人犯现在一般是三十年的追诉期。也许开始他逃掉了,但是最后一秒被追出来,还是要偿还他所做的不义之事的欠债。于此我们可以看见你所说的复仇记忆的重要性。我指出,广义的复仇或寻求正义的恢复是对生命发展完整性的一种保障。生命发展在正常情况下不允许没有理由的伤害,也就是没有正当目标的伤害。如果为满足个人私欲、谋财害命、见色起意,而不是依循合乎社群发展的道德规律来行为并伤害他人的话,就应该受到惩罚,这就是复仇的记忆。用之于国族之间,当然也是一样。对日本发起侵略中国的行为以及日军在中国犯下屠杀强暴中国百姓的罪行的记忆有助于中国自身的发展,也有利于建立与寻求适当的地区正义与和平的努力。

乐:那么也就是说某种报复、复仇还是正义的,不应该被遗忘的?

成:复仇是最原始的平衡正义原则,在早期人类社会是必然产生的,除非我们找到更好的原则。基督教《圣经》说的"以牙还牙,以眼还眼",

是寻求生命完整、保护正义、保障社会发展的一个基本原则，也是维护诚信、惩罚背信的方法。当然这个原则很野蛮，容易造成永远的仇恨而冤冤相报，伤及无辜，永难化解。因之人类社会才会发展出基本诫条的禁忌、公共法律的约束或道德律则的规范。当然人们也可以以一种超越、慷慨甚至自我牺牲的方式来教化犯罪者。但这却不能是通例。人们可以寻找出更好的方式、更理性的方式来解决问题，但这个方式必须是：首先它满足了平衡性的要求——这是第一个要求；其次就是满足完整性要求——你不完整就不平衡；再次，它富有儆戒性——对群体安全与福祉的发展有好处，加强了对人类未来的信心和保障。当然讲复仇，并不是说任何形式的复仇都是可以的。只是说假如复仇是为了寻得一种正义的恢复、一种补偿，当然是正当的。这是我所了解的复仇意义的重要的因素，也是复仇能成为著名文学作品主题的原因，上述莫干剑的故事是一个例子，大仲马的《基督山恩仇记》也是一个最好的例子。莎士比亚的《哈姆雷特》更呈现了复仇情绪的复杂性，导致对生命存在的怀疑。总之，复仇不是一种单纯的情感，它包含了理性的诉求。我们必须强调这一点。但我还是要体现我上述的第一个原则，即是我们如能自强，达到了一定高度的自强与自尊，我们也能慷慨，也可能选择教化、淡忘与包容为最后消除复仇记忆的方式。

乐：所以对于这些事情还是不能遗忘。

成：当然不能遗忘。遗忘是对生命的不尊重。可以说是对自己的不尊重、对他人的不尊重。像康德说的，一个人犯了罪，首先他自己应接受刑罚，这是对他自己尊严的维护。做错了事，那你就该有一种表示。有的可以通过自己的主动来改变，比如你还人家钱，补偿利息，那是公平的。你用某种方式让对方接受，那也是可以的。但是不可以忘记。如果你强调忘记，那就是说希望别人忘记你造成（别人）仇恨心理的行为。当然，情况很复杂。比如说有人杀了人，但真正的谋杀犯没有抓到，抓了一个和他相似的人，就把他绳之以法。这怎么补偿不幸的死者呢？因此，有人反对死刑，理由之一就是可以避免无法补偿的生命的损失。我这里强调的就是，假设仇是受过伤害的人生的一种遗憾与记忆，那么它是应该寻求正义来解决的。仇的意思也就表示有人对一个无辜者做了伤天害理的事而无辜者不得不有要求恢复与补偿的责任，而不止是谴责与敌视而已。比如有人欠了你一百块钱，你去打人家一顿，也许还不至于成仇。但如果是为了不义之财，就杀人灭口，那受难的家属哪能不记仇呢？这仇是怎么来的？就是因为你做了一些很不合理的、过分的、残酷的行为。所以在这种条件下，人就有一种自然的本能，认为这个事情有冤（不义未得伸张）——仇和冤连在一块儿发生，是吧？假如没有这个冤，它也不构成这个仇了。有时候对方对你造成了伤害，对方也做了某种适当的补偿，在文明社会里面，已经受过了惩罚，已经被判了刑。你再去寻仇，那就不合公允之理了。美国西部曾经盛行的所谓私刑，已有法律而藐视法律与社会公义，私自处死他人，那就是不合公允之理的表现，仇固得报，但报仇的行为却难逃法网。也许对某些人就某些事，这种平衡正义的意义远超过法律的制裁。好莱坞电影中也常有这样的故事题材，其中包含了某一程度的希腊悲剧精神。

事实上，如果单纯从记忆来说，我们真的称为仇的对象的不正义的东西，是不能忘记的，一定要寻求最后的解决。这就是说情感上没法做到"一笑泯恩仇"。"一笑泯恩仇"这个说法多少有点浪漫主义，因为并没有涉及家破人亡、灭国亡种之恨。除非那种仇不是真正意义上的不共戴天之仇。"一笑泯恩仇"往往是江湖上你伤害我，把我打败了，或者伤了我的自尊心、伤了我的身体，最后我又把你打败了，两个人陷入一种斗争不安之中，最后突然有了一种悟觉的智慧，想想真有仇到底的必要吗？看到对方也有高尚的品节，因而产生一种共鸣，或者一种共识、默契，或者在第三者的牵引下和解。这是一个高明的和解的方式。在现代社会里面，一个民族和另外一个民族，或者一个家族和另外一个家族，有长期的相互伤害与利害纠缠，由于发生了一些重大的事件，了解到我们这样仇恨下去不但不好，而且对不起死者，对不起死者以死来标示已经成就的和谐与爱情的关怀，而受感动或启发进行了和解。像罗密欧和朱丽叶这两家可能同时承受同等的悲哀，认识到悲剧是因为复仇、长久的恩怨造成的，今天已经得到教训了，以后不再这样仇恨下去了，这就形成了一种教育意义的转化。所以"一笑泯恩仇"可能有很多种不同的方式，不可以也不必要当作单纯的浪漫主义的思考，以为是我觉得这个仇可以不要就不要了。有的时候人在江湖，身不由己，如果从道义上说你是这个家族、这个门派的一分子，你个人虽没有什么冤屈，但是你对这个家族、对这个国家、对这个门派却还负有责任。在这个意义上讲，你必须去完成你的家庭责任、你的社会责任以及你的国家责任。就像在中日两国发生战争期间，尽管一个中国留日学生有很多很好的日本朋友，他也不能不回到中国为中国而战。日本军国主义造成对中国的残害，也不能因中日友人之间的个人友谊而遗忘。事实上，个人的友谊反而应该成为合理解决涉及国家不义行为的一个资源方式。

乐：古今中外很多文学作品对于复仇都是很执著的。金庸晚期的武侠小说对此有很多思考，甚至提出有时是不想复仇而不可得（如电影《卧虎藏龙》）。但是，如冯友兰在《中国现代哲学史》中所说"仇必仇到底"总是不行的。什么时候才是到底呢？张载在《正蒙注·卷一》中说："有反斯有仇，仇必和而解。""仇必和而解"是现代社会历史发展的方向，人类不应再走"仇必仇到底"的道路。也就是不要把仇恨老是记住，冤冤相报，永无已时，而是要找到一个解决的办法。今天处理人类关系，复仇是一个很重要的问题，但很复杂，往往是既不能永远仇杀，又不能真正和解。

成：人一旦有了心，就会做很好的事，也会做很坏的事，这是人的特点。他随时要作选择，随时要面对他自己。恶意是伤害别人，善意是帮助别人；善意凝聚人心，恶意让人产生痛苦。中国传统所谓"视恶如仇"、"持善固执"这两句话，我觉得是很有道理的。因为这是维护一个人有尊严的生活、一个民族有尊严的生活、一个国家有尊严的的生活所必需的。张载说"有反斯有仇，仇必和而解"作为一个终极原则当然是正确的，一如我的第一个原则所示。在宇宙的层次，在历史的利害冲突中，两强之争、两弱之仇都是容易化解的，因为化解对两者都有利，也有理可说。强与弱的关系之间，如弱胜强以智，往往赢得强者的尊敬，但如是强欺弱以力，则往往导致对不义的仇恨。但强者仍可以德化解。故化解正是强者为强的自然道理。但强者不进行德的化解，反仗势更加欺人，则仇的记忆仍是实现正义的一个方式。北宋为金所亡，宋人国未能复，靖康之耻未能雪，怎能和而解？如果只是屈就金人，承认丧权辱国，这不是和而解，而是降身为奴，放弃做人的尊严了。故和而解一定要有一个平衡与正义的条件，无此条件，是无法和而解的。作为弱者，接受历史教训，刚健自强，力图复兴，方是和而解的唯一途径。历史是不断向前迈进的。历史允许也鼓励平衡与正义的实现，问题在于我们是不是真正的强者，是不是正义的坚信者，是不是真实和谐的追求者。如果是，历史的能量与我们的努力必能把仇转化为更大的力量来取得平衡与正义。因此我认为这里也没有冯友兰先生说的"仇必仇到底"的问题。总之，我们要落实来看问题，不能抽象地作结论。今天中美之间，中日之间有很多对中国与中国人不正义的历史与现实横亘其间，中国人又岂能忘记不正义的屈辱与不正当的巧取豪夺？中国人又岂能只为个人的成败而奋斗，而不涉及国家民族的荣辱？中国人和谐的理想与人类历史的正义就已经包含了仇的定位与解的定向了。

记忆、回顾、怀旧

乐：那你是否认为有些记忆是应该永志不忘的？或者说"忘记过去，就是背叛"？

成：我们可以先来谈谈记忆、回顾、怀旧三者的关系。记忆纯粹就是对过去事实的重新认识，所以在知识论上，记忆就是知识的一种方式。对过去的知识叫做记忆，对现在的知识叫做知觉。我们对于未来的知识是基于记忆和知觉作出的一种归纳、一种总结，叫做概念。为什么有概念呢，因为知觉和回忆都是以经验为主，经验把两者组合起来，成为概念，例如床的概念、树的概念。记忆是 memorizing，回忆是 remembering，怀旧应该是 nostalgia reminiscence。我想把这三者分开。记忆是生命体必须要的，与他以后的行为密切相关，也是心灵最基本的活动。心灵的一个功能就在于记忆，记忆过去的经验。对记忆所代表的意义不能掌握，这个时候就需要回顾。回顾应该是 recollection。比如我的一把钥匙掉了，记不起来怎么掉的，这就需要回顾了。不回顾，记忆就不能形成一个系列。回顾就是给你的记忆一个总结，让我们看到它包含的内容及其所代表的意义。

乐：recollection 和 remembering 有什么不一样吗？

成：remembering 和 recollection 是一样的，都是进行 memorizing，就是记忆。但是怀旧不一样，我们说的"怀旧"有感情成分。这是某些具有特殊价值，尤其对个人存在某些特殊价值的东西。这种价值的基本内涵是情感。比如说喜欢或不喜欢，恨还是爱。怀旧就是通过回顾的方式来重温或重新感觉记忆里的经验，不但是它的意义，而且是它的价值。

乐：有感情在里面？

成：对的。怀旧不是为了单纯解决问题，它是为了建立自我更完整的一个存在的方式。怀旧要有一定的经验基础，它一定是值得回忆的东西。值不值得就是价值。它是构成我存在的一个重要部分。一般怀旧是怀什么？一般怀念的是我们的童年、我们一些美好的家庭生活，怀念我们的父母亲、好朋友、儿时的玩伴、最初的情人。总之我们怀念那些美好的、生命当中最原始的、给你快乐、给你价值、给你希望、给你鼓励的那些东西。

乐：那要是负面的呢？可不可以去怀旧？可不可以叫怀旧？

成：这个正是我接下来要说的。因为当初发展的东西是比较复杂的。比如在战乱时候我的一些遭遇：别人牺牲，我自己怎么走过来的。这就是怀念过去的一些痛苦的遭遇。但是那些痛苦的遭遇因为时间流逝，具有了某种形式上的美感。

乐：为什么会出现这种情况呢？

成：这就是contemplative（沉思、冥想）思想的作用。它是来自我们的怀念，不是来自本身的事实，而是对事实的沉思——那种沉思的行为所带来的东西。所以那个美感是距离带来的。距离产生美感。例如战争，远看的时候不是血肉模糊，而只是看到一个景象，如大后方逃难的一些动人的场面，是吧？

乐：坏的东西没法去怀旧吧？那些让你很痛恨的东西就不能叫怀旧吧？

成：那就不能叫"怀旧"，只能叫"回顾"。回顾它的意义。

乐：怀旧一般都是美好的。

成：对的，怀旧是怀念那些美好的价值嘛，所以怀旧是有选择性的，是充满你的情感性的东西；回顾则是知识性的，是一种理性的反思。怀旧对你成为一个完整的自己很重要，就是说能够使你认同自己，重建你的自我。怀旧是因为值得怀旧。也许从某个意义上讲，生命给你的即使是最不好的东西、最痛苦的东西，但这是你从过去走到现在的一个过程。从某个意义上讲，即使是最痛苦的、最不好的东西，它也对你现在存在的状态产生了影响。所以你还可以重新去怀念它，给它一个洗清（purifying）也说不定。或者某些重新估价，使它具有某种正面的价值。比如情人的斗气、儿时的斗嘴，在怀旧当中，都会有一种救赎力量，重新给它一种新的意义。所以它对维持我现在生活的完整性，或者赋予我现在的生命以某种意义有特殊的作用，因此它丰富、坚定、重建了我的自我。这个自我就产生了新的价值、新的肯定。可能在怀旧当中也会看到一些不好的东西，让自己后悔，例如当初与好友争执可能是因为我误解、我嫉妒，因此从怀旧中会认识到自己某些心灵上的遗憾与错失。

乐：那也可以称为怀旧？

成：我认为怀旧不是一种单纯的活动，当然可以有复杂丰富的内涵，事实上就是人生的一部分，而不能只想这一部分而不想那一部分。比如写一个回忆录，其中一部分是属于回顾，也有一部分——情感的部分——属于怀旧。每个人写自己的过去，都会面临一些反思性情感，没有情感当然没法怀旧，当然要看深入的程度。但整个来说，回忆录是建设性的，或重建性的，重新建立自己，然后在这个基础上，形成对自己的理解，对现在与未来的观照，甚至使你的生命境界有所提升。在回忆的怀旧中也可以产生对他人的评价、对自己的评价，并选取某种对世界的看法与态度，甚至投射某种行动与导向某种生活模式。因为世界是整体的，生命是整体的，自我的存在是整体的。所以我们在这一方面，从哲学的眼光来看，无法脱离未来、过去与现在的一体性。假如有一天我们发现我们没有过去了，对过去什么也回想不起来了，那是怎样一种感觉？我们会说我们得了遗忘症，那是一件多么不幸和痛苦的事呀。有人因过去有太多的痛苦而要遗忘，这样的事是有的。也有人早年受到灾难，承受了一种创伤经历而失忆。但从心理分析的眼光来说，我们要去了解这个失忆的来源而加以治疗，恢复受害者正常的记忆能力。这就是弗洛伊德等心理分析家的主要目标：通过重新认识，把负面的情感去掉，把正面的情感建立起来。我接受过去，面对过去，消解创伤，甚至于进行重新判断，自觉的爱与恨，谴责或赞赏。这就是重新建立我自己，我就不受记忆的影响。所以怀旧虽不等于是治疗某种心理障碍，但是假如从不怀旧，可能有些记忆就模糊了，那将是个人的一种失落。总之，怀旧是针对自己，建立自我的价值的行为。怀旧不能完全代替回顾，它们对未来有不同的作用。怀旧是坚定自我，具有独特性、同一性的要求。回顾是为了继续客观的发展、生命进化的发展所要求的。两者也相关，因为回顾也是维护人具有情感价值的一个方式。

以中日关系为例

乐：那么，日本对中国人造成的创伤经历也可以这样来对待吗？

成：从传统来说，中国是一个比较容易包容与宽解的民族，是一个重视情感、重视关系、重视善意、重视行为的民族。这是长期经验与实践的文明结果。中国早期是由华夏多民族形成，逐渐会合成今天的中华民族。在形成过程中，认识到彼此相互有需要，有共同的问题要解决，基于同情共感，相互认同，面对共同的问题形成共识与协力，来面对自然的灾害如洪水等。各个民族因和平相处而产生相互帮助的感情。在这种相互帮助中，领导者自觉而觉他地发挥了仁爱精神，建立中国历史上的三代。这就是华夏民族理想的圣贤政治。我认为中华民族的形成，和后来的或西方国家社会不大一样，主要在于中国强调民族之间的和，后来的或西方的社会国家却往往强调民族之间的争。

谈到中日战争，首先要明确这是日本这个民族（或其统治者）明显选择伤害他人，来使自己获利的行为。这一行为肯定是不道德的、邪恶的。发动战争的日本民族的统治者完全是欺善怕恶，凭借自己的强权，看到对方正好羸弱可欺，然后非常积极地、有计谋地——就像谋杀一样——去谋害别人的生命，夺取别人的财产，奴役别人的子女。不管从心理分析还是从对一个民族或种族的尊重，都是很不合正义的。在原始社会可能还没有进化到这一蓄意伤人的层面。原始人看到好的东西就去拿了，像小孩子一样，还属于一种自然的意图，还是动物性的本能。日本侵入中国不只是动物性的，因为它有极大的谋算意图、谋略在里面，是一种理性的、有计谋的犯罪行为。加上造成的伤害是如此之大，杀人是如此之多，手段是如此之残酷，从慰安妇到活体解剖可说已尽毒辣恶劣之能事，时间是如此之长，受伤害的中华民族怎么能忘记？我觉得不但不能忘记，而且为了人类的未来，那是一定要强力记取、强烈谴责的。我要大声疾呼，这样的残害人性的行为是人作为人所不允许的，过去不允许，现在也不允许，未来更是不允许。再说，日本也不采取行动来消除这种记忆,而要受害者改变这个记忆,这是它恶上加恶的地方。它的罪恶在于,第一,它的行为动机很不正当;第二,它的伤害行为非常恶毒,既深且广;第三,它完全拒绝任何反思、忏悔与消解的行为——以理性和人情可以了解的或者可以适当接受的方式来消解;第四,它不但不消解,还要掩盖,还要以非为是。这四大罪恶从人类良知来看是很难接受的。

乐:所以德国对犹太人就做得好一点。德国政府认罪,但犹太人还是要把所有的犯罪者抓出来。有个电影讲一个纳粹逃了一辈子,最后还得被揪出来处死。要是中国人,可能就算了,他已经忏悔,年纪那么大了,老了,还能活几天?

成:这是优点,也是缺点。因为犹太人有个正义的上帝耶和华,他们从开始就把正义看得非常重要。正义是维护人类继续存在的一个理由。你做任何事情,首先要问是不是符合公义。只有在这个公义的理解之下,彼此才能合作下去。还有就是,你能不能做到你答应的事情。因为上帝要求犹太人尊重他们与上帝耶和华定下的契约。这种信条也是维持社会继续发展的要求,这点很重要。当然上帝可以允许你犯罪后的补救,条件之一是你要诚实、要忏悔,忏悔之后要寻求补救之道。当然,寻求补救之道,权利不在你个人,而在上帝。上帝有权惩罚你,也有权原谅你,要看你本身是否有反悔的意识,回到善意的原点:我做错了,我寻求补偿,保证以后不再做,并使对方对你有信心。这样,你不但能够维护对方存在的安全,也能够促进共同发展的条件。但现在日本什么也没有做到,没做到,还要掩盖,这个怎么能符合正义?在这个意义上,我们如何讲求遗忘,如何把不义的伤害排除在记忆之外?如果日本能够真心诚意忏悔,并真心诚意道歉,保证不再发生侵害行为,中国也可以选择宽容与宽恕,不再追究平衡正义。这不是说中国不必有民族的记忆,而是在现实中选择淡忘。民族的记忆本来就是如此。但如果有的伤害永远得不到补偿,那个伤害就永远存在,这个记忆也就不能够消除,不能消除的原因是因为这是对人类尊严的维护,是人类起码的价值所要求的。假如一个民族丧失良知,不能做到维护人类尊严这一点,那么就应该有第三者来主持正义。不幸的是,作为第三者的美国并没有这样做,反有助纣为虐的意思。假如没有一个主持公正与正义的第三者的话,我们也没有理由把这个正义忘掉。在某种意义上讲,这对犯罪的民族也有一定好处,让他们和他们的下一代知道他们的错误和罪恶,以及必须面对的问题,让他们警觉,总有一天要去面对维护正义的要求,包括道歉、忏悔、补偿与保证。事实上,日本能否做到我没有信心,但理论上应该是如此的。

乐:现在好像越来越坏了。

成:越来越坏就是人类的悲剧和丑剧了。日本是一个很现实的民族。假如今天没有美国撑腰,或者美国和中国之间没有矛盾,无利可图,他的态度就会好多了。日本非常重视他自己能够维护的一种封闭心态,这种维护到了不愿重新开始的地步。也就是说日本人有这样一个习惯:他宁可冒天下之大不韪,宁可坚持错误,死不悔改,或者说"不见黄河心不死"。对中国人来讲,必须要认识到日本这一特点。目前,他们仍然看到中国的一些弱点,认为可以利用这些弱点,还可以在世界上制造一些假象。有种人往往是这样,他可以对其他人很好,但偏偏对他伤害的那个人特别不好。正因为他对你不好,所以更要对别人好,来保护他自己,用这种行为让别人以为他对你不好是因为你不好。日本又是一个崇拜现实权力的民族。他就认为你中国人没把他打败,所以他不服气。他还有很多原始性,就是像一个动物,你没有把他驯服,他就觉得无所谓。你要把他驯服,最后不能动了,他也许就服气了。他认为中国没有做到这一点。因此,我们也要反思一下中国的弱点在什么地方,我认为那就是当我们有机会争取我们的权利的时候,我们自己放弃了这样的机会。其次,我们的政治智慧要加强。比如赔偿的问题。我认为当初就不应该放弃赔偿要求。

乐:这是国民党提出来的,是吧?

成:国民党先提出来的。共产党为了以后的斗争,也提出来了。这就是中国人自己的悲哀:把内部的人民矛盾变成民族敌我矛盾,把原来的民族敌我矛盾缓和下来了，变成了你不要赔偿，那我也不要。是不是应该这样做呢？任何一个领导人不能代替整体人民来做决定。死了那么多人，受了那么大损失，赔偿说不要就不要了，可以吗？德国人的确是不苟言笑，在这些严肃的问题上不会说过去了就过去了。日本人不一样，不但不反思，还要改变历史的记忆，把战犯牌位放在靖国神社里，每年还要去参拜！中国话太多语义含糊的东西，很多重要文件缺乏准确的表述，以致不能成为客观化的契约。据有人告知，当时"二战"还没结束，雅尔塔会议，美国的罗斯福问国民党，琉球群岛你们中国是否能接管。国民党说现在不能决定，还要回去商量，最后就不了了之。如果这个属实，这就反映出当时中国领导者不对历史负责、不对人民负责、不对未来负责的态度。

乐：能否就这一点再解释一下？

成：含糊的语言容易引起纠纷。胡适就写了一篇《差不多先生》的文章说，对中国人说什么都是差不多。中国人一说话往往就是这样，做事马虎了事。往往"失之毫厘，谬以千里"，无法写出精确客观的契约，把很多有价值的东西失落在字里行间。这是第一。第二，日本当时分四块，四国这个部分本应属于中国驻军的。如果驻军的话，后来的琉球、钓鱼岛问题都可以避免的，但是因为内部有斗争，就放弃了。这就是日本人看不起中国人的地方。在你们有权说话、有权占领它的时候你不要求，这样的机会就失掉了，永远找不回来了。中国在这些地方犯了不加回顾的失误，中国是一个最重视历史的民族，但是往往不从历史中得到道德的教训和外交的教训。我们常常是在短暂的时间里，在自己得到满足的状态下，在短期需求下，忘记了这些历史的教训。

怀旧与未来的关系

乐：我们是否可进一步谈谈怀旧与未来的关系？

成：我想举个怀旧的例子。武汉有一个黄鹤楼，崔颢写《黄鹤楼》诗曰："昔人已乘黄鹤去，此地空余黄鹤楼。黄鹤一去不复返，白云千载空悠悠。晴川历历汉阳树，芳草萋萋鹦鹉洲。日暮乡关何处是？烟波江上使人愁。"他把怀旧与现实连在一块儿。因为在那个情况之下，怀旧是情感的东西，他自然会怀旧。本来是一个出门的旅客，一个人只身在外，自然就会怀旧，就好像另一首唐诗《枫桥夜泊》所示："月落乌啼霜满天，江枫渔火对愁眠。姑苏城外寒山寺，夜半钟声到客船。"这种怀旧就是因为这样的情景非让他怀旧不可。见物思人，怀旧是自然的人对过去的不断回顾，这是支持他存在的方式。因为在怀旧中情感得到抒发，让你更好地去面对未来。从怀旧中可以得到很多东西，比如亲人的鼓励，或者对友人的期盼。在怀旧的过程中给生命带来新的空间、新的情怀、新的力量。所以怀旧在情感上有重大意义，是使人走向未来的一种自然的方式。回顾与此不同，回顾是一种主动的、理性的行为，比如要找寻一种意义，或者发现一个什么错误，来解决当前的问题。怀旧可以是不自觉的，不由自主的。但有时也有一种"启发式的怀旧"。我记得读过一篇散文故事，印象很深刻，讲纽约某小屋中一老人，他看到星空中一颗流星，就想到当初父亲对他的期望他没做到。他那种怀旧有一种人生的体悟，表达了一颗忏悔的心，给读者莫大的启发。

乐：这种怀旧对未来也有什么影响吗？

成：对未来的影响就是更好地启发自己，成为更好的自己，净化你自己。如果你有忏悔的事，怀旧提供了一个忏悔的机会，忏悔中得到安宁，自然能变成更好的人，有某种道德提升的意义。所以怀旧的作用，一是对未来产生理解；二是从过去获得情感和力量；三是净化自己。这对自我完整性的建立、自我认同，有很重要的作用，对未来会有重要影响，能产生新的希望，产生新的约制。总之，怀旧可能对自己加以更多的激励，或者教育出更好的子女，对如何教育与培养自己的子女可能有新的体悟：当初自己做了什么，现在对自己的子女是否还应该这样要求？对父母不关心，那是否应该改变自己的态度？所以这是对自我的提升，对他人也有正面影响。为什么回忆录或怀旧故事有文学价值，就因为它们把过去重新建立起来，让人们看到他一生的旅程，或者从里面重新认识自己和人类可以走的方向。当然，我们不能耽溺于怀旧之中，形成了一种心理的惰性或习惯，让你丧失了对未来的愿景或对现实的认知与面对能力。这就是我为什么一再强调怀旧是情感的，但却要一双明亮的慧眼从怀旧中汲取力量，整合自己。

乐：重新认识自己？

成：对的，重新认识，重新改造，重新清理。所以写回忆录是很重要的。自传也是这样，像奥古斯丁的《忏悔录》、卢梭的《忏悔录》，还有像自传体的文学《约翰·克里斯朵夫》，像《追忆似水年华》，像林语堂的著作《京华烟云》，也是让我们重新认识了一个时代，认识那个时代的人，说明了一些现象。通过怀旧的方式，也产生了某种更客观的认识。它的作用是多面的。

时间与空间

乐：哲学上讲过去、现在、未来。现在好像并不存在，因为一说出来已经是过去了，是不是这样？这个问题怎么看呢？

成：现在是一种什么样的现象？在佛学唯识论里，这个现象叫刹那——刹那的意思是瞬间。时间是瞬间的瞬间呈现，但每个瞬间又是不相连续或联系的。大乘佛学中也有以此否定因果关系。

乐：说的时候就已经过去了，是吧？

成：对，一说就过去了。所以从唯识论来说，一切都是幻觉，因为都是刹那，你不能掌握任何过去。"刹那"的梵文是ksana，那是片段。他们的时间概念和中国不一样，中国的时间是延续性的，是一体的，生生不息的。从现象学讲，中国的时间性可以有分析性在里面，时间可以分成一个绵延不绝的系列。《庄子》里的《天下篇》有"一尺之棰，日取其半，万世不竭"的考察：这一半一半还是连续的，分不开的。也许佛学唯识宗的刹那更像道家庄子说的"方生方死，方死方生"，可以解释成刚刚死去一个，又生出来一个，但生出来的这个不是前面的那个，全部是新的，还可以是断裂的。所以不但一下子就没有了，再一下子也没有了。回顾、怀旧属于心的世界。这些经验通过心的回顾，通过认知，成为一体，这就是记忆的作用。事实发生就有记忆，回顾把它组合成为一体，赋予它意义。所以在时间上面也会有现在、过去、未来之分。什么是现在？现在可以从一刹那变成具有宽度的时间段落。怀特海说得很清楚。他把这个时间段落叫做时机（occasion），一个实际的时机（actual occasion），或者也叫一个事件（event）。什么是现在？现在就是发生的一个事件，这个事件不是说只是一秒钟、两秒钟的。有的事件比较长，比如我们专注地看一个表演，这个现在是很紧凑的一个舞蹈，不是只看一个动作，而是连续的动作。而且我们的记忆基本上能容纳十秒钟，相对这十秒钟讲，都是同时的存在，所以就把时间的存在变成为一个空间的现象，不是看了前面就没有了。我们的心灵既是时间性的又是空间性的，它可以把时间的经验、生活的经验变成一个空间的形象。这样一个时间的概念，就更有意义，也更符合实际了。

乐：那么这个时间性怎么能变成空间性的呢？

成：我的基本命题是：时间是一个活动过程，空间是一个静止状态。时间在它不断活动的时候，产生的后果就是静止的空间。空间是时间产生的，用另外一个更诗意的说法：空间是时间的沉淀。

乐：空间是时间的沉淀？

成：就是时间一过了，空间就沉淀出来了。

乐：就是它很快就变成回忆了？

成：在心灵当中它就变成回忆的空间，在物质当中它就成为物质的空间。但是时间有两面性，一面是它活动，不但活动，还产生空间；有的空间你说它不存在，但是在那个空间里仍然发生着事物。中国人说"时间是时光"，是一个很深刻的创见。光在照的时候，照到的是东西，但它自己是个过程。这个时间之光是有创造性的，在最少的时间里照出来一些事物，这些事物就让它成为空间。时间创造空间的意思就是时间创造万物之初的基本粒子或量子，而空间不外于基本粒子或量子活动的场，所以时间与空间是不能分开的。在我看来，时间最具体的表现就是光的运动。光当然有非物质的含义，但是也有物质的含义。光到哪儿去了呢？从物理上讲，光就是光子，光有个光源，时间有个时间之源，像流水一样不断涌出，那些流出来的东西沉淀下来就变成空间了。现在我们看到这个空间，空间里面不是空的，它变成了生物、事物。时间产生空间的意思，就是时间产生了从简单粒子到万物的活动。用《周易》的话来说，就是"太极生两仪，两仪生四象"。有时间就产生空间，有空间就产生万物。人的心灵能关照的是自己的经验，心里能包含的东西就是我们经验里面的事物。所以我们在思考、在感受的时候，实际上我们是在时间中感受，在时间中思考，我们是作为时间的一部分，自觉地掌握外面的事物。我们看到的事物、想到的事物就是时间的流。看不到的，通过回忆，那就成为过去；还有看不到的，还没发生的，就变成未来。有人看到的现象很丰富——现象也是可以具有伸缩性的层次的。有的人心胸开阔，内容很丰富，有的人心胸狭隘，内容也就很贫瘠。比如有人喜欢看自然风景，一看到这个风景就觉得我的世界多开阔啊。但有人面对自然美景，却无动于衷，他的心中只有一两件东西，其他都视而不见，时间在他那里也就缩小到枯槁无存的地步。这就是生命吧。生命带来心灵的活动，心灵的活动能够展开为时间和空间的种种形态。我们的心灵用记忆、知觉与想象来掌握时空里的东西，这三个心灵的能力是掌握空间容量的方式，也是表现时间活动的方式。我不知道海德格尔是否也可以从这个角度来理解。但值得认识的是：海德格尔没有宏观的宇宙论，而中国哲学中有宏观开放的宇宙论。引起的差别是：中国人的心灵能在宇宙的时空中悠游而不必陷于焦虑。海德格尔则完全是从存在论来探讨人的存在状态，他的时间只有内在性而无外在性，所以他打不开心灵的焦虑。从中国哲学来说，我们从根源上认为自己是宇宙的一部分，时间指的是宇宙的时间，也是我的时间。所以可以说"我心即宇宙，宇宙即我心"，或者像孟子说的"万物皆备于我"。对海德格尔来讲，他只能反思地感觉到我的存在内涵是我当前能感受到的一些痛苦和恐惧，我的一些生活上的烦恼。由于时间的主观性的约束，人的心灵的空间很小，可说没有什么空间，人际关系的空间自然也不谈上，只谈人在焦虑中怎样想办法超越，或者找一个可以信仰的对象，叫做Sein（终极）的存有。最后，他又回到基督教的那种超越形式的思考模式。

乐：这点非常有意思。请谈谈人的存在与历史发展的关系。

成：你提出来讨论的题目很好，实在可以展开很多。人可说是历史的动物，人有记忆、理解及知识，因而他能写回忆录，写历史。一个民族为什么要尊重它的历史？因为"人们忘记历史，注定要重复历史，而且要重复历史的错误"。因为历史是一个自然发生的过程，历史里面很多是属于人类可以选择方向的行为，也有的是不能选择的行为。因为我们必须服从生物的进化，但我们有心灵，我们可以有限度地选择。历史，事实上是人的历史、生命的历史、心灵的历史，以及意志的历史，至少有这样几个层面。我们对历史要认识到其组成条件，是物质的因素呢？还是生命的因素？抑或是心灵的因素？我们要问，有些物质的因素是不是心灵可以控制的？还是有些不能控制的？有些民族的历史是没有办法控制，没有办法选择的，比如太平洋里有的小国因地球暖化要淹没，就没有办法选择，只能向别人求援。有的历史是我们可以选择的。在中国很重视这一点，比如盘庚迁都，从西周到东周。因为中国人强调天地人合一，"天时"没有办法改变，但是"地利"可以改变，更多的是"人和"可以改变。一方面我可以适应，另一方面我也可以寻求改变。真正"不可活"的是人的错误选择。"天作孽犹可活，自作孽不可活"。中国文化很看重历史中人的心灵能够作出有效的或有价值的选择这一点。

海德格尔和伽达默尔

乐：你刚才讲到一点很有意思，就是说海德格尔是没有宇宙论的，你从中国文化出发，谈过去、未来、现在的时候有宇宙论为基础，能不能再讲讲这个问题？

成：海德格尔看到当初西方的形而上学，基本上是两个层面，一是古希腊以来的那种非常外在化的，现在被称为科学宇宙论的层面。那种宇宙论认为人只是物，人只能看到物质宇宙的发展，好像跟人没有关系，也就没法解释人内在生命的痛苦和困境，而且认为人无法对这些加以掌控。所以海德格尔认为这样的宇宙论是纯粹外在的，没有人的意义在里边，所以他不能接受。他要肯定人的存在，因为存在先于本质，当然他说的本质有古希腊形而上学的成分在里面。因为它是根据存有论 ontology 来的。注意我不叫 ontology 为本体论而叫存有论。把 ontology 译成本体论造成了对中国哲学很大的误解。亚里士多德的形而上学，讲要从无知当中抽出一些具体的东西叫做"be"和"being"，是永远不变的东西。而中国的本体论则是天地人的宇宙变化形成的。对于具体的人的生活、具体的感受就有极大的意义。对海德格尔而言，西方传统的存有论与人不相干，他认为这是传统形上学本质主义最大的缺陷。但他对中国天地人的本体论也未能深入认识。只能在人的时间意识中体现时间的心灵三态。后期的海德格尔倾向于基督教神学的思维模式，走向了伽达默尔所说的天主教神学的思维方式。2001年伽达默尔请我到他家去，做了三个小时的对谈，其中的一部分对话就是针对此一基督教神学化的海德格尔而发的。

乐：你们的这个对话有没有留下来？

成：在我编著的《本体与诠释》第二期上发表过了，我还写了一首诗。因为伽达默尔这个人有点中国味道。当时我曾说，假使早期的海德格尔有点道家的意味的话，后期的你（伽达默尔）就有点儒家的意味。伽达默尔也和我谈进入哲学的往事：他的父亲希望他学化学，但他发现自己关心的是人类的一些共同思想问题，走上了不同的道路。但伽达默尔对他父亲有很大的崇敬，有浓浓的怀念。我觉得这个怀念是儒家的情怀。他又说明自己跟海德格尔是不一样的。他说海德格尔最后要肯定超越的存在（Sein），这种存在要给个别的存在（Dasein）一种赋予，使我们的存在从超越的存在中获得意义。这等于说我们存在的意义是来自于 Sein——这是针对海德格尔早期对人的没有出路的心境而说的。早期的海德格尔面对人的欲望怎么解决，人的痛苦怎么解决？人必须生活在自己的存在里面，这是最真实的东西，这些怎么解决呢？如果要靠一种 Dasein 决定跳出去，最后能逃到哪里去呢？所以他有某种虚无主义的说法，认为这是不可能（跳出）的。他的世界是围绕在一种自我怀疑之中，但他又跟笛卡儿不同：海德格尔经历的是一种非常具体的怀疑，感觉到存在的痛苦，面对着存在性的日常性等等。这些都是真实的感觉。这种真实的感觉是他在战争前后，特别是第一次世界大战后提出的，所以也许可以以此来解释他后来为什么去参加纳粹。但是这没有解决根本问题，根本问题是他没有宇宙论的认识。后期他一直在找寻神学作为存在的基础，但由于没有宇宙论，他一直不能完全安排人跟人在世界时空中的关系。

《易经》和宇宙论

乐：刚才提到你的哲学有宇宙论为基础，最后能否再谈谈？

成：宇宙论是中华民族在最早时候就认识了的。希腊人与中国人不同之处有一点是他们可以用科学来找规律，但无法找到整体。《易经》中却讲到这一点。从人看到世界，看到人与自然的关系，从一种相互沟通的关系中产生了宇宙观,这是一种动态、发展、活泼、有人参与的宇宙观。这样的宇宙观衍生出来八卦,八卦是经验积累所得。《易经》所包含及呈现的本体宇宙是一个上下、左右、内外、前后互连贯通的生命发展整体。它的符号系统是在人类观察天、地、水、火、山、泽、风、雷等自然现象的经验基础上发展出来的。故上下、左右、前后、内外都有一个广泛的经验基础。我对《易经》有一些新的理解,人从观察中认识到人的存在并认识世界,从而又反过来认识自己,认识人存在的意义。人所以为人需要两个充分条件:一是观,就是看天地万物,把天地万物纳入观感中,这是一种外观——人能够自由广泛地认识世界。二是感,是回观自己,是一种感觉,建立一种感应影响的关系。比如咸卦,第三十一卦,讲"天地感而万物化生,圣人感人心而天下和平;观其所感,而天地万物之情可见矣",可以理解感的含义。我用"观感"两个字来说明中国人的知识论以及为其自然基础的宇宙论的建立,观而后感,感而后观。就是说你是宇宙的一部分,宇宙又是你的一部分。太极是总根源,中国重本源,认为人与宇宙从原点上是一致的,一体同源。人与天地同其德,与日月同其明。基于这种对宇宙的信念,认为天人合一,人与宇宙有和谐的关系,人与人的关系本质上等于人与自己、与他人的关系。这种认识论的产生既基于历史又基于现实。这也就导向了中国的本体论的建立,体现人与天地的整体意识、根源意识以及发展成体系的意识。这样合起来,到了汉代就有了本体的观念了。现在学者对本体一词用得很多,却对此词的含义并不了然,可说是忘了原意及其含义。我们必须认识到先有本再有体,本体含有一个动态的由本发展到体的整体意识的意思。

乐:所以中国的宇宙论更凸显了人的意义。

成:这与西方当然不一样。西方文化的起源之一是希腊文化,希腊人认识到变化的现象,试图在变化之后寻找一种永恒不变的东西,后来又用超越性的上帝来规范一切。中国人也不像印度人把现实看作幻象,要超越和否定变化的世界，寻求变化之外的空的世界。文化经验不同，形成了不同的宇宙意识。中国的态度是面对变化，了解变化，接受变化，在变化中找到生命的动力，这是中国与众不同的地方。

乐：今天讲得很有意思，很哲学，将很多东西都贯穿起来了。

成：我还可以举个天人交感以认识人的存在定位的例子。唐代张若虚的《春江花月夜》诗中有"江畔何人初见月？江月何年初照人？"的发问。这里有两个问题：谁是"初见月"的人？谁是"江月初照"的人？经过推敲，我们可以发现：月亮初照的人即初见月的人。意思就是人在回顾自觉中得到新的自我认识。

乐：非常感谢今天的对谈，我们讨论的是个复杂的问题，但你的谈话为深入思考回忆、怀旧和未来以及它们的关系，提供了很多启发。谢谢！

陈毓飞　整理

寻求保留差异的中西马哲学会通之路

在这里，我重点谈一下中西马哲学会通的问题。首先要界定这里所讲的中西马：中，不只是中国哲学、中国文化，也可以是中国的历史与中国社会，但此处指的是中国哲学与基于中国哲学发展出来的中国核心价值；西，可以说是西方哲学、西方文化，或者西方历史与西方社会，但此处指的是西方哲学与基于西方哲学发展出来的西方文化的核心价值；马，主要指的是马克思主义与马克思政经哲学。这里要讲的中西马是中西马哲学。哲学是我们生活世界里面的一种理想陈述，既是一种自我认识，又是一种追求的方向，代表了一种深度文化的形态，一种心灵追求的价值形态。

一、如何理解我们的时代

任何一种哲学都会有一个根本的起点，这个起点缘于人对所感受的时代的现象或问题产生好奇，但是当我们开始思考之后，往往忘记了这个现象和现实，忘记了哲学思考的起点。这是一个很值得注意的问题，即哲学往往会离开现实。而马克思主义哲学的精神在于呼唤人们正视现实，在思考问题时不要忘记现实，这也可能是马克思主义精神之所在。马克思在他生活的那个时代感觉到了资本主义的发展产生的压迫感，这种压迫感要求马克思必须要面对资本主义的发展，去研究资本主义的未来,甚至要思考如何采取一种规范的评价或一种行为,对此进行探讨。所以马克思说哲学的问题在于改变世界。因此,人的作用很重要,人面对现实,对现实了解之后能做什么,这是很重要的一个起点,即认识现实,认识自己,认识自己能够对现实产生什么样的作用,作出什么样的贡献。那么,我们的时代是一个怎样的时代呢?我用两个基本的概念,后现代和后后现代来说明。我们是后现代,但是后现代不足以说明现实,也许我们更是一个后后现代。现代代表持续、理性、系统,后现代代表对理性的批判,甚至是一种非理性的批判。但批判之后怎么办,只是回到一种无序的状态,还是只是重视个体,顺其自然?这变成了一个重大的问题。人们在批判现代之后,产生了后现代的自由或自然,但还是不能解决问题,仍需要掌握现实。这样,新生成的现实路线就会更广阔,更愿意去融合一些差异并在差异中找寻一些可能的沟通渠道,或者至少能够产生一种平衡关系,一种平衡、融通、超越的语境。在今天来说,面对后现代的差异,这种发展的方式还是在摸索之中,但是显然,它不会只是让这个差异发展下去,而是要寻求一种平衡,在平衡中找到一种融通,最后也许能创造出一种新的持续。这是一个基本的潮流,这种潮流可以称为全球化,所以后现代、后后现代的表达就是一个全球化的时代。

在这里我想说的是怎么能把时间概念和空间概念融合在一起。我们作一个比较抽象的说辞,时间代表空间,时间创造空间。空间是时间创造出来的,时间是一种力量,一种发展的力量。在科学哲学里面,时间用一种能量来表达的话,就是一种具有高速度的变化的光(相似的是,黑格尔似乎也用过光来表达时间的概念,而中国人也说时光)。时间通过光产生物质世界,产生空间,这是一个很重要的认识。在这个意义上讲,复杂的时间变化产生了一种全球化的意识。这是我们的一种现状。

那么我们再追问:什么是全球化?这也是一个很重要的问题。我认为全球化后还有一个后全球化的时代。全球化是一种理性主义的理想,而我们是否能做到一种完全的平衡、融通,显然不尽然。全球化毕竟是一个理想。后全球化是在全球化的框架里产生新的矛盾和冲突，我们必须要面对这些新的矛盾和冲突，解决它并建立新的权力中心。在这个过程中也许会发现一个新的全球化的框架，但后全球化的力量总是要打破这个现实的格局，重化或重组板块。这是目前的处境。

就好像最近在西方发生的一些基本的危机，如金融危机，就可以说明在全球化过程中不断地面对新的矛盾，去寻找新的框架的现象。现在全球的金融，是不是国际资本主义在极端的发展当中产生出的一种自我伤害行为？这一点在美国体现得很清楚，很多危机是间接的甚至是直接的，但却是由自身的发展所产生。在政治权力方面，复杂的国际关系如欧洲与发展中国家或者与美国关系的变化，也是一种从殖民主义走向后殖民主义的变化。有人认为全球化其实就是后殖民主义的发展。殖民主义是通过压迫来把自己的意志、体系强加在别国身上，从中取得利益。这会得到一时的满足，但会带来矛盾，产生自我必须面对的责任。

怎么处理因为殖民政策带来的全球化的发展，如何面对它造成的困难，这不仅是全球化而且也是后全球化要面临的时代问题。全球化本身就有自己的困难和问题，而由此衍生的后全球化就不可避免有很多困难和问题，这些困难和问题的关键就在于不同因素如何融合与平衡。

二、中西马哲学会通的必要性

在这样的时代背景之下，我们怎么来理解中国哲学与西方哲学、中国文化与西方文化和马克思主义的关系，这是一个重要的历史问题，也是一个重要的理论问题。我们先从历史的角度看，再从理论的角度看。

这个时代，我们必须面对现实，换句话说，就是怎么去调解、解决冲突和矛盾。这个冲突矛盾由差异而产生。不同的群体如社会与国家都会不断地相互异化，我们的问题是，怎样使异化变成一个有用的工具，或者使异化变为一个达到更高目的的台阶和阶梯，而不是要取消这种异化。这就像人与人的关系,要经历一个不了解到了解再经过一个冲突的阶段到更深了解的过程,这也是人实现自己的较好的曲折方式。一种文化的发展也是要经过曲折的方式,经过挫折,汲取教训,才能逐渐达到更高的阶段。人类整体来说也具有这样的特性。人要面对很多矛盾,最后才能发展到一个更高的阶段。这里,我并非回到黑格尔,因为这个发展不一定要被看成是一个绝对精神在作祟,也不一定要看成一种非理性的盲目的或者经济力量在作祟,可以将它看做更高的人的意识的发展,更高的人性的价值的发展。这可能是儒家的观点,这也就显示出来中西马哲学的会通之处,对人的发展对人的现实问题的解决有所帮助。中国面临着西方的冲击,中国怎么面对这个问题?我认为,中国的历史、中国的文化传统,有它自己的权限,必须要面对自己在发展中遇到的困难,这个困难有时候自己不知道,只有在与外界交往中才会发现。这是一个自我发现的过程。

从历史的角度看,中国哲学或者中国文化的发展有他自己的线索。

五四以后的中国哲学,基本上聚焦在找寻如何弥补自己的缺陷,如何强调自己原有的能力和精神。这里包含两种态度:一是强调中国哲学先天(思维方式与态度)的缺陷;二是强调中国文化先天的优点与价值,而把中国文化的(尤其制度上的)弱点归之于历史环境,推向历史上以私欲为中心的当权者的封闭与专制因素。两者都使中国文化受到蒙蔽,导致中国文化生命力的沦丧。先不论优劣,这两点不能不说反映了近代中国的历史与社会的现状。晚明以后,中国哲学走入虚灵的境界思考,偏向个人精神的解脱,与社会脱节,与世界脱离关系。继之以清代的闭关锁国政治,把知识分子推向故纸堆,整个哲学的思考面临着双重的失落,外在专制的压力加上自身基于惯性形成的禁锢。辛亥革命以后,外在的专制压力已大量减少,但内在的禁锢却使中国哲学走向一个停滞的状态。在这种情况中,中国哲学不是名存而实亡,就是"皮之不存,毛将焉附",连名都没有了,可说是彻底地丧失了、失落了。嗣后,再经数度打击，已到了穷途末路必须重建的关头。

从这个历史的回顾的意义上讲，中国马克思主义的发生，与西方马克思主义的发生不一样。中国马克思主义的发生，并非由于资本主义社会的异化所引起的社会革命的需要，而是面对国家存亡之秋、社会闭塞、民智落后、西方列强侵略的多种危机而不得不采用的政治信仰与救亡图存的多元工具。中国马克思主义作为一个工具，面对西方侵略，用后来的话说是资本主义、帝国主义的侵略，来改变命运。可以说，大多数的国人，甚至西方人，对于马克思主义在中国的发展，并没有将其视为哲学的主体，而只是侧重其工具性的一面，没有看到它的哲学内涵是什么。

近代中国，对中国哲学和中国文化有多种态度，早期新儒家熊十力、梁漱溟等，对中国哲学持批判的态度；冯友兰、金岳霖，对中国哲学采取重建的态度；冯契、张岱年，对中国哲学进行更深入的批判，其目的也在重建。在这样一种情况下，怎么来理解马克思主义的作用，是否马克思主义只是一种思想工具，或者这中间有模糊性和发展性，所以将其称为意识形态。这是一个根本问题。

就客观理解，中国对马克思主义哲学的理解可分为三个阶段：

第一个阶段，对于马克思主义的理解在本体性，而非工具性。近代有个很重要的观点，就是中国的变化是由于马克思主义产生的革命，这是一个真实的现象，马克思主义是一种改变现实的力量，我们必须信仰它。它是信仰的对象，只有信仰它，相信它的绝对价值，我们才能用它来达到建党建国的目的。如此我们就要问，这个力量的根据在什么地方，它的动力是什么？不能否认，马克思主义唤醒人们对现实的注意，对现实问题的正确理解，也能找到克服现实、改造现状的答案。因之，马克思主义是改造现实的哲学，这体现在马克思主义的本体性上，而不是工具性上。只有信仰它的本体性，才能发挥它的工具性。因之我们要实事求是，信仰马克思主义，要面对问题，要解决问题，来改变现状，实现我们的理想。马克思主义，从五四以后的中国共产党建党到1949年建立中华人民共和国，不能不说它是在政治思想上或所有思想上的一种本体性的发展。

第二个阶段，从1950年代到1980年代，对马克思主义的理解在工具性。我是1985年第一次回到中国，在北大讲学。的确，当时马克思主义作为改变现状的力量，已有它自己的形式，有它自己的内容和原则，更有新的理念与自我要求。基于信仰，作为意识形态，马克思主义在中国已有惊天动地的成就，造成了亘古未有的变革，但也不得不承认，对马克思主义的理解存在偏差之处。总的来说，在这个意义上讲，马克思主义作为治理国家的政治意识形态，具有莫大的工具性，这种工具性能帮助我们掌握现实，帮助中国人走向现代化，走向世界，认识西方。

第三个阶段，从1980年代到现在，对于马克思主义的理解在现代性、世界性与全球性，甚至后全球性。这个阶段，对马克思主义的理解有了进一步自觉，马克思主义不单是革命的手段，而是一种现代化的手段。当现代化初步或者说基本完成之时，我们发现不应该受意识形态的束缚，不应局限在马克思主义的工具性的刻板应用，而要重新审查马克思主义的本体性，扩大它的本体性，创新它的工具性，以获得更大幅度的应用、更深程度的自由、更合乎时代需要的效能。为此我们要充实它、丰富它，使它不过时，而是与时俱进，更能为我们所用。认识它是属于我们的既是本体又是工具的政治哲学、领导哲学与管理哲学。因之，我们必须给这个现代化的"本体—工具"一个中国历史文化和哲学的根源，与中国文化紧密地结合起来，与中国文化的道德理想深切地结合起来，甚至透过它来实现中国文化理想中具有的现代性、世界性与全球性。

在这里，我还要谈一个问题。有人说中国的传统经过五四和"文革"之后有一个断裂，基于这种中国文化传统断裂论的说法，我们因之必须完全重新建造中国的文化。我怀疑断裂论的说法。断裂是说完全断掉，将来要重新开始，显然我们并不是要从头开始，我们意识中还是有一种深层的文化意识，它体现在我们的生活世界里，体现在基于人性的社会关系中，以及人的自我认识和一种内涵的价值观里。就客观考察来说，我们还是看到历史传统继续发酵的历史效应，不管是正面的，还是负面的。传统对我们逐渐发出呼唤，出于我们对现代化的经验与实践效果，甚至出于全球化内外相应的需要。比如人们了解到解决冲突不是要制造更多或更大的冲突，而是要深切反思和谐的方法与价值，并通过对话、沟通与协调认识来产生理解或更多的了解。事实是，不但中国文化体系没有完全断裂，世界上其他文化体系也没有完全断裂，比如欧洲人（包含现代的希腊人）对古希腊的文明仍然存在着向往，具有强烈的情感在内心中。中国的文化传承与世界其他文明相比更显得具有持续性，而非断裂性。中国文明还是在产生作用，问题是我们把它变成现代的经济意识、政治意识与道德意识之后，它是否对我们解决现代问题有更多的帮助。

从这个角度来看，为说明中西马哲学会通的必要性以及会通之道，我提出了自己的方法论。换个角度，就是要问为什么要会通，怎样会通？我认为有两种方式：一是彼此承认，相对地维持彼此承认的差异，进行对话，维持各行其道、相互尊重的平衡关系。但这不是最终意义的会通；二是一种理想的会通状态，即我们承认差异、认识差异，经过差异之间的认识，产生一种新的力量、新的意识，将差异融化在这种新的意识之中。这种融化并不是把差异消失掉，而是在更大的体系中发挥各自的作用，产生新的力量。但要注意的是，这个更大的体系发自差异者的内在的同一性，而非外加或强加的同一性。但也不是说系统的同一性不可能，而是说同一性必须建立或导源于内在的同一性。

在此理解下，不同体系的会通是不是必要？答案是肯定的，会通是必要的。中西马的会通是中国发展的基本的和现实的要求，不可避免。

另一方面，我们也必须理解不同文化与不同哲学之间的矛盾与冲突在一个历史发展的过程与潮流里发生，这是不可避免的。为了人类族群的历史继续下去，甚至为了传统自身的发展，会通也是必要的。从中国当代历史来看，马克思主义的发展如前所述经历了革命性、工具性和新时代的中国化三个阶段的发展，要解决中国人的生存问题，解决中华民族整体的救亡图存的问题，会通是革命所需要，是现代化所需要，也是中国化所需要，再进一步当然为世界化与全球化所需要。这同时是革新性的行为，现代化建设的作用，后全球化的文化融合的现象。更深层说，是中国文化更进一步的发展，来体现人类文明更高的发展。从西方人的意识看来，就是一个所谓中国人的崛起。这样的语言其实是不准确的，具有太多19世纪民族主义的含义。我们更应该从世界人类发展的眼光来看当代中国历史与文化的发展，人类的发展是一个历史通则，人类文明如何更好地将文化力量展开，来嘉惠他人与世界应是历史与文化进化的动力与方向。有人会说这是儒家的想法，很早就有的，我在此提出中西马的会通是合乎人类追求整体的和谐发展的生存与繁荣所需要的，甚至可以说是整个中国历史文化的经验所显示的道路。

三、中西马哲学会通的方法论

1. 本体诠释学的方法论

1985年我在上海讲学，写了一本《中西哲学的汇通》的书。今天更进一步讲中西马的会通，就是相对中西会通的架构与过程，如何为马克思主义进行哲学定位，对马克思主义进行哲学的认识或者是对其价值的肯定。我的方法是什么呢？用我的语言来说，就是本体诠释学的方法，其内涵是彻底认识任何一个个体或者生命体的发展，或任何一个社会和历史的发展过程，都包含了五个相互连锁又相互促进但却符合生命发展秩序的方面：本、体、知、用、行五个字是也。

事情的发展，首先有个开始点，有个根源在里边，这个根源很重要。起点不等于根源，但根源成为力量一定要有一个起点，根源意识一定会产生一种体系——生命的动力的体系。人成为人就是这样一种生命体系的产生。人的根源是最原始的生命体,慢慢才能成为人。整个宇宙也有一个根源,这个根源产生一个宇宙的体系。这是从本到体的认识,即是"本的体化"的认识。同样,一个生命动力的根源也能产生一个现实的生命体系。生命体本身是一个机体,能够有他自己的独立性,有内在的生命力,甚至能够影响改善外面的世界,也能够融通外面的世界,产生对流和沟通。这是体的概念。但是这种体的高点是知识,知识来自于一种自觉,来自于对外界事物的一种知觉与认识。而知觉又必须来自于生命的本体,知觉不可能无中生有,而是从已经发展的一个生命体中产生。荀子就是这样来认知人的社会的存在的。荀子讲泰初有气,气产生生命,生命产生意识。知就是意识。气而后有知,知而后有义。知很重要,知不是单纯的知识,也不是单纯的知觉,但是从直觉到知识,而知识也不停止在知识这个阶段,它要产生一种价值,要使它自身的生命体系有一种继续的发展,同时使它能够面对环境的变迁,从而产生一种改变和适应环境的力量,这就是义。所以,知具有一种转化的力量。知也代表一种价值。

我还要强调知的作用是用,即用知来充实自己的本体,包含社会的本体、人类的本体,形成统和多元的大同社会。说本体必须假设内在的沟通。充实的意思就是使自己持续地发展,更进一步认识自身的内在力量,使活的根源不断发生作用。

在用之外产生一种行为的方式和模式即是行,行是实现与体现,具有价值的目的性,在行中能够让本、体、知的发展方式继续下去,产生更多的价值,达到自我的完美实现,或者理想投射出来的价值的实现。

基于这样的认识,我们可以了解生命、经验、意识的重新组合对于发展具有的重大意义。

2. 中西会通的本体之问

在这个意义上,我们可以了解中西马的会通就是要看中西马之间的本、体、知、用、行的关系,达到一种整体的了解,使三者的差异具有一定的定位和关系,产生一种有利于全体发展的生命体整体发展的动力与推进过程,进而产生一个更高的目的和实现这个目的的动力与推进过程。

中国哲学从宇宙观察开始,产生对人的了解,生发出对人的行为的要求。这个宇宙观的传统是中国文化一个最大的特色,我把它定位在《周易》哲学的范畴,是《易经》哲学的开始。之前研究中国哲学的学者一般没有注意与解决源头的问题。不管是胡适之或冯友兰,都没有面对中国哲学的根本起源的问题。那么中国文化的特色是什么,或者中国特色社会主义的特色到底是什么,就难以在根本上说明白。我想我们可从中国哲学的根本与源头上来看它的特色,也即是可以从《周易》哲学角度来看。《周易》之初,研究宇宙是什么样子,整体看宇宙是什么,上观天、下观地,近取诸身、远取诸物,然后得到一个世界形象。这个过程自然有一个目的,目的就是利用这种认识来反观人的存在,来看人自己的感觉和反映,怎么得到和这个认识相关的人的认识。自我的认识还在更多地反求诸己,再进而认识外面的世界,又进而深度地认识自己。认识自己后,怎么去发挥自己,怎么经由对世界的认识来规范自己,进行一种能够发挥自己的行为。从这个意义讲,《周易》的方法是本,是宇宙观,也是一套思维方式,导引出了儒家和道家。历史上也汲取了大乘佛学,汇合成为中国文化的巨流。

儒家和道家都是遵循《周易》哲学本、体、知、用、行的传统,《周易》哲学认为人类族群从伏羲时代养羊开始即发展了社会群体生活,产生我一再说的"羊文化",产生了人类的价值观:群里有义,义里产生善,善里产生美,感觉到生命与世界的价值,而人有责任去实现这种价值。这是儒家哲学的基础。儒家进一步认为,君子学以知其道,学包含观察和体验。学而后来反思自我,修持自己。从学中产生礼,反思到仁,礼和仁成为儒家的基本精神。道家也是遵循《周易》的传统,尊重自然,认识道的创造性与德的涵养性,目的在能够与道通于一。如此,人方能在自然无为的道德中,自主自足而安定无争地和平生活。

如此理解，儒家也好，道家也好，都继承了《周易》的这种观而后感、观而后行的精神，是一种开放性的学习精神，开放性的认知精神，开放性的实践精神，开放性的自我完成的精神。

在这个意义上，中国能够吸收大乘佛学，当然我们也是为了解决问题，由印度开始的小乘佛教到唐代发展的中国大乘佛学，中国与印度的宗教传播不同，不是死板地接受一种所谓的空论，而是要实践对世界的一种重新认识，提升人对存在的认识与价值的选择，这是一个悟的过程，最后达到一个实现人的悟知或超知的境界，达到发挥人的自我实现精神目的的境界。其中也有价值的高下问题，所以才有所谓的判教。总的来说，中国哲学具有一种生活世界的基本价值和对生活的基本动力的导向。基于对生命及其创造力十分尊重的宇宙观，不是追求抽象的世界，不是追求身后超越的信仰，而是要在生活中体现与实践出世界的真实性与价值性。这个基本的精神，从古到今中国人没有放弃过，现在，在人类全球化的文化发展中，当然占据一个非常重要的地位，因为它既可以作为人的精神生活的起点，也可以作为人的精神生活的理想目标。如果失落了、放弃了，人类将面临精神生活的枯竭与贫穷。

在这个意义上，中国哲学就是一个本的问题，中国哲学是中西马哲学会通之本。

那么什么是会通之体？中国哲学是当代中国文化发展之本，中西会通是中国文化发展之体。中西会通非常重要。从现有的生活体验来说，中西的会通是体，这就是为何我们要追问什么是西学，什么是西方价值，什么是西方传统、哲学、文化？

相对于中国来讲，所谓西方基本上是一个具有更紧张、差异和矛盾的文化结构，是二元并行的文化价值结构，以希腊或希伯来的传统为代表。传统的希腊精神，是求真求客观求对象化的精神，是外在性的对物质世界的认识，要掌握外在世界的形势和规律。希腊哲学重视数学和几何学，它的建筑雕塑和艺术都注重一种几何的美。希腊的理性精神特别体现在后期的阿波罗精神里，代表了一种明朗而美好的平衡、对称与和谐。另外一个同时发生的西方精神传统就是希伯来精神，也就是犹太人的宗教精神。我们把基督教视为西方一个主要的力量，但是我现在认识到，基督教背后是一种犹太教的精神。西方有很多哲学家背后也是犹太教精神，甚至我认为康德、黑格尔也是这样。所谓犹太教精神就是一种外在地超越现实的思维方式。把一个真实世界的根源放在世界之外的一个场所与主宰者之中。从这样一种认识超越的上帝耶和华的要求来看，我重新诠解犹太人的《圣经》即一般基督教说的《旧约》，我们就可以认识到耶稣教也只是犹太教的一种发展。犹太人认为耶和华是根本，耶和华超越这个世界，但却创造与主宰这个世界。这个世界具有种种矛盾、敌意、对抗，人怎能消除这些矛盾和对抗呢？只有用上帝的精神来驯服这个世界，因之必须彻底皈依耶和华。这种信仰方式与希伯来的文化和历史很有关系，与当初的犹太人的遭遇有关系。希伯来的发源地，现在以色列的北部，有许多小山丘，生长着橄榄树丛林，是很好的居住环境，但是往南走就是沙漠，往西走就是死海，生存空间很小。所以犹太人就必须争斗以求发展，虽然经过痛苦的灾难，仍然不放弃争斗的精神。历史上，犹太人为了保全自己，为了避免被征服或为了征服异己，逐渐把他们宗教的信仰当成一种发展的力量。

我在这里要指出的是：西方文化的两个传统，希腊的理性精神和希伯来的超理性精神，虽是并存，却在两者之间产生了一种强烈的对立和辩证关系。理性化和超越理性化就变成西方哲学、西方文化发展的一条基本途径。理性化的方式是外在化，是把一切变成外在关系；超越理性化是把所有变成一种纯粹的精神存在。在整个诠释的空间里，出现了两个世界：指向外在的物质世界是纯粹的物质世界，指向超越的空间是纯粹的精神世界。两者都聚集在西方人身上，自然产生了一种冲突性。人们觉得应该用超越时空的精神来说明或者克服现存的世界。而理性主义主张取消精神世界，走向物理的规律世界。可以看出，西方文化在近代，变成科学与宗教或者是人文的对立。这种对立的好处是开发出种种现代制度，比如追求自由、讲求效力、重视法律、重视人的基本价值、产生启蒙、对启蒙的批评等等，而且是动态的无止境的追求，因为这些制度之间有着内在的矛盾与紧张，是无法取得决定性或绝对性的平衡的。

从这个意义上说，中西会通是什么意思？我想应该是以中国的活力与生命精神，整体的开放的对变化的认识，来容纳变化的种种方式，把它看成是人适应世界的各种方式。但这种认识仍然是在我们对世界的终极认识之中，因为终极世界最后应是一个完整的整体，外在的超越世界和内在的超越世界必然是在人自身的修持中体验的，必须放在人对自我修持与对宇宙的深度认识的基础上去理解。也就是说解决外在新的问题需要掌握人的自身的内在性，开发人的心灵的能量，解决外在超越要依靠一种内在的超越，一种对人的创造能力的信任，而不是盲目地盼望，或者是迷执地信仰。

因此，融通是一个很重要的中国哲学世界化的方式。中国传统和西方传统本身具有矛盾，假如说不用中国世界化的方式，就要用西方世界化的方式。西方世界化的方式有两个：一个是希伯来的世界化方式，从上帝主义的立场，信仰一个最高的权威——上帝，或者有人认为自己是上帝。用上帝来说明一切征服一切，但最后却导向霸权主义。美国人的基本教义派的确具有这样的信仰倾向，认为他们是选民，他们得天独厚与上帝在一边。经过"9.11"的冲击后，这种感受更为加强，而非减弱。第二个西方世界化的力量是用科学精神而不是用上帝来控制一切，是利用一个理性的但却是盲目的力量来控制世界。这个来自希腊的理性精神，到了近代欧洲，黑格尔叫这个力量为"诡谲的理性"，或者叫绝对精神。这是比较接近基督教的说法，绝对精神就是上帝，但却不提上帝的意志或意旨。这个力量，或者如马克思说的，是一种经济发展的力量，亦即生产力与生产关系的力量，是外在的力量，人要发展就必须考虑经济发展的力量。我们要问资本主义是否就代表这样一种力量？如亚当·斯密所说的无形的手或者如黑格尔所说的看不见的理性，表现为绝对精神的作用。显然，只是追求科学的发展与经济的发展是不够的，即使加上上帝的信仰，也是不够的，因为仍然无法体现人的发展以及人的自主的创造性与责任心。

可见，中西文化传统追问世界化的方式不同。所以中西会通，对中国人来说，最好把西方人的科学与宗教纳入到人和世界相互认识和沟通的易、儒、道的观点。这个世界是客观的世界，人们可以在认识世界之后展现人的内在的能力，实现人的需要和理想，而不必把人的世界变成物理世界或变成超越的神的世界。但人的世界里可以包含物理的世界与宗教的世界。西方文化中的冲突与矛盾可以在中国文化中获得消解。

中西会通在中国文化的基础上已经建立了一种和而不同、不同而和的融合。在今后人类文化的发展中，将考验这样一种会通方式的优越性，因为它能以和为用，包含不同文化与宗教的本体。就中国文化的世界化发展而言，即是以中国哲学为本，产生中西哲学会通之体，这是我说的中西马会通的一个前提。

3. 中西马会通的本体之问

我们进一步讨论与马克思主义的会通。这就需要了解马克思主义，然后我们才能说在中西会通的体上，怎么产生中西马会通之用。

何谓马克思主义，我的了解可能比较肤浅。我小时候离开大陆，在台湾读完大学，在美国接受研究生教育，我对传统文化的研究，对中国近代文化的发展的研究让我认识到马克思主义对中国发展的重要性。马克思主义作为革命的需要，产生的力量使中国走向现代化，这是必须要肯定的。马克思主义是什么精神？我认为马克思主义基本上已参与了上述西方文化传统的两个精神，一个是希腊精神，一个是以色列精神。但我们要分成两个阶段来看。从希腊精神来看，马克思主义特别重视物质世界的认知，所以它建立的唯物史观完全是非常重要的西方历史传统的表达，更进一步从描述的观点来了解人类历史的发展，唯物史观不只是认为世界是由物质形成的，也认为世界是由能量发展出来的。物质这个概念开始于19世纪，今天来看，物质是一个复杂的概念，涉及能量与自然资源的原料。近代物理学讲的量子论、时间空间等，用物理来更好地说明能量宇宙的历史发展。这是非常希腊的说法。更重要的是，马克思主义认为在人的发展中，人的基本要求是生存，持续地生存，要从个体走向群体，人不能离开群体做事情，必须在群体中发挥追求生存的力量，这个力量就是生产力。发展人的生产力，人才能够制造工具来改变世界，进而改变人的命运。

这样，经济的发展作为历史的动力是非常重要的观点。面对现实，人要生活下去，首先要解决经济问题，作为社会组织的基础，才能谈政治权力，政治作为生产关系是能够推动生产力的要求的。

中国文化从未否定这一点。中国文化强调民以食为天，但我们不能被动地靠天过日子。我们要积极地去发展农业与工业，解决经济发展问题。只是发展还不够，还要实现理想；只是解决生产还不够，还要追求最好的生存方式，这个方式应该说是最完美的生存方式，有一个理想在其中，这个理想就是最完美的世界。有人认为马克思主义思想，蕴含有解决资本主义和社会主义共存的问题，趋向一个平衡分配、符合人性的道德理性的理想社会。这样的发展可说是和谐化了希腊的科学精神和希伯来的宗教精神。任何哲学家都会受到其所在的文化价值体系的影响，马克思也会，包括海德格尔，虽然吸收了相当多的道家精神，但本身还会受到犹太教传统的影响，还是要把最后的存有作为个人生命发展的基础。

这种马克思的理想追求产生了巨大的基本力量，在今天的重新诠释里，甚至把科学和技术的发展当做生产力的发展，更进一步，把社会关系——市场转化成为生产力和生产关系。立足于中国文化的精神并基于现实的经验，中国的马克思主义具有创化的能力，能够变通地面对世界与现实问题，产生规范与策略，把人力资源的参与变成一套价值体系。

这种价值体系有意愿能够达到社会的公平分配、和谐创新的境地,这当然是一个理想目标。这个目标具有超现实性,不是单纯的事物的描写或者规律的描写,而是代表人的不断的提升追求,人的不断的自我改变。在这个意义上讲,伦理、道德、政治才具有一种人文与人性的重要价值与意义。这还是可以与西方文化内涵中追求理性、知识、自由与正义的精神相通的。

我们也可以说是希腊和希伯来两种精神的升华,造成今天的这种对马克思主义的理解。我想,这样一种对马克思主义的理解可能离谱,但却可以帮助我们理解在近代中国,马克思主义凭什么能够改变中国的现状,凭什么能够激发人的意志或者人的转化现实的力量。也就是凭什么在必要的时候能够改变现状,用什么新的方法来改变现状。要肯定的是中国跳出困境是在中国文化和西方文化会通的基础上来实现的。不管是毛泽东的超越的实事求是的概念,或是邓小平决断的实用主义的概念,都发挥了一种影响现实的作用。是否可以这样理解,马克思的超越与理想精神,只有在结合中国文化的实际中,形成了中国人的新实践主义与新实用主义。中国人的存有与创发思想和认知变化(通变)与变通的能力也给予马克思主义一种新的活力与主导力。这样,马克思主义中国化的作用,已经变成中国文化现代化发展的重要部分。在中西文化会通的基础上,马克思主义也成为中国人实现现代性的基本手段。

从这个意义上说,中西马的会通必然站在中国文化的本体立场,来寻求人的基本价值的发用,来建立一个仁爱、正义和和谐友善的社会,并创造出一个全球化的道德发展的环境,以一种融合的方式,来同时达到伦理化或管理化的目标。要做到这点,脱离不了中西会通之体,也就是以仁爱、正义、和谐作为基础来实现现代化中的自由、平等与繁荣。这些基本价值不能违反终极的社会价值,也就是中国哲学启发出来的仁爱、正义与和谐的德行伦理。

这样,马克思主义就变得非常重要,它是中西文化会通来改善现状的一个用，一个行。

四、重点结论

中西马的会通是当代中国文化发展之用。无论从中国近代历史来看，或从中西文化的本体发展来看，中西马的会通无疑是必然的。如何去了解中西马的会通，必须要通过本、体、知、用、行的分析与融通方法去理解。这就要去界定什么是本、什么是体、什么是知、什么是用、什么是行。中国哲学是当代中国文化和中国发展的本，是生命力的来源，是原始价值观的基础。中国文化经过150年的痛苦经验与急剧发展，面对西方的差异，已经建立一定程度的会通，这个会通从中国来说，是容纳西方来界定人的价值，使西方的价值产生一种适应中国价值的力度，也是使中国的价值来帮助西方价值的实现、解决西方文化中的超世和外在相互矛盾的状态。所以中西会通具有解决西方内在矛盾的作用。

就近代中国来说，马克思主义是具有扭转西方消解和瓜分中国的作用。马克思主义在这个意义上讲，实现了中西会通基本的战略与实用价值，发挥了中国哲学和中国文化现代化的作用。但是马克思主义中蕴含的西方文化的矛盾或者理想主义又必须透过发展中的中国的价值观，即追求和谐、正义、友善的道德观来进行一种提升。所以马克思主义自身的提升对于解决中国的问题、中国人的问题、中国人面临世界的问题以及世界本身面临的问题具有重大的启发意义。

在这个意义上讲，中国传统哲学发展、中西互融、中西马会通分别扮演着本、体、用的角色，中国哲学的发展是本，中西会通是体，中西马会通是本与体的用。由于本体的用，行之使其一以贯之，形成周游循环的动态力学体系。因之我们可以把中西马的会通看成是一个不断循环发展与创发的更新过程，也就是生生不已之道。

中西马的会通还应从人类在文化上的更新角度理解，如从农业革命到工业革命到信息革命的更新过程,都是东西方文化相互影响的结果。工业革命时,西方文化与哲学受到儒家的影响。在这种影响下出现了启蒙思想,而启蒙思想又影响了科学发展和工业革命。中国的儒学思想对于西方文化的更新显然起了一种间接的促进作用。在工业革命的基础上进行信息革命是人类文化进一步的发展。信息革命推向一个境界,是人的心灵对世界认识和表达方式的更新。这种发展可以说是代表了几种精神传统的会合。而中西马的会通也要从这个角度来理解,要在时代的变迁中发展新的文明来进行新的认识。

总之,中西马的会通是人类必须走的路径,这条路不一定就叫做中西马,但是今天我们叫中西马显然具有其特殊性,任何特殊性都有其普遍性的基础,任何普遍性都必须落实到特殊性上。在这个意义上讲,中西马的会通可以看做中国文化走向现代化与世界化,走出前全球化或贡献后全球化,找寻新的世界架构的一个新的思维与行为方式。基于以上所说,从其效果来看,这个方式显然具有它值得称道之处。我们必须清楚地认识到这是与中国人的命运与中国人的历史发展息息相关的。

发扬中国哲学的融合力量与中国文化、哲学的现代化、世界化
——东学西渐的途径探讨之一

我在《西方文化对于中国文化的需要》[01]一文中提出了西方文化对中国文化有两种需要。

首先是外在的需要，为了世界与人类的动态平衡、和谐发展，需要中国文化。西方文化具有强烈的上帝观和上帝意识，自希伯来时代以来就信仰一位创造万物而又超出万物之外的真神上帝。现代的西方人要么就有上帝意识，因之有强烈的使命感；要么就没有，因之缺乏安顿感或蒙受失落感而有一种追求新奇与奇迹的迫切感。西方的宗教如基督教往往具有强烈的排他性，在历史上造成对外的宗教战争与对内的宗教迫害。相对西方而言，中国文化不具有超越的宗教之神的上帝观，而反具有强烈的自然观和与之相应的自然意识。中国人的自然观是深信人自自然中演化创生，因而属于自然，而其生命的变化是与自然的变化原理若合符节的。自然之动力来于自然，人能够深入理解自然的本体，就能够理解到动态平衡、和谐转化与人生价值的意义及重要性。这就激发了人对生命和谐、生活和谐、人际和谐与天人和谐的追求。所谓自然，对中国人来说就是在万物中看到整体存有的变化过程，不另从人的意志或意识的

---

01 刊于《东方论坛》2004 年第 5 期。

模型（自由选择，设计与目的性）去作有关存在与创造的解释。这种自然观明显地表现在《周易》的太极思想与道家的道的思想上。也可说是由于这种自然观的自然意识，中国古代的上帝被转化为天，天又被转化为道，而道终归明于自然。《道德经》所说"人法地，地法天，天法道，道法自然"，可视为中国人自然意识的根本写照。

在这种自然意识下，人可以退而隐于自然，也可以进而创造人文世界，发挥人的潜能。这也是儒家可以与道家相通而又必须与其有异的地方。由于这种深厚的自然意识，中国人也就能同时接受不同的宗教而把不同的宗教看成是实现人的现实目标的不同手段或方式，也就是能用现实的道德来统一超现实的宗教而使之现实化。也由于这种未作精确概念界定的自然观，中国人能为多元的差异找寻动态的统一或在实践中求其统一。因此，我们可以得出两项结论：一是中国文化中蕴涵的自然意识（见之于道家的道与儒家的仁）可以提供一个融合文化的模型以消除西方冲突文化的诸种冲突与自毁的倾向；二是中国文化中的自然意识也可以包容与改良上帝意识而使其发挥正面有益于整体的生命作用。

其次是西方文化内在的需要，为了解决现代西方思想内在的矛盾的多元性，需要中国义化。

现代西方的思维方式可以归纳为四类：1. 以科学方法为典范的理性思维。然而，科学走上了科学万能主义以及科学霸权主义，逐渐成为物化人类生活的主导力量，把人的整体真实性都化略戕丧了。2. 以诠释传统为典范的历史思维。在这种思维下并不能掌握理性的方法以有效地说明世界与控制人的主体。3. 以绝对精神为典型的超越思维。上帝死亡并不代表人已真正回到了人间。相反的，它只代表人失去了光明而沉沦在无尽黑暗的深渊里。4. 以空无清虚为典范的静止思维。在现代熙熙攘攘负担沉重的生活里，需要静止的永远的安宁。

从思想与精神状态来说，现代的西方是上帝已宣告死亡的西方。因之是历史意识逐渐复苏的西方，是赤裸裸的权力意志蠢蠢欲动的西方，是科学工具理性力求作主称王的西方，是在无解脱中仍盼解脱的西方，是同时追求安顿及新奇的西方。因此，现代的西方是在极端保守和自持中怀抱着极端的空虚与空洞，也是在极端热情的历史回顾中极端热情地展望未来。从这个了解来看，现代西方一方面有诸神复活带来的新活力，另方面却有百病丛生与水火不相容的混乱与矛盾。这真是一个需要重整思想秩序的时代，这也正是一个需要重新学习文化价值的时代。胡塞尔喊说："回到事物的本质！"但什么才是事物的本质呢？事物有没有本质呢？中国哲学以其深厚对人的内在根源的了解以及对其转化潜力的理解，不正好提供一个纯真的人性的完整形象以作为事物的本质吗？中国文化以其优容自在的易学体系与变化意识，不正好在思想方式上提供一个涵容多端而统会成章的思维模型以作为思想自我创造提升的本质吗？中国哲学原始的整体变化思维可以辅助甚至拯救西方的灵魂与内在生命正在此。然而中国文化怎样才能发扬融合力量转化西方文化并与之建立互补，那就必须讨论中国哲学的主体性与积极主动的创造力问题，进而讨论中国哲学的自强与现代高度上的重建问题，讨论中国思想的普遍性与普通化问题。

自我反思与提升：重建中国哲学理性

我在二十多年前就提出并倡导中国哲学的重建，其中就提出哲学思想与体验的内涵透过理性的反省以理性的形式再表现与再实现。当时只提到理性的形式是以现代的思维能力与现代生活为基础的，并未考虑到理性的形式本身的与时变化的问题，以及在一定的形式下理性的形式化的可行性问题。现在看来，我们必须强调理性形式的多元性和多重性（即使是纯粹逻辑与是以系统的方式表现而隶属于或是可归化于一个具有历史性的思考经验），同时我们也要考虑到理性形式相对性与实用性问题，而这都是要求现实的条件为基础的。但我们并不必因此走入相对主义，我们需要认识的是在相对的基础上发展一个思想经验的普通意涵，并赋之以理性的形式，且进一步说明其潜涵的普遍应用性（应用既是特殊的又是一般的，代表了相对与绝对的结合）。更重要的是，我们必须认识此一重建工作的创造性，它是一种创造活动，所谓创造活动就是在历史有限的经验中发掘人的存在的无限意涵（我们没有理由对此意涵设限，故我们可以谈"人的存在的有限性逻辑"如海德格尔与伽达默尔所示，但我们也可以谈"人的存在意涵的无限性逻辑"——如《周易》与儒道哲学所强调）。因此，创造就是一种在历史中超越历史的活动，而其实践则是从理性世界中寻回到历史的活动，同样具有创造性。前者可名之为理论的创造性，后者可名之为实践的创作性。中国哲学的重建就包含着这两项创造性。

中国文化与中国哲学的发展在传统中是循着历史诠释路线进行的。这与西方文化与哲学循着超越理性或想象的路线进行是不一样的。尤其在现代西方，自文艺复兴以来，科学与理性的思考方式正是凌越历史与世界以寻求一个人类的理想知识价值，从思考反省的意义来说，是理性对传统历史的超越与批判，也是哈贝马斯所说的意识形态的建立。此理性方法意义形态的建立一直到马克思主义，发展可说已达到极峰。马克思的目的是要在一个理性的平面上用一套思想（经济理性）说明历史、解释历史、控制历史、改变历史而超越历史。这就是他的意识形态。他的意识形态的确影响了历史。事实证明历史也为其意识形态提供了解释。这也说明理性是根植在历史之中而不可以完全脱离历史的。它必须与历史同步以求发挥它的有效性。《易经》说的"与时偕行"就是这个意思。对中国哲学的认识理解与发展与创造而言，我们自然应掌握这个历史性与理性交互为用的智慧，用历史性来克服理性的意识形态化，也要用理性来克服历史性的现实权威化。在1993年的第八届国际中国哲学会议的主题论文中，我曾提出同时进行着重历史性的"综合的创造"与着重理性的"创造的综合"的双行管道与方法，以求达到中国哲学与中国文化的现代化与世界化，目的也就在于此。

思想的普遍性与普遍化问题

有关一个思想的普遍性问题，首先我们要肯定一个思想内涵的两面，即其经验的特殊性与其意义的一般性，而前者又有其本源的主体内在性，后者则有其指谓的客体外在性，在这种意义上每一个思想都有其普遍性，所谓普遍性就是能够透射在性质相近的不同个体上。哪个思想能够透射的个体愈多，哪个思想的普遍性就愈大。应该指出的是，在这个意义上，一个思想能有的普遍性是与其根植主体的深入度有密切的关系的，同进也是与其能引发其他的个体对其的解释性有密切关系的。也许一个思想的根植愈深它就更具有普遍性。这是为什么呢？道理很简单，所有个体存在的本体根源是共同一致的（这是基于对包含了历史性的本体性的理解，也可视为一种超越历史性的理解），愈能反本求源的经验（或体验）也就愈具有普遍性。因之，主体与特殊的深刻性就造就了思想的普遍性，也就是普遍的可用性。与此相关的一个认识是：一个思想愈能接受意义的解释也就愈具有丰富的内涵，而反之也真，亦即一个思想涵义愈丰富，其可解释性也就愈高。在某种情形下，固然产生歧义的可能性相当高，但藉解释来取得普遍的可用性的可能性也相当高。

如何使一个思想具丰富的解释性呢？除其纵深度的向限外，尚可举出其形成过程中于主体各种有关事物的关联以及与不同其他思想的关联。这两者可称为横向的意义网罗，而前所说的纵深度则可称之为纵向的意义网罗，我们得到的结论是，个体性不必是实现或表现一般性的阻碍，而可以是其实现的管道与起点。有关个体性质普遍性的关联，事实上，还可进行更多的讨论。怀海德就特别说明个体性与普遍性是逻辑的互涵，我们更可指出两者实际上是辩证的相联：思想与语言是个体向普遍运动的媒介与工具，也是普遍向个体落实的媒介与工具，因而动态的具有个体与普遍的双重性。

推动中国文化世界化与中国哲学现代化

我在二十年前的一次学术访谈中曾提到"文化中国"的概念，并提出中国不能只发展经济而不发展文化，我问经济成为大国文化成为小国又有什么意思？我甚至在数次演讲中提到"科技输入、文化输出"的文化发展战略，主要的目的就是呼唤出动力来建立第一流的国际人文科学与社会的研究中心，并对人文科学与社会科学的中国化问题作出贡献。显然，我们今天再谈一个所谓"文化中国"的发展，也必须面临如何建立一个中国文化发展的主体性问题，也离不开谁去发展中国文化，怎样才具有发展中国文化的动力以及如何取得中国文化的高度自觉与认同问题。中国文化的发展应该是一个动态而整体的过程，文化中国也因之不可能是一个静态的个人王国。如何提升中国文化的自觉，如何促进及发展中国文化的知识分子的沟通与结合，显然是真正发展中国文化的当务之急。中国文化的发展有赖于一个具有活力的中国文化社群的建立，而这种建设不应只是空谈而应表现为富有亲和力的奉献与实践。在这种建设中，所谓边缘和所谓中心都是同等重要，两岸的沟通与对话更为重要。

在这里我想重复强调，中国文化的发展就在中国文化的现代化与世界化这两种努力上，而这种努力又各蕴涵着双重的意义：它是在了解西方批判西方汲取西方的过程中，透过自我理解与醒觉，在一个世界平面上把中国文化带到现代与后现代；它也是在促使西方了解中国文化与中国思想的世界性质深层性中奉献自身于世界，以达到人类未来更好的发展和成长。简言之，中国文化必须在自己的主体性上自我提升与丰富，也必须在自己的主体性上积极奉献与参与：在时间的向度上就是现代化，在空间的向度上就是世界化。

基于中国文化的自强与自我奉献的要求，我提出下列几项重要的工

作条件作为发展中国文化,使现代化与世界化因应21世纪之需求的基本条件:

1. 从事生息不断的中国哲学思想批判的重建,并在批判的重建的过程中力求中西哲学、哲学与历史、哲学与科学、哲学与宗教的双向沟通与彼此丰富。

2. 在中国哲学思想的基础上,发展人的哲学;同时也在中国历史、宗教与人文的研究的基础上,发展世界文化与世界历史人文世界的结构与过程研究,并使之成为双向的互为基础的研究,为人文与文化建设提出结构性的理想尺度或标准。

3. 开放内外社群的沟通、对话与交流,打破海内外知识分子的闭锁性与山头主义,谋求海内外中国学者社群中的相互肯认与彼此合作,并进而在世界平面上讲作贡献与要求平等的参与和平等的分享。我曾提出这样的口号来说明我对东西文化、学术相互学习的理想:"平等共通,相互丰富"。

4. 在理论与理想的架构上,把广泛的文化应用性与理念实践性建立起来,伽达默尔曾举出希腊文化与希腊思想中的五种知的概念的相关性,即是 Episteme/Techne/Phroneisi/Sophia/Nous,分别表明客观知识/技术知识/实践知识/整体知识/知识理性共同构成一个有机性的整体。现在我更要强调它们之间的连锁性与互依性。所谓知行合一也可以从这个整体关系中去了解。在这个了解基础上,我们可以确定并建立五项重大的学术与文化应用实践领域,以作为东西或中西文化与学术"平等共通,相互丰富"的理论性与实用性融合的实际项目,并借以建立东西或中西文化集中凝聚与系统扩展的实际事业。这五项项目是:人文学(含哲学),管理学(含决策科学),政法学(含经济学),健康学(含医药学),资讯学(或名信息学,含语言学),这五项项目的选定是符合知行合一、东西互利的原则的,它们可以作为广泛的东西或中西文化与学术的交叉研究、互补研究及整合研究的基础与起点,也可以作为人类新文化建立的开始。

5.世界性跨国性高等教育体系的建立:在上述五项文化与学术研究的基础上,我们应该致力于国际化的东西大学体系的建立。很明显的是:文化与学术如果没有教育的推广与植根是难以广泛地传播与社会化的。现在的世界已是一个东西交流的世界,但世界意识的建立与实际世界意识共同体的建立却只是在起步阶段,我们缺乏一个真正的为东西方文化作广泛与平等研究的学术组织(在20世纪60年代建立的夏威夷大学东西方中心算是一个开始),我们更缺乏一个真正的倡导东西方文化与学术平等共通与互相丰富的高等教育机构。1985年我与前东西文化中心主任康乃扬(Everett Kmeinjans)博士发起组织成的"远东高级研究学院(Far Eastern Institues of Advanced Studies)"就是要为发展成为"国际东西大学(International East-West University)"作准备。

中国文化的现代化与世界化的中心思想是:自觉地融入世界,但却运转如道之恒动,动而愈出,以至于生而不有,为而不持,长而不宰。这也是中国文化世界化的最深精义与最高境界。

中国哲学与世界哲学的发展
——现代化与后现代化

一、导言：后全球化的重要意义

《中国哲学与世界哲学的发展——后现代化与后全球化》，讲题中最具有创意的概念可能就是后全球化。后现代与后全球化与中国哲学与世界哲学有什么关系？乍看可能没有关系，但最后，经过思考，其实关系甚大。后现代化中的后全球化其实是人类走向后后现代的机制与动力。后全球化就是在事物没有关系当中找出关系，进而开拓一个新的世界观，因为任何宇宙事物根源上都是有关系的，但需要我们去找出关系来。其实这就是中国哲学中万物机体相通、理气一元的形上学的性理认知。在此理解下，后全球化因而有两层意义：一是个别的事件可以有全球性的影响力，因为事物与事物之间有不同层次的联系，没有人能阻扰新关系的发现与建立，后全球化中事物的关系已不受一个中央权力的控制，甚至也不受时空的限制；由于此一独立关系的可能性，我们必须研究与理解各种事物的隐性与显性的关系，一定要把关系的内涵意义加以考虑。二是在这一积极的关系理解中，我们又可以探索与建立两类可能的关系：一是人类可以为了共同的生存利益或个别的生存发展理由共同行事，甚至在此行为中重新建立或恢复某些良好的历史关系，因而把全球化的共同空间与资源共同发展，甚至区域化地协调发展；二是我们可以有能力自由地依自己的标准进行自我规范与自我探求，示范地展示标准，或显示新的空间，如自我节制能源，自我开发能源，自我探索地球外的太空，建立涵盖地球在内的时空框架或领域。此一自制的行为是一种约束权力与自由的机制，也是个别强权主动避免矛盾与冲突的机制。

这一主动性与积极性说明了什么？人类天生是宇宙生机的表述者，最终目的是在思想上、情绪上、语言上以及行为上涵摄宇宙。但这涵摄宇宙的行为却又可以有两种方式来实现，一是借助知识亦即科技的权力来进行此一涵摄，因之仍然是一种尼采式的权力扩张与张扬，另一种方式就是自我克制与转化，把已发展的权力转化为道德的意志，把权力道德化，也就是进行创造的自由而不独占与垄断创造的成果，并以比权力意志更大的仁慈意志来净化权力的傲慢，来拒绝占有领域的私心，把自我的权威转化为多元开放的包含，并不必以普遍性或必然性来掩盖一个自以为是的真理，因为正如真正科学的发展一样，新的世界还等着我们的探求，也正如真正宗教信仰的提升一样，永远要超越自我面对无限，但却永远地包含世界全球，蕴泽世界全球。这两者就是我说的后全球化的发展，在目前全球化的过程中往往也能见到此等发展的端倪与蠢动，一如在现代化中看到后现代性一样。

人类必然不安于现实，即使解决了现实所有的问题以后，人类仍然要走向未来，此一未来就是重履过去，包含重履过去的错误，就是开拓真正日新又新的境界，把人类的内涵丰富的生命意义带向宇宙，也在发现的新宇宙中找寻新的生命意义。此即我所谓的后全球化的挑战。这就是我此次演讲所要强调中国哲学走向世界哲学的深刻道理。

二、从后现代全球化走向后全球化

后现代也就是指现代化之后的另一种现代化，它并不否定前者。这个概念很重要，中国哲学永远重视发展中的前者，重视历史性和根源性，但却蕴含着对未来的向往与追求创新的动力与愿望。与此相反，西方的学术往往否定发展中的前者，以尖锐的逻辑论证与毁灭性的创造力摧毁前者。但如果我们已经超越了前者，达到了一个新的境界，也就是到达了黑格尔所说的某种"扬升"或"升华"，难道我们不可以回顾历史，在历史中吸取教训，提炼信心，感受对弱者的关怀与生命对仁爱的需要吗？这是周易和谐的辩证法的真正含义，往前看，可以展示未来，往后推，可以包含过去。它是一个兼包含性与开拓性的关系与力量。

当然，为了更好地理解此一发展的新概念，我们必须重新审视全球化这一概念。全球化是指什么呢，显然它指的是全球性的活动方式，尤其是内在的目的性，就像现代化是现代性的活动方式。全球是指整个地球，其含义具有一种普遍性，在普遍之中又有更具体的所指，就是我们的地球，我们所在的一个球形空间。

但是，后全球化又是指什么呢？究竟有没有后全球化？从人类的物理学和太空科学的发展来看，很显然，我们有后全球化，为什么呢？因为我们全球化之后还要走出地球。我们要走出地球，因为我们觉得地球不足以承担我们飞扬的理性和雄心，我们有一种凌云壮志，要走向一个大千世界，一个太空世界，一个星球世界，我们要走出地球，也许只有走出地球，我们才能够平衡我们自己。所以，我有这样一个想法，这个后全球化是以地球作为基础，从而在人类所经历的时间和空间当中来延伸我们的一种自觉的生命，来延伸我们自觉的价值，而怎样才能发挥这种延伸的作用，从而对地球有所帮助，有所贡献？这是我们要考虑的问题，我们能不能帮助这个地球，能不能帮助这个世界？如果我们没有这样一种认识的话，我们的生命价值何在？可能大家没有去想这样一个问题，但这确是很值得去想的一个重要的问题。

我在此要强调的是，这个后全球化的世界或者时空，是必须以全球化作为基础的，所以全球化对我们很重要。正如一个人的发展必须以自身的健康与修养为基础来进行发展一样。但是，全球化也不只是时间和空间的推广，还有它内在的空间，还有它表现生活的形式，所以这就是我们需要去思考的问题，要问问中国哲学在某种意义上讲，是否已经提供了一个新发展的方向与空间，这个发展的方向与空间，就是走向一个融合现代与后现代的后后现代的世界哲学，走向一个后全球化的世界存在，一个动态的创造实体，这就是我所想说的后全球化。

当然这个意义还可以再扩展，我只是点明这意义何在，说明我们的逻辑并不是一个现实的逻辑，而是一个逐渐推广和逐渐包含的逻辑。正因为能够包含，所以能够推广。这是我觉得非常重要的提法。大而无外，小而无内，大到什么程度呢，你找不到一个外；小到一个什么程度呢，你找不到一个内。为什么呢，因为内和外能够融成一片，在人的体验、意识和知觉的活动当中融为一体，成为我们所说的一种创造性的活动。所以，我们要深入地去理解什么是道，什么是心。理解此，我们就能理解哲学是怎样开始的，以及哲学面临的困难是什么。

三、从中国哲学中发现人类可以参与无限：开展的本体概念

哲学这个概念怎么开始，有没有一种每个人都可以体验到的哲学？过去人们认为，只有西方有哲学，这个说法是片面的说法。事实上，西方哲学只是一个理性思考的示范。在中国，这种理性思考的示范，事实已经用其他的方式表达出来。直接的论述与直觉的结论，并未乖离逻辑一致性与有效性的要求，只是不想脱离对具体问题的认识与对世界认识的大前提的肯定与预设而已。

中国哲学是本体认知与体现的哲学，而不是西方有关现象描述与分析的哲学。就其根源也叫本的概念来说，本有两个意思，一个是时间上的，每个人都知道，自己生命的根源是祖先；本还有一个含义，就是支持自己继善成性的一个力量，这个力量是当前存在的，不是指历史的根源，而是指当前你会感受到的生命力量的根源。另一方面，我们也必须认识

到的一点是,人有它的实体性,所以这个本可以发育成长而开花结果。本在中国来说,是一个生命的概念,宇宙之本能够发展成世界上林林总总的实体,是需要经过一个发展的过程而来的。这个实体基于儒者的信念,则是超越选择与不断存在的,就叫体。这个体式的存在逐渐扩充为整体化,逐渐开花,从而展现成为一个实体的过程,那么,这样一个发展过程为什么又称作人的一个存在呢?

在中国哲学当中,本成为体,简称为本体,在西方哲学中称之为实体(substance),什么叫substance?就是一个东西,它能够具有其他的属性,那么对它的属性的一种整合或是一种凝聚,那个实体就叫做substance。但实体还不同于我们所说的本质,这个要分清楚。我说的植物的概念是一个动态的概念,本体是从一个时间,和一个持续的发展一个根源,这种力量的持续发展,最后导致一个具有丰富内涵的实体的存在,包括你的身体,你的身体所能展现出的性质,以及性质中所包含的情绪和动力。进一步人的本体再形成一种自觉,或更高级的心理活动,所以,这是一个伦理,或是一种心理学的发展过程,这就是我所强调的,从本到体之间这样一个过程。

人成为人之体后,也即成为体之后,那么就有两个方向,这个体面对外在世界,形成一种内外之别。内在性和外在性的认识,这种认识是人成为人的一个客观条件。要了解到,什么是我作为内在的存在和外在的存在的差别,这个差别在什么地方?作为内在的自我的时候,我能够直视我自己,感觉我自己,决定我要做什么。因为它有一种自觉性和自主性,但外界的事物却没有这样一种自觉性和自主性,比如,桌子不会说话,不会走路,不会思考,但我知道我可以走路可以说话。这样的一种自我的认识,相对于外部的世界,包括众物,包括众人,构成了一种我的本体存在的条件。哲学就是在知道人的存在的前提下知道自己的存在,它是一种主客我之间的认识,这种认识也是哲学思考的一部分。最后我们要讲的,除了实体性、根源性,还有一种应当性的认识,人之所以为人，是因为他知道什么是自己应该做的，他可以去找到、去思考，或者去提出他应该做的事情。这个应然性是决定他要做什么，决定自我成为主体的一个重要因素，人本身具有一种自主性，自主性能够带来一种自由。他能不能也给别人带来自由，这是最大的挑战，人追求的是自己的自由性、自主性，也同时勇于认识到其他人的自主性和他的发展空间，同时还进一步了解外界具有这样的一种自主，也就是自然。这就是我说的人发展的四个方向：根源性，本质性，自主性，内外关系性和应然的自主性，这四个东西构成了哲学的基本内容。再问，中国有没有哲学呢？回答是：当然有，而且具备新的含义，且早于西方哲学的发生。当然这是基于人之为人的自觉来说的。

四、后现代中的知人与知己：西方与中国

不是把人当做动物来对待，而是当做一如自己的人来对待，这是中国哲学的核心命脉所在。为什么孔子能够发展仁的概念与人的精神，形成了中国哲学的中心思想呢？回答是孔子进行了人之为人的自觉，因而能够爱人，关怀人，建立人与人之间的关系以及要求人的德性的修持与行为。当然这也是孔子知人的结果，由此不但能够自我规范而且能够自我管理，而同时又进行人性的发挥与知识学问的整合，形成了人的存在于自我发展的一个方式。再深入探求，就推溯到《周易》所包含的知天与知人的互动的思维方式了。

中国早已有了知人的思想，在商周时代，周代是人文发生很大作用的一个时代，是中国人建立宇宙观、人生观、道德观的时代，这些观点与观念可说在公元前11、12世纪前的《周易》宇宙观的时代就已经出现了。这一时代当然比苏格拉底要早。这个源头事实上决定了中国哲学家整个价值观和行为观发展的方向，而且永远与宇宙观连在一块。它们包含了一个实践与实现的要求，也就是找寻一个好的自我存在的方式和自我管

理方式，这就是孔子所谓的君子的自我要求，在此要求下，当然也深化了我们对人的生命的理解。

在此相互肯认的基础上，我们进一步来解说中西文化的差异。中西文化显然有两种差异，第一个差异是指二元论的差异，回答这个问题，苏格拉底说，什么是真理的标准？什么是人追求的对象？这一点，他的学生柏拉图得出的结论是：理念的世界是真理的标准，理想的世界是人类应该追求的对象。这个理想的世界是一个超越的世界；我们的世界是一个变化的世界，这个变化是不完美的，是流动的，甚至具有一定的虚假性和虚幻性。这就是二元论的提出，因为当人们有动力去追求一个超越的理想，他就准备要放弃这个现象的世界。柏拉图这个观点深刻地影响了后来的西方哲学和西方世界的发展。当然我们也不能不提亚里士多德的贡献与影响。他的影响是——这个理想的世界不能完全脱离现实，我们要从现实中去发现一些客观的真理，但是我们要想发现真理，就必须以个别的区域活动来进行探讨。亚里士多德的观点是：把一个超越的世界变成一个对象的世界，把一个对象的世界看作是现实的世界，各自归属于不同的知识领域，也就是一个各自属于真理的世界，而真理、科学、知识，是要我们消除主观自我去认识的。亚氏的这一观点可说对柏拉图进行了补充，因而构成了西方哲学的两大内容：一个是超越的理想，一个是对象的知识。这两大追求在后期的发展，是超越的世界更超越，是对象的世界更对象化，这就构成了今天西方哲学的最根本的价值：追求一个超越的真理，也追求一个对象的真理。这就造成了人和物、人和人、人和上帝或人和真实的一个隔阂或矛盾，而如何克治这一隔阂与矛盾恰恰在中国哲学里面找到了答案。

怎么回答的呢？在中国哲学里，变化的世界是真实世界的一部分，没有感觉到根本的断裂。人跟人的关系当中没有感觉到一种鸿沟。所以，中国最早谈到治人的时候，治人的结果是在追求宇宙变化能够包含一切的世界，道生一，一生二，二生三，它包含的是整个世界万物，基于此它回答了西方哲学的二元性问题，超越性和对立性的问题。何以我们可以提出此一答案？这是因为我们把哲学看成有一个同一的根源：也就是说，我们把中国哲学和西方哲学看成都起源于人与世界在人的意识中的整合问题，面对根源问题、整体化问题、关系建立问题与理想实现问题，作出了不同的基本设准与基本认识，也就是同与异、一与多的根本同一与不同一的选择。由于生活经验不同，产生了两个不同的选择方向，一个是一与多或同与异不同一的二元论的方向，一个是一与多或同与异同一的整体论的方向。前者也许更是知识论的方向，后者更是伦理学的方向。但是，我们要知道整体论的伦理学与道德学，和一个二元论的超越信仰与对象知识论虽然是相反的，却可以是源于人的自觉的差异感而来。

如此我们要问哲学追求的是什么呢？我想最根本的回答是一个根源的存在，作为人类持续发展的源头活水，一个实体的存在，一个根源到实体的过程存在，是那个实体能够包含内外，能够包含我们的发展经验的一个整体。这当然是中国人的一个重要理念，我们把它叫做"本体的认知"，也就是从本到体、从体到本的认识。这个本体的认知不同于单纯的存有性认识，不是就抽象的概念来进行认识，而是从人的根源的发展性来进行认识。但二者有一个共同点，就是以认知人的终极的需要为基础，来确定人之为人的一个方向。因为人们都不愿回到动物性，人都要超越动物实体的存在，成为更高一级的存在，成为更为人的人，也就是说，人要扩大自己，实现自己。怎么实现和扩大呢？这就产生了两个不同的选择，也就是两套哲学的进程：中国哲学的人的扩大，在于人能够去包含他人，在实体的生命当中扩大自己，在更大的群体当中去实现自己，这就是中国哲学所具有的道德意义和政治意义，所谓道德意义是说，它具有一种扩大发展的意义，我就是宇宙的一分子，我要和宇宙交相来往。这个就是道。所谓政治意义是什么，就是我要和人之间建立关系，而且这种关系需要得到大家的接受，要找到一个共同的标准，这个就是正，正是中道，是从生命发展中体会出来的平和包含之道，正的实践与实现即是政。而在西方,是把人看做抛出的存在,而非发生的生命,他的根源是不可知的上帝,而他的理想也就在回归到超越的上帝。对于动物,他们不但是抛出物,而且也只是人的工具,因而人类对动物与环境基本上缺少一种同情共感,而能理性地计算把自然征服而奴用。由于他对超越性的依赖,人可以达到一种甚至把自己就看成是上帝的想法。当上帝已经死掉的时候,就把自己看做是上帝,在行为当中,就会产生霸权主义。显然,这在罗马,和近代西方的很多列强霸主,都具有这样的心态。这就是说,西方已陷入到帝国哲学的泥淖之中而不能自拔。但我们要问,今天是什么时代呢?人们会告诉我们,这是一个现代化与全球化的时代。现代化的全球化的时代有一个特征,那就是,要把一个国家或一个传统的价值标准用在所有的人与其他传统之上,但我们已说明这是不可行的。因为,所谓现代性是工具理性与科学理性发展与应用的结果,它是知识所引申的科学与科技用以解决所有问题的方法。如果人人都追求此一目标,也就是大家都能够过上普遍的现代化的生活,为何要听命一个传统一个自以为是的权威呢?这样的一种想用科学权力来控制全球的想法是自相矛盾的,因为科技人人可用,拒绝分享不但不能成功,而且不合乎全球化打破隔阂与障碍的要求。因而全球化中的现代性必然转化为各自为政的后现代性,而后现代性中的全球化则自然趋向开拓新的生活空间,走向太空,走向开放的未来,并借此来维护一个全球化中的多元平等和谐的人类社会。这就是我所谓的后全球化。这亦可以叫做后后现代,是现代性与后现代性的融合实现。

当然这个现代性,在西方因为追求知识,所以具有一种树立科学的普遍性,因为树立科学本身就具有某种程度的必然性。所以,当你推广这个现代性的时候,你往往认为这是必然的,所以你会迷失,会否定不属于这种理性系统中的东西。所以最后,你把既定的科学框架体系看成是现代性的一个模范,或者说是一个模型,就会否定很多生命所呈现出来的包含的不同特质的世界,也就是一个开放的感受和价值空间。

必须承认，西方造就了今天的这种科技世界，这是西方的强项。基于这个现代性，人们有了解决事物问题的方法，但却无法消除人的存在的所有问题，因为人的存在在原始点上并非只是一个理性的科技活动。科学的知识与技术是否能涵盖人类的所有活动，解决人类的所有的问题呢？

人们又要思考能够包含一切的理性，并非科学的理性。是不是还具有一种理性具备更开阔的发展性格？是不是多元性本身就是一个普遍性的概念，只要它能够不影响人之间的存在，那么它是不是能更好地实现人的要求？而科学技术的存在，由于它带动的那种统治和占有的意愿，是不是更违反人的本性？在这种情况之下，才产生了后现代性。后现代性需要人回到他本身的那个客体，需要人更好地去实现他自己。

五、中国哲学中的包含理性与体验理性：五个层次

回观中国哲学的那种包含性的本体认知与体验性的本体认知，我们可以称前者为包含理性，称后者为体验理性。两者更具有普遍性，它们不违反科学，它们包含科学，它们也能够包含真理，这是最主要的。在这种情况之下，西方的科学并不是一个坏的东西，当科学理性、工具理性、知识理性把人带到某个情况之下，我们还觉得不满，还要往前走的时候，那就是我们应该重新追求或重新认识的人的本体性的存在之时。所以在某种意义上讲，后现代性应该更符合全球性，因为我更好地来实现我自己。那个实现的我自己更具有普遍意义。但当我们把它只看做科学或知识理性的时候，现代性是不是太狭隘了呢？我们要把人从狭隘性当中解放出来，实现更高一层次的现代性，这就是我所说的后现代性。当我脱了衣服，我会觉得更舒适，衣服就是我的一个工具和实现的方法，就像不同的表演有不同的演出服装一样，人就是需要不同的表演的空间，表演的时间，这就表明，人的存在不只是一个科学理性，而在于多元地体

现他自己。我认为在中国哲学里面，这一观点是非常强烈的。不管在《周易》，在道家，在儒家，在宋明理学与心学，都是如此。因为中国没有二元论的绝对的划分，中国人意识中具有一种包含意识，一种共通意识。如果我们问为什么中国哲学不受到重视呢？回答是：西方哲学或那种二元论的现代性，二元论的现代性和一种超越的现代性具有一种强烈的权力和能力，它的确能够掌握外在世界的规律，一种物质世界的规律性，使人们更好地去实现人的生活，但是用科学来实现人的物质欲望的时候，人们也就面临到了它的品味、兴趣和野心。如果它又想把人自己当做工具，人心也就很快被限制和束缚了。机械应用的文明带来一种机心，如果什么事情都想用机械来解决，那么我就不能再成为我自己。我不要物化，我不要机械化，君子不器，我不要变成工具。所以，人的能力固然能让我们可以使用机械，但我们也可以不被机械束缚。机心也是一种人的野心，如美国有了高科技以后发展军事力量，就可以以此来威胁震慑他国。我们能否实现使用机械而不受它的影响，真正掌握自己的生命呢？中国哲学就具有这样的一种认识。但是，即使我们能够认识到天地之变和生命的关系，即使我们认识到我们能够包含世界，认识人的一种共通性，即使我们能够思考天地之变的美，我们是不是还应该去了解外部世界的规律呢？这个想法并不是矛盾的，我们能够更好地去掌握世界的规律，掌握世界的内在的自然律，从而利用这种自然律来解决我们的问题呢？比如我们可以用高科技的医疗方法，更准确地用药，来缓解疾病。而这一点，则是中国哲学所欠缺的，这一原因也造成了中国物质文明的衰落，中国没有用科学来在实际的生活当中去解决具体的问题。

下面我用五个层次来说明管理这个问题，这也说明了中西方哲学发展的不同。首先，作为人，我们要用手来掌握外部的事物，手的文化就是我们要用手来操作。人的手很灵活，可以做很细致的东西。所以，它是一种超脱的技术，启发了我们追求手的延伸——机器的作用。机是一个生命体的机制；器是什么，器是把机变成一个可以操作的东西，器就是可以对象化的工具和机体，而这个机体是我们可以控制的。这样，人们要延伸手的工具性，就启发了脑的作用，脑的作用就是如何把一个有机体转化成为一个可以操作的工具，脑的作用就是知识体系，有了知识体系，才能够发明机器，为人所用。

西方的文化是一个脑、手、机的文化。这个脑、手、机的文化，它所掌握的就是用脑来掌握建立一个客观的世界，来发明一个工具为人所操作。操作之后再来进行新的知识探讨，再来发明机器。人们从农具时代（农业时代是用农具时代）工具时代（工业时代发明工业机器来改变生活，创造了更多机械）再到今天的信息时代（信息机器的发明），可说为电具时代，因为它用电子工具来为人做工。互联网就是此一电子工具。如果没有互联网这一强有力的实体硬件的支持的话，就无法产生软件的运用。所以机器的发明非常重要，它是实现自我的非常重要的一个平台。到实现自我之后怎么办？西方二元论体现在脑以上都是属于上一个世界，人的心是无法掌握的，事实上有一种趋势要把心变成脑。现在的脑科学就是要掌握这个心为脑的方式。认知科学也在这里，人的心就把他看做是一个人的脑的、细胞的活动。至于心本身是什么，不去问他。另外，如果人的主观心态、主观感情，都可以说是一种荷尔蒙的反诘，只是某种生理作用，只是某种脑力运动，只是某种药物作用，那么人们也甚至可以用药物来控制人的心理疾病，并把它还原成一种脑的活动。如此对心已经丧失了真正的认知，也就丧失了对人的价值世界的认知。人所追求的真善美和亲切之情，如果都把它们看做一种科学对象，而不是人的内在体验，促使人进一步发挥人的创造的动力。在这种情况下，西方的现代文化就不能不是脑的文化、手的文化与机器的文化。

中国的传统学问偏向于道与心。中国人掌握了一种道的宇宙，心的自我。传统在这方面往往迷恋其中，而不涉及需要在脑的方面进行太多的作用，也不习惯于在手上的运作，更不习惯于发明机器。在传统中，中国人发明机器也不是没有，在传统中，我们可以看到我们发明了指南针、印刷术等。可是我们只是开始发明而已，我们没有改善，现在西方人问中国，你们现在有没有什么好的发明呢？你们现在有没有新的科技成就？现代中国往往只是重复西方，引进西方，没有什么好的发明。这是中国文化很大的一个负担。中国人过分强调于心，强调于道。当要走西方路线，要发明，却又把心与道打掉算了，重新再来。我认为，现代中国最后是去掉了道和心，来追求科技文明。这具有一种强烈的现代意识，全球意识。但是在这一方面，西方刚好走到了问题的边界，就是要解决后全球性和后现代性的问题，解决如何来超越这个脑、手、机，而不基于传统，如何在真实的世界掌握更活泼更多元一体？这里反而有回归到心的世界和道德世界的可能，而更好地面临我刚才说的后现代性和后全球性。

六、后全球化促使后后现代性的发展

最后在此再花一点时间来说明后两个问题，就是后现代性、后全球性到底是什么的问题。后现代性的活动是心的活动，而不是脑的活动。后现代性是自由地表达个人对自由的追求，这个自由必须建立在现代性当中，不能够压迫他人，强加他人，进一步帮助他人来实现他人自己。这是一个心的活动，这个心的活动包含一个道的要求，不只是一个内外性的调节，而包含一个心的性、性的心的调节问题。孔子的话："己欲立而立人，己欲达而达人。"这个话从来不被理解得很清楚。在这里我的解释如下：我要达到自己的目标，我也希望他人达到他想要的目标，不是说把我要达到的目标强加于人。我要追求一个目标，我希望他人达到他的目标，立人之所立，达人之所达。这就是心的作用。那么道德的作用是什么呢？道德作用是在人和人的关系基础上，掌握了人和宇宙的沟通。人和宇宙的沟通，在今天我们关心的是生产领域，但更重要的是掌握存在的一个变化的创造性。宇宙是在变化的，宇宙不是只在一个层面，一个方式下实现。也就是说，我们今天全球包含的内涵，不限于全球，在全球之外还有新的现象与生命内涵等待我们去探索，但作为价值却可能在全球之内实现，但我们却必须清楚地意识到在开拓全球之外的贡献。我们怎么样打破全球的眼光，实现一个包含宇宙万物的心境呢？我们也该走出我们的世界，走出我们生存的空间，走向外部的空间。但这不是说我们要走向想象的科技世界，而是说我们在心的空间也该融入不同的生命呈现的方式。宇宙之大，万物之多，变化之繁，都呈现天地之间的生命共同体的脉络。我们要了解这种生命共同体与宇宙的本原，方能感受到就《周易》中所说的万物生生不息的开阔的气象。面对这一超越地球而又涵盖地球的道，我称之为后全球性。

后全球性有一个重要的现实意义。大家注意到最近美国金融危机，通用公司破产的消息。这个通用公司的破产，为什么说它有一种后全球性呢？我用具体来说明。对我来说，它在某种意义上说明了我心中的后全球性。通用公司当初的设计全部是美式设计的标准化，通用的破产代表着一种美式的现代性的破产。首先它被日本的精巧设计的汽车所打垮，很多要和日本的汽车竞争，包括Benz或者其他一些品牌，都想把车做得精致、人性化。因为要竞争，所以通用陷入一种随机的传统，好似陷入一个坏的习惯。也就是陷入了一种泥沼之中，它的财务已经陷入进去。它在裁员，事实上就说明是在淘汰。它已经无法适应时代的竞争。它已经无法用它的标准来掌握全球。所以它只好破产，但是破产之后并不代表它衰落了，美国正在创发一个新的通用公司，这个通用公司是一种新的更高的竞争力，这个竞争力还是要全球转化，还要转化到更大的层面，显现更强的渗透性。它开拓了一种全球运用的空间和层面。比现有的汽车可能更多。这就是我说的后现代性。但还有一个方面是属于未来的，也是现在可能实现的。也许现在不允许一个汽车公司来生产所有的汽车，它的竞争力无法满足人们过度的要求。以后的汽车是每一个城市、每一个地方都可以生产。它的生产是一个平台，只要人们需要，它就随时可以满足和改进，所以这个生产是一个不断发展和变化的生产。这是我说的后全球化。它体现在全球变成特殊，全球变成一般，全球已不是平面的全球，而是立体呈现的多项目多向度的全球。而每一个地方不会影响另一个地方，这具有很大的商机，具有很大的竞争力。这一原则当然可以也应该用在太空空间的开拓上面，使每一个空间都有立体的延伸。

七、结论：自然规律性与自然生命力的并存与互超

我最后的结论其实是一个中国哲学的观点，这里提供给大家去思考。我要说的是，我们要认识一个自然。自然是什么？自然是由两个东西组成的，自然的规律性和自然的生命力。我们不能把自然只看做自然的规律性。这是科学认定的。一个有生命力的哲学要认识自然的生命力。这是第一个命题。这个命题的重要性在于，正因为宇宙具有生命力，所以人的存在不只是宇宙的自然力的规定，人的存在是包含自然的规律性的生命力的表现。既然如此，就得到另外一个结论，那就是人虽不能违背自然律，人却要追求一个普遍的共同的道德规律。让人们都能实现他的自主、自由、自然。正因为如此，所以人要自我规定，自我界定。自我规定和界定的人还有一个要求，就是要承担责任、承担后果：你的自由，你的自然，你的生命，能不能带给你所想要的快乐，或者说所要的价值，这是你要去掌握的。就是，你的自我决定生命并不能保证你得到你所想要的。这还需要更进一层的努力。在这个意义上，我们永远要超越，永远要付出，不断地付出，不断地超越。就像宇宙的发展要不断地超越现实一样。如此这般，这就是我说的后现代性和后全球性，这就是我说的中国哲学可以接纳西方哲学，包含科技，而开出一条世界哲学之路的理由，也是中国哲学可以成为后全球化与后后现代的积极创化力的理由。

21 世纪中国哲学走向：诠释、整合与创新

一、时代的挑战与新思维方式的建立

21 世纪显然是现代人类文明的全球化与本土化同时加速发生与强烈激荡的世纪。它代表了现代科技理性的逞强用势与权利的恣情驰骋，这是一种历史趋势，但也是一套构筑。始作俑者是科技与权利，但人文的觉醒与人性的自我保存却因之逐渐兴起，形成一种成长理性与自由的平衡，这就是本土化的时代感受与使命。但全球化与本土化两者的深度关联与其理想的互发性的机制却不可不细加考察。全球化代表经济理性与科技理性的实践，同时也具有政治权利普遍化的作用；本土化代表历史理性与义化理性的自保，同时也具有价值信念差别化的坚持。两者不可偏废，必须同时并举，相互渗透，彼此推动，才能达到真正的世界和平发展与人类文明的可持续成长。这也就意味着一种新的思维方式的建立与发展的需要。这种新的思维方式是在整体中追求个别，在个别追求整体；在同化中追求差别，在差别中追求共性；在多元中追求一体，在一体中追求多元；在平衡中追求卓越，在卓越中追求扩大；在合作协力中追求自我优化，在竞争冲突中力求沟通共赢；在历史经验中追求理性结构，在理性规律中实现个体价值；在主体中追求客体，在客体中实现主体。

在这种思维方式中必须掌握一个开放的事物整体观。凡事都属于一个可以延伸的整体空间，不只是其显示的存在可以有多种多样的历史因果关系，其未来的发展也可以有多种多样的可能性。这种思维方式也要

求掌握整体观念的分化性与差别性,以及分化性与多元性的对偶性与互补性,在对偶性与互补性的掌握中再求整体的一致与关联,使生活的素质提升,使生命的潜能发挥,在使自由地创造个体的价值实现的同时,也自由地创造整体的或集体的权益。显然,这就意涵着对一个本体的创造性的宇宙有所认知,有所体验,同时是用一种开放的包容的心态来进行认知与体验。这又进一层意味着对自我心性的认识与自我心性的修持。如何扩大心灵、培育心性,如何深入思考,将是自我修持、自我创化的重要要求。如果说认知一个开放的创造的本体宇宙观是全球化的根本条件,认知一个开放创造的自我心性就是本土化的根本条件。两者又互为根源与互为基础,方能形成一个具有张力与协力的互动系统与整体。在这种互动的体系中,主客不仅是知性的交融,也是情性的适应,更是行为与行动上的整体协调与配合,明显地隐含着一个整体的标准与自我在整体中的定位。行为与行动是实际改变现状的力量,这个力量的使用可以是盲目的、自私的、不合乎理性的,但它也可以是智性自觉的、符合整体发展的,能同时满足个人价值与需要的,因之实现了一种本体的创造力。当然这又意味着一套对行为符合整体发展与人性认知、本体认知不同层面谐和与统一的要求。

归纳以上所说,面对当代全球化与本土化的激荡中创造新宇宙与人类生活世界的体认,现代人不能不尽快建立一个新的思维认知方式,一个新的宇宙观,一个新的自我心性哲学和一个新的行为判断标准。新的思维认知方式意涵着天人互通、互动与互融;新的宇宙观意涵着本体宇宙论的体验与观察;新的自我心性哲学意涵着主体自我提升、转化与主客的相互超越与创造;新的行为判断标准则意涵着知行的整体与动态的合一。这三者又是相互激荡、相互制衡的。三者都必须在差异中以求整合,在整合中以求创新。诠释是个别中求全体,也是在全体中求差异。整合则是为了提供平衡和开放的创造空间,而创新则是求存在价值的提升与生活世界的丰富。其最终目的在实现生命的整体和谐与持续创化。

基于此一时代性的深入考察，我们要问中国哲学可以有如何的发展？我们也要问如果代表中国哲学的思维没有发展或者甚至失落，人类的时代问题又将如何解决？如此我们就能准确地掌握中国哲学在21世纪的发展的使命及其发展的正确方向。

二、中国哲学中的本体相生、一体二元、体用互需的思维结构

在中国哲学的源头上就重视综合直观、知觉与体验的本体思想，远超于方法思想之上。这是一种纳方法于本体认知之中的思考方式。与之相反，西方人自希腊开始就追求理路分明独立经验之外或经验之上的实体对象，故视理性方法与规则为达致真理与真实之路。因之，它是一种纳本体于方法认知之中的思考方式。中国式思考是本体境界体验性的。西方式思考是方法所指求证性的。两者出发点决然不同，故所营造出来的理解与诠释传统就大不相同。

我必须再次强调，中国式思考是以本体体验理解与诠释现象与文字典籍（文本）的。在一个理解中首要立其大者，所谓大者就是宏观整体的本体架构。本为本源与根本，兼历史与基础两意义，更有动而愈出以应无穷的意涵。体为整体与体系，是机体性的实体存在，可以用来说明形象之实际与功能之运用。但体系也可包含虚体与虚用，形成一个有无相生、虚实互发的道的体系。用此理解来说明现象与某一特定文本就是我所说的自本体以理解与诠释的本体诠释。如不能由此本体的体系的理解与体验，诠释就只是表象与功能的阐述，借以达到自我预设体系的目的而已。韩非的《解老》与《喻老》即是其例。此处假设韩非有其未加说明的本体论，是以合理的本体思考传统为背景的，此一本体思考的背景与主流传统可以就《易经》的形成与《易传》的发挥，道家的根源反思与对生命变化的综观，儒家对己与对人的心智潜能与德性根源的内外

省知三方面来加以说明。三者形之为理解，就形成了一个中国人的道体或本体宇宙论与本体人性论的本体思考传统。三者用之为诠释，就形成了一套中国人的本体思考的本体诠释学。诠释是以理解为本源、为依皈的，但却在文字上概念上作意理发挥与解说的功夫，所谓言之成理，言之有物，自圆其说等等。但只有基于本体的认知与解说才是本体诠释。故不论具体的或特定的本体何指，只要有本体的概念并纳方法于本体的思考之中即是广义的本体思考；如专就传统中特定的道家或儒家或其他诸子百家的本体论立言则可谓之狭义的本体思考。宋明的理学、气学与心学能兼广义与狭义的本体思考进行诠释与理解，也为此两者运用的结晶。我人今日进行本体的理解与诠释也不外于此两意的本体思考的运用，从而可以开陈出新，形成一种创造性的哲学思考。

与中国式思考比较，西方哲学重视批评、批判与逻辑，以突破现有的概念典范与体系为哲学思考的精神所在。因之，西方基本上并不重视诠释性的疏注。我们可以举苏格拉底学派与苏格拉底所启发的创新性的哲学家柏拉图与亚里士多德为例说明此点。此一批判与创新的理解或认知传统延续至今，仍为西方哲学的主流所在。但当代哲学诠释学的兴起，却隐含着本体论的革新。在理性与方法思考的主流之外有宗教神学传统，进行基督教神学的《圣经》文本诠释。这一传统可以看成另类本体性的诠释。西方《圣经》与中国《易经》的诠释比较尤能显出中西本体思考的本质性的差异。

当代西方哲学诠释学（philosophical hermerneutics）显然源于神学本体诠释、从阿斯特到施莱尔马赫都是此一神学诠释学的系统化与哲学方法化的发展者。近代生物科学与生命科学兴起，狄尔泰想用一个新的科学方法来理解生命与历史是当代哲学诠释学的前驱。但他却未能面对人的本体存在的实体体验与反思问题，欠缺了一个人与世界的本体思考架构。这是要到海德格尔的本体论或基本形上学革命才真正发展了人存的本体论。由此人存的本体论，才有伽达默尔发展出来的哲学诠释学。因之，哲学诠释学是以人本或人存的本体诠释学为基础的对人的历史体验、艺文体验、语言体验的解说与诠释，阐发了前所未有的有关历史、艺术、语言的深度认识，更批判了只注重方法与概念的哲学传统，开辟了一个新的对理解的理解，并启发了人的历史性与理性如何整合的思考，以及人与人之间、文化与文化之间的沟通如何进行思考，提出了历史偏见、有效历史、无穷对话、视野交融等重要概念。但伽达默尔尚未能进行有关伦理道德与宗教等现象的本体理解与诠释，可说仍有待继续推进本体诠释工作。另一方面伽达默尔也未进行新的本体论及广义的本体思考，当然更未能进行跨文化及跨哲学传统的本体思考。这些正是其哲学诠释学有待发展的重要课题。他与贝蒂、哈贝马斯、德里达等哲学家的辩争又突现出哲学诠释学的内在与外在问题，可以为吾人借镜。利科站在现象学的立场提出折衷历史与理性之说，也并未解决诠释本体的根本问题。因之西方当代哲学诠释学尚停留在迂回踟蹰的关头，等待本体论的新发展，也等待方法论的新发展，以及两者的更进一步的交融，来建立新的典范思考和解决哲学、科学与人的生活世界中的诸多问题。

总结言之，与西方比较，中国哲学传统中的诠释其主流与大体是本体诠释学。因之，如要建立中国诠释学就必须认识本体诠释学的主流与大体，自《易经》历经春秋、战国、两汉、魏晋、隋唐、宋元、明清流传至今，衰而复兴。诠释的类型固有多样，但万变仍不离其宗，亦即不离一个重视本体思考、纳方法于本体之中的易与道的本体思考方式，此点反与西方近现代的人存本体思考有接近之处（但在狭义的实质的本体宇宙中，西方人仍有天人分离、上帝超越的思想，而中国哲学的本体思考却坚守天人合一、道体内涵于人存的体验）。因之，西方哲学诠释学的兴起所代表的本体思考的革命更具有走向中西融合与汇通的重要意义。但西方近代发展出来的反本体论思考、非本质主义却有走向虚无主义的倾向。然而，我们也必须认识，只有在一个更具深度的或更有高度的人与世界的本体思考中，东西方才能找到一条通向人之所同本、人之所同具的本体宇宙本体真理的道路。这就是沟通中西、借诠释以求同释异的本体意涵，也就是本体诠释学兼具诠释本体与本体诠释的双重思考功能之所在。必须说，中西诠释学的主流同属于一个一般性的本体诠释的网状体系之中。

三、当代科学知识体系的诠释、整合与创新

当代科学知识体系庞大，依托于新科技为基础，而为新经济的实际利益所驱动。因此科学的问题归根结底是与伦理价值的普遍问题密切相关的。此一问题我们下面再作讨论。这里我们所提出的当代科学知识体系的诠释、整合与创新的问题，远远超出了单纯知识论的范围，而是从知识本体论的整体水平上来展开理解。这就涉及更高、更广、更深层次的问题，即：我们如何把知识转化为智慧，能够建立体制，因而能够将之运用于不同科学或学科的范围，能够真正对个人和社会的生活有所帮助、能够真正促进整个文明的发展，乃至能够真正实现宇宙内涵的价值。一开头就应该有整体性的明确导向，即如何实践，如何发展。自觉的实践必然基于一个深入认识的基础。

谈到新科学，首先就涉及科学中的新与旧的问题。依照知识本体论的理解，新科学的发展并不表示排斥旧科学，而是包含旧的传统科学。科学的发展，显示一步一步前行、衍变、更新的历程。从西方冲突辩证法的观点看，往前发展就要克服旧的、完全扬弃过去，而若依照中国和谐化的辩证观，新与旧并不是截然对立的，而总是包含着过去一些存在的价值，并能一直推到未来。所以整个发展有层次、有结构，是推陈出新，化腐朽为神奇。从炼丹术中可以发展出化学和精神分析学即为一佳例。因此，今日的新科学不应理解为是要放弃旧科学，而是要在一个更大的体系之中包容下来，使它们各定其位。古典力学仍有其有效位置，相对论和量子论也有其一定的位置，最新的科学理论无一例外。这样就能产生一个更完整的理论。全部的科学史的发展是合乎大易的原理的，因为

每一科学现象都有它的历史背景，而每一历史性的发现和发明，都以微妙的方式决定着未来的一些现象的过程。而由旧而新，由偏而全，由微而著，根本上是一系列的创造行动。

我在以前不同的场合都强调过，我们今天所了解的新科学，是一个非线性的、一个自我称谓的、自我组合的体系，我称之为"巨型量子论"的科学理论。我们今天若欲整体地把握当代科学知识体系，首先就要理解它的时代性的标志，它所显露出来一个新科学的面貌。这个新科学要创造性地利用科学，透彻地理解先前科学的种种状况、种种条件和限制，进而发现它可以超越的地方。这同时也是新科学对旧科学的创造性的诠释、整合和创新。假如没有这样一番诠释、整合和创新的工作，我们对最新科学的了解必定会大受限制。历史地看，当代科学知识体系，根本上是西方智性的建构。西方知识论最初是从科学与哲学混而不分的母体中分化而出，因而一开始就是针对外在的客观世界的。直至当代，西方知识论的焦点和模式仍是对客观世界的知识，而不是对价值和人本身的知识。现代科学乃是西方知识论展开的极致，它以建立合理而有效的知识为目的。但科学作为方法论的系统，其基础却是知性的推理与假设能力，而以认识、解释与预测不同类别的事物及现象为宗旨。但当代科学知识与理解及本体的相关性，也即知识的对象能否超出部分、联结不同部分而涵括宇宙全体，却是一个根本问题。这种相关性，我曾用从本体到科学知识的图式来表示：

本体真实→真理→感受、体验、体会、理解→认知知识→科学知识

这可称之为自本体而对科学知识作出诠释。我们亦可自科学知识而对本体作出诠释，其图式则层层递进，循环而上，可表示为：

科学知识→认知知识→理解、体会、体验、感受→真理→本体真实

如果说西方知识论同科学发展的相互关联是显而易见的，那么，中国的知识论同科学和技术的发展一般没有直接的联系，既不能像笛卡尔和康德的知识论那样被看作致力于确证性的现代科学，也不能像蒯因的知识论那样被看作是当代科学的一种延伸。中国传统文化未能产生科学的主流思想，一度造成近代中国文明的被动格局，说明中国同样必须在发展科学一途上迎头赶超西方，以求民族的生存保障与持续繁荣，同时还得看到中国知识论的优点。同西方知识论不同，中国知识论从未脱离实在论和实践论，它把知识从本质上看作是整体的，并将诸多关系视为统一整体的体系。这种知识观念是形成、发展于长期而又广泛的文化经验的基础之上的。因之，我们可以说它完全具有再发展以涵盖方法与科学的潜能。欲达此目的，就必须把科学与人文、现代与传统纳入新的理解与方法互动的基础之上。既在理解的基础上建立整体的自然科学，也在方法的基础上建立理解的人文科学，融通而成人类走向更高境界的新眼光、新智慧。

四、当代文化中的虚无主义的表现及其克服方式

以新科技为动力而造成的当代经济发展，远胜于以往的任何时代。那么，我们所处的科技日新月异、经济全球化的现实，能否揭明文化的新旧关系的辩证性？回答当然是肯定的。因为，一个新的文化价值体系的建立不仅有其传统的渊源，而且还与该文化所掌握的经济资源以及被大量利用的科技发明都是密切相关的，人不仅可以利用科技和经济来充实和完善自己，人也可能成为科技和经济的工具。问题还在于，新科技已在根本上动摇人的原有的形象，克隆人的研制、脑和心的复制和移植，使得人的存在变得虚幻了；新经济打开了人的无穷欲求，由于人的欲望可以如此轻易被填充，连欲求本身也变得可疑了。在新的生化技术的肢解、组合过程中，人体可以被重新组合、替换，人的一种主体特性可以

转变为另一种主体。这已非科学幻想，而已从虚拟变为现实。那么，人究竟有没有其存在的独特性，人的根本价值又在什么地方呢？也许透过科技的发展，我们可以把科技所透露出来的种种实体看作是一种虚体。而现代哲学所谓的人的非本质化、非实体化的思辨有了科技的实证性的说明。作为非本质化、非实体化的人虽有其实象，却有其空性。在这种情形下，就把佛教与最新科技的问题联系起来了。新科技如此真切地揭示了人的空，人被定位为一种空性的存在。这种思想有它的深刻性，更有它的危险性，它是新科技时代的虚无主义。这种虚无主义同样弥漫于新科技为我们描绘的一幅虚无化的宇宙图景中。大爆炸学说宣布了传统宇宙学的终结。这种终结论充满了悲观的论调。因为它认识宇宙肇始于太古发生的一场大爆炸：既有开始就有结束，似乎隐设了宇宙存在是唯一性的过程。按照大爆炸理论较近的说法，在我们宇宙历史的非常早的阶段——精确地计算是 $T= 10-43$ 秒时——那时的宇宙比一个质子更小，引力变成斥力。由于这种斥力，宇宙经历了一次惊人的、指数增长的膨胀，到如今，宇宙则以一个低得多的速率膨胀。不过，更多科学家承认，宇宙起源的时间的推算越是精确、越是确定，这种理论就越变得带有猜测性。我们这里感到关切的是：如果生命和地球注定要毁灭，在这样一幅命定的景观中，生命还有何意义？大爆炸学说将整个宇宙描绘成经过爆炸而逐渐消亡、沉寂的过程，呈现为一幅虚无的图像。可见这种宇宙论思维有它的局限性和危险性。若一切按照大爆炸学说，基本发现已经完成，余下的事情不过是做一些填充，这就把充满无限奥秘的宇宙问题简化为一种可疑的结论。而根本的问题也许仍然是：我们对整个宇宙的认识是否还需进一步深化？面对科技时代的虚无主义思想，我们必须寻求超越之道。按照中国哲学的智慧，生生不息的宇宙得在一个整体的网络中予以了解，这可以说类似道家所说的"有无相生"、往复不已的过程，是一个大循环，这是一种不断充满新的生机的循环。从这一观点理解和解释大爆炸学说的意义，我们也许可以得出超越虚无主义的哲学结论。

当代最新科技发现和发明，一经作出，即很快在全球化的网络中得到传播，其后果不仅深深地影响人类文化的意识，并突显了尖锐的伦理问题。这些伦理问题远远超出传统伦理学的范围。最根本的生命包含有，同时又敞开无，是从有到无、从无到有生生不已的过程。这一认识是《周易》的基础，也是儒家和道家的基础，在一定意义上也是中国佛学的根本思想。在今天这依然是一种富于启发性的智慧，这一智慧是我们据以克服一切形形色色虚无主义的未来哲学的历史基础。

五、当代伦理道德的诠释、整合与创新

当代西方伦理学对本体论的拒斥的结果之一，导致众说纷纭的相对主义学说的盛行，这种相对主义的极端化的表现，就是伦理道德的虚无化。西方虚无主义的产生有其文化和哲学上的根源。因此，对这种虚无主义的克服和超越不得不探入其文化和哲学的核心问题。这一问题可从与本体论相关的论域展开理解。

20世纪西方哲学的建构方式以及哲学本身的命运直接影响了作为哲学内在构成部分的伦理学的地位。正如有的学者所强调的，伦理学先在哲学学科内部降低了地位，之后又在人类知识总体中减少了重要性。造成伦理在哲学中弱化的原因，在我看来是由于科学主义与本体论的紧张关系。由于科学主义对本体论的拒斥，伦理学今天已难以维持其在亚里士多德和康德体系中具有的基本地位。伦理学更像是一种社会学理论而丧失其思想探索的锋芒和深刻的洞察力。在当代全球化的视域中，西方伦理学所面临的问题同时也已成了中国人必须理解和回应的问题。

我们不妨从概念的界说来辨别中西伦理道德之异同。按照西方传统思想家的理解，伦理（ethics）与道德（morality）各有其论域。伦理是就人类社会中人际关系的外在秩序而言，而道德则是就个体体现伦理规范的主体性与精神特性而言。伦理侧重社会秩序的规范，而道德则侧重

个人意志的选择。尽管有基本的区分，它们的相关性仍然显而易见。伦理可谓是群体的道德，道德可谓是个人的伦理，两者的联系初步可以从其逻辑性的关联来理解。与之比较，中国古典哲学中伦理与道德两词涵义的原初的区分，似乎比西方哲学中 ethics 与 morality 的差别更为显著：人伦即指人伦之理，更突出人类社会中人际规范的内在性及其意义；而道德则指行德修道。前者可说着眼于人类社会及其关系的总体，后者则含有超越性的异常突出的形而上学意味。中国伦理观念有一个古老的传统，其起源可以追溯到史前时代，道德概念的形成则与早期道家和儒家（老庄和孔孟）的人生哲学和本体论直接相关。经过魏晋玄学和宋明理学的陶铸，道德之学更落实到个人的心性修养和生命的怡养上，这不但为伦理学提供了一个形而上学的基础，更把伦理内化为心性的道德成就与生命境界，使伦理与道德整合，形成心性的知与行的一体两面，并发展为一个"合内外之道"而"故时措之宜"的大系统。

中国传统伦理学的构成各有其一定的本体论基础。现代以来，这一基础不同程度地被取消或经历巨大变异。今天的问题是，如何对人类所掌握的伦理系统进行一个深度的转换，从而对伦理学内部的分裂及中西伦理学的差异进行一种深部整合。这里我所要特别强调的是，伦理学的整合一方面必须将人的整体性及其行为作为一种纵向过程看待，同时也要将人间谐调化的横向关系的建立当作伦理整合得以实现的条件与方法。从纵向来说，很显然，品德或德性伦理是一个根本德性伦理，是一种本体论伦理，或者也可以称之为伦理本体论。德性伦理着重追求道德目的性和实现此一目的性的德性能力。人的整体的重要性就在于他的品德即人的品德的建立。对这种品德的强调对于中西伦理学都是一样的，都注重人的素质或本质，即从根本上追问人如何成其为人，人如何体现人作为人的品德，人的至善如何实现？纵向的伦理体系从贯通和涵容一切层次的伦理系统着眼，强调从个体伦理到宇宙伦理的一体性、统一性与连续性。而以个体伦理的内在化道德作为全部伦理体系得以建立及实现的起点。从横向来说，人与人应相互信赖、相互关怀，彼此和谐地相处。这样一种关系的秩序化，本质上是对时间与空间的掌握，人的生命及其德性本质上是时间和空间差异化的表现，是时空历程和敞开的结果。依托时空之差异而建立起一个价值体系就是伦理关系之网。问题还在于，这样的关系的建立对人究竟有什么好处？这就涉及善的问题，具体地说就是如何判断善进而作出抉择的问题。

因此，我们一方面必须注重人整体的品德，另一方面也不能忽视人的品行的种种差异性。在中西伦理学的比较中，我们发现，西方伦理学的历史发展总体表现为由德性伦理而责任伦理、而功利伦理、而权利伦理这样由形上而形下一种过程。这里，我们不必一一详述其基本理论，只要列举出各阶段的最有代表性的人物就可以，他们是亚里士多德、康德、穆尔和洛克。他们各有其现代的继承者和发挥者。附带可以指出的是，康德和洛克的责任伦理和权利伦理，在一定程度曾受到中国伦理思想的影响。我们知道，17、18世纪时期，以儒家为主体的中国文化传入欧洲，对西方伦理政治思想的演变影响极大。康德和洛克伦理政治思想中的中国影响问题是一个值得深入研究的专门课题。在西方，功利主义伦理观的形成是很重要的，这种伦理学具体探讨如何在最大限度上实现每个人的福利问题，责任伦理和权利伦理的许多问题可以从功利主义的立场进行综合。因此可以说，功利主义伦理学开辟了20世纪西方伦理学的方向。这种伦理思想传入中国以后也产生了一定的影响。中国传统的伦理学基本持一种德性的立场，我们或可称之为广义的德性主义伦理学。这种德性主义与中国哲学的本体论、生命意识和价值观念是分不开的，我们可以称之为本体伦理学。本体伦理学的目的是为了建立一个完整的人格，这就是为什么中国先哲孜孜于探求人如何乐仁乐智、成贤成圣的道理。按照西方伦理学的历史经验，品德不仅指向至善，同时也应兼含责任和权利。在高度组织化的现代世界中，品德必须转化并提升责任、功利和权利，才能真正发挥效用。

而按照中国哲学智慧的启示，责任、功利和权利，必须以德性为归。当代西方伦理学由于过分强调权利的作用而忽视其形而上学基础的问题，结果反而丧失了权利，因而萌发了回归品德伦理的需要，这是一个值得注意的动向，而当代中国伦理学的建设，也亟待从德性的立场接纳责任、功利和权利，进行哲学性的整合，并能施之于用，这已经成为迫在眉睫的问题。

三

儒学精神与儒学现代化

儒家和谐论的六个层次

如何理解儒家哲学中的和谐概念？

对于儒家哲学中的和谐概念，虽然有不少学者在许多文章中作过多种解释，但我们必须看到，和作为一个动态词构成了多重意义。首先，和既是一种状态，也是一个过程。甚至当它作为一种状态时，它依然有创造生命和创造新事物的积极力量。早在公元前7世纪，周朝史学家史伯曾说过"和实生物，同则不继"[01]，暗示出和具有多极性或多极因素，与生产和创造有关。毫无疑问，他的这种看法源于《周易》，即人对自然界中阴阳运行的经验。史伯的话值得注意，因为他还指出了和是如何产生物的，这涉及了"以他平他"的统一。因此，从这个意义上说，它与同不一样，因为同不允许有差异和区别。后来，齐国的晏婴详述了和与同在烹饪和制乐方面的差异。在认识和的性质方面，孔子的"君子和而不同，小人同而不和"[02]，明确区分了和与同的差别，并把它们看作鉴别人生态度和划分不同人群的两个鲜明的品质。

太　和

从孔子弟子所编纂的《易传》中，人们同样可以看到孔子对世界起

01　《国语》，上海：上海古籍出版社，1978年版。
02　《四书五经（一）》，哈尔滨：黑龙江人民出版社，2003年版。

源的洞察。在此，我们应当注意《易传》中太和的概念。《易传》中对乾这样解说：

> 大哉乾元，万物资始，乃统天。云行雨施，品物流形。大明终始，六位时成，时乘六龙，以御天。乾道变化，各正性命。保合大（音太）和，乃利贞。首出庶物，万国咸宁[01]。

乾作为一个创造原则，是世间万事万物的源泉，同时还是一种原始动力，不断地运动，不断地激起行动。因此，它又被称作乾元，乾即元。在激发创造性活动和产生万事万物的过程中，乾元起着很大作用；同时，我们不应忘记，作为一个接受原则和一个共性原则，坤或坤元在为世界划限和支撑世界方面所起的作用。因此，作为原初起源的坤便成了人们熟知的坤元。在《易传·象传》对坤卦的解说中，里面有这样的话："至哉坤元，万物资生，乃顺承天。坤厚载物，德合无疆。含弘光大，品物咸亨。"[02]来自太和的乾的兴起，伴随着坤的兴起，它们密不可分，因为它们在产生万物和改变万物方面相互支持。这种对乾坤的看法，反映了《易经》中人对阴阳变化和自然界两极的观察与经验。当阴阳成为现象概念时，乾坤就上升到了本体宇宙论的高度，这种观念来自于对宇宙和人类的通盘考虑。因为太和产生了相互依赖和相互交叉的乾与坤，它也就被看成了《易传·系辞传》中的太极。把《易经》看成是世间万事万物的本体宇宙论，大家必须看到，和深深植根于人生和创造力的本体宇宙论之中。这种洞察的重要之处在于：没有创造力，就没有能力在各种相宜的关系中创造事物，因而也就不能在各种事物中为相互依赖和相互交叉创造条件，和便不可能存在。和必须是一种能使万物和谐的力量，和就是让生命和生机繁荣壮大，并为未来的发展积蓄力量。

---

01 《四书五经（三）》，哈尔滨：黑龙江人民出版社，2003年版。
02 《四书五经（一）》，哈尔滨：黑龙江人民出版社，2003年版。

义 和

随太和而来的，是作为和的一个组成部分的义的出现，我们称之为义和。这种义的出现意味着，本体宇宙观的和谐化过程必须有益于人的生存和人的行为，这就是最初的善。人的出现是伟大的，因为正是人的存在才让我们发现了思维、认知和行动的能力，它不仅与人类本身有关，还与他人、环境、万事万物的生与灭有关。在经验与反思的基础上，所有这些概念开始在人的意识和人的大脑中形成。但这种历练世界和反映人自身的能力需要高水平的创造力，而这种创造力来自于支撑和谐化创造过程的原始动力。

首先，善一定是能导致大和的和，或支持和产生世间万物。它是能把真实的东西变为真的创造基础。因此，从这个意义上讲，真也必须是善，因为真必须植根于乾元的原始创造力之中，并成为不断创造的基础。因此，《易传·系辞上传》说："继之者善也，成之者性也。"在这种情况中，善可被理解为性的基础，而性则区分了事物的存在并赋予其个性。当然，这样说还不能把存在于原始宇宙论创造力中的善看作为义善，但这是赋予义善以重大意义的一个不可或缺的步骤，因为只有人才有能力创造本体论上的善，给万事万物带来和谐，并创造能证实与支撑和的事物。

当我们读到《易传·文言传》时，发现了道义出现在本体实在之中，准确地说，存在于元、亨、利、贞之中，这与人类思维的出现和人类的行为有关。在这一发展过程中，依据元、亨、利、贞创造的内在力量变成了善这一道德品质的基础和源泉，善在仁、礼、义和信中表现出来，并成为儒家伦理的四德。《易传·文言传》对此进行了解释：

> 元者，善之长也；亨者，嘉之会也；利者，义之和也；贞者，事之干也。君子体仁，足以长人；嘉会，足以合礼；利物，足以和义；

贞固，足以干事。君子行此四德者，故曰："乾：元、亨、利、贞。"[01]

大家可以看到，即使四德与本体宇宙论的四种创造状态相一致，也不能认为它们具有关联性。许多汉学家把关联思维说成是对引入义德的解释，但是，他们未能解释这种与内容的关联是如何被证明是合理的，以及实际所指是什么。事实的真相是：道德品质源于原始创造力水平上的原始品质，此时的原始创造力导致了人的创造力——人的意识的出现带来了四种道德品质的需求和实现，四种品质是人的本体的创造特色，与上面提到的基本义德密切相联。朱熹从四德中看到了春夏秋冬四季的在场，可以把此看作阐释本体论与道德之间深刻内在联系的另一种方法。

根据这种观点，我们可以清楚地看到品德的横向与纵向关系：所有品德都植根于创造力的本体宇宙论活动之中，它们相互协调、相互关联，把创造力推向一个新高度，即人类文化的自由。从这个角度看，当说到"利物足以和义"时，显然这种利物必须从创造本体的意义上去理解，也就是说，就各种个体的义而言，它们能够揭示世间万物，利的差异或许甚至是利的冲突都可得到解决和协调。正是大家都想到了义，一个社区、一个社会，甚至一个州和一个政府才可建立起来。确切地说，任何政府都是建在义的基础上，这种义从个人守信和大家守信中表现出来。

中　和

《中庸》中有中和的思想，可以把中和理解为中与和或来自中的和。中和是一种状态，可应用于天人合一的太和之中，也可应用于体现人性的人心中的义和。就《中庸》而言，人的内在本性源于或继承自生命创造力的原始源泉，即天。因此，和谐情感与和谐行为的基础是最初的和谐，这种和谐被视为中心，即中。中的目的就是要认识到深埋在人性中的那

---

01 《四书五经（一）》，哈尔滨：黑龙江人民出版社，2003年版。

些东西,因为它们能产生情感和思想。因此,来自于人性深处以情感和思想形式出现的东西就是我前面所提到的道德意识,因为它的目的最终是与现实相合,与人生情境相一致,使人性获得良好状态,并得以实现,这就是中,或最初的善。《中庸》说:

喜、怒、哀、乐之未发,谓之中。发而皆中节,谓之和。[01]

可是,何谓"中节"?它是获得和或者是导致获得和的一种状态,可以把它理解成实现善与价值的一种关系。换言之,它来自于人在寻求宜的道德意识中的一种关系。因此,中节也可被理解为中和,不过,此处的中应是动词。既然中与和属于天与人,《中庸》的结论是"中也者,天下之大本也。和也者,天下之达道也。"这是符合逻辑的。这样理解的话,我们可以清楚地看到,《中庸》中的中和如何为《易传·文言传》中的义和观念提供了自然的本体论基础。

人 和

我们可以看到,人性中所潜藏的内在的和谐,可以在人的情感和人生境遇的外在事件中转换为现实的和谐,这可被称作来自内心深处的和谐。这种第四个层次中所表现的第四种和谐,即孟子心中的人和。孟子说:"天时不如地利,地利不如人和。"[02]这并不是说天时不重要,在考虑制定策略时,利用天时是很重要的。然而,如果采取行动时没有地利,天时再好也不起作用。从另一方面讲,天时地利都具备,但缺少人和,也就是说,大家在义的方面不能保持一致,对未来的前景缺乏希望和信心,那么,预期的成就和成功就不能实现。

---

01 《四书五经(一)》,哈尔滨:黑龙江人民出版社,2003年版。
02 《四书五经(一)》,哈尔滨:黑龙江人民出版社,2003年版。

这一点涉及了人类行为的成功与失败。从这个角度讲，极易理解为什么人和最重要。如果只是涉及时间的事，其发生仅仅是因为时间，由于时间的力量自然而然发生的事可被称为命。自然时间过程中的生与死就是命，孔子与孟子也这样理解。人要实现其价值，仅有时间是不够的，只有地利也不行。有地利做事会不一样，因为像天时一样，地利形成了一个事物发生的上下环境或大的框架，有些是由于天时，有些是由于地利，有些是由于人的行为本身。在靠人的行为才能成功的那些事上，毫无疑问，人和是首要因素。没有人和，天时和地利都不能做成任何事情。人和是人的创造力发挥作用取得成果的一个条件。有了人和，才能考虑天时和地利。大家可以看到，天时和地利对于人的创造力来讲是如何发挥决定性作用的。孟子的观察如下："域民不以封疆之界，固国不以山豀之险，威天下不以兵革之利。得道者多助，失道者寡助。寡助之至，亲戚畔之；多助之至，天下顺之。以天下之所顺，攻亲戚之所畔；故君子有不战，战必胜矣。"[01] 作战需考虑天时和地利，在考虑了天时和地利之后，至关重要的因素是人。当其他因素都一样时，孟子看到人是决定性因素。事实上，无论是战争年代还是和平年代，人民的支持都是统治政权发展生产、保持稳定的绝对条件。但这种支持必须建立在人和的基础之上。分析人和就是分析人如何在生活和交往中实现和谐。孟子的整个政治哲学就是想说明，人与人之间的和谐（人和）必须来自于统治者的仁政：仁政就是统治者要关心人民，让人民成为政府考虑决策的中心；要让人民与你同乐，解决生活中的困难和人民的生计问题。

现代人也有其他需求，但仍限于人自身的需求。重要的是要让人民生活富裕，精神上和心灵上感到愉快。因此，要满足人们的教育需求和智力开发的需求，为这样的开发创造一个文化环境是同样重要的。此外，还要创造一个高度和谐的环境，让和谐具有创造性和可持续性。对孟子

---

01 《四书五经（一）》，哈尔滨：黑龙江人民出版社，2003年版。

而言，获得人和或社会和谐就是让统治者有德性，能为和谐的生活与和谐的行为作出榜样，能够领导人民，关心人民，让社会和谐，让人民和谐。

当然，对孟子来说，能在社会关系中为人作出榜样的人是柳下惠。柳下惠被描绘成一个不介意做小官的人，这样的人会毫不犹豫地任用人才。得不到重用时，他不抱怨；生活困顿时，也不自哀自怜。他热爱普通人，愿与他们为伍。他不愿占别人的便宜，即使有一位裸女躺在他身旁，他也能神情自若，方寸不乱。因此，柳下惠被看作是和谐或和谐化的一位圣人。孟子要表达的思想是：和谐是一种让他人感到舒适的精神态度，一种不屈从私利并能创造社会关系的精神自律。实际上也是一种关心他人的无私行为。从这个意义上讲，柳下惠是一位宽厚待人的仁人，其品质吸引了他人，并成为他人学习的榜样。

考虑到孟子把孔子颂扬为合时宜的圣人，大家可以看出，真正的更深意义上的和谐来自于在适宜的地方、适宜的时间做正确的事情。其意义是如何把社会和谐与时间和谐和地点和谐协调起来。准确地说，这就是孔子在他的仁和礼的哲学中所强调的。在《论语》中，由于礼有和谐化的功能，遂成了人在社会交往中创造出来并保持下去的一个条件，这对我们来说也是非常重要的。进一步讲，在孟子描绘的经济蓝图中，老人与儿童得到保护就是这种和谐的一个光辉范例。确切地说，在其设计的井田制度中，老人有肉吃，有衣穿。那时，和谐的意义被当作一个因素融入到农业和保护计划政策中去。

协 和

我们可以在《尚书》中见到协和二字。在《尚书·虞夏书》中，贤王尧是一位有至德的人，做事理性，待人谦恭。这样一来，他与手下各部落的关系和谐而亲密，使得自己的管理既有秩序又能负起责任。在此基础上，他通过协和使得各地和谐相处。在协和的影响下，尧给人民带来了和谐与和平。协和的含义究竟是什么？显而易见，当一个国家管理得好时，其政府在让其他国家进入正规方面便有了谈判的力量，和谐与和平便能持续下去。可见，协和的含义就是一个国家如何给他国带来和谐与和平。从这个层次上看，来自前面几个层次的和谐便成了国内和国际和平的基石，这种和平就是没有战争，没有暴乱。

虽然我们没有谈到现代意义上的如何通过谈判获得和谐，但大家依然可以看到某些通过谈判而形成国与国之间良好的秩序，谈判实际上是通过协调或道与德的方式获得和谐化的组成部分。我们已经看到，协和通过榜样和劝说创造了一些国家的社会和谐。

共和：全球和平与大同

最后，我们谈一下天下大同，这是现代意义上的全球和谐。在《大学》中，全球和谐的理想就是平天下。它依然是以个人的努力为基础，认为有了德天下就能太平。确切地说，个人的努力必须符合互惠原则：

> 所恶于上，毋以使下；所恶于下，毋以事上。所恶于前，毋以先后；所恶于后，毋以从前。所恶于右，毋以交于左；所恶于左，毋以交于右[01]。

为了实现全球和平，应当遵守上述原则。因为在世界上，国家不应分上下、左右、前后。这些原则可以应用于不同时期、不同发展模式和不同生存方式的国家。

世界各国都应当思考这样一个问题，在这个由众多国家组成的世界上应该如何确定自己的位置，应当如何依据作为仁德的克制与自律原则

---

01 《四书五经（一）》，哈尔滨：黑龙江人民出版社，2003年版。

去行事，因为只有把其他国家看成是独立平等的国家才得到对方的尊敬。这种克制原则可延伸为上面所提到的互惠原则，不要占任何国家的便宜。克制原则和互惠原则的形成是极其理性与自然的事，其目的是让大家知道，什么样的事不应该做。但是，需要做什么事则是另外一个问题。《论语》中就有"己欲立而立人，己欲达而达人"[01]的原则。

运用这两个原则的困难是：我们需要知道我们想获得的东西或许恰好是他人不想获得的，还需要知道他人的需要和欲望以适应他人。如果每个国家都这样考虑他国，全球和谐便容易实现。但问题经常是人们不知道他人的需要，而他国的需要也许正是自己国家的需要。各个国家为了自己的发展展开竞争，成为竞争对手。因此，如何实现和谐不仅要克制，还要理性地、公开地进行谈判，为了双方的利益达成谅解。从这个角度讲，就是和而不同。暗隐的困难是：差异是否能造成不同，是否对未来构成威胁。就此而言，理性地思索与讨论，并进行合理的交流毫无疑问是非常重要的，所以，只注重个体的道德也是行不通的。

在《礼记·礼运》中，实现天下太平的理想国被描绘为"大道之行也，天下为公"[02]。这个理想国家的重要特点是：选出圣人与智者来服务众生，倡导诚信、和谐与友谊。在这样一个理想的世界中，人人都能得到关心，就像在家里一样，人人都关心他人，不仅善待老人，儿童和弱者也会得到很好的照料。鳏寡孤独均有所养，男女同样居有其所，行有所止。其他理想性质的内容还包含：财物不必只为己用，做不做事无人忌妒。在此完美的社会中，夜不闭户，路不拾遗，无盗无抢。

这个国家被称为大同。我们确实可称其为同和或共和，可以借用汉语中"共和"这个词来说明这个理想国家：天下为公，人尽其才，和谐相处。这也是《中庸》里所描绘的国家："万物并育而不相害，道并行

---

01 《四书五经（一）》，哈尔滨：黑龙江人民出版社，2003年版。
02 《四书五经（三）》，哈尔滨：黑龙江人民出版社，2003年版。

而不相悖，小德川流，大德敦化。此天地之所以为大也。"[01] 问题是，这样的国家是不是只是一个乌托邦，而不能存在于现实中。从理论上讲，还没有一个国家能达到这种程度，它涉及相互间的信任，对政策的信任，以及对统治权力的信任；它还涉及对目前的生产和分配的经济模式的修正。它不完全是由公正分配占主导地位的社会主义国家，因为它是由人的道德转化而来的，其依据是他们的道德品质和信任互助的能力。需要说明的是，仅仅通过理性是无法建立这样的国家的，只有通过每个人的道德修养，这样的国家才能出现。确切地说，这就是儒家的观点：把普遍的道德修养看作国内和国际间利益和社会利益和谐化的基础。

全球和平的六个层次

依据太和、义和、中和、人和、协和、共和或大同，我们把儒家和谐概念划分成六个层次，每个概念都代表了自然物之内及自然物之间的活动、人的活动、群体的活动，以及国家和世界的活动。因此，和谐有多维性和多关系性，因而要求深深的理解和各方的参与、关心、担负责任，使和谐变为可能。从太和的观点看，和谐是自然事物内在的自然属性，但需要人的道德意识去揭示，并把它转化为人的秩序。这并不是说要放弃对自然和谐的洞察，而是要通过人的道德品质来保护它。这样一来，环境和谐才可能维持下去，环境道德才有意义。

以太和本体道德观为基础，我们可以看到人性作为内在的和谐是如何构成的：它承自太和，其和谐化的能力是和谐生活与和谐社会的根基。正是由于这个原因，《中庸》才有"天命之谓性"之说，而更好的表达来自于《易传·系辞上传》中的"继之者善也，成之者性也"。人类的出现被认为是自然和谐的终极产物，即乾与坤的太和。这使得自然人变成了真正意义的人，人性或人的生存原则被明确地定性为善。它为人与

---

01 《四书五经（一）》，哈尔滨：黑龙江人民出版社，2003年版。

社会道德的发展提供了基础和动力，把义和及人和的意义延伸并提高到人的关系和人的福利的高度来进行考虑。人的生活可从人的需要和满意度上去理解，保持和谐水平以求改进与发展。无论从经济方面还是政治方面，人和作为人际间、国内和国际间的和谐都是通过公开影响与合理协商得到的结果。这是因为理性或合理性必须源于有效的约定，以及来自于人性和道德意识的良好关系。事实上，涉及人类事物时，理性或合理性是人类情感的一般性和普遍性，区别于源自物体纯形式的抽象逻辑。因此，合理协商必须求助于人性和人善的经验。正是在这个意义上，协和才可能形成，作为世界和谐的和平才可能实现。

还需要指出与此相关的一点是：在太和及义和基础上实现的和谐必须有公正参与其间，因为没有公正就没有义和，公正的原则可理解为独立、平等和正直。在义和的状态下，大家可以看到四德是如何来实现平等和正直，这种平等和正直不是数学上的平等，而是平等的独立自足和平等的生活满足感的具体实现。最后，整个世界实现了协和，大同世界也就实现了。我们对这种理想国家作出如此描绘，只是想说明：国内和国际间的和平在社会与群体的水平上，产生和谐与和平的人际关系和人的生活安置。大同的目标不只是政治目标，更是社会和道德目标，是世界一体化，每个人都享有太和与义和，乃至人和与协和。

总之，我们依据自然和道德法则来构建的和谐的六个层次是：

1. 太和（Primordial Harmony）：从本质上讲，宇宙就是寻求生命创造的和谐，而这种生命创造的和谐能产生自然与人的和谐，因此是内在的善。

2. 义和（Harmony by Righteousness）：从本质上讲，宇宙产生了天生具有道德意识的人类（孟子的观点是：无道德意识的人无异于禽兽）。

3. 中和（Harmony by Centrality）：作为中和的人性产生了精神与心灵，以寻求与世间万物的和谐相适应。

4. 人和（Harmony in Human Relations）：道德的目的就是通过人的修

养来获得人和。

5. 协和（Harmony among States and Nations）：通过人性和理性，人类组成了社区、州和国家，在同样的道德法则指导下，又形成更大范围的世界一体化和全球社会一体化。

6. 大同（共和）（Universal Harmony）：制定具体的措施解决涉及人类生存和生活的和谐问题，人类社会的终极理想和谐与和平世界才可能实现。

认识和谐的这六个层次，我们可以很容易地看到，西方大哲康德在18世纪末提出的《世界永恒和平方案》是如何在儒家的和谐理论中更好地表现出来，以及如何可能在和谐辩证法中得到实现，关于这一点，我在另一篇文章早已进行了论述[01]。

译者为河北师范大学外语系副教授

01　成中英，《构建和谐辩证法》，载《中国哲学杂志》，1977年第4卷第3期。

儒家的精神性
——终极本源性、内在创造性、整体实现目的性

儒家作为纯然净化的精神信仰：本源性、创发性、自我实现与全体实现

所有世界宗教在其精神根源上均具有两重性格，即是对现实的革新与对理想的追求，兼具信仰的内在性与信仰的超越性，同时对个人与社群提出自我实现或超越救赎的要求或途径。但人类宗教的历史却显示，由于理性与经验的匮乏，说到宗教就或多或少认定为必然趋向于超越的理想的上帝以达到救赎的目的。在中国，儒家或儒学却发展了革新社会与实现自我的方向，把超越对象的信仰转化为自我的实现的道德实践。因之，从中国历史的发展观之，儒家或儒学或许可以看成为后宗教的宗教，相应于 J. S. Mill 所称的"人文宗教"（Religion of Humanity）或"伦理宗教"，但却不可能完全相应，因为有不同的本体论基础与不尽相同的伦理哲学与道德信仰。对于此，我们可以看到易经占卜与周易哲学扮演的角色：在对世界开放的理解中，同时也在对人类个人或群体的处境不断的观察、体验、认识、诠释、预测与把握。易学开拓出人文的本体自觉，消融了对人格化及位格神的天的信仰，转化出以人为本、以人为体、以人为用的儒学。

儒学应该从两个方面来认识：一是理解自我及认知人在天地中的位

置的学问，一是修持自我以成就自我的德性并扩大自己成就他人的活动。前者是知己、知人、知性、知天与知命的所谓知的过程，后者则是用实际的行为与活动来达到转化与提升自我与他人与世界的行为决定与行动，所要动用与发挥者是人的性情心意，所要采行者是自我规范与组合推动带领与管理等等。固然行很重要，行还是要知的指引，故对知的过程与对象不能不看重。但此所谓知已不只是对象的知，而且是整体参与的知，是投入自我与世界互动与交融或冲突的知，不只涉及主体，尚且涉及客体以及促使主客两体相对发生的宇宙本体。系辞以卦为客观世界变化所呈现的形象象征，故具有《周易》有关观象察地知周万物的意义，据此甚至以为我可以知幽明，知死生，知鬼神，以至知周乎万物，而道济于天下。因之知是存在于卦象与诠释的辞之中。有此认识，人与物的世界就建立起来了，不只是知觉的关系，而且是一种自觉的联系与推动关系。系辞说："化而裁之，存乎变，推而行之，存乎通，神而明之、存乎其人。墨而成之，不言而信，存乎德行。"（系辞上）此一描写的内容不在知的活动而在创造性的行为。

在此儒学基础上我们问什么是人？明显的回答是：人就是能知能行能转化自我与转化世界的本体存有，此一存有的内涵知行的互动建立人我及天人的互动关系。从孔子的体验来说，此一存有表现在人之"为我"的自我界定上面。但什么是为人？我们可以提出一个新颖的解释，为人即是创造地发明自己或可说为自我创造。因为人的本源就是创造力本身。人本来一无所有，但继善成性，人成为人就有与天俱来的欲望与情感，以及原始的知觉理性。但这些潜能却容易受到外物的影响，变得扩大而妨碍人的持续发展，孔子看到此点，提出人的本性的自觉问题。什么是人？人者，就是能克制自己，面对社会要求、发展社会的价值来成就自我与社会的那种存在，所以孔子说"克己复礼"为仁，是用仁的体验来界定人之为人的，能仁就是能成为真正的人。这种仁的意识是天地宇宙的本体意识，因为它是一种原始的创造力。这就是透过人的反思而实践成己成人之道，并导向最后要掌握本体的存在。所以人之性在于天，而天是人性中所包含的最深的道理。从这个意义，我们认识到人的发生本源是天人合一，人的存在过程是天人合一，人的最后目标追求也是天人合一。透过不同层次不同阶段的天人合一，来完成人的价值性的本体存在。更重要的是：在基于天人合一的根源意识上追求具体的动态的天人合一的价值存在也是天人合一的价值存在的一部分，因而终极的天人合一的目标就已在过程中实现，所追求的应该看作是不断地实现而已。

儒家的这种认识，就是对人的生命伦理、内在性的信仰的认识。和西方的不管是基督教、犹太教，或是东方的佛教、伊斯兰教相较，后者必须脱离时间与实践来实现人的归属，成为永恒的完美理念形式，而前者则所呈现出来的都是不断内在化的超越，而又不断寻求具体世纪的自我实现的实践与时间的创造力与创造性，此为变化中的不变，又为不变中的变化。此即儒家为己、为人的精神性的所在。

在此理解下，儒学中的人不必是亚里士多德哲学中的本质性的灵魂，但亦不必是后现代的学者所主张的纯关系存在。人性是一个潜力与活力的存在，有其宇宙的根源，应该是宇宙自身创化的结果，其形式与质料应有其独特的原创的宇宙基础，而其动力发展则直接包含内化宇宙动力的根源，由于其发展有一实践的与时间的过程，因而具有向前向上的目的动力，表现为其存在的理想性，也是一种潜力，可以带动其发展与自我创化与自我完成。《易传》称之为"生生不息之道"。我们可称之为"原始的创造力"（primordial creativity）。原始创造力的特性在创造性的创造性，或曰"创造力的创造力"（creative creativity），此辞为方东美先生用以翻译《易传·系辞》"生生之谓易"之辞。在易学本体论中，无极而太极的无极与太极均为无限创造力的创造力，而人秉承太极，因受时空及开放的存有的限制，故为有限的创造力的创造力，但在本性源头上却彰显了宇宙本体即无极而太极的无限创造力的创造力。

前引《系辞》说："继之者善也，成之者性也。"继善成性依然预设了一个个体化（individuating）的力量，有其结合环境实现自我的能力。但他确非已先定型的唯一形式或内涵，却又具备可以实现不同的善与完成不同性的个体创造力，或曰"个体化的创造力"（individuating creativity）。当然此一个体化创造力可以实现为与人物、天地的关系，而且在此关系网中界定自我的角色与地位。但我们要注意的是：依照易学对变化深刻与持续的观测与体验，从原始到个体却必须经过一个变化发展的阴阳对偶、刚柔互动的自然创造过程，呈现了一种过程的创造力，或可名之为"对偶化的创造力"（polaristic creativity）。此三种创造力只在表述创造发展过程中的三个转换阶段，但却也可以看成同时存在的三个创造的方式与方向，相互涵摄与推动。此处所要表达的是：一的力量（原始创造力）、二的力量（对偶创造力）与多（三）的力量（个体创造力）可以同时并存，也是相互转换，因无生有以致有无相生、阴阳对生，创化衍生万物以至于人。故个体的人既能持续原创，却又必须接受对偶性的限制，而必须与精神的回归为一，物质的化生为后起的多元个体。怀特海的玄学中也有上帝原始创生性（primordial nature）与上帝后发效果性（consequential nature）的对偶性原理。他的创造性原理（principle of creativity）事实上具备了原始与多元个体创造力的内涵。因之，除了他对永恒对象的认识有柏拉图主义的倾向，其过程哲学或形上学完全可以和上述基于《周易》与《道德经》结合的本体宇宙论相融合在此本体宇宙的架构中，人实际取得的角色、地位与关系永远不等同于性之为性及其创造的潜力与活力。故后现代学者不管是实用主义者或非实用主义者，如 David Wang, Roger Ames 等人都有把儒家的自我化解为社会关系或社会角色的现象，这是一个消解自我的立场，固然避免了所谓的传统的本质主义（essentialism）形上学，但同时也走向了自我的空洞化与失位化，或可名之为趋向虚无的化除主义（nihilistic reductionism），完全无视于人存内在的宇宙创造力。问题在我们有没有整体的实际经验与体验来建立人性的存有模态、存有内涵与呈现、实现方式。再者，儒家强调个人的慎独精神，所谓"不愧于屋漏"，这是一种自我超越的精神，不是用关系与角色可以说明与化除的。故内涵与儒家哲学的自我观，不是单纯的关系角色理论（relational roles theory），而是有创造核心的关系化理论（creative-relationalizing theory）。

当孔子说："我欲仁，斯仁至矣"，此我之所指也确非一无所有的意思表达而已。我所表现的是一种纯粹的自由意志，此一自由意志结合了在经验中后起的自由意识，就有了本体意识，存有实体的体验与其对其发生根源的意识。它的发生也是有本体论的意义的，是泛观宇宙万象的本体宇宙自身发展所需要的。

在此一自我的确定过程中，发生了对 超越而内在与内在而超越的认识的需要。过去学者对超越性与内在性有不同的界定与说明，因而得出对西方宗教性与中国宗教性有极大差别的结论。有的学者以为所谓超越就是不依赖（non-dependence），但如何来决定依赖与不依赖呢？上帝对人的关注是西方上帝概念中的构成成分，故严格地说，其存在仍然有相对的依赖人的信赖与依赖的一部分，而人的存在固然依赖上帝的维护，但人能够走出现境，关注理想而不为现实厉害所縻系，也是人的灵性的一种表现，难道这不是超越的概念的一种意义吗？因之，我们必须对超越有另一番认识的必要。我在此处说的超越即指超出现状与改变现状的活动。但超越亦可以是一种状态，因而我们可以区分动态的超越与静态的超越，超出现状与改变现状是动态的超越，至于相对于现实的状态而在另一个存在状态之中而此状态又为某一现实的状态的理想与追求的状态乃是静态的超越。一般我们可以把此一静态的超越状态看作超越时空的存有而有其自身的完美性，甚至包含自身的动态性。此可举托马斯·阿奎那对上帝的概念的认识为例：上帝是一个完美的活动（Act），无所不知，无所不能，无所不在，纯然至善。但由于人不能只从概念上认知上帝（如Anselm 的存有论论证所要达到的）而必须从信行中感知上帝，此一超越的自身是一活动的上帝显然又与人有内在的存有关联，他是否完全地超越又成了问题。由此理解,我们对此等超越性质的认识往往流于仁者见仁,智者见智。但我此处重新界定超越,对超越为既存在又活动的两层次有所指出却是很重要的,因为此将导向超越而内在的概念,把超越而内在的关系说清楚,更进一步把内在而超越的关系建立起来,并使其与超越而内在的概念联系起来构成一个本体超越与本体内在的诠释循环以及本体内在体现与外在实践的诠释循环。

首先我们先问何谓超越而内在?超越而内在指的是超越的天或上帝把其所具有的性能呈现在其所创造的生命之中。我在此所说的上帝是一个原始创造力的符号而已,不是一般人心中的上帝或是西方宗教所崇拜的上帝。上帝创造的方式为中国哲学中的生生之道,或为西方神学中的"creation ex nihilo",必须分别为人格神的奇迹造物或为道体的自然化生也必须分疏,两者的差别影响宗教的建立形式与信仰内涵,形成文化传统的极大差异,所谓差之毫厘失之千里是也。从宇宙的整体看,此一宇宙既为上帝所创造,必然有上帝的成分。如果我们从宇宙一本论的立场看待,所有的存有都必然原始地具备上帝的成分,或只具备上帝的成分。但上帝的性能可以有质量高低的尺度,有数量大小的尺度。人与物的差别则在于人所受之于天的质量必高,美好性能的数量也必多。这是从实际观察与体验就可以知道的。物的质量只有物质性,生物的质量只有生命,有的也有意识,人却兼具物质性、生命性、意识性与道德性。故荀子说:"水火有气而无生。草木有生而无知。禽兽有知而无义。人有气有生有知亦且有义。故最为天下贵也。"(《荀子·王制》)荀子并未探讨此等差异的来源,但从其天论的观点,仍然可以视为天的自然的创造力发展出来的,而只有人才能从经验比较中分别质量的高低,确立价值的尺度。人除了有义之外,还有潜力来发展礼法,建立合理和乐的人间社会。从一本的根源上说都可说是天的动力所致。但就一个个人来说,或就一个社群来说,就一个文化传统来说,所发展的轨道与方式却大有差别,然而仍然离不开天的创造力或因天赋予人的创造力。易学哲学提供了一个原始创造力创造天地万物并进而发展成为人类文明社会与道德性能的一体多元简易变化的动静相须的本体宇宙模式，已经包含了从天道下达人类文明的过程，也包含了从人文提升到天道或天理的过程，以及两个过程的交互流通的本体超越而内在、内在而超越的循环过程。

在这个基础上我们可以理解《中庸》提出的"天命之谓性"的深层涵义：万物与人为天的力量化生，有其保有的性能也有其变化发展的机制，而人更能溯本于天地，更能理性地认识价值的理想以成己成物，此种能耐是内在于人的，故可名为超越而内在，即天而人之意，也就是《中庸》说的"天命之谓性"。天对人是相对的超越的，但天命的动能却灌注人的存在，形成人存之性德，也就是感受、思考、评价与决策的能力。基于此孔子方能说："天生德于予"（《论语》7-23），又说"人能弘道，非道弘人"（《论语》15-29）。但此所谓道为人所理解与理想的价值，是需要透过人的实践来实现的。若把道的涵义扩大到宇宙本体的创造力，显然道体创化了人也赋予了人道体的创化力，使人具有宇宙本体的功能，可以成己成人，也可以知己知人知性知天。总言之，超越而内在是人秉承天道的创造力的过程，也是充实人之德性的过程，在此基础上，人的性在原点上必然是纯善的。所谓善就是继承天道的创发力，无有偏颇，无有掩盖，无有扭曲。但人性落入实际的存有之中，包含胚胎的初成关头，能保证不受到环境中外物的干扰与侵入吗？故性可以有本质的善、后生的恶，与人的超越而内在的存在并不相违。超越而内在的具体方式在中国可以更好及更基本地是从《周易》的本体宇宙创生论的来理解。如果天可以诠释及体会为太极的概念，则天生万物即是循着一阴一阳之道逐步演化万物以及人类出来，此一创造性演化的过程体现了天德（乾）的生生不已与自强不息，同时亦体现了地德（坤）的厚德载物与含章可贞。

现在论述何为内在而超越？人既有天命之性，此性如何展现出来，形成人的价值世界，即是从内在走向超越的过程。这是一个自觉与领悟的过程,也是一个实践与实现的过程。但内在的人性要真诚的、贞定地表露出来是要经过一番切己反思感通万物的体验功夫的,中庸说的"诚者天之道也,诚之者人之道也"正显明人之实现自我的本性是回到天的真实的本源。但要实现此一真实却不能不同时进行内省于己外观于物的知性与情性活动,并将此一内外或外内的感受合而为一,以达到开辟、透露与凸显人的本性,发而为活泼泼的光澄澄的本体意识或可称之为性之本体的本心出来。《大学》称之为"明明德"之明(动词),即是此意。此即内在而超越。此处所谓的超越实际上可以包含向外推广与向上提升的两重意思。事实上,在儒家以修身或修己为本的向外推广,就具有向上提升的意味,因为只有向上提升的自我方得以推己及人,故自我德性与德行的向上提升为以德服人、以德齐家、以德治国平天下的先决条件。此一观点已在《大学》的"洁距之道"中充分地表现出来。

我的这个对"内在而超越"的说明是有特殊的意义的,其特殊意义即在表明"内在而超越"的超越是一个"超出现状、改变现状"的革新过程,明德之明即在脱颖而出的新己新我,如此方可为众人的表率,从而达到"新民"的目的,故"内在而超越"不但超越自我以成就新我,而且在超越自我以成就全体或群体的转化与革新,其中包含了由道德而为政,由为己而为人的双重涵义。追溯到孔子,我们可以说这个内在而超越的过程就是"克己复礼"的过程,克己以一个超越革新的过程,克己而后能把人的社会性与相互关联性建立起来,此即为"复礼"的功夫。复礼离不开克己的动力资源,因为克己是开发与凸显了人的本源的创造活力,不偏不倚,无私无蔽地用在人的共同生命体的建树上面,此一活动孔子称之为仁。仁者爱人,爱人之深,不正在以真实之我创造的实现与提升人群的全体性与内在关联性而所谓礼和的生活世界?故孔子说"克己复礼"为仁,也正是彰明了内在的个人之德的提升为社会之人的超越过程,也界定了何谓内在而超越的精义。但这里还需要注意的是此一过程仍然不是一个单纯的主体性的问题,而是表现为一个主客互动的本体开放的世界。

当代的新儒家自熊十力开始到牟宗三都有尊王贬朱的倾向，乃是由于过度强调"万物皆备于我"的反身而诚，而疏忽了"诚之"的内外兼顾的双重性，也忘了去真正开发陆象山所说的"宇宙即我心"与"我心即宇宙"对立的深厚涵义。连象山本人也未能进一步思考此一大体认识的重要所指。我前已指出《中庸》所称的和"合外内之道"的严肃涵义为外观于物内省于心，不是单纯的主体性的朗现，而是我的主体性与世界的客体性的相互挺立已构成人文化成的人类文明与精神。从这个角度看我们还需要回到《周易》的原始的观的精神以及孔门弟子对《周易》的观德的体会：在《贲卦·象传》有曰："观乎天文以察时变，观乎人文，以化成天下"（《易经·观卦·象辞》），没有对客观的事物与人的言行的仔细考察，我们又如何把我们的本性之明之善落实为具体可行成果卓然的行为规范与知识制度呢？《大学》解说"明明德"于天下之道在循序而进，从最高目的的平天下而下，回归到基础性的治国，依次及于齐家，修身，正心，诚意，然后说"欲诚其意者，先致其知"。又曰："致知在格物。"可谓打通了逻辑的认知理路，然后再复述从基础导致目的的实践过程曰："物格而后知至，知至而后意诚，意诚而后心正，心正而后身修，身修而后家齐，家齐而后国治，国治而后天下平。"此一过程显然包含了一个不断回归与反馈的循环。

朱子对《大学》此一修持过程甚是看重，可说是一智见。但由于朱子未能明白地说清楚理与气的本体性的创发关系，给读者一种理气二元论的印象，朱子也常为后来的儒家所偏解，所误解或错解。王阳明已有"朱子晚年定论"的说法。当代儒家牟宗三先生则把他说为"别子为宗"，据我更进一层地深入分析，这却可说极大的误释或误解，实为不幸。其实，朱子走的正是《中庸》的合外内之道，只是未能说到好处。在此合外内之道的基础上，我们可以进行对孔子的更深刻的理解，为何孔子晚而好《易》，为何孔子要从占卜中观其德义，为何孔子同时重学重思，又同时重知重行。孔子之学原本就是内外两行而归元于生命本体的本源的创造性的。不但在孔孟弟子中看到内外兼收的德性与智慧，就以孟子与荀子公论，也莫不分别体现了外内之道的本题哲学。先秦儒学需要在此基础上重新理解应为当务之急。

关于孟子的性善之说，可以有两个问题可以从内在而超越的观点提出来简单讨论。一是如何理解性善，一是如何体现本体之善。性善即本体之善，因其来自于宇宙本体创造之活力，具有原初性。其所以为善是指的实现生命目的性与完整性的基础与动力。事实上，所谓善就是生命或生之为生的内在价值。换言之，善就是善，而生生则为善的持续。但善的动力性与善的目的性还得经过一个善的过程性来完成，在其未完成之前，善仍非现实的，而是一个可以实现的可能性而已。但我们不能轻视此一真实发动的可能性，因为它也是一种意志。生与生生因之可称为意志的无限自由的自由选择。康德名之为善的意志（will to good/ good will）。在本体的形成的创造起点上，善就是意志，而意志也就是善。因之孟子的性善论应从本体宇宙发生论来理解。在此理解的层次上，善德不断发生也成为自然之事，因为善的发生与生生的持续就是善德不断发生。孟子用水之向下来喻人性之善，固表示了生所包含的生生的动向与潜力，也包含了生生的源源不绝的本体创造力。如此方能说明牛山之濯濯却能自然地重生绿意。由此理解我们也可以看到本体之善是随时随地可以体现的，问题在于本体之善是否受到挫伤与掩盖。不能忽视的是发展与实现的过程往往也是一个取消、失落、消解、扭曲、误导、迷惑的过程，其所以如此的原因很多，显然是一个不同动力的冲突发展的结果，需要极大的及持续的善的力量与善的选择的力量来进行整合以及保全其原始的善意，而不必因外在的环境力量而自暴自弃或改变初衷。

此处我们也可以引进善作为人类行为所能达致的理想成果的意思。《大学》说的"大学之道，在明明德，在亲民，在止于至善"。此一至善即是理想的人类社会状态，或如《礼运·大同》篇所表述。人性应该可说对此一理想世界有自然地向往与情感的期待，所谓"虽不能至，心向往之"，并能由此自然产生心灵的激励与行为的努力，此一性向不可不称之为趋向美好社会效果的善意，与人性包含的内在的本体的创造力合成为自然的趋善能力，界定了人性之为善的意涵。

孟子举人乍见赤子将入于井，油然而生恻隐之心。孟子说，在此关头人如能自觉地掌握此内心的本体的发动，而引为扩大本心的基础与泉源，则善的现实化与目的性的实现完全成为可能。从这个观点看，善并非静止的存有，而是存有的生生不已的发展与整体存有的整体实现过程的活动。在此过程中人们仍然会陷入泥淖之中，甚至不可自拔。所谓泥淖是未能纳入创造力的习气、游气、废气、污气，或为发展途中经历的以及引起的凶杀之气、暴戾之气等（孟子说："凶年子弟多暴。"《孟子 6A-7》）。就个人说，就必须讲究心智的修养的功夫。但对群体的社会来说，为政者的责任就在提供稳定和谐的经济环境，使人们能自力更生，老有所养，幼有所持，从庶之，而富之，再从而教之，循善而行。在自然是一种内在而超越的整体的展开。

至于一己本体之真的维护，孟子提出在于善养天地浩然之气。孟子对此有极细密的修养体验与理论的解说，此可视为儒家精神性实现的重要层面，不可不深入探究。我在他文中曾作讨论。但在此处我只择要论述之。孟子以人心为性的活动机制，是性与外物交接之间的感应存有。因之也可以看成一个灵明的气的生命体，可已发表为文字语言以与他人互动，可以内省于己，以其灵明包含与呈现本体的真实，直通于天地，如此方能界定与充实自我的存有。如此则认知本心之于天地相通，自然形成道德的正气与道德的勇气，展现人天一致天人合一的动态交流与交融。因之，孟子诠释此有本体性的创生道德的生气为"至大至刚"的天地之气。但他又说到："其为气也，配义与道；无是，馁也。是集义所生者，非义袭而取之也。"（《公孙丑上》）表示天地之气也是因应人的道与义的保全与坚持而产生的。可说是心行与天地互生，本体的原质的创造力激荡出来。因此，孟子说："不得于心，毋求于其气，可。不得于言，无求于心，不可。"（《孟子》）由此可见人心中就包含了天地之正气，是属于自我的最真实的本体所在。常我此一真实，人们就可以不动心。不但如此，人们还可以内求于己以坚守道义，卓然独立，把内在的气超越的实现为挺立天地的大人之德。这是第二点。

在此理解下，我们回到孔子的对仁的界定："克己复礼为仁"。孔子的克己与孟子的养气都是对内在而超越说的。正因为本心自觉之后，如何克制私心与知蔽，正是孔子要强调的掌握本体的功夫，但另一方面，孟子注重平常的积极的培护功夫，并不违反积极的克己功夫，甚至主张"持其志，毋暴其气"。可见其趋同性与共同性。

总结以上我所说，我们看到人的本体性的两个层面，一是超越而内在的创生与认同层面，一是内在而超越的实现与实践层面。两者可说构成了一个动态的循环，超越的天命实现为自我界定与发展的道德主体，但此一主体又经超越化的过程实现为个人的成长充实与完成。此可称为由内在而超越。内在而超越，超越而内在，无论在知性的理解上或在本体的维护与发展的要求下，都形成了一个本体性创造的循环。前者可名之为本体性理解的循环，后者可称之为本体性实践的循环，合起来可成为称之为本体性知行合一的循环。我们可以注意到缺少此一循环天地将不相通，而人的自我也将委顿而消解。我们注意到《中庸》包涵所表彰的是由超越而内在的过程，而《大学》所包涵的则多为内在而超越的过程。更值得提出的是：此一具有理气两层次的本体循环同时体现了《周易》的易道生生不已的精神与孔子"吾道一以贯之"之精神。本体循环是生命本体的价值化与实体存在的推进，在深度与广度上均是扩大。

孔子重视整体的一，也是发展的一，因为只有在一之中方能实现整体性与包容性，故其所追求的一并非抽象的一个概念，而是一个体验的整体，可以包含天地万物。曾子理解为忠恕之道。但忠恕之道是以此心体会他心，以他心接连我心，形成一个民胞物与的一体之仁的世界。故这个一是动态与创造性的一。在这个一以贯之的精神下，我们看到孔子统合了《周易》的生生不已之道为人伦之道，在《中庸》与《大学》中分别显现为内在与超越的统一，同时也显现为孟子对人的深层结构的理解：人而有性，性发为善。如此我们看到了古典儒学的统合精神灌注在《周易》、孔子、曾子、子思与孟子之言论之中，形成一个儒家精神的博大高明的体系。现在要问，在此基础上荀子的地位如何，荀子是否自外于此一深厚的精神传统？

　　我的回答是：过去对荀子有所误识，今日在更客观更深刻的关照下，荀子也可说是古典儒学的最后砥柱，不可不加重视。何以故？因为荀子作为先秦后期的儒家，他所观察到的人性现象是有极大的经验认知意义的。在孟荀相距一百年期间，无尽的败德行为，无尽的残酷战争，无尽的贪欲事例，处处都提示了人性在争夺利益与权力的氛围与过程中的恶性恶行。此等事实至少说明人性可以受扭曲的本质以及好利、多嫉、好耳目之欲的性向。此点孟子也不必否定。但孟子以为人可以自然回到本性本心，只要多所留意，善加维护加持，扩而充之，下可以保妻子，上可以兼善天下。但如果人性陷溺于恶意恶行太深，是否可以回归本心却是一个事实问题。我们不能希冀每个人都能做到，也不能希冀每个人都有条件去做到。事实上，孟子也注意到"荒岁多凶民"，故不能不用理性知识、教化制度、甚至刑法规章来改变社会环境，来转化个人的心态与发掘理性控制欲望的能力。如用现代的话语来说，莽莽大众需要法律政治的管理，而不只需要道德自发的伦理。人能看到此点，并能领取教训，从学习中发现理性的思考方式，在求得知识的基础上，发展社会的礼法制度，实现效果的善，此一认识正是荀子理性社会哲学精神之所在。其所谓人性之恶，因之不可能是本质的，也不可能是不可改变的。而人之能变化气质也正说明人性的理性的善是人性原质与社会条件相互结合的结果。社会的礼法既是由有充分知识的智者（圣人）所定，此也反映了人的聪明才智之善。故荀子是在更深刻的人心层次上以及社会的公共层次上体现了成果之善,而以之为人的认知能力的一部分。荀子谓之"知道",就是此意。由此理解,我们可以认定荀子的哲学正是发挥孔子为政哲学的一个重要面向,同时也体现了人为理性动物及群体动物的理性与社会性精神。不但不与孟子相对立,而反是相补充。对于两者,古典儒家缺一不可而有其完整性与动力性。只是法家未能看到此一孟荀整合的可能,急功好利,走向一偏,固然造成中国的快速统一,但也造成普遍人性的挫伤,大众社会的失常。

从荀子哲学中,我们也看到"神道设教"的可能,但作为理性的信仰者,荀子提出了智性的圣人(不同于孟子仁性的圣人)的"知天"之意:"知其所为,知其所不为","其行曲治,其养曲适,其生不伤"。(《荀子·天论》,高长山本,322页)。此一理想境界乃是人心运用理性与知识的成果。如是,荀子也许也可说提供了一个实现善行与福惠或幸福相互统合的社会模型,在一定条件下满足了"圆善"的要求。因之我们也可以说荀子提供了一个儒家有关全体社会个人实现的理想模式,而非仅是个体自我实现的形式而已。

儒家精神性思考的总结

总结以上来说,儒家强调"内在而超越"与"超越而内在"的持续创发的过程,讲究自我实现与融合万端的精神。这种精神是从人的自我反思与相互关照中的整体性发生。亦即重视人的自觉本性、人和人之间、人和万物之间的关联整体性,并重视人具有能关怀、深切感受他者、发自内心的不忍人之心的能力。从孔子到孟子,再到荀子,无一不强调人的个体内在心性与行为的整体和谐的实现,以及个人与社会的整体和谐的建立。

儒家用极深反思的智慧来开拓人的空间,使人能实践自己,实现自己。这样一种强烈的人文道德精神,也包含一种外向的知性,寻求人在天地与社会中的生命体验，并从实际经验中的学习。在此理解下，我们可以认定儒家不但是一个后宗教的宗教，也是一个超越宗教的宗教，已把宗教情感纳入到生命伦理之中。这种超宗教的宗教不只是人文宗教，更是人性道德宗教。这一宗教，从宗教的发展史来看，是具有更广大的、更深厚的人性张力与创造力，更能突破不能超越宗教的宗教的人设障碍，构建与形成大同、博爱的精神。但我们也不能只说它的理想性，而忘却它的现实性。首先在理论上与实践上，它有知性与德行相配合的问题，也有个人与群体相统一的问题。除此之外，它还有是否与时俱进，与世俱在的问题，是否解决了人的现实中诸多有关人的心理状态与需要所面临的诸多问题，包含科技与伦理相结合的问题。迄至现在，我想中国儒家作为人性本体精神传统的终极价值的传承者，其发展的力度与深度显然还是不足的。古今许多儒者自以为是，主体性很强，主观性也强，本来不属于儒家传统的排他性更强，但自身不断检讨与不断学习的批判力却是缺如，往往由于门户之见，一隅之得，居其位却不谋其事，能否只理解为源于不做深思明辨、知性发展不够所致吗？

总言之，儒家从为己之学走向为人之学，再反馈于己，反身而诚，体现了开创天地与扭转乾坤的创建精神，这是原始儒家的易学精神，《周易》所说的"生生不已"的精神。在历史上的发扬上，虽然未必形成了制度的宗教，但却无疑提供了社会文化生活的活力与动力。即使有对天的传统信仰，人在宗教情感上以求精神安顿与依皈的需要往往因侧重社会人伦而受到忽视。问题是儒学的精神性能否汲取及包容其他形态的宗教精神性而不必入迷其中，做到入乎其内，而出乎其外，体现完全包容与完全超越的超融精神。

虽然儒家的精神性问题从宋明以来一直都面临到发展与体现的问题，但在今天由于世界宗教的相互竞争与彼此沟通，儒家精神性的本体体验与理解显得更为重要了。儒家掌握的人伦共通精神也更有必要发挥其整合与融合人类社会的能力。但如要充实此一能力，则唯有掌握儒家的纯粹的精神性来推动不同层次的具体改革与创新。也只有如此，方能获得更大的影响。回观中国近现代历史的发展：从五四到"文革"，都可见到此一问题的重大意义。五四代表什么？西方文化的冲击突显了中国文化发展中内部的荏弱。"文革"代表什么？可说代表了人们已经愚蠢到无法认识基本的生命的尊严与价值的不应破坏，代表了重大的无知。由此来看，儒家虽有其很高的理想境界与精神价值，但在群体实践中还有太多的问题值得我们去检讨。

作为"反求诸己"、"反身而诚"的人性本体的宗教精神，我可以总结古典儒家精神性的多重发展如下：

1. 从观物到爱物，追求知周乎万物而道济天下。（《易传·系辞》）

2. 从对天地生命的理解来提升自我、界定自我，来确认自我的本体性，所谓格物而致知，诚意而正心，以至于尽心与尽性，凸显自我的活动性与内在的创发性。（《大学》、《中庸》与《孟子》的综合诠释）

3. 不依持于一物一事一神，而以天地万物之本性的发扬为自我的表达，故毋意、毋必、毋固、毋我。（《论语》）

4. 体现人的本体的（性即本体）宇宙性与根源性，所谓知性而知天。（《孟子》）

5. 认识宇宙的目的性与其内在的神圣性，所谓知天。（《论语》与《孟子》）

6. 确认人性本体的至善。（《孟子》）

7. 认识人的生命的本源。（《论语》）

8. 始于孝，终于仁，慎终追远之精神性。（《论语》）

9. 民胞物与，仁民爱物。（《孔子》）

10. 体现具体的创造精神，践行而自得。（《孟子》）

11. 人性中欲念趋向恶的认识。（《荀子》）

12. 人心中知性精神与社会的理性必须发展。（《荀子》）

〔附录一〕

精神性的本体诠释的含义

现在我们要问：人文和宗教有什么样的关系？为什么有这样或那样的关系？我想从本体与诠释的观点来进行说明。也就是想从本体学来思考、诠释文化、哲学以及宗教问题。对于从本到体、从体到用的思考方法，我作了较多的考虑与探讨，可以用来说明宗教的真正涵义及其根本价值。

先说本体一词，本指的是宇宙之所以形成宇宙的根源存在与生命发展的根源。有宇宙然后有生命，有生命然后有人类，有人类方有你我的对本的意识与认识。故本有"先天而天弗违，后天而奉天时"（《周易·乾卦·文言传》）的超越而内在与内在而超越的含义。体指的是事物实际的存在与实有，而且是一个具体体现的实有。但体还有一种整体化的意思，所谓"体物而不遗"是透过人的体会来实现的。如此，则知所谓体是一个包容整合为一体的认知过程。本与体本来是分为两个概念提出的。但后来儒家学者把他们合在一起，故称之为本体，表示出我们对最真实的存在，一个以之为根源为实体的存在的体现，在动态的创造性的发展中也体现了人的活动与意识。在本体意识中，本可说发为体，体可说根于本，两者有内在的联系。因之，本体不应是单纯的抽象的存有，而是具有无形本源发生过程的存有，不应该只有抽象性与相对的普遍性，而同时具有具体性与相对的特殊性，其内容的决定不但需要靠思维也需要实际的活动与经验来决定的。当然我们可以问如何认识本并知道其为何，如何认识体并知道其为何。两者的关系又究竟如何？在中国哲学背景的理解中，我们可说本是宇宙万有的创造力，或可名之为"先天而天弗违"的道，也是体现了道的天或太极。中国人是否把天人格化为人的形象，并绝对对象化或位格化为不可接近的上帝，是一个可以争论的问题。由于天还有道的背景与根源因素，相反地，倒是上帝作为人格神的概念被天作为生生不息的宇宙本体创造力的概念所取代了。这个作为根本创造力的天并非必然绝对的超越，因而不同于 Abrahamic 宗教中最后被绝对化的 God。[01] 相反地，由于人文的思考，天成为人的存在内在的基础，也可说是人性的基础，内在于人性，成为人自我提升自我实现的动力。要认识人性只能外观于物、内审于性，用自己的思想、认识、经验与体会来建立自己的体，使之成为可以发展的实体与原动力，并能发挥转化与提升他人与人的社会。

从这一创发的过程看，本与体是联系在一起的。有本方有体，有体必有本，有己必有人，有人必有己。所谓"本立而道生"其意义也在于此。这就是体的建立与用的发挥。传统的儒学的修己与正心甚至诚意的功夫其实都是创发自我、界定自我，使之具有本体性的功夫，见之于孔思孟荀，也见证于宋明理学与心学如周敦颐、张载、二程、朱熹、陆象山、王阳明、王夫之、黄宗羲与刘蕺山。虽然各家起点与进程并不相同，但却多元地彰显了儒学精神性之终极关怀所在。此处要特别标举出来的是：在古典儒学中建立人的本体的过程中已有外观与内省的分歧。思孟偏向于主体性感受的发挥，而曾荀则偏向于客体性的实践的追求。在当代儒学的发展中，过分受阳明学的影响，也偏向于主体性的感受的发挥，此见之于牟宗三的《心体与性体》哲学的建立。如此就无法认知理学之重视理即

---

01 此一绝对化的过程是很值得研究的。我们知道上帝在以色列的《圣经》时代是有一个不可名的名字的，此即 YHWH 这个字所代表 "I am what I am"、"I shall be what I shall be" 的神灵力量。后来被称作 "Jehowah"（耶和华）的。我个人偏向给予此一无名之名的神灵力量在其原始阶段一个超越而内在与内在而超越的诠释，以说明耶和华的可亲近性。但在希伯来的历史意识的发展中，一个创造主的概念却逐渐愈来愈超越化了。

在客观的格物而穷理于主体的心灵活动中，如朱熹所表现者。事实上，本既为一己之本，亦为天地万物之本，故不可能只就内审于己所能完全或正确决定的。揆诸《周易》的传统，我们不可能不面对变化的宇宙而加以认识与理解。故《中庸》说"合外内之道，故时措之宜"方是整体构建，不只是部分界定自我的存在性格与经验地位而已。在此一理解下，宗教显然可以看做是一套基于外缘如何用内在信仰整体界定自我的方法与手段。

再说诠释一词，诠是用语言说完全，释是把放开或解开来说。"诠释"这两个字具有充分的现代意义：诠释就是用语言把意思说清楚，说得有条有理。所以诠释重视语言的表达、概念与观念的建立、分析与综合，意思的展示与所涉事物的标示。但我们要注意诠释不同于解释，所谓解释要不是用客观规律来演绎说明，就是主观地找理由。而诠释，由于更重视语言的尽可能的一致与完整的表达，不必限制在客观的规律上的演绎或约化，也并非主观地找理由，而是重视人与人间相互沟通较为整体较为体系地思考分析与综合，进行自我内外在经验与体会的理解，并考虑到用语言文字作为一种接口，来唤醒人们对事物的理解。这种理解不只限于逻辑的、理性的认知，还可以包括情感的感受及体会，与文学、历史、哲学及宗教的认识有密切的关联。因为这些科目主要的工作就在建立此心与彼心，此人与彼人的沟通、理解与对话，借助语言来表达，来传递，来说明，来感动。形成一个"百虑一致、殊途同归"的体系网络。要做到此，最重要的是：我们是否能用自我的语言来体会理解对方或他我（他者）的语言。我们是否能从自我的理解中，来促进与建立对方的理解与理解的语言。诠释就是从理解走向语言的表达，建立另一个对等的理解的过程。对话往往只是一个基础，一个方式，一个成果。但没有前理解作为基础、后理解作为目标，往往只是一种交谈形式，不能建立心灵之间的沟通与理解。

在中国诠释传统中，明白用诠释的意思的典籍是《淮南子》。《淮南子》

第十四章名为《诠言训》，其中"诠言"即是诠释，实际上说的就是诠释或诠解老子道家等的言辞的含义，使之更为具体或更具时代价值或更能落实到实际的例子。举例言之，文中解说什么是圣人，什么是天道无亲："圣人常后而不先，常应而不唱；不进而求，不退而让；随时三年，时去我先；去时三年，时在我后；无去无就，中立其所。""天道无亲，唯德是与。有道者，不失时与人；无道者，失于时而取人。直己而待命，时之至不可迎而反也；要遮而求合，时之去不可追而援也。"（《淮南子·诠言训》)可说就是对老子话语的意思的更详细的说明。在此诠释中，揭示了文义，用更时代的语言翻译了老子的字句，以之揭示了老子用词的文义与话语的意思，并显示了其具体的实行方式与方法。可说同时具备了伽达默尔所说的"translation"（翻译）、"interpretation"（诠释）与"application"（应用）的三个诠释活动（hermeneutic action）的要素，故可视为典型的诠释例证。

除《淮南子》外，其他诸子百家的文章也莫非不同方式的诠释，有就本体方面的诠释，有就知识方面的诠释，有就伦理道德方面的诠释，有就政治权利方面的诠释，不一而足。实际上，孔子可以说是诠释的始作俑者。孔子述而不作，事实上是寓述于作。他的述就是作。所谓述是"传言与转达"，正是希腊神话中 Hermes 作为一个传信的使者的意思。当然，孔子是学习了古代典籍，有了心得，把自己的意思借助前贤的话说出来，但也可以说是把前贤的话借自己的意思表达出来。此一方式就是透过历史时间掌握前贤的意思把他和自己的理解结合起来实现为现代的语义，给予了死的古语活的意思。这有两层活的意思：一是语言上的活，一是理解上的活，自然也代表了古今视野的融合。故孔子可说为人类历史上第一个诠释学家。不但如此，孔子还是第一个对本体的诠释者，他说："天生德于予。"（《论语》7-23）又说："巍巍乎唯天为大，唯尧则之。"（《论语》8-19），至少对天有所说明，只是他说"五十而知天命"（《论语》2-4），未能说明所指为何，但其意思却是明白的。天命是天的安排与决定，也可说是天地事物包含我的人生的发生及其内在秩序。见之于"天何言哉"(《论语》17-17)之叹,也见之"天之未丧斯文也"(《论语》9-5)之叹。据此一深度的体察,孔子方能做到"不怨天,不尤人"。(《论语》14-35)此一理解就是一种本体诠释的前理解,导向更深沉高明的太极阴阳、生生不已的宇宙本体之说。说孔子是一个本体诠释论者并非空言。

我们还可以举我们对《论语》或对《道德经》的词句进行诠释为例,以进一步说明诠释为何种思考活动:《论语》中说"父母唯其疾之忧"(《论语》2-6),"其"是指的谁?父母自己或是子女?若就我们真实的体验来说,应该指的是子女。这也是父母对子女的最关心的所在。由于此,此言的深意在子女应好好保护自己的健康,以免父母担忧。这才是孝道。这样的诠释当然在把我们最根本的、最整体的,也就是本体的体验拿出来理解此句的意思所在,而后予以清楚地表达。另一个诠释的例子:《道德经》的首句是"道可道,非常道",此句为不同的学者进行了不同的诠释。我们为什么要不断进行新的诠释? 就我看到的英文与中文的翻译就有二十种之多。 但是我们还是不很满意,不能抑制我们不断寻求新的理解与诠释的冲动,这是为什么? 回答是:我们对此句往往未能形成固定的理解,因为我们不能确切地掌握道是什么,常道是什么,非常道是什么,可道是什么,不可道是什么。我们有时好像理解了,有时又失落了理解,我们所说的"知道"并非真正的 "道之知"。因为我们没有进行更体系的分析与综合,让我们的直觉也无法呈现为具体而客观的形象。在此,对道的本体的理解就非常重要,对道的理解的本体化也非常重要。只有我们掌握了道作为本体的理解以及与本体作为理解的道的关系,我们才能更好地进行诠释。如此我们也就可能得到另一个新的诠释:本体可以被诠释,但所诠释的本体并非本体的全貌,因为已经化为语言的对象不能涵盖尚未化为语言的对象。如果我们再进行推敲,我们可以理解到语言是一种界定与决定,而道的本体或本体的道却是一种未界定未决定的存在及活动状态。已界定的、已决定的道只是未界定的未决定的道的一部分。故可道而非常道。 而我们也可以发挥一句：非常道的道，在常道的支持下，仍然是可道的。语言就是这样一种道可道的道的存有方式。

〔附录二〕

宗教两义及其精神性综合

关于宗教与人文的问题,我想在此再加说明。我对于宗教的了解,是逐渐累积起来的。宗教大家知道是比较难以界定的名词,由其在中文与在英文是不同的。中文所谓的宗教不是西方所谓的宗教。西方所谓的宗教,在英文是"religion"。"Religion"源自拉丁文的"religio",其原义是"联系、连结",但是连结为什么会被了解为宗教?此一字源代表什么意义?在西方,连结就是代表情结、意结、心结。宗教是一种心灵的行为,是一个人的内心对情感、义理的表露,当然是一种情结,一种心结,一种意结。当然,这种意思在中国的宗教体验中,也不是没有。然而,中国的宗教原来的意思,却是"统之有宗"的宗、"教之有道"的教的合成概念。在《中庸》一书里,教的意思是"修道之为教",而所修的道则是"率性而行"的方式或理路,是要用道理来主导自我及教导他人的;如果宗是一套系统、一个原则,我们对原理、宗旨的探讨、认识,成为大家能学习的东西,就是宗教。如此说来,中文的宗教在根本上或重点上并不放在信仰的情结上,而在客观地教导活动中。总而言之,这两个名词,英文与中文,都是涵义很广泛的。对我们了解宗教,各自有一种启示性。至于我们到底要如何了解宗教呢?我想我们应该考虑如何结合这两者的具体含义,而且还需要用自己对本体的体会作为基础来把握两者,把两者合为一个整体而进行诠释。我已花了不少时间来讲诠释的涵义。在此涵义中，宗教的体验就需要诠释，如此我们才能重新赋予宗教一词新的意涵。

首先宗教是内心的一种对崇高、无限、超越的感受和信念，因而可以说为心灵的信仰或精神的信仰。此一信仰的状态与对象也是可以变成一个宗旨加以说明理论、并形成教化的。但一个信仰要真正作为人的内心的价值，还需要心灵与情感深度的投入，同时进行感受与认识，不是只凭需要，或功利或想象就可以决定的。宗教必须是一个开放的名词，有他的模糊性、深刻性与多元性。我们不需要一个唯一的、普遍的封闭的与必然的宗教的概念，因为它是抽象的、死板的、被看作为不变的，或是只能作出一种具体的不变的界定。从这个角度看，宗教的开放性、模糊性，反而是它的长处，反映在它的多元的语意的用法与所指上面。

过去我基于自己的接触，对西方的宗教也有一定的学习、思考和体会。尤其是在基督教与佛学领域，我常参加各种宗教学术的会议，包括基督教神学的探讨以及基督教与佛学及儒学的对比探讨中。有一次经验我觉得很有启发性，值得向大家叙述。多年前，我受邀参加了基督教苦修道士举办的一个有关心灵净化（purity of heart）的学术研讨会。会议的所在地就是位于美国加州 El Carmel 有二十位左右基督教苦修士的 Bernadictine 修道院。他们在加州山上开垦出苦修的居所，进行严格但却严肃的教规生活。他们要净化自己的生命，在静默中体会生命的意义，在心灵的沉思中接近上帝，坚定对上帝的信仰以及对信仰的体验。他们的教堂很简单，他们的食物都是自己做的。他们开这个会，目的在请不同传统的学者，包括作为中国儒家传统代表的我，来谈宗教灵修的问题。我注意到一点，他们在做任何仪式之前，不同于一般基督教会用的祈祷方式，而用沉思、静思的方式来作为起点。他们要从人的心灵内部来回归到生命的根源，而不是只看到天上的上帝。他们要回归自己再来看上帝。我问他们这是受到什么影响？他们说是受到中国禅宗、禅学的影响。中国的禅学实践止观，是要深刻地掌握自己内心的自性，来打破心性中的种种障碍,才能认识自己的本来面目,来超越外在的、内在的存有迷思。他们实行这样的宗教修持方式,我觉得已是把西方和东方进行了一种结合沟通。基督教结合了禅学,已是现代基督教一些门派的一个新的灵修方式。这个可以说是很重要的一个认识:基督教是在自身超越之中。

我要说另外一个经验:我住在夏威夷,有一个星期天上午我在路上走路,一群年轻人跟我说:"你到我们教会来。"他们的教会在小学的餐厅里面,他们教会的名字叫"希望教会"(Hope Chapel)。希望教会的教徒都是站着的,前排的都是摇滚乐者,弹着吉他,带领大家唱圣歌,他们是用音乐来歌颂心中的上帝。他们非常有礼貌,都穿得很整齐。后来我注意到,他们这个教会在夏威夷发展得很好,利用小学的餐厅,来进行主日崇拜与传教。他们代表着希望、快乐,对年轻人有极大的吸引力,在这种情境中去歌颂、去表达他们深刻的对生命最初的或终极的载体的热情。他们唱完之后,还有谈话聚会,这种聚会对福音派基督教徒来说很重要,代表一种互通、对流的机会,也是很明显的心灵关怀的表达。当然,美国新兴宗教中有许多邪教,追求特殊目的的崇拜团体,但他们却不是。该如何分别邪教和正当教教团体的不同呢?多年前有天门教、太阳宫等邪教,这些教都有特殊的个人目的,特殊的救赎手段,无知者希望得救,就加入了这些非常教派。一个正当的宗教,它的教主是没有特殊的个人的目的的,它必须有相当合理化的教义和合乎基本道德的信仰。它的宗教目的在提升人的精神,净化人的心灵,健康人的身体,使人坦然面对生死和人生灾难,用爱和慈悲来化解人间的仇恨与纷争,使人们的心胸宽,眼光远,行为善,动机诚。我想这样的认识,对我们认识宗教的起源、宗教的发展,会有很好的帮助。那个希望教会虽然是一个很新的教派,但却是一个正当的宗教,因为它符合一个正当宗教信仰作为心灵与精神信仰的条件。

一般我们都说印度是一个宗教的大国,因为印度人几乎都有强烈的宗教感情。我想就此说一些我对印度这个地方的认识。过去二十年,我三次到印度讲学、开会。最近一次是今年（2007）的1月，是因为世界哲学中间会议的关系，到印度的时间比较长，使我有机会更了解了印度的新兴宗教，尤其是其所谓的佛教的复兴活动。我的理解是，印度可以说从历史的最原始一直发展到今天，都处在一个"在多神中找寻一神、在一神中演化多神"信仰状态。此一状态，黑格尔在他的《历史哲学》一书中说："没有一个对象能够被看作是现实的和确定不易的"，"重重的区分形成生命需要的枯竭，普遍意志荡然无存。"[01]这是黑格尔基于无知随意引申出来的判断，现在很难有人苟同。但是，今天的印度可以说也有了更新的宗教觉醒，除了要保存多神的传统，更重视根源性的一神的信仰，在一元中容许多元的发挥，因此使他们的多种族多阶层能够彼此包容，和谐共存。他们也有强烈的国家意识、大国意识、区域意识与地方意识同在。然而，在另外一方面，我们不能不说印度的问题在于：传统的种姓制度造成阶层的分野。这是我觉得很无奈的地方。至于印度教能不能解放、消除种姓的隔离，形成新兴的社会能力，这和它能不能发挥佛教的平等精神很有关。值得注意的是，印度的发展，印度是否能跟上新的时代，是否能在全球化中占有举足轻重的力量，都与它如何发挥宗教的创造精神、宗教的平等精神和宗教的慈善精神有密切的关系。而这些都可以分别在印度教与佛教中找到。简言之，印度教能不能运用佛家的精神力量，去做人间的事业，我认为对印度的现代化是非常重要的。宗教的创新与发展之重要性，可想而知。[02]

佛教与印度教有重要关联的地方：它们都把天地万物及经验到的自我看成幻化的非实有，因而产生生老病死的痛苦，为了解脱必须要对自己的心灵进行灵修，也就是沉思静坐，进入心灵意识深层，解放自己，认识真我。但佛教走得更深刻更极端，连真我也必须否定到"不可得"

---

01 见黑格尔所著《历史哲学》，王造时译，上海书店出版社出版，1999，第一部分第三章，第171页。
02 印度教较佛教更为入世，因其相应于"报身"与"法身"更强调"化身"之故，见之于湿婆等大神的终极统一性。

及"不可得亦不可得"的地步。此可见之于龙树的八不中道观。印度教反而回过头来肯定人生，甚至可说是在假戏真做中，创造了不同的神祇，来作为人类欲望祈求实现满足的对象。在此我们回顾中国的精神信仰：我们看到从《周易》到孔孟，追求的并非解脱，而是参与，发扬内在的自我，其实就是内在的宇宙的创造性与创造力的自我实现与自我创造，是真的世界的真的创造。此所以在宋明哲学中，即使受到佛学或禅学的影响，其所追求的仍然是《周易》的生生不已的天地造化精神，故不可不说是儒学的孔孟之道的发展。

〔附录三〕

五要点答香港中文大学崇基神学院曾维匡君问

1. 宋明理学以理诠释天，仍持有体验的基础。所谓天理是活泼泼的天命流行，也如天道运行，有其创生与保育的力量。是否对先秦儒学的天的人格神概念的内涵价值有所化约，是一个值得深究的问题。先秦儒学由帝而天、由天而道是否是本体的化约，也是可以讨论的。但此一转变，原因可以看作来之于帝天之所为，是否能维持人们对神格或神的人格基于情感与信赖的理解。一旦此一理解有悖人的感情，则人们对人格神的信赖与其地位就会一落千丈。东周时代民不聊生，《诗经》中反映了人们对天的责怪，天已经丧失了人格神的地位。取之而代的就是天道。天道以后转化为天理，更反映了从人格与人情的角度来理解与信赖天的衰落，而对客观真实的认识的需要就导向了天理与理的概念。重要的是天道或天理并非一定是所谓自然天。至少在孟子，天绝非自然天。"知天"固然不是知人格的天，但也不是知自然之天。在老庄，天究实而言，也非自然之天，因其仍具有某种本体与道德意义。老子说"天地不仁"，是有道德意义的。后来荀子说"天行有常，不为尧存，不为桀亡"，天方才具有中性的含义。由此分析，人格天的非人格化只是加深人们对天地万物的动态自然关系的关注与理解而已。

2. 如果人格天具备傅佩荣所说的五项特质，则其与本体的理并不相应，但作为人格神的作用则大致已包含，然而却缺少奖惩的功能。理想的上帝应具有政治、经济、立法、司法与教化等功能。但这些功能（包含所说的五项特质）并没有系统化与统合化。故天的人格神的地位并非统一固定的。这里需要一个神学化的过程。但此一过程在中国哲学传统中并未真正发生。事实上，春秋时代到了郑子产已有了"天道远，人道弥"的说法。相反的，此等特征反而在争霸权的春秋诸侯的人格中体现出来。因之，此等功能并非理之必然。朱熹之理虽然不具备主宰的作用，而有主宰性的本质上是气的"心"或"有关伦理"的情，但理作为生理，作为仁理（或爱理），或其他诸德之理，一方面离不开气，另方面也仍然具有内在的创造力，故可以提供人格神的形式及目的。因而，我对理的诠释可以包含或导致对人格神的诠释。而人格神则可以看作人之格的理化与理想化，具有高度理性结构的形式与格局。天的审判善恶是人类社会司法制度的投射。天的审判与奖罚往往难以解释与弭平人间的不公与不幸，故在儒学逐渐转化为内在的良知的自审自判之能，也是有原因的。

另外一点要注意的是：我区分外力赎罪的信仰与自我实现的信仰。个别的人可以个别信仰具有位格的人格神，以为拯救自我的方式；但个别的人也可以个别信仰及体验打破位格神的道体，以求自我内在之性的实现。基督教显然属于前者，而儒道及佛学属于后者。佛学中的禅学更是强烈追求自我实现的典范，其所谓"直指人心，立地成佛"的禅悟就在明心见性的自我实现，而且是当下的自我实现。在此一理解下，临济义玄所称的"无位真人"是突破位格所成就的个体真实，可以用以实现佛学中的三身（报身、法身、化身）的任何一身。就此一变化而言，基督教神学中的"三一之说"（Trinity Doctrine）也必须预设一体二身（圣父、圣子）的一体性（圣灵），因其一体才有二身的统一，但此一体之体却是无体无位的，只是纯粹创造力的活动。阿奎那所说的上帝是"纯粹活动"（act）应该即指此。道家中老子说道是"生而不有，为而不宰，长而不持"，也是不具位格的本体创造力原型，具有充分的自我实现的力度。儒家从"尽己之性"到"尽人之性"到"尽物之性"以致"赞天地之化育，与天地参"，自然也展现了一个自我实现的天人合一的典型。

3. 我讲的本源的创造性，自然包含价值的创造与反价值（anti-values）的批判与销毁。创造性是有存有的发展的等级的，可以一步一步向上推进。人的本体的道德性即在推动价值的向上发展，维护与持续扩大与整体化。所谓"人能弘道，非道弘人"，我认为神性即存在于终极的创造性中，自然也存在于人性的最深处。不能一切靠天，天创造了人，也是天对人的倚重。天是否因此最好具有位格或人格，既是本体论又是知识论与价值论的问题，不可任意决定。当然一个宗教的创始者可以凭借他的权威来决定一个必须信仰的人格上帝，但作为理解对象，而不只作为信仰对象，上帝的位格可以是相对的。因为可以同时主体地理解，也可以客体地理解。可以自觉化地理解，亦可以对象化地理解。可以倾向超越而外在，也可以倾向体验而内在。上帝的位格可以受到尊重，所以然并非只在其位，而在其德。同样人权的应受尊重，并非只有位的问题，而是同时发自公正与仁爱的需要。总言之，位格是一个结构化的问题。何时应结构化，何时应解构化，在一定条件下可以是个人的选择，在另一些条件下却可以是社会制度或组织的需要来决定。坚持上帝只有位格或必有位格往往造成封闭系统，系统隔阂，系统冲突与互斗。因之，我提示位格与非位格的双面性以及超越位格与非位格的终极根源性的创造力。不同的位格只是时间与空间的产物。本体诠释有回归根源的认识，同时开放于位格化的诠释与德性化（非位格化）的诠释，但却同时坚持两者之间的辩证及创造性的统一。

4. 本体诠释的生生创造之说能否摆脱现代性的阴霾，以包含他者的多样性？回答是：本体为每一个个体所有，故可以包含而且必然展现为多样的本体性。个体的体可以个别发展，但却可以有一个共同的终极的本源。现代性的统一与普遍是基于工具理性的建构，不必也不能掩盖或压抑具有创造力的多样多体的个体存有。本体诠释是对本源一致的肯定，是对个体发展的根源的肯定，也是对必须基于个体同意的普遍性及工具性的肯定。

5. 在本体诠释学的思考中基督神学如何解决其面对的原罪、三一、信知、普救等问题，或走向基本教义不重发展，也会是对本体诠释的一种考验。儒家基于本体诠释能够在本体论宇宙论上融通各大宗教差异，化除冲突，应为其活力所在。

当代新儒家与新儒家的自我超越
——一个致广大与尽精微的追求

余英时教授在他的"钱穆与新儒家"一文里说明钱宾四先生论学不立门户,生前就不接受"新儒家"的称呼。余英时说明宾四先生与第一代及第二代新儒家都有交往,但他却是从研究中国历史和中国文化的立场研究儒学历史与儒家思想,因之,他只应是儒学史家而非新儒家。[01] 本文不拟讨论钱穆是不是新儒家,却想提出新儒学与新儒家的分野问题并加以探讨,进而论述当代新儒家在知识与价值基础上的局限性并谋以解救之道。本文也间接说明了新儒学与新儒家可以互动与互通,也都可以在知识与价值互基与互约的拓深理解上自我超越,以展开并达到对广大与精微的追求。这种追求可以看成是历史思考与哲学思考的相激,知识理性与价值理性的对争,但我认为更重要的是发掘任何相激对争中蕴涵的互补相依精神,借以窥见一个文化传统与哲学思想传承、流变与发展的全貌。总之,本文旨在提供一个"后设论说"(meta discourse)的架构以评价新儒家,并显示如何促进新儒家的突破发展。

01　见余英时著文:《钱穆与新儒家》,《新儒家评论》第一辑,第357—359页。郑家栋、叶海烟主编,中国广播电视出版社,1994年。

一、新儒学与新儒家

首先我在这里先分别新儒学与新儒家。新儒学是指当代学者对儒家学说的学术研究并在此一研究基础上作出力图公平而恰当的评价，以为个人理解、行为或公共政策改革的参考；新儒家却是当代行学思考者的一家之言，在已经确认或坚信的价值基础上发展和创立一套价值的体系或思想的命题，倡议其普遍真理性和必要性。前者以历史观察与理性分析为方法，后者则往往诉之于个人体验、憬悟与直觉。前者是跳出固定的儒家传统讲，后者则接着一个儒家传统讲。我们不能否定历史有效的作用，因为历史透过语言、行为、习惯和制度永远活在我们的生活（lifeworld）中，也提供了一个体验价值境界的环境。因之我们可以也有必要接着一个儒家传统讲儒家，这是新儒家的缘起。但在今天我们却又不可不认知一个企图超越历史的开放的理性思想的存在，它表现在运用理性的分析与综合方法来作考察与评价，也表现在一种基于经验与导向功利的公共空间与公共语言的逐渐形成。此一理性是从多元的文化比较立场、普遍人性以及科技持续革命中人类生活需要与满足方式的改变的基础上演化出来的。因之，我们也可以跳出儒家传统或任何传统来谈问题。

我在这里为何要特别强调此一开放理性工作与语言的重要呢？我想指出，中国文化自19世纪中叶鸦片战争以来，就在痛苦的经验基础上逐渐发展出来了开放理性与学习经验的管道。我们必须说这是超出古典传统文化之外的一个重要的文化传统，一个近现代中国的文化传统。这个近现代中国的文化传统直接导向多元差异、弱肉强食、适者生存的现代世界的认知。我们必须记取它所包含的最重要的经验含义与道德教训：只依赖主体性的普和价值原则是不足以维护一个历史性的生活的和文化传统的，因为一个生活世界和文化传统的存在是以其能够认知与回应及转化自然世界与其他历史性的生活世界与文化传统的能力为条件的。其继续存在则是以其继续有效发挥这种认知与回应转化的能力为条件的。

事实上，这个道理早在孟子就已提出："从普不足以为政"（《孟子》4A—1）。但同样的，只有方法而无行法的能力与足以形成动力的价值目标也不足以实现一个理想，所谓"徒法不足以自行"（《孟子》4A—1）。这个必须双行的道理实际上在中国的《周易》哲学中就揭诸出来。所谓"一阴一阳之谓道"就是以主体与客体的互通互动与互化为宇宙与人生运行的整体的真理，不能互通与互化就不能取得在整体中的个体化的位置而必为整体所消融。《周易》是以整体全面的观天察地、远近兼取为建立客体的基础的。[01] 但这显然并不能取代客体考察活动的本身。从这个意义来说，中国文化精神在历史上的发展显然未能掌握《周易》此一客体观察、开物成务的向度，甚至把反对也过早看成相对，并过早摄入主体的观照之中。这可说为中国哲学中主体思维的一枝独秀，淹没了客体思维的平衡活动，从而也淹没了整体思维中的整体性。相反的，西方由反对的观念入手，虽然导向了二元对立与外在超越，却无法解决二元对立的矛盾，甚至也无法在外在超越的基础下充分发挥主体与客体互通互动与互化的潜能，但西方却借助此一二元对立的反对观念产生了力求客体普遍的科学、精确严密的数学与逻辑以及追求突破限制、超越自我的开拓创业精神。与西方的二元反对困境相应，中国哲学因着眼"一元整体、相对观照"，未能透视一元中的二元性、相对中的对立性，乃陷入了主体的突出与客体的隐藏，虽可说是一种内在超越的进路，然却失落了外在观察与独立认知的一面。总言之，外在超越与内在超越都各有其内在与外在的限制与陷阱。要打破此一限制、跳出此一陷阱，就需要发展一个"合内外之道"的自我超越取向。

---

01 甚至卜卦也可说为具有客体预测模拟的意涵：在一定条件限制下客体考察的终止导向主体作为客体的应用。有关此点当参考我所著论文《论易之原始及其未来的发展》有关"占卜的逻辑"的讨论，见刘大钧主编《大易集成》，北京新华书店印行，1991年。

二、超越与自我超越

在此我拟对"超越"一词在本文的用法作一说明:中文"超"一词显然来自英语的"transcend/transendence"一字,表示脱离一外境而凌越其上。超越者与被超越者并不因超越这一过程或行动失却存在的地位,更不必因超越失却两者的感应与可能的互动。这说明超越者与被超越者基本上存在着一种外在关系,表现在两个个体的存在。柏拉图的理念超越了个别事物,基督教上帝超越了此世界,可说都是外在关系的典型表现。但超越作为一种活动却可以是超越者与被超越者合而为一的进程,也就是把超越看成一种个体或思想的自身转化的活动。超越也就可以看成事物或思想自身向一新的状态或境界转化的过程。至于此一转化的动力来自内在或来自于一先设的外在体,则是决定此一超越活动为"内在的超越"或"外在的超越"的判准,来自于内的动力使一个体或思想达到超越的目标可名为"内在的超越",而来自于外在的动力使一个体或思想获得超越的结果则可名之为"外在的超越"。由于"超越"一词含义涉及多项考虑(超越的目标、超越的对象、超越的过程、超越的动力、超越后的状态,以及超越者与被超越者的关系),学者往往在讨论中形成各种争议如谓中国哲学中无真正的超越,而此等争议的起源也多由于未能掌握超越的全面含义所至,而一般的对超越一词的用法又太过僵化与死板,往往不能对应实际经验中对超越的体验以及满足超越者与被超越者在存在整体中的定位深度需求。如说中国哲学表现了一种"内在超越"主要是指中国哲学没有西方哲学中的上帝或柏拉图哲学的绝对理念,但却认定人可以自身转化以达到成圣成贤或天人合一的境界。至于此一动力的根源是否仍有相对的外在整体的意思以及此一超越修持的功夫是否仍须借助与外在世界的交通与互动,乃是有关内在超越可以探讨的课题。

在另一方面,"外在超越"是否就能完全排除超越者与被超越者之间的关联呢?无论从现存宗教或历史中的哲学与神学思想言,显然我们都无法把超越者完全排除于人的主体思维之外。道家哲学中的道与在卡尔文神学中的上帝，都适度地表现了人的主体思维的能力。所谓不可思者在一定意义下仍是可思者，所谓不可名言者在一定意义下仍是可名言者。思想与言语能以间接的方式指涉或意指老子的不可道不可名的非常道与巴斯的"全别者"（the wholly other）。我们对道或"全别者"不可能形成知识或完整的概念或定义，但我们仍然能在思想最高的层次上理解或感受道的特性与"全别者"作为全然否定的特性[01]。至于道与全能者的上帝在人的生活与行为中能起的作用以及因此作用引起人对超越者的更深理解（可看做一种反作用）都可说为超越者与被超越者的互通互动与互化。这是不是仍表示即使是被看着作为两种状态断裂的外在的超越仍有潜在的整体包含的内在关系呢？总言之，我们无法想象本体意义上绝对的断裂的外在超越而必须把超越与被超越看做存在整体的界定与延伸，进而把超越者与被超越者看成一个存在整体的内在运动，形成一个互通互动与互化的整体活动，这就具有我所说的本体诠释圆圈（ontohermenutical circle）的性质。[02] 在这意义下，所谓超越就具有提升扩大的意义。超越者（如西方的上帝）在一定意义下包含了被超越者，甚至可以用来说明被超越者。而被超越者可以与超越者建立一定的沟通管道。这是个体的自身自力转化与思想的自我辩证性的（经过否定与对否定的融合）转化，仍可与其被超越的状态与境界形成一种历史性的回顾并从其中获取教训作为再超越走向更高明的境界的凭借。在这个意义下，我们也可以说超越就是一种更新，是在时间中的一种向广大与精微发展以提升自我的更新与创新。汤铭言"苟日新，日日新，又日新"主旨在表明一个思想对广大精微高明与中庸的追求，而此一追求则是要与

01　参考 Thedo W. Adorno. *Negative Dialectics*. New York：Continuum，1973.
02　请参考成中英：《世纪之交的抉择：论中西哲学的融合与会通》，知识出版社，1991年。

时俱行的。[01]而无论是内在超越或外在超越，无论是预设了超越的外在者或未作此一预设，都不能罔顾内在脱离不了外在的认识而外在也脱离不了内在的感应的内外并存的向度。这就是我所说的"合内外之道"融合内外为一体的自我超越。

在上述有关超越的理解下，无论是当代新儒学或当代新儒家都可以进行动态的超越活动，以发展其真实性与现实性的双重意义。儒学所包含的人文精神与价值系统是否具有普遍的真实性以及是否能够用于现实以解决现实的问题及转化现实都是考验儒学的根本标准。这是要在一个开放的真实性与开放性的现实性中决定的。新儒学与新儒家的不同是：前者以批判的理性为方法去裁决真实性与现实性，而后者则以内在体验为真实性与现实性的方法。前者力求在客体性的基础上建立知识，而后者则力求在主体体验的基础上印证价值；前者力求在知识研讨的基础上作出价值判断，也以知识为条件重建逻辑价值，后者则仅在先行肯定价值，是否再寻求知识的手段或工具以实现价值理想或目标则因人而异。如就两者的弱点来说，显然前者有可能使人追求知识不能确信价值或根本不能掌握价值；后者则有可能形成价值的独断与偏见与傲慢，因缺乏知识而造成与现实的不相关。两者的差别可见之于朱熹哲学与陆象山哲学的差别，而两者似乎也看到了对方的问题所在。值得诧异的是：何以两者未能针对问题发现彼此的互补性以求"自我超越"？若就朱子的重视德行与学问两端且在本体上追求两者的统一而言[02]，朱子系统的掌握外在性程度以获得超越应比陆象山更符合吾人对超越的认识，也更具有

---

01 这是不是意味着时间是不可超越的呢？我的回答是超越时间是创造另一时间而不是脱离时间，因为时间可以看成超越者实现它自己的一种方式。所以，时间也就包含了时间内在的超越性。以此我们可以说明理性与其他超越者的时间特性以及时间的超越特性（时间毕竟不是历史与过去）。由此我们可以更精确地说，超越就是发挥时间性中所包含的创造性，在时间展现的外在事物的整体平面上凌越时间再实现于时间之中。此超越性可名之为动态的合内外的超越性。

02 朱子思想是否圆融与成功固是另一问题，请参考本人著文：《论朱子哲学的理学定位与其内涵的圆融和条贯问题》，《国际朱子学会议论文集》，中国台北，中央研究院中国文哲研究所筹备处印行，1993年。

开放性。[01]

三、知识与价值

关于知识与价值的交互影响问题，我们必须进行深刻的哲学思考。首先要指出的是，知识之为知识并非只为客体事物的简单影象，而已涉及真理值的评价，而这种评价却又是自不同经验的比较而来。因之我们不但可以说："现在下雨了"；而且应当表明此一语句是有证据的或有某种可信的程度。从这个意义说，知识永远是一个整体系统而必须不断作出真理值的评价，也不断要检讨真理值的标准以求与所有经验相符。有关知识的理论我从当代知识哲学、语言哲学、诠释哲学与科学哲学的研究中，获得了下列几个重大的结论。这些结论主要包含了对当代哲学家波普尔（Popper）、库恩（Kuhn）、祁笙（Chisholm）、蒯因（Quine）与普特南（Putnam）等的批评综合[02]。但也包含了对近现代哲学传统如康德（Kant）、皮尔士（Pierce）、罗素（Russell）与刘易斯（Lewis）等的比较反省。

1. 知识为一整体系统，其内涵来至自两方面：个体的直接的感官经验、记忆、自然逐渐发展出来的观察与解释网络以及内省经验包含思想推理假设等。此可名为知识整体性原则。

2. 知识系统的有效性与合法性来自直接经验与能用语言表达的观察的自觉，各种经验与观察的互融一致与互持贯通，整体系统的功能性与工具性的运作。此可名为知识融贯性原则。

3. 与知识系统并存并为其保证有效性与合法性的是一个众多求知者

---

01 当然我们也可说两者都欠缺一种超越的智慧，都陷于自身的闭塞性而不自知。今天我们必须以此为鉴，提高警觉，毋划地自限、不囿于现状，方能面对自我内在的方法上的偏颇性与相对现实经验的有限性作出自我批评与自我超越。

02 可特别参考 Roderick Chisholm：*Theory of Knowledge*, 3rd edition, Prentice-Hall, New jersey, 1989；W.V.Quine：*The Pursuit of Truth*, Harvard University Press, 1992；Hilary Putnam, *Many Faces of Realism*, Open Court Press, 1987.

共同形成的真理值的评价系统以及对此系统的高度自觉，其中包含了评价标准与评价的修整与统合原则，这可说是价值考验知识。此可名为知识批评整合原则。

4.因严格评价而形成知识的观察经验与理论假设不但包含价值，也包含了促使知识评价成为可能的整体性的主体对客体的肯认与对两者相对独立而又相对联系关系的认知。这是一种运作性的本体认知，而不闭锁于客体或主体的一端，且能使主体对客体进行科学的探求、分析与综合，导向新的认知和因之而起的新的知识延伸与新的知识评价，这就是知识自我超越的发展，显示于新理论典范（theoretical paradigms）的建立。此可名为知识辩证求新原则。

在这一个知识自我超越的发展的模型下，无疑我们可以提出一个相对应的价值的自我超越的发展的模型理论。此处我们也无法仔细分析而只能举其大端。

1.价值发自主体的意义需求与目标感，是主体存在与自我实现的一种或唯一方式，且是以可能的行为来实现的。因之，价值寻求是主体世界活动的表征，但却要在客体世界中以求实现或具有实现性才形成价值，故价值同时具有主体表达性、行为实践性与客体条件性，此可名为价值主体性原则。

2.价值之为价值具有多种内涵，除真假值、善恶值、美丑值外尚有这些值与自我社群肯定组成的复合函数如和谐、平衡、和平、尊严、责任、权利等。因而价值也形成一个有机系统并经深度与广泛反省成为价值批判及评审的对象，此可名为价值机体性原则。

3.价值必须以知识为参考系，价值系统也必须以知识系统为参考系，使其得到认知的有效性与合法性，也使其获得再评价或相互比较的认知基础。这可说就是知识在考验价值。自然这就导向价值的认知基础与所含条件与成分的考察，从而使价值具有认知性与知识性。我们不但可以说"这是好的"而且可以说"'这是好的'是可信的或合理的"。此可名为价值知性原则。

4. 从本体言,价值的本体性是内涵于主体,但却必须经过主体超越自身形式的本体的创意活动并配合主体对客体的认知(认知即客体化的活动)来实现及获得真正的实践意义。此可名为价值实践性原则。

价值所展现的是人的自由意志世界,但却也是一个行为的可能性世界。它的实现必须考虑到知识问题,也就是客体现实条件与实践能力问题,不然一个可能性的世界只永远是可能性。当价值与知识能相互补充又相互渗透,就形成了人的生活世界(life world)。事实上,人的生活世界就是知识与价值交相支撑、交互影响所形成的。这交相支撑、交互影响的方式不外乎两极端与其中间所包含的各种结合体。

基于知识来凝聚价值,也就是在客体性上建立具体的价值批判;基于价值来探求知识,也就是在主体性的要求上利用知识来满足价值。

这些可能就是知识的形成本就包含了价值而价值的形成就包含了知识。知识与价值具有一项内在的互需关系,犹如一阴一阳之谓道。本体中本有主体与客体,正如道中本有阴与阳一样,两者可以互相转化但却不可取代一样,这也就是人的生活世界内涵的基本结构。

在此一了解下,儒家传统里的"内圣外王"的理想可以获得一个新的解释,使其具有某一程度的合理性;内圣不必局限于道德意识之中,而可以有知识的一面,自然也可以作为合理制度的倡议者或立法人,开出外王之业。同样,外王不必局限于事功权威之中,也可以有道德价值的一面,因而启发内圣,发挥道德力量的运用。两者交叉作用,自然有可能形成一个"内圣而外王""外王而内圣"的理想状态。

我们可以把广大与精微看成客体性存在的两个层次,也代表了世界外在性存在的两个方式,要掌握世界的外在性就必须致力于知识。我们因之把"致广大"与"尽精微"看成知识应该发展的两个方向。同样,我们可以把高明与中庸看成主体性存在的两个层次,也代表了人的心性存在的两个方式,高明指的是创造价值自觉的圆满性,而中庸指的是价值意涵的可行性与实践性,也因之把"极高明"与"道中庸"看成价值应该发展的两个方向。知识主旨在表现客体的广大与精微。因之也必须要广大与精微。价值主旨在表现主体的高明与中庸,因之也必须要高明中庸。明显的西方哲学传统很看重客体世界,因而把理性认知看成是掌握外在世界的重要方法,顺此以往,不但发展了科学,也建立了知识论作为知识系统与求知方法考察与批判的工具。还有一特点乃是把知识原理应用到价值,这固然更清楚地掌握了价值的认知层面如其条件性与规则性等,但却疏于价值的实践性与主体的开发性如修心养性、收拾精神、培养本源等。相反的,中国哲学强调主体思维与心性修养,尤其是儒家更把人与人间的伦理关系看得很重,到了宋明理学甚至以人的道德活动为生活世界的唯一重要内容,形成泛道德主义的特征。这对开拓知识世界无疑有反面的影响,李约瑟在其巨著《科学与中国文明》第二册中对此也有所指陈。[01]

在当代新儒家中,牟宗三先生甚至对重视客体的理的世界的朱熹提出批评以为他并非承继正统。此一观点更显出了儒家生活世界的萎缩(也许对某些当代新儒家言是一种净化)。在局限于自我道德性的高明与中庸实践中,自然也就丧失了知识性的广大与精微了。如何面对及真正掌握与解决现实世界中的问题(其中包含民主化与法律制度化等问题)也就变成一项最大而又无法在理论上真正克服的挑战[02]。基于以上对知识与价值关系的认识,我们必须强调知识与价值不但是内在的关联与相互依持,而且在生活的运用中是相互开展相互需求的并由此相互开发与相互推演扩展的。如何建立这样一个知识与价值互动的生活世界并由此创造地发展人的生活,完善人的行为达到人的最高价值理想,就是当前人类面对21世纪的最大挑战。面对这样一个要求或挑战,中国哲学,尤

---

01 见 Joseph Needham 著书:*Science and Civilization in China*,Volume 2,1956.
02 请参考本人著文:《现代新儒学建立的基础:仁学与人学合一之道》,《当代新儒学论文集》第二册,中国台北文津出版社,1991年。

其是当代中国新儒家,能不作有关自我局限性的反省吗?而这一反省能不包含对客体性与认知客体性与知识批判(包含知识标准批判)的检讨吗?当代新儒家的自我超越与再超越就从这个意义出发。能够结合知识与价值以同时超越知识与价值的局限性并在价值与知识上立求开拓与整合,就是我以上所说的"合内外之道的超越"。

有关知识与价值的互动互制互基互评的关系我们可以借助下列的图示来说明:

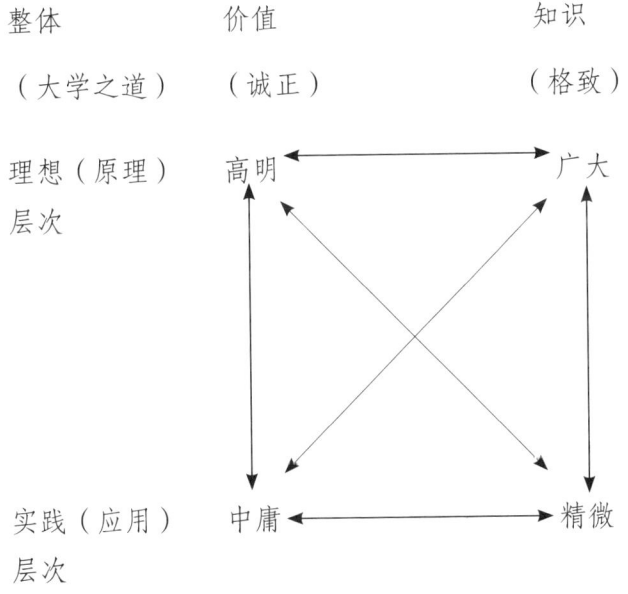

相对这一知识与价值可以相互联系的架构我们可以提出四个评量一个思想系统的标准要求。是否高明而广大?是否中庸而精微?是否高明而中庸?是否广大而精微了?

如果一个思想体系能够重视与实践掌握价值与知识的动态依持关系,以及认知价值与知识活动中原就包含的价值与知识的二重性结构与相依逻辑,也就不会走入当代西方实证主义的"知性的傲慢"而不能自拔,当然也就不会陷入余英时教授所指出的"良知的傲慢"而不自知。

当代新儒家往往就价值的理想层次进行了思考与冥想，往往忘却了广大与精微知识理论与现实的重要相关性，更蔑视了知识所包含的主体的客体（观）性与客体的主体（观）性，也就是未能理解客体性像主体性一样具有同等的本体性。在这样的理解下，余英时所强调钱穆作为儒学史家与当代新儒家的差异就显得更有意义。当然我们此处也必须指出：固然新儒学着重知识性的探讨而新儒家则专注于价值的张扬，新儒家不能超越自我去建立知识世界，新儒学的研究平心而论也才开始，尚未建立一个知识与价值互动的理解以及确立如何在知识基础上掌握价值标准。因之我们可以一方面要求新儒家必须以新儒学研究为基础来张扬价值世界，另方面也要求儒学肯认价值建设或理想价值世界建设的重大意义。只有掌握世界与知识世界动态及有机地结合在一起时，我们才能开拓出一个真正能满足人心与人生需要的生活世界。也只有在这样的结合中，我们才能解决人类社会中个体与群体相互依持及相互丰富的难题，而当代新儒家才能解决同时涉及知识运用价值肯定以协调个体与群体的民主化与法律制度化的难题。这就是新儒家的自我超越的重要方向之一。

四、民主化与人文精神

当代新儒家面对现实最迫切要解决的问题是民主化的问题，但一则为了避免"西化"与"盲从"之讥，再则为了恪守儒家本位，甚至也由于"良知的傲慢"。当代新儒家极力想从儒家传统（道统与学统）演化与展现民主理念与精神。牟宗三先生甚至提出了一个"良知坎陷开山说"，期盼从"新内圣"导出"新外王"。我已在另文中指出此说的种种困难[01]。此处我想更进一步指出民主化问题不是单纯的价值选择问题，而是涉及知识的学习问题。也就是说，民主不单纯是价值而是知识价值

---

01 请参考本人著文：《现代新儒学建立的基础：仁学与人学合一之道》，《当代新儒学论文集》第二册，中国台北文津出版社，1991年。

的结合体。有关知识部分，民主的认知是建筑在对主体性的客体存在的认知之仁，客观存在有其客观存在的限制，因而必须用客体的方法制度来克服。仅凭主观的良好意愿是不足的。但仅有这个认识还不够，民主还有其有关价值部分，即是民主的价值又是建筑在对群体的客体个人的主体性（自由意志）存在的尊重之上，而每一主体性存在有其自行决定的表达方式与要表达的意思。凭当权者或少数人的意见是不足取的。

基于此两点，我们可以说民主乃是在主体存在的客观基础上克服客观的困难使主体个人能够无阻地表达其主体的意思，并集众人同等表达的意思，寻取至少多数的意思一致，作为行政管理和公共政策制定的根据。其目的在使众人的所欲施于众人，众人所不欲勿施于众人。[01] 这是以民为本、以民为贵、以民为归，但这却还不是以民为主、以民为命的意思。我们尽管可以说民主与儒家的民本思想相容，我们甚至可以转折的论证真正的民本思想蕴涵着或曲通民主思想[02]，但有关民主的运作程序与制度我们还是要从经验中去学习，因为它是一种社会的与历史积淀的知识。如果我们的价值系统有开放的一面，我们为什么不可以直接地从经验中去学习呢？若说要了解民主的精神或精义，则更要掌握知性的相对独立性，不能以仁代知，也不能以仁害知。孔子说："知及之，仁不能守之，虽得之，必失之。"（《论语》）如果知有所不及，仁又如何能守之？孔子经常把仁智（知之本）并举，也并没有要把知仅作仁的手段或工具。从说明民主化的过程中我们应该可以理解到知识与价值两行而互动的重要了。

当代新儒家喜言儒家的人文精神。但何谓人文精神？在泛道德主义的影响下，当代新儒家往往把人文精神与道德精神等同起来，正如把道德理性与人性等同起来一样，这是把人文精神狭隘化了。这也反映出价

---

[01] 这里可以看出，道德上的"己所不欲，勿施于人"与政治上的"众人所欲，施于众人"是不尽相同的。
[02] 《尚书》周公言"天惟时求民主"是否含有现代民权及民主的意思并不确定，至于中国历史早期的诸侯推举制也不尽有全民直接民主的意思。

值概念的狭隘化，缺少了知识理性的滋补，陷入到单向线形的价值观、人生观、文化观甚至本体观。道德的形上学是否排除了艺术的形上学与知识的形上学而使道德的体验独占本体？抑或道德只是一个通道，通向多元的价值本体？这些都是当代新儒家与新儒学值得探讨的问题。孔子儒学中有观文的言辞，有两个重要点我们必须指出：一是文不等同于德行如"文行忠信"、"文质彬彬"所示，二是文有求知问学的一项意思。孔子说："敏而好学，不耻下问，是以谓之文也。"（《论语》）这就说明人文精神中应有知识理性的活动，而不必坎陷在道德理性之中。但人文精神却又不能局限在知识的追求中，它还应该表现在艺术、诗歌、礼乐等具有人之情的创造活动里。这就涉及人文精神实现的过程、方面与层次等问题了。孔子说："志于道，据于德，依于仁，游于艺。"（《论语》）孔子又说："兴于诗，立于礼，成于乐。"（《论语》）很明显的，孔子的儒学是把丰富的人文活动构筑在一个具有道德理性与知识理性的社会基础上，但却不局限在其中。除了其具有的丰富内涵外，人文精神更可说为是联系及融合知识与价值的一个创造性的生命整体。[01]

---

[01] 请参考本人著文论儒家哲学中人文建构层次问题：《儒学的探索与人文世界构成的层次问题》，《当代新儒学论文集》，中国台北文津出版社，1993。

第五阶段儒学的发展与新新儒学的定位

从儒学内在的发展逻辑来看，儒学面临的问题是如何从个人的道德修持经社群的改造而达致人类社会的修齐治平。验之于中国政经的历史，儒学实际达到的成果与阶段性的成就大都停留在个人的道德修持与一般性的社会与政治的局部改造上面，更毋论长期持久的优良效果。相反的，历代累积的历史效应往往是负面的、沉陷的、封闭的。这可以用皇权专制的深化与恶化来说明。自汉之宰相至宋明之门下中书内阁的发展标志着皇权的集中内化，也标志着皇权的逐步腐化与走向败亡。儒学作为内圣外王之学，经汉儒的通经、宋儒的体道，拒绝成为皇权专制衰亡的陪葬品，是否能在新的现代的政经体制上实现其理想，又成为儒学的时代课题。更深入的问题是在政治与社会历史的发展中，儒学曾扮演了什么样的角色？它曾促进了什么样的改革？它又遭遇到什么样的失败？在21世纪的今天，儒学能否促进现代化与现代性的顺利产生？它能否把中国与东亚带向新时代的政经发展？它能否成为提升人类社会品质的文化力量？所谓新时代的政经发展指的是政治的民主化、经济的自由化。政治上的民主化的含义是全民在政治上的理性的意志参与，追求在政治组织与政治实行中合乎理性价值的人性潜能的实现。经济上的自由化则是指建立导向合理自由竞争的市场，运用科技知识来促进生产力与提升社会中全体与个人物质生活与精神生活的品质。两者涉及的问题固然很多，但其要点不外乎发展人性中的创造能力以谋取人类社群的整体与个别福利,并逐步走向人类的大同与世界的永远和平及可持续的向上发展。这是人类社会走向全球化的一个动因。

从这个人类发展的理念与远大目标来看,儒学不但早具此等发展的远景与精神,也可说为此一发展的目标提供了思想与理念的资源。故儒学本身的发展必须以此为标的,也必须善用此一价值认知来进行理论的重建更新与具体的实际应用。传统的儒学提供了发展的方向与目标,但却未能在理论与方法上不断地进行严密的探讨。这固然有其客观环境的原因,我们也不能忽视儒学生命成长的内在的因素:它未能发挥其合内省(致诚与涵泳本体)与外观(致知与穷理达道)之学的潜能,在不断的平衡综合中,以求认清问题、面对问题与解决问题(所谓力求实践,通体致用,固时措之宜),并从问题中扩展知识的范围与主体决策的能力。此即表明儒学要成为中国文化的现代化实力以及世界经济全球化的动力必须先要自身的现代化,也就是必须自身具备发展知识、充实及开拓理性资源的能力,而不必局限在因循文化的积习成规之中。文化传统的重要性不在文化的积习成规,而在文化所包含的价值眼光、价值理念与价值体验。

我们可以把儒学的历史发展看成三个层次与五个阶段。所谓三个层次是指道德、经济与政治三者形成的三项考虑,也就是义、利与仁的三项考虑。孔子重视道德层面,并以之为治国平天下的基础。但要做到此,却必须要排除自私自利,以仁为己任。因之,仁义并举,以义抗利就成了传统儒家的思想标志,同时也就束缚了儒家的经济思想两千年。关于儒学的道德、经济与政治三层次的认识,我们可以作如下的观察:道德是约束个人私欲以寻求与达到社会的和谐安宁。进一步克己复礼,扩展个人的仁爱之心,以天下为己任,以德服人,必能由内圣而外王而王道天下。政治指的就是这种克己复礼、以德服人、正己正人的功夫。但为了使道德能够规范与成就政治,就不得不对能够诱人私欲、陷入于腐败的利加以限制,甚至对如何去实现众人之利的经济也就绝少发挥。就以

《论语》一书而论，我们看到的是君子固穷，小人重利而为君子所不耻。至于国家的经济大局，孔子强调的是不患寡而患不均。相对于更早期的管子而言，孔子显然并不重视经济，这也许是周代齐鲁两国不同的政风所显示的文化差异吧。虽然，孟子站在人民基本的生活需求的满足上，思考到如何建立一个可持续发展的福利国家，但这仍非西方18世纪以来借积极开发经济来建立知识社会、理性政治，来实现人生的自由与平等的同调。《大学》中有一段反映了以德生财的精辟推论："是故君子先慎乎德。有德此有人，有人此有土，有土此有财。"此一推论却必须假设德的含义在现代化的需求中必须扩大，应该包含高瞻远瞩、知人善任的眼光与开物成务、节流开源的雄才。一个现代化的儒家就必须致力于经济的建设，并以经济的建设为达到政治建设与文明建设的一个必要途径与手段。

儒学发展五阶段论：[01]儒学的发展有其斑斑可寻之历史轨迹。首先必先溯之于儒学发展的原初阶段（公元前6世纪—公元前4世纪）。对此一阶段的理解至今仍未尽完全。但此处我们可以把理解的重点说出。第一必须要肯定儒学的历史文化基础，以之源于中华民族的生活智慧与宇宙认知。故不可把《论语》与《易传》裂为二本。在原始的宇宙认知上儒家与道家是共源的。其次，孔子的"吾道一以贯之"的道是体用无间、持体达用之道，不可局限在伦理与政治层面，但却包含两者为内外之一体。其核心是生生不已之德，实现为义利兼具的一体之仁。孔子也重视智与礼，但却以之为体仁的条件与形式。因之孔子的哲学是包含极广的，涵摄了孟子与荀子的重悟（思）与重学（知）、重义与重礼、重气与重理、重力行与重清明的多重性格。在经典上我们可以看出"四书五经"的一体多元、多元一体的整体性与开放性。我们必须在此一理解的基础上去

---

01 牟宗三有所谓儒家三期发展说：先秦儒学为第一期，宋明儒学为第二期，当代新儒家为第三期，杜维明对此作了发挥。我此处提出的儒学发展五阶段论应更能表达儒学发展的丰富内涵与曲折过程，为儒学的当今与未来发展提供更深刻与广阔的远景。

理解儒学的发展的内核精神与精义，以及扩展与自我超越返本创新的能力，也在此一基础上我们可以看到中华民族的文化与学术生命的发展及更新的潜力。

总而言之，古典儒家的精神在以全民个人道德的修持来促使个人自我实现、进行社会改造与达到民本政治的建立。儒家最后的目的在人性的完成与仁爱社群的实现。何谓个人道德的修持？在掌握个人生命的潜力以自省的方式体察人性原初的同情共感、克己度人的内在能力与意志，并发挥为合理的个人行为与生活方式。我们对孔孟之道的理解当可从此数言所包含的数方面切入。孔子面对复杂的人际关系与社会结构，认识或觉悟到人的自我的对恶的克制与否、与善的扩展与否的主导能力，因而提出一个"仁"字来作为行为的起点与标准。仁既能克制自我以予己以成长的机遇、予人以活动的空间，又能扩展自我以包容他人，从而待人如己；己所不欲，勿施于人；己欲为善，与人为善；己欲为恶，因恶恶而弃恶从善。由此观之，仁之自觉既为自我的认同提供一个本体的层面，又为道德价值或行为规范提供了一个确认是非善恶的最根本的意念与信仰，是乃人性之为人性、人之为人的根基所在。

古典的儒家是以仁的发轫与仁的完成为个人及社会的生命的最终价值。在人的仁的转化与成就过程中，因种种处境与关系呈现了种种德性。儒家的所谓诸德就是人的实现为仁的呈现，必须从一个整体的仁的完整过程中去理解，又必须从人的最终信仰、最终价值、最终承担来理解。《论语》中曾子说"士不可以不弘毅，任重而道远。仁以为己任，不亦重乎？死而后已，不亦远乎？"[01]（《论语·泰伯》）就是这个意思。孔子又说："志士仁人，无求生以害仁，有杀身以成仁。"[02]（《论语·卫灵公》）由此甚至可见孔子心目中的仁者的殉道性，可说富有强烈的宗教情操。但即使作为宗教的情操来看待，仁者之能舍生取义、杀身成仁，非必要

01　杨伯峻，《论语译注》，北京：中华书局，1980。
02　杨伯峻，《论语译注》，北京：中华书局，1980。

以特定的宗教信仰为对象为目标，也非必假设有此一特定的宗教对象或此一特定的宗教目标，但却必须要以人自身的行为价值为目标，以人对生命的意义的最终觉悟为依皈，故是完完全全以个人生命的超越与人性的实现为终极关怀的。仁界定了人，也成就了人；界定了道，也成就了道，并实现了人的内在的德的、道的或道德的宗教性。

以上所说的就是儒家有关人的生命哲学的内在的超越。这个内在的超越是在人的生命中实现生命本体及宇宙本体的深沉价值，体现了超越自我又完成自我的在有限性中实现无限性的精神。此一超越除了精神意义外也有其宇宙论的意义：此即自我创造性的超越或内在的超越而非外缘拯救性的超越或外在的超越。这点说明了儒家的人文、人本、人生的宗教性（自我终极完成）本质。同时也显示了儒家可以与时俱进、同时向外向内开拓的创造性的所在。儒家之能够不断发展不断革新正是体现了儒家内涵的自强不息、厚德载物、日新又新的创造精神。从这个意义上说古典儒学是原始的中国的生命本体宇宙哲学的具体实现，也就是《周易》的天地人哲学的天人合一、天人感应、体用相需、本末一贯的道德性的发挥。因之古典儒家在其发展中也逐渐形成了一个涵盖天地万物的本体宇宙哲学，与其道德的实践与社会政治的体现彼此呼应，并互为基础，表现为知行本质上的一贯性、持续性、发展性与开放性。这也是古典儒家自孔子以来到孟子重自反、荀子重劝学的一贯学习求知精神之所在。当然，这点也就保证了儒家的可持续成长的再生能力与能量，在今后历史与文化的发展中呈现多样的境界开拓与制度建立。

儒学发展的第二个阶段从古典儒家到汉代儒学（公元前2世纪—公元3世纪），走的是经典的整合与经义的系统化路线。面对秦火焚烧的灰烬如何在文献上求正确完整，在文字注疏上求原有义理，在义理上求贯通圆融，在应用与实践中求效果求权威，都可看成是汉代学者面对时代的当务之急。基于历史的此一要求来理解汉代儒家，汉代儒家可说在传授经学的同时力图建立一个比较完整可信的古典知识体系与语言解说系统。董仲舒不但可看成是此一方面的集大成者，且进一步把对天的信仰与社会伦理及政治措施密切地关联起来，形成一个天人与主客相互感应的阴阳五行符命系统。他与汉武帝"天人三策"的对话开启了独尊儒学罢黜百家的汉代儒学权威。此一措施不但引起了儒学的过度伦理化、政治化，也导向其谶纬化、政争化，使西汉儒学走向衰落之路。又因为政治的因素，两汉经学今古文之争未能得到很好地解决，使后人无法获得古典学术的全貌。但就中国诠释哲学的发展来看，诸多中国经典诠释的特色却可自此以一角度来理解：重建文本与原义，或发掘微言大义。无论是《周易》的象数之学，或《诗》、《书》与《春秋》的注疏之学，都体现了既广博而又驳杂的特征。一直要到东汉末的王充才对此一局面进行了强调实证的整饬与批判。到了王弼更尽扫象数，建立了与人生及宇宙直接体验关联的《周易》哲学。这其间道家哲学发挥的净化提升作用自然是不容忽视的。在此基础上，宋明理气心性之学才得以发挥。儒家与道家的互补与互动于此也可见一斑。

在魏晋玄学（新道家）的基础上中国佛学的发展是可以理解的。在玄学与中国佛学的基础上儒家的再发展更是可以预期与理解的。这就是儒学第三阶段的宋明新儒家（10世纪至17世纪）的兴起的动力与资源。至于宋明新儒家的特色何在，我们可以列述其重点如下：

1. 对本体宇宙的体验涵泳以生命价值之源（周敦颐，张载，二程）
2. 对道的理化与气化以及本体哲学的整体系统化（邵雍，朱熹）
3. 对自我人性的深入感受形成性理化与心性化（二程与朱熹）
4. 对人天深层动态结构与发展过程的体会与理解（周敦颐，邵雍）
5. 建立道德伦理内在的规范于本体心性的体会与理解之上（陆象山，王阳明）
6. 面临心性哲学的思辨化的两极发展及其内在张力（朱熹，陆象山）
7. 面对天人（道德）本体致知达用有关治理及改革实务的考验（二程，王安石）

8. 面临改革中人性、社会、经济与政治结构的挑战与教训（王安石，二程）

9. 面对理性与人主体性（悟性）的根源与分化的整合挑战（朱熹，王阳明）

宋明新儒家面对问题的态度为何？解决的问题方式为何？带来的新问题的性质为何？保存及开拓古典儒学的方面为何？迎拒及融合道家与佛学的方面又为何？我们可以从北宋道学的发展、南宋理学的建立、宋明心学的兴起与此等诸学的实际运作与致用来考察。在此考察中吾人得到以上九点结论。更值得吾人反思的是道学、理学与心学的致用所标示的体用如何平衡激荡、如何相互批判与如何推陈出新的问题。我们当可从宋代神宗（1068—1086）、哲宗（1086—1101）两朝王安石变法的成败中领会到许多儒学作为体用之学的深刻教训。

自宋而元，自元而明，自明而清，宋明理学与心学递有消长，优劣互见。清代（1616—1911）可视为儒学发展的第四阶段，是一个恐惧戒慎的保全阶段。明末清初四大家（顾炎武、黄宗羲、王夫之、颜元）在失国之痛的反省中深入地批判了宋明理学与心学的流弊，力图建立一个开放的本体宇宙观与历史哲学及务实的实践哲学。但由于改朝换代，虽然开启了崇实绝虚、回归经典、直探义理的学风，却不能扭转清廷基于统治的要求实行的文化政策，遂转向考据与训诂。这也使儒学不能于痛定思痛之后有一番飞跃发展与更新。相反的，乾嘉汉学的流行使儒学陷于整理典籍编撰考证文献的窠臼之中，不再具有通经致用的气象。固然，吾人一方面必须肯定乾嘉汉学的科学考据的成就，对传统文化的知识体系进行了严密合理的整理，另方面也不能不惋惜错失了中国可能发展实学与科学的机会（明末朱之瑜远走日本，倡导经国济民的国家改革，影响了明治维新，使日本较快地走向现代化，即为一例）。

考据之学两派：吴派（成于惠栋）与皖派（成于戴震）。吴派固步汉儒，思想上缺少创见。皖派则能求真求实，抒发己见。最重要的实例是，戴震从训诂之学的实践中凝聚出新的思考方法与新的思考方向,并对宋明进行整体的批判。戴震举出"以理杀人"的批判指向后期理学与心学的闭塞与脱离人性与生活,是一针见血之论。但可惜的是他却未能掌握早中期宋明的理性主义与道德精神来进行社会与个人伦理的重建,开拓一个面对世界宇宙的知识视野,对时代的影响也因之极为弱小。以此,乾嘉之末,方东树、章学诚等人不得不重提宋学以批判汉学。基于对时弊与社会危机的自觉,道光期间,今文经学派(公羊学派)逐渐兴起,主张"通于天道人事,志于经世匡时",对清代后期的社会有振聋发聩的作用,并导向变法维新之议。其中,龚自珍(1792—1841)最能切中当时的全面危机(经济、政治、社会),具有强烈的时代使命感,并积极提出均田利民、生产富国、君臣共治的大型变革思想。可惜此一经世致用的公羊之学未能及时采用,列强侵略日急,乱世遂不可免矣。

总言之,有清一代儒学的处境可说是时时面对危机,不是陷溺被动,守成隐退,就是大声疾呼,无力获得社会与当局者的适当回应。毕竟社会与当政者的积习已深,面对时代之大变,终以欲振乏力,难以自拔。这正可说明鸦片战争之后,历经洋务自强变法维新的努力而仍归于失败的缘由。当然,从个别的经学家或学问家言,开始重视事功之学并要实践从事实业,也不少见。但举国却无儒学活泼生命力的鼓舞,因循守旧,心态固弊,只可谓守死善道而已。儒学的生机可说已到断港绝潢的地步了。

19世纪中国经历了亘古未有之大变。宋明理学本就不足以因应时变,但如能早谋改革并返本创新,开放吸收,刚健自强,也必能如日本之明治励精图治,而又不必走上军国主义的道路。由于错过了时机,儒学的再发展就必须经过一个迂回的过程了。这就是我说的儒学的第五阶段的发展。此一阶段的发展应该掌握中国历史发展的教训,扩大眼光,吸取新知,开拓资源,面对政经文三大领域进行持续的整合与创造。要达到此目的,必须面对中西方或东西方的两大文化体系进行理解与把握,以切入知识与行为双向的全面整合与逐步融合。

东西文化及哲学两大系统隔阂既大且深。此等隔阂不外出于西方现代文化突出的四方面发展：系统科学知识的发展（儒道重智慧不重知识；重自我学习不重集体探索），功利道德与权利伦理的发展（儒家迄未正视功利主义与个人权利主义；儒家重德性与责任不重形式上的权利），民主政治与民主社会的发展（儒家以民本为政治之本，未能相互主体化为形式上及实质上的民主），自由市场与市场经济的发展（儒家不看重商贾与贸易，因不重视个人及集体的自由谋利之故）。西方由此又产生了法理与法治的发展、国家权力的发展，经济知识化并与科技的结合，经济与社会文化的结合。总体来说，西方的文化积极扩展主义或曰权力意志外求主义的发展与儒家人本主义与人文主义内省主义形成尖锐的对比。我们可以列表对照之，并可将之归纳为现代知识论所论述的内在主义与外在主义的对立，亦即古典性与现代性的对比与对立。我们在下面可看到有关西方现代性与中国古典性的重大特质差异对比：

现代性（西方）	古典性（中国）
1. 知识抽象概念化、科学化与系统化	1. 知识的具体表象呈现与经验组合
2. 人主体性的意志化与物质化	2. 人反思本体的自然随机与气象表达
3. 人性的中立化与生理化	3. 人性的道德内涵的价值体验
4. 人天结构分离化与对立化	4. 天人合一的心性起点与修持成就
5. 道德伦理的权利化与立法	5. 道德伦理的德性化与自约要求
6. 心理科学的对象化与行为化	6. 掌握主体人性的内省与修持机制
7. 生命现象的观测化与实验化	7. 内在超越于自然生命的本体而归于道
8. 社会国家的民主化与法治化	8. 转化王圣为圣王的奉献与期盼
9. 人类经济的全球化与统合化	9. 无视于或无为于经济发展的主导性

在此等比照的理解下，如何以古典性之体发展与含容现代性之用是20世纪儒学发展面临的最大的课题与挑战。此即为第五阶段儒学发展中的重大课题与挑战。当代新儒家（自20世纪30年代以迄于21世纪的今

天）的兴起自有其时代性的眼光与迫切的使命感，但未能系统地掌握古典性与现代性的要点对照是一根本的缺失。往往以一概全，往往画地自限，固步自封，整合未成而先下结论，都是当代新儒家内在理性的或方法论上的缺点。至于径在道德理性一条鞭的基础上对治科学与民主两课题犹不能解决所有现代性的根本问题，其失在未能窥知本体理性的包容性与一体多元性而善加利用。总结当代新儒学的重大缺失为未能正确地掌握全局，未能深入西方传统，未能知此知彼，也因之未能自我全面反思，未能自我全面深度批判，未能把握历史发展的方向与经世致用的战略要点。对于早期新儒家熊十力与梁漱溟等的批判与对于后期新儒家唐君毅与牟宗三等的批判，最好参考我最近用英文编写的著作《当代中国哲学》一书。[01]

第五阶段中新新儒学的兴起在面对当代新儒家的盲点与弊执而进行再启蒙并回归原点而再出发。[02] 此有两重点：重点之一在掌握自我以掌握宇宙本体，掌握宇宙本体以掌握自我。此点可以《周易》的本体宇宙论说明之。重点之二在掌握天人一体的整体以面对现实，以发现问题、分析问题、解决问题。认知问题与解决问题的核心在持全以用中。所谓用中是在全盘考虑下所获得的最佳评估与实行方案与策略。所谓中与用中是相对整体的体而言，是可以在整体的体中合理化与说明的，也可以

---

01 成中英，《当代中国哲学》，美国：Black wells 公司，2002。
02 20世纪90年代初期我即产生"新新儒学"的概念。此一概念是基于我对当代新儒家的哲学探讨与建言的结果，主要的意思在促进当代儒学的自我超越与继续不断发展，同时也是为儒学面对康德后、马克思后、现代后，甚至后现代后的西方思想与人类社会的发展所作的创造综合的投射与远景。1997年应《文化中国》杂志的主编梁燕城博士的邀请赴温哥华演讲并接受访问，谈中国哲学的后现代建构问题。我即正式提出当代新儒家之后的新新儒学的发展。我在谈论中还把"新新儒学"一词与"后后现代"相对而用。同时我也提出了"前现代"、"现代"、"前后现代"、"后现代"与"后后现代"的世界文化五段发展论。那次访谈后，我则正式提出了儒学发展的五阶段论。1998年春季我应香港中文大学哲学系之邀作了一次客座演讲，讲题即为"后后现代与新新儒学"。这段期间老友魏萼教授也开始用"新新儒家"一词，并与我进行了非常有益的探讨。魏萼教授是知名的经济学家。最近他又写了《清儒·吴儒·新新儒》一文，魏教授所谓"吴儒"属于后期清代儒学，看重实学与经济，可名之为"经济儒学"。

在其中改进与改良的。甚至此用也可以导致对本体的再认识与再掌握。所谓体是开放宇宙中开放的自我，所谓用是变化中的宇宙对变化的管理。

新新儒学必须面对仍在科技发展变化中的西方全面地理解、全面地分析、全面地反思，并在体、用、学、思、知、行、法、策等方面都进行重整。事实上，此一重大工程在贯通东西、融合东西，贯通融合东西之道在寻找共同点以建立沟通，面对差异以创立包含体系，并转化差异使其具有阴阳互补互动的创造功能。同时也把重建儒家看成为重建人类文明发展的方向的工作。在 21 世纪的科学文明的良好物质基础上重建具有全球人类性的人文精神与人本主义，表现为解决问题的方法思考，也表现为深度的人天（自然）的伦理思考，用之于社会与经济，使其兼具知识性与智慧性，并同时兼具客体化与主体化的两面。唯有如此，方能发挥儒学的持体致用的本体理性的哲学；也唯有如此，方能回归古典儒家天人互动的创造精神。

此一新新儒学如何体现古典儒学与宋明儒学呢？又如何体现中国古典性与西方现代性呢？总的来说，它的活力在掌握了古典儒家的自强不息的创造精神，并承接宋明理学与心学的尽理尽气的拓展精神以开发一个以个人与群体互动的整体伦理，兼具有全球性与人类性。它必须接受西学知识系统建立的启发，强调一个开放的学习组织与学习过程，主客互动，以知识推进价值，以价值整合知识，使其深化与广化。它必须结合东西方的文明精华，追求以知识为极限的价值，以价值为基础的知识，开展一个生生不息的本体宇宙观，一个自我实现自我完成的人生境界，一个整体的人的生命价值定位。最后，它必须结合古典性与现代性及后现代性，在肯定普遍主义的架构中对相对主义进行探讨，在接受真实与现实的基础上对虚无主义及虚拟主义进行理解，在发扬德性伦理的过程中对功利主义进行整合，重建融合异己与自我的生活世界，而不局限于自我创建的理性世界。

在最近的社会与政治科学对国家与社会与经济的发展策略的讨论中，

英国社会学家 Anthony Giddens（1938—）提出所谓第三路线的说法。何谓第三路线？第三路线是对第一路线与第二路线而说的。它与儒学里的中庸之道有何关联？在《论语》中学与思可看成两条治学的路线，但两者缺一不可，故最好的方式就是两者兼用，进行一个最佳或具有最见效果的组合。第三路线是否有包含此一最好的组合的意思并不可知。

显然，Giddens 所重视的标准是实用主义，而非具有道德意义或本体意义的致中与用中之道。上述组合两端或两极或两面以求其中是致中的方法之一，但如果两物不可得兼，必须要有取舍，也必要有一个决定取舍的标准，此一标准也可视为第三条路，但由于它是独立于两者之上的一个尺度，一个眼光，最好称之为超越提升之道。故孟子说鱼与熊掌不可得兼，舍鱼而取熊掌，是基于熊掌更为难得。故第三路线的真正的含义在认知与批判已存有的第一、第二或其他选择以求最好的选择，也可说是超越第一与第二所作的最佳选择。孔子说的"君子之于天下也，无适也，无莫也，义之与比"[01]（《论语·里仁》）或"无可无不可"[02]（《论语·微子》）的适当选择就可以看作此一超越提升的态度或原则的说明。在一般的情况下，孔子所提出的"时中"概念，以切时为中，也可以作为对此一态度与原则的说明。如果第三路线能就孔子说的"执其两端，用其中于民"来寻求时中之道并切实用于革新与改良，则所谓的第三路线就有其道德的内涵了。《论语》里孔子常谈到中字，而其所谓中往往指的是中节、中的之中。如他说柳下惠、少连是"言中伦、行中虑"，又说虞仲、夷逸是"身中清、废中权"[03]。（《论语·微子》）他也表示"夫人不言，言必有中"[04]。（《论语·先进》）这些中所显示的当然不是什么取悦民意、获得选票的中间路线，而有提升社会、归本民命的意思。

如上所说，所谓"用中"应该有两个意思：一是知其两端而取其中

01　杨伯峻，《论语译注》，北京：中华书局，1980。
02　杨伯峻，《论语译注》，北京：中华书局，1980。
03　杨伯峻，《论语译注》，北京：中华书局，1980。
04　杨伯峻，《论语译注》，北京：中华书局，1980。

而用之；一是无论是否有两端，只要能够依照一个理想的标准或价值力求其中的。第二个意思应该是更重要。因为即使有两端，用其中的中绝不是一个折其半的折中，盖如此则流于机械而无法真正解决问题。如此，"用中"之义也就不外乎中用。所谓"中用"就是能发挥解决问题的作用。甚至我们也可以解释中庸的哲学原理就是用中以中用，中用而用中。中庸即中于日常之道而用之，故中庸即中用。同样，时中即中时。《中庸》说的"致中和，天地位焉，万物育焉"的道理乃在执中而用中，使执中之中中于用。执中之中指的是本体，而"用中"也可指用人性本体的良知或人生整体的智慧以找到解决问题之道以解决问题，此即中用或致中而用。如此，我们也就回答了如何去致中、知中、执中与用中的问题。致中与知中就是要回归人性的本体以掌握人心与社会整体之需，有一个全宇的与全球的大局眼光与理解。执中就是无忘此一本体的眼光以求深刻持续，用中乃在从超越具体时空到深入具体时空来发掘问题、认知问题、分析问题与解决问题。执中而中用是一个制定政策或策略的方法论，此一方法论或可名之为"立足整体、针对具体以解决问题"的方法论。

当然，Giddens 的第三条路或中间路线的提出也不是偶然的。[01] 二战期间及其后东西两大阵营的对立是资本主义与社会主义的对立，从西方观点来看也可说是所谓"独裁政治"与自由经济的对立，一个重点在创造财富（市场）、分散权力（民主），另一个重点则在平均所得（福利分配机制）与集中权力（独裁）。但我认为两者的价值观各有所长，若有最佳的组合，既能创造财富，又能合理均分，既有民主的体制，又能建立有效管理，岂不更好？故在 1940 年代，源于奥地利学派的知名经济学家熊比德（Joseph Schumpter，1883—1950）提出资本主义的最后消解与市场社会主义的经济政策立场就是一种指向未来的第三条路。Giddens 在社会与政治学上提出

---

[01] Giddens 所谓第三条路其实更是政治经济上的中间偏左路线，而不必等同我在此辩明的"整体针对具体"用中以中用的思考方法。他的第三路线的观点直接影响了德国总理施密特与英国首相布莱尔的施政政策。

第三条路也可说是提出一个在政治与经济上思考问题、解决问题的方法。这个方法如从体用思考上说，儒家则早已提出，只是有待于我们更进一步地疏解与发挥而已。这一工作我们在上面已经提到了。这也就可以看作第五阶段儒学发展的重要工作：用现代的语言彰明儒学明体致用的毋忘本体的思考方法。

我们综合以上有关儒学第五阶段的发展为新新儒学的实质内涵与发展方向，此一实质内涵与发展方向可以简述为下列十大原则：

1. 在古典儒学与宋明儒学的基础上建立一个创造性的、涵括天人互动的本体宇宙观与人类生命发展观。

2. 在古典儒学与现代理性哲学与科学基础上建立一个主客分合自如的知识论与动态的知识系统观，包含科学研究、工业技术开发、社会经济发展的网连与互动。

3. 在古典与宋明儒学及当代科学的基础上建立一个理性与人性互动、个人与群体互动的价值观点与价值体系。

4. 在古典儒学及东西方文化的比较基础上，发展及持续地开展一个体用相需、持体致用、利用明体的方法论，亦即上述的"立足整体、针对具体以解决问题"的思考方法论。

5. 综合宋明理学与心学，我们可以把理气心性的作用与关联形成一个知行合一的知识决策论：气感于心、验之于理、反归于性、受之若命、性之命之、以成其行。

6. 在古典儒学与现代伦理学的基础上建立一个整体性的人类伦理学，其重点在统合权利（含人权）与责任以统合德性与功利，也就是在人与人、社群与社群、族群与族群、国与国、文明与文明的和谐化的基础上同时寻求个人潜力的发展与全体社群利益的最大化。

7. 综合历史上四阶段的儒学发展经验及现代化的要求与西方现代化的得失，建立一个伦理与管理互动的管理机制与体系，同时用之于公共行政与经济企业管理。

8.综合资本主义与社会主义的发展经验，在第四阶段儒学公羊学的精神与上述新新儒学的价值关于方法论的基础上建立开物成务、兼及创造财富与均平财富的经世利民经济架构并培护其发展。

9.掌握理性的资源、历史的经验、文化的精神、社会的需要，在古典儒家的人文关怀的基础上开展及优化现代民主与法治，创造社会进步与文化发展的大环境、大气候。

10.面对人类未来与人类政经文发展的需要，基于儒学天下为公、世界大同的理想，积极推动理性与人文的教育，使儒学的价值观、伦理学与方法思考能够做出创造人类万世太平与可持续繁荣的贡献。

港台与海外新儒家学术特征比较探微
——成中英先生访谈录

奚刘琴（以下简称奚）现代学者所进行的新儒家研究，对于牟宗三、唐君毅、徐复观诸先生用力甚多，对于方东美先生[01]却有所不足。您亲炙亲游于方先生门下，能不能首先请您谈谈方先生的学术特征？

成中英（以下简称成）对于方东美先生的思想，过去很少有人有清楚的认识。这也是由于方先生的资料很多都没有正式发表，他的想法没有具体地、详细地整合起来，进行系统的讨论，因此学界对他的了解很不充分。事实上，方先生的思想体系是非常值得去深刻探讨的。他的学术思想渗透的是对民族的兴亡、文化的发展，以及对于中国人生命价值认识的深切关怀。这是一种忧患意识，一种担当意识，或者说是一种期待意识，这种意识也是方先生与其他新儒家的共通之处。当然，这当中也包括对于生命的反思，对人类文明发展前景的反思、理解，或者说是一种盼望。他的学术思想最突出的方面就是能够去回视、反观人类已经发展的生活和文化形态，这是他所具有的独特的人文关怀。他所划分的

---

01 方东美，当代新儒家大师，他的学术重点在于论述中国、希腊、欧洲与印度四大传统，并认为世界文化的前途在于诸种文化多途并进和浑融互洽的演进中。他吸纳中国古代的生命哲学思想，又糅合现代西方柏格森、怀特海哲学，乃至古代华严哲学，并以儒家的易经哲学贯通之，力主中国哲学与文化应回复先秦儒家、道家健康饱满的生命精神。他的独特贡献，在于为中国哲学与文化的现代转折指点了一条新的路径。

文化形态，可以说非常深刻、具体，而且内涵也非常丰富，在说明上也特别生动，这些都是他的创造性的认识。

在我看来，方东美先生的哲学是从现象到本体的本体架构哲学。首先，认为太极乃无名之指，此无名之指在方那里是一个超越现实、超越现象的本体存在；接着，情与理作为太极之两仪而派生出来，便出现了现实世界与可能世界；作为本体之太极，接着发展出不同智慧之种子，因而产生三种不同的文化，即以理性为代表的希腊文化，以权利为代表的欧洲文化和以悟性为代表的中国文化。但此三种文化各有偏失，希腊哲学缺热情，欧洲哲学缺稳重，而中国哲学缺想象。因此，可以用印度哲学救治欧洲哲学，用欧洲哲学救治希腊哲学，用希腊哲学救治中国哲学，用中国哲学救治印度哲学，此即"文化四相"说。而"哲学三慧"与"文化四相"说的合而为一，就是方的"道通为一"的思想。因此，方东美先生的哲学是有完整的体系的，此体系便是以易经思想为经，以西方、东方思想展开为纬，最后统合在《易经》的辩证逻辑之中。

奚　您觉得方东美先生的思想对您产生了哪些方面的影响？

成　方先生对于我的影响最突出的是一种广大面、宏观面的影响。宏观面的思考对于人类文化和文明尤其重要，但是我认为方先生的哲学可以更加系统地发展，甚至基于根源对于文化发展进程的展望而形成一个逻辑的体系。多年来，我在这方面进行了一些努力，或许是方先生的潜在影响所致。

奚　能不能谈谈您与方先生的学术区别？

成　方先生与我的学术区别体现在四个方面。首先，方先生的学说偏重于现象学的呈现。方先生对于希腊、印度、中国以及现代西方四大文明的呈现，就是现象学的方法。我自己的学说则更加注重各种文明的多元性，倾向于各文明之间动态发展关系的呈现。各种文明产生之初就有一种理想主义的倾向，只不过在后天的发展中，人类受各种具体情境影响，心智发展各有偏向，因此导致了不同的思想进路。但是人类新文明的发生都是在历史环境中、本体思想中相互沟通、彼此欣赏，在融通和创新的基础之上产生的新思想。这样产生的新文明才是相互融通、相互观摩的新的轴心时代的文明。

其次，方先生的哲学体系以《易经》思想为经，以东、西方思想展开为纬，最后统合在《易经》的辩证逻辑之中。但是，进一步挖掘《易经》思想在中国文化中的源头活水的作用，认识到《易经》哲学既是一种宇宙发生论，又是一种宇宙本体论，并在《易经》与西方文化整合的基础之上建立起了"本体诠释学"，则是由我来继续完成的。因此，方先生虽然提出了《易经》在中国文化中的作用，但我注重于探究《易经》的道德理想和社会理想，注重于儒学在中国文化之中重要性的说明，这是我对方先生思想的补充。

再次，在形上学上，我注重于本体论思想的阐述和发挥，我倾向于从西方哲学与中国哲学传统的交汇处，从《易经》出发，呈现一个相互关联的本体论思想。方先生在形上学方面虽然涉及不少重要概念，但他也是一个诗人和美学家，在美学、艺术、诗集等方面的才情使得他在气质上更接近于道家。这就决定了他更加注重现象的呈现而不是形上学的开展。

最后，我们对于伦理学的关注也不同。前面说过，方先生是一个诗人，是一个美学家，他对于伦理学的问题却谈得较少。我认为世界各大文明可以通过对话获得具有普世性的一些认识，例如基督教和儒家都普遍赞成的"己所不欲，勿施于人"，儒家可以为人类提供一些最具普及性的社会伦理与文化伦理，尤其是儒学中诸如仁者爱人、以人为本、诚信、中庸这些核心价值观念，具备相当的普世伦理的价值，完全可以在当代发挥提升道德、裨益人心的作用。从这一点上而言，我赞同普世伦理的提法。

奚　20世纪70年代末、80年代初以来的新一代儒家学者被尊称为第三代新儒家。目前学界已经普遍将您与杜维明、刘述先、余英时诸学者尊称为第三代新儒家的杰出代表人物。尽管第三代新儒家出现的时间并不算很长,思想也还处在尚未完成的发展阶段,但是您与诸位学者在儒学的诠释与创新中作出了超越前贤的成就,代表了现代新儒学发展的新动向。与此相联系,你们的思想当中也存在差异的一面。这一点,能不能请您谈谈?

成　我与杜维明的差异首先要追溯到教育背景的不同。我们同样来自台湾且毕业于哈佛大学,但是教育背景有很大的区别。首先,从台湾的求学经历来看,杜求学于东海大学,受牟宗三、徐复观诸先生影响甚深,我却是求学于台湾大学,受方东美先生的启发和影响较多。其次,我们都曾就读于哈佛大学,都取得了哈佛大学的博士学位,但是杜毕业于哈佛大学东亚系,获得的是历史与东亚语文联合博士学位,因此他的思想当中具有明显的多样文化思考的特征。我毕业于哈佛大学哲学系,获得的是哲学博士学位。在哈佛的几年当中,我受到了西方哲学非常严格的锻炼,尤其是现代逻辑和分析哲学。这使我体会到哲学既不同于文史,也不同于科学,更重视或偏向逻辑思辨与思想分析,趋向理性思考与理论创设。

其次,在对待儒学宗教性问题上,杜先生注重儒学宗教性问题的阐述,他的最大的特点正在于他对儒学宗教性精神的阐述与发扬。他从宗教精神的角度,将儒学置于与基督教的比较当中论述儒学相关的宗教性,可说为儒学持续开辟了与西方宗教文化平等对话的平台。我的出发点在认识儒家的本体的求知与笃行精神,不只从信仰上肯定人的终极关怀。我认为,儒学超越性特征不是单纯的外在的或单纯的内在的超越,而是一种既外在又内在的超越,承认儒学的宗教性,必须同时考虑到儒学外在超越的内在性以及内在超越的外在性,以及两者互通的认知基础。只有这样的超越,才能代表儒学宗教性的以知为信的圆融性特征,而与西方宗教的以信为知形成一个对比。

再次,在文明对话方面,我们都赞同在全球化时代,不同宗教、不同文明之间的交流、互动、碰撞、冲突和对话,这已成为不可逆转的时代潮流。文明对话不仅是各种文明自身存在和发展的前提,也是不同文明之间相互理解、相互融合的方式。杜先生的文明对话建立在对世界各大文明分判、比较的基础之上,各大文明在他的理论之中各自独立、相互吸收。我所提倡的文明对话是一个生生不息、循环往复的各大文明之间理论的交流与融汇。这样的对话需要更加开阔的视野、博大的胸襟和全人类休戚与共的意向。

奚　您与刘述先同为方东美先生门下高足,您在回忆录里曾经描述道:"我和述先的性向及环境有所不同,但在文学和哲学感受上,往往有相契合之处。尤其是我们两人对方东美先生的哲学思想都有比较深入的了解。"从您的文字中可见您与刘述先先生的深厚情谊,但是我们更想知道您对于你们两位学术思想差异的分析。

成　述先与我同师方东美先生,他是一个极为用功刻苦的人,非常擅长批判性的思考。他的思想和气质首先受到方东美先生的影响较深,这从他一系列评论性的杂文和随感可以明显看出。另外,他的学术研究又受牟宗三先生影响至深,特别是他的宋明理学和朱子研究,走的仍然是牟先生的路子,这从他的《朱子哲学思想的发展及其完成》等著作中清晰可见。我对牟宗三先生当然怀有敬意,但是并不同意他对宋明理学的划分以及对于朱子的评判,对于他"只存有不活动"的提法、"别子为宗"的划分,我认为是错误解读。他的"良知的坎陷说"的提法,我也不敢苟同。

此外,述先和我所采取的哲学路向有所差异。他的学术研究走的是宗教的路子,跳过了西学的传统。他以既内在又超越的两行之理解释儒学的宗教性,认为每一个宗教或精神传统都必须照顾到内在与超越两个层面,而儒学无疑是这一伟大传统。这是他研究儒学采用的方法和主要内容。我采取的则是知识论的传统,采取分析哲学的方法,在儒家哲学本体论的层面对知识理性的独立地位进行了认定,把客观精神的挺立提升到了决定儒学命运的本体论的高度，并在此基础之上建立起了综合知识与价值的本体诠释学。

奚　与您注重显发儒学知识论的思想相近，余英时先生也一直致力于儒学价值系统与知识系统之现代重建。除了思想上的相通性，您觉得您与余英时先生存在哪些方面的差异？

成　我与余英时先生的学术背景比较相似，我们同在美国高校，生活与学术交流频繁，从中西文化比较的方面来进行学术研究也是我们不约而同选择的学术路径；然而，在关于自身学术定位上，我与余英时先生有所差异。余先生视新儒家为熊、牟一系，坚决否认自己的新儒家身份，但是我对此倒是持一种开放的态度。我不十分强调但也并不否认方师及我自己为新儒家的可能性，是否属于第三代新儒家阵营、是否具有新儒家学者的身份，我并不看重，我注意的只是能否在当下之时，为儒学寻找到一套整合过去、回应现在、启示未来的途径与方法。名分上的无谓之争远不如现实的努力重要。

其次，对于余先生所认为的中国具有"反知识主义的传统"，我有不同的看法。余先生用的是西方的说法，以西方的知识论来衡量中国传统，我不认同中国有反知识论的传统，中国传统文化对于知识是相当重视和尊重的，原始儒家已经提供了一个兼顾知识与价值的学习模型。《易经》代表了对知识与价值的整体直观，孔子也主张"仁智双彰"的观念，孔子对知的看法与朱子对理的认识均体现了传统文化的知识论传统。

再次，余英时先生将中国的商人精神与马克斯·韦伯的观点并列而论，我觉得这一点也可以商榷。按照韦伯的观点，早期的资本家和企业家们赚钱不是为了个人享受，也非满足其他世俗的愿望，而是为了荣耀上帝，因此从外在的角度促进了资本主义的兴起。但是具体到中国，中国有没有资本主义？进一步言，中国有没有一种精神，能够促使人们去追求企业的发展？余先生受马克斯·韦伯的刺激与启发，以分析新禅宗、新道教和新儒教的入世为着眼点，研究宗教和道德观念对于中国商人的影响，他引用了很多明清时代的档案，主要研究徽商，他们勤恳耐劳，节俭持家，创造财富，然后就开始学习四书五经，甚至寻求功名，希望能够摆脱铜臭味，获得较高的诗书礼义之家的地位。这一商人精神并不等于西方的资本家传统，余先生是不是在这一点上还可进一步分析？

此外，所谓的第三代新儒家是寥寥可数的，虽然除了我和刘述先走的是纯哲学的专业之路，其他人都非哲学专业，但并不妨碍各人哲学思想的发挥。余先生作为著名的中国思想史专家，致力于在中国传统思想史中挖掘传统知识分子在社会与政治上扮演的角色与成就的智慧，他的努力促进了学者对传统知识分子心态的多方面了解，这也正是我与他在学术上重大区别之所在。我所进行的中国文化研究，走的是哲学的路线，采用的是分析哲学、逻辑学等的方法，余先生的学术研究，走的是历史学的路线，考据的方法是他用得比较多的。当然，这并不妨碍我与他之间的互学互证。

奚　还想请您谈一谈新新儒学与儒学三期发展论的区别？

成　所谓儒家三期发展说，是由牟宗三先生首先提出来的，先秦儒学为第一期，宋明儒学为第二期，当代新儒家为第三期，杜维明对此作了进一步发挥，但大旨相当。我所提出的儒学发展五阶段论包括：古典儒学阶段、汉代儒学阶段、宋明新儒学阶段、清代实学与经学阶段、现代新儒学阶段。作为第五阶段重要发展目标之新新儒学，应该掌握中国历史发展的教训，吸取新知、开拓资源，面对政经文三大领域进行持续的整合与创造。我认为，儒学发展五阶段的划分应更能表达儒学发展的丰富内涵与曲折过程，为儒学的当今与未来发展提供更深刻与广阔的远景。至于具体到第三期儒家，杜维明先生将之定义为"从五四迄今，新儒家学者进行的对传统的反思与重建"，可称得上是"去除渣子后的新儒家"。我认为这一看法可待补充。鉴于此，新新儒学提出在古典儒学、宋明儒学、现代理性、科学精神及东西方文化比较的基础之上，建立天人合一的本体宇宙观和人类生命发展观，建立充分完备的知识论系统，发展出明体致用的方法论、决策论及现代管理哲学。不仅如此，我认为新新儒学可以通过"德知并建"的方式来实现，道德与知识并行发展，不分先后，而不是儒学第三期发展所强调的"由内圣开出外王"的实现途径。

奚　不知道您对于后新儒学了解如何？后新儒学就是指后牟宗三时代的儒学，以林安梧先生为代表的，又叫做批判的儒学，林安梧先生也被认为是第四代新儒家的杰出代表。后新儒学在未来儒学的发展方向上，主张由牟宗三回到熊十力最后再回到王夫之这样的一个路径；主张由新儒家的心性学向后新儒家的哲学人类学的转变；他们还有一个主张，即提倡儒家型马克思主义，认为儒家传统所强调的道德的内省必须接受马克思主义的考验。不知道您怎样看待这些观点？

成　我并不反对当代新儒家已经有了第四代与第五代的发展，而这第四代与第五代的新儒家更是以大陆和港台地区新生代的中青年学者为主。但我不认为第四代与第五代的新儒学已完全脱离了第三代与第二代新儒学的影响。事实上，第四代的新儒学在内容上更受第二代新儒学的影响，而在方法上则不自觉地或潜在地接受了第三代新儒家的影响。

林安梧先生提出儒学应该回归王夫之，我认为还可进一步反溯，回到先秦易学的本体论。事实上，王夫之自己也回到了易学的本体论，他主要是通过《周易》内传和《周易》外传来谈论宇宙创化论的问题，他所建立的理论基础，一个来源于张载，一个就是易学。其实张载的哲学体系也是在对《周易》进行深入研究的基础之上建立起来的。

哲学人类学的英文是"Philosophical Anthropology"，我很少愿意谈这个理论。哲学人类学主体和客体的关系不清楚，人类学是把人当做对象来研究，而哲学人类学就是说把人当做对象来进行哲学思考。从这一层面来理解，其余的那些人类内在性的问题，比如善恶的问题、人的命运的问题、人的宗教信仰的问题、道德的问题、等等，这些方面，都无法去关注，所以我对于哲学人类学持批评态度。我主张用 Humanology 来替代 Anthropology，把人当成具有主体性、内在性、自觉性的存在的人来理解，因此应该用"人学"来指称这个单词。

　　我也提出"马克思主义的中国哲学化"与"中国哲学的马克思主义化"两个方向，这应该可以与儒家型马克思主义在某些方面相配合、相呼应。"马克思主义的中国哲学化"就是说，马克思主义需要更加重视对于中国传统道德哲学的关注，对人的道德和伦理的关注，对人生修养的关注，因为马克思哲学是政治经济哲学，是政策决策哲学，也是管理哲学与国家发展哲学，它的发展必须建筑在对国情的理解与对中华族群的发展目的的正确认识上面。况且，对于建立一个情理法兼顾的法治国家而言，中国哲学的重要性不可忽视；"中国哲学的马克思主义化"则是指，中国哲学尤其是儒家哲学需要以更加开放的心态去讨论现代政治结构、政治体制或政治长远的发展，或者更进一步对于政治经济学、经济学、管理学这些方面有所考虑，当然这涉及公共群体、公共团体、公共空间建立推广的问题，还有公司之间的关系的问题，法律学的建立的问题，等等。这是我认为在中国现在至少已经逐渐在发生的事情，所以可以注意到，在一定意义之上，马克思主义也越来越涉及以儒家为主的中国传统文化所注重的修养论，或者是道德哲学、伦理哲学方面的内容。同样的，现代儒学更加关注现实问题。

儒学与现代性的整合：探索与重建

导言：儒学与现代化两端之说

儒家与现代化的关系是近年来学者所最关注的问题之一。由于对儒家与现代化的内涵认知与评价的差异，所得结论也就有所不同。从最左端的"要现代化就不能要儒学"（从五四以来的全盘西化论），到最右端的"儒家心性内圣之学可以开出新外王（科学与民主）"（牟宗三代表的当代新儒家），可谓众说多有，聚讼纷纭。[01]孔子言"我叩其两端而竭焉"，儒家与现代化是否可以看成两端是一个值得探讨的问题，但以现代化排除儒学的立场与以儒学包含现代性的立场却可以明白地看成对立的两端。就现代化排除儒学而言，儒学就不可能包含现代性。因为如果儒学包含现代性，现代化也就不可能说是排除儒学了。至于儒学可以开出新外王之说，问题在如何开出，但它至少假设了儒学与现代性的互容，两者不相排除自是明显。就此意义言之，以上两说是对立的。再者，现代化排除儒学并不意涵儒学必须排除现代化，而儒学包含现代性也不意涵现代化包含儒学。因之除这两端的说法外，人们也可能采取儒学不排除现代性而现代性也可包含儒学的立场。事实上，我们也不必把这两端看成断裂的两端，相反的，我们可以联系两端来讨论和界定儒学与现

01　参考赵吉惠主编《海内外学者论儒学》一书，陕西人民出版社，1992。另见郑家栋著《现代新儒学概论》有关牟宗三部分，广西人民出版社，1990。

代性的特质，从一个整体的对人与社会发展的现实需要观点与从人类价值体系的理想建立的观点来动态地规范两者的关联，并为两者相对定位，更从两者的功能上勾画出人类社会的动态结构和发展方向，借以作为推动社会进化的政策、策略与具体战术的考量基础。

现代性与现代化的根源：笛氏哲学五面向

现代化是现代性的推行。现代性作为思维特征，决定性地影响个人与集体和社会大众的行为模式、产生全面文化效应的过程就是现代化。但何谓现代性？西方哲学史上以笛卡儿（1596—1650）为西方现代哲学的创始者。我们可以把他的哲学作为西方现代性的一个思想代表来讨论。笛氏的哲学有数大特征：（一）强调自觉的原子方法论思考；（二）建立怀疑论的知识起点与上帝论的知识基础；（三）严格批判感官知觉，大力主张理性抽象思考；（四）树立人的身心二元与本体真实的精神物质二元；（五）缺乏对伦理的关注。[01] 我们可以看到此五者主导了西方的现代化，也就决定了西方的现代化的特性。就第一点言，笛氏提出寻找简单元素与简单概念以为思想的起点，进而提出概念的"清晰与显明"为真理的标准。前者的提出是约化论的：所有复杂体都约化为不可再分的原子个体，从而丧失了其整体性。后者的提出确定了真理的心灵主观原理，排除了与其相反的真理概念的可能性。这也为寻求自我一致体系的真理论开辟了道路。无疑，原子约化论是现代性的一个重要特征，它也符合实证科学发现简单元素，从简单解释复杂的要求。这也导致了单线思维的惯性思考。更重要的是：方法被提到极高的地位，形成了一套解释、建构、发现、推理的程序系统。从此点透视，西方的思考方式更可以说为是方法论的自觉运用，用方法来检验真理，而方法本身却只是

---

01 见笛氏所著《论方法》（Discourse on Method），《沉思集》（Meditations on First Philosophy），Donald Cress 译，纽约 Hackett Publishing 出版，1993。

一个理性自明的假设。如此言之，现代性不外是一个理性的建构，是突出于习惯与历史传统之外的概念结构，对传统具有批判性但却不受传统批判。笛氏这个方法论的自觉运用在西方逐渐为后起的科学方法所吸收，科学方法也因而成为唯我独尊的真理标准。科学标准与笛氏原子思考方法不同的是：除概念一致的要求外，还要求有对象物体的相应（此一相应事实上是用观测的结果来决定的）。

在第二点，怀疑论的知识起点说明了现代性的建构的虚拟性，因而必须具有坚实的基础，但什么是知识的牢不可破的基础呢？笛氏论证出一个万能而诚恳善良的上帝才可成为"我思故我在"的基础，从而保证了我们对客观世界的知识的确定性与因果律的有效性。无疑，知识的基础主义自17世纪以迄本世纪中期一直是西方思想与文化的主流。[01] 基础主义的基础可以是康德超越自我的超越理性，也可以是黑格尔的绝对精神，也可以是马克思的经济生产力与生产关系。但在西方人心灵深处恐怕仍是万能的上帝。由于基础概念的模糊化与不确定性，本世纪中叶以后非基础主义开始流行，整个物理科学的发展指向多元的理论与难以捉摸的实体（最近"次夸克"理论的提出，已将基本粒子论推向一个更为虚实不定的边缘）。但这似乎并不妨碍笛氏第二点的现代性涵义。现实世界的本质是知识性的，而知识则是理性一致性与相应性的假设。现代性所坚持的仍是理性的一致性与相应性，及其可以达到的普遍性与必然性。但由于知识的假设性与变易性，上世纪40年代以后学者提出解构主义以及反理性的主观实用主义与相对主义的后现代主义。[02]

后现代主义否决了现代主义吗？后现代性否决了现代性吗？我们可

---

01 古典希腊哲学中已早有物之本质的概念。亚里士多德哲学中的物质（matter）是具体之物的本质一部分，并同其形式、动力与目的构成物之基础。但现代西方哲学的基础概念同自笛氏与洛克提出的，主要指的是物体的支托者或背后的支托力量。
02 英国历史学家汤因比在其1939年《历史研究》一书第五卷中首用"后现代"一词。但此词在当代却是经法国后结构主义者福柯、德里达、李欧塔、勒堆纳斯等人的实质推广，而具有强烈的反现代主义或反现代性等意含。见Thomas Docherty所编《后现代主义读本》（*Postmodernism: A Reader*），Harvester Wheatsheaf, Britain, 1993。

以看出所谓后现代主义是依恃现代主义而存在的。没有现代主义理性与固定结构形式，又哪有反现代的非理性（包含静寂无言以对抗话说）与开放过程的反形式？没有阶层，又哪来反组合？没有距离感，又哪来争取参与？后现代性是依现代性而存在的，因而不能脱离一个潜在的或显在的现代性。如果后现代性构成对现代理性的挑战，那是因为现代理性中已包含了太多的矛盾与太多的分化，也就是包含了人的知识内部的不统一与行为体系的不统一，以及知识与行为之间的众多不统一。后现代性应该带给我们对现代理性的深层反省，而不是要我们随着后现代性起舞。在这里，我们自然也就不能把后现代性等同于前现代性，甚至把一些前现代的文化与思想特质叫做"前后现代性"（prepostmodernity），即使有类似的"前后现代性"，它仍是与新起的"后现代性"不相应的。我要较后指出：对治现代理性的分化的正是融合主客体的"前后现代性"，在其中价值与知识的距离较为缩短而相应，而主体的内在完整一致性也要求经过一个自我的修炼的过程保持着德行的统一。这也正是传统儒家哲学原有的"前后现代性"的特质。在对治现代性的分化与对治后现代性的分解中，我们可以把儒学的发展看成是"后后现代性"的理性建树或创造。这一建树或创造不是反现代性的，而是醇化和包含现代性的。这也就是儒学可以建立人学（如何建立完善统一的个人）、仁学（如何建立亲和协作的社群）与智学（如何明智地运用知识与反思的智慧，以达到人学与仁学的目的）的作用所在。[01]

笛氏的第三点也是西方现代性的重要内含。笛氏看重抽象的理性思考甚于任何早期的西方哲学家。他以为感性根本无法掌握及表现理性的真理。理性真理的最终模型是数学的真理。在这点上他可能接受了柏拉图的影响，但他比柏拉图更强调了理性与感性的分离性。在他的《沉思集》里，他说我们没有困难想象一个三角形，但要去想象一个千角形却是困

---

01 参考拙文《当代新儒学的哲学中人学与仁学的统一基础》，1990年，《当代新儒学国际学术会议论文集》，中国台北出版，1991，第113—145页。

难之至。想象是基于感觉的，我们能够比较清楚地辨认一个三角形的三边，但却难以辨认一个千角形的千边。然而我们却又可以毫无困难地用概念去界定什么是一个千角形。这对笛氏来说就显示了抽象理性的优越性。这一观点自然突显了笛氏认定数学作为知识的典范性的立场，知识是对普遍定律的认知，应该可以用数字来表达，因而具备了可计算性与量化的精确性。在此一知识模型的要求下，所有的物质的存在都成了数字与方程式。这是一种抽象的约化，把最具体的万物的差异细节与动态的变化都约化为数字与方程式而消除了其具体性。基于此一思考方式，不但西方数学有了长足的进步，西方的物理科学也结合了数学与观测及实验，同时在理论系统上与观测技术上向前飞跃。西方的现代性也就假借科学的发展实现了用抽象理性理解人与控制物的理想。自19世纪中叶科技终于大幅度地改变了人的生活方式与人的社会的组合形态。这一影响是既强大且深远的。迄今科技的发展更进一步地改变了人的生活内含，潜在地决定了人类的生存与毁灭。这一现代性强烈地支配着现代的人类科技有效的控制力与改变现状的影响力几乎已独立于人的意志之外，它带来的问题是人如何能成为它的主宰而善用它以为人类谋取福利，而不是成为它的奴隶或给人类带来灾害。

笛氏的第四点也突显了西方现代性中的另一重要问题，即心物对立的问题。由于理性抽象的思考，心与物呈现为两种确然分别的特质。心是内省的思想，物却是外延的空间。两者都是理性抽象的结果，但两者却无法统一于人的实体之中，形成了互不相属的二元分裂。在后来的发展中，物质性的人更具有活力，往往压迫着精神性的人，使精神也物质化了。这里有两层意思：心灵的对象化与用物质范畴来界定与分解所有对象。这个取向在现代科学中更是明显：人类心灵思维与意志的主体都成为行为科学解释与规范的对象并因而丧失了心灵可以被看做认知主体与抉择主体的意识。在当代西方哲学中一个非常值得注意的现象是：知识论渐与科学认知方法合流而不再有其独特的领域。这也就蒯因所谓的"自然化知识论"。[01]但知识论为何不可从科学再回到本体论呢？在西方哲学的起点上（希腊哲学）知识论是与本体论联系在一起的。到了笛氏，知识仍然是基于真实并指向真实。但经过了康德的批判知识论的本体性也就搁置起来。当然，这也是17世纪物理科学发展（见之于牛顿力学）的冲击所致。到了当代，蒯因就干脆把它看成科学的一部分了。然而我们又不能不指出的是：作为科学的知识论的本体并不因之而消除。相反的，反有可能导致科学的本体论化，一方面把人的因素引入科学，把单向的主体的对象化变为双向的主体对象化与对象的主体化。另一方面这个科学化知识论的总效果是：把人的知识从早期现代哲学中的上帝信仰的保证基础中解放出来，而把知识植基于广大精微的人类经验与理论思维的网络上（这就涉及知识的理解化问题：理解的本体性在当代哲学的诠释学中已提出）。这将是科学走向未来发展的方向。但它的起点却是笛氏心物二元思考。无论当代知识论的发展如何，心物对立是需要克服的问题。它在西方现代性的发展中仍然扮演非常重要的角色。

除了上述主体对象化的效果外，心物二元还导向心灵（精神）与物质概念的两极化：既有绝对主义的唯心论，又有消除性的科学物质主义。透过自由经济的发展，科学物质主义是西方现代化中的主流文化，但在心物对立的框架下，超越的宗教或非理性的及反理性的宗教也应运而生，成为西方现代性中一个必然的特色。这也是西方现代性中文化冲突的基调。美国政治学者亨廷顿提出的文化冲突论不是偶然的：它反映了二元分化中的对立与相互克制与征服的必然性。这表示在西方的现代化的过程中，理性的发展并不能取代表现在价值需求的精神因素，一如物不能取代心一样。理性化带来物质科学化，但更深度的理性反思为什么不

---

01 见蒯因《自然化的知识论》（*Epistemology Naturalized*）一文，收在其《本体相对论性及其他论文集》（*Ontological Relativity and Other Essays*）一书中，哥伦比亚大学出版社，1969。

可以带来心灵与物质、知识与价值的两行的平衡发展与双向的协力发展呢?[01]这是西方现代性中未解决的问题。但无疑,心物二分却是现代性思维达到对象化的一个必要阶段。

笛氏的第五点不是笛氏所提出,而是我们对笛氏的观察。但这是一个重要的观察。笛氏未能对伦理学提出新思,表示他的价值观念仍停留在中世纪阶段。至少他未能把他的理性思维用来批判传统的神学伦理学。他已注意到了人的情欲性及被动性与理性的主动性的对比,但人如何建立一个完美的生活以及如何作出正确价值的选择,却是一个悬而未决的问题。这是不是意味着在西方现代化的过程中一直有这个问题的背景因素?笛氏之后的斯宾诺莎提出了伦理学的重建问题,并写了《伦理学》一书。在该书中斯宾诺莎以为善是对上帝全面的爱,而此一全面对上帝的爱却是建筑在对世界宇宙本质的理解上面。此一理解又是建筑在对上帝所包含的世界万物的认识上面。他的出发点是认识超越上帝的内在性,而此上帝也不一定是传统基督教的上帝,甚至可说只是提示一个至善的价值作为知识的基础和前提而已。但作为理性化的伦理学,却要经过莱布尼兹的发展然后到康德才得以完成。莱氏以为对世界的理解愈多,一个人就愈能追求完美的行为。知识启发和带来对完美的追求。知识也带来如何追求完美的关爱,此即所谓正义。此一理解性伦理学是主知论的,也强烈地暗示了人的自主性:人的知性主导人的善的动机与行为。但知性的启蒙却不是人人都能做到,因而对于大众宗教信条仍是必需的。到了康德作为纯化的知性的纯粹理性又作为自由行动主体转化为实践理性,从而自我规范了自我行为的普遍必然理性的自律准则。这就完成了现代性中伦理学的要求:理性的动机与理性的普遍必然法则的要求。

现代性的伦理学无疑以康德为一个发展的高峰。但我们也不要忘记,即使到了康德,现代性的伦理学仍有其继续发展的进程,正如现代性也

---

01 参考拙文《文化冲突与文化融合:兼论中国文化的世界化》,《文化中国》杂志,第1期,加拿大温哥华文化更新研究中心出版,1994。

有其继续发展的进程一样。19世纪的功利主义伦理学与20世纪上半期的实用主义伦理学及下半期的权利主义伦理学，就是这一发展的成果，但这一发展却也带来更多冲突与矛盾，需要做出考虑全面的人性与全面的社会性的整合[01]。

综上所述，西方现代性的建立是以外向性的理性为基础，并以对世界的知识为价值的核心的。它的发展是为了自黑暗中世纪的愚昧与独断信仰的桎梏中解放出来。它所追求的是理性的自由与自主。这是个崇高的目标，但在实际的文化发展的过程中，现代性的理性却丧失了理性的自主，而堕落在非理性的权力意志与物质的贪婪的牢笼之中，成为侵占性的权利与占有性的欲念的工具。不错，理性的科学知识逐渐征服了自然，但作为工具理性的知识却助长了西方文化传统中原始的欲焰，把对人的宰制和对自然的宰制推向一波一波的高潮。问题出现在：虽然西方文明已具备了高度理性的形式包含在政治制度、经济制度与社会制度的建制与运用之中，我们仍然可以质疑这样的制度是否只是另一种理性工具，是否只是笛氏在《沉思集》里所说的魔鬼的戏弄，是否仍然向更大更多的宰制与占有进军。问题在价值理性的缺如，在理性能不能等同于价值，在有没有一个整体的思考把理性与价值、目的与方法、知识与行为整合起来，使一体中具有的两项相互提升，两项对峙中形成一体，在一个开放动态的过程中逐步自我完善。这就需要一个整体的本体体系与一套发自每一个体的创造性力量来达成。这里要指出的是：在西方的现代性的发展进程中已经没有了这样一个体系，也缺乏这样一个个体自发的创造力量。这是由于其现代性受制于其内在的矛盾与冲突，如上述的心物二元的冲突与矛盾所显示，更受制于其实践过程中的工具化倾向。这一倾向使知识变成权力以取得更多或更大权力的工具。知识也变成科技，可以用来宰制人，也可以用来毁坏自然。当代科技战争的威胁与生

---

[01] 我最近提出并讲授"整体伦理学"，此一专题就是基于此考察。请参考我为樊浩所著《中国伦理的精神》一书（中国台北五南图书出版公司，1995）所写的序。

态环境的破坏就是最明白的例证。因之,有美国当代学者说:"有知识就是有本事去奴役他人与自然。"[01] 必须指明的是,这种奴役他人与自然的欲念是西方文化中的原始沉淀,与其多种民族相互争斗夺取有限的资源的历史有明确的关系,也是其价值宗教化未能走向协调与融合的一个结果。基督教中的教派对立与基督教与其他宗教的对立都可作为说明。

后现代性的提出及其问题性

从以上分析,我们可以得到一个重要的结论:西方的现代性有其价值的理想,但却难以在西方完满实现,甚至在西方构成了一个前所未有的文化危机。从这个角度看,我们才能正确理解所谓后现代性的挑战。后现代性指出理性的局限性与排除性;它制造了异己与疯狂来突显其自身的合法性。理性形式的标准化形成了权力足以利用的借口,同时也成为行使权力维护正统的理由。福柯对启蒙理性的批评就有如戴震对理学的批评:理学(理性)为当权者所用成为"以理杀人"、"以理囚疯"的工具,但是批评了理学或理性之后又怎样来改造或取代理性呢?有如戴震提出的性与欲性来取代理性,后现代主义者则往往从感性来论证"现代性的重写"。在现代印象派的书中,主观流动的时间代替了理想的形式与结构就是最好一例。后现代性也表现在超现实画家的非时宜、非可理解的画面中,可说是对历史与理性、甚至对真实的抗拒与嘲弄。但后现代性也被解释为感性的表现,创造真实而非对真实的表现。因之强调了真实的异己性、多样性以及主体意识的异时与异地性。从哲学方法上说,这也是一种对主体性与客观性的解构,其非目的的目的在消除中心意识、拆散同一性结构。这是走向未来,超越时代,是在精英主义、历史主义与个人主义的立场上走向未来与超越时代。在这个意义下,后现

---

01 见 Thomas Docherty 所编《后现代主义读本》一书之导言,Havester Wheatsheaf, Britain,1993。

代主义者是用一种感性的创造实践来代替理性知识，也可说迈出知识论走向一种感性实践的本体论。

　　有趣的是，正像理性发展成理性主义的形式化，对理性化权力的反抗发展成反权力活动的感性化形式。这是否为对理性进行有力的改造或仅是提供理性自我合法化的理由？这种感性的本体是否能持久地满足人的生命发展的需要？当然，这也可能反映出时间与空间的无常、无序与混沌，但时间与空间的本体仅仅停留在这个无常、无序与混沌的状态吗？这些都可以说是理性形式化与空洞化后所产生的负面结果。它带来的是多元化、分歧化、相对化与变动化的现象。当然，这里面也有建设性与创造性的内涵，譬如扩展理性的架框掌握新奇，同时透过对语言的反观建立李欧塔所谓的"形上叙述话语"（metanarratives）。知识与非对真实的认知而是话语表现的语境。对于后现代主义者而言，重要的已不是知识之事实，而是知识作为行动的产生。同样的，在确定正义方面，重要的不是正义确定于某一标准某一理论，而是独立于任何理论之外的，判断正义行为的发生。这里可以看出后现代论者与批判理性论者的重大差异：后现代论者如李欧塔以现存体系中的直觉判断正义；批判理性论者如哈贝马斯则认为这是危险的，他建议用有组织的平等的理性对话来发展社会正义。这就是他所说的"沟通理性行动"。值得注意的是：即使哈氏与李氏对正义的建立持不同意见，哈氏对李氏作为后现代主义者对启蒙理性的批判却是完全同意的：一个系统中的权威所持的理性标准或正义标准只是自我认定的，它排除的所谓不合理性与其他不见容的意识是自以为是的决定的，是基于不平等的立场决定的。这也就显出利益宰制的问题。李氏不同意哈氏的建议，认为通过沟通建立共识只是达到形式表层的一致，他反认为异议是通向思考的道路。他所追求的是变化中的真实，反对真实的固定实体化或本质化。从这个观点，民主政治的代表制与代议制都是形式化的正义，而非具体的真实中的正义，因之应该予以批判。但对如何去获致一个真正的正义，李氏却没有一个回答。

我们要问：我们能否有一个独立于一个体系之外的正义呢？正像我们要问：我们能否有一个独立于一个体系之外的知识呢？我们能否有一个独立于任何理性标准的理性呢？[01]

重建现代性：儒学的价值理性

后现代性对现代性的批判可以总结为：理性标准的体是抽象普遍，一元僵化，理性标准的用是权威中心，自我界定。理性知识掩盖了权力意志与欲望形成工具理性，往往助纣为虐，片面地决定了价值与正义。分析了现代性，我们发现其中心的问题正是个体主体性的抽象理性不但掩盖了个人的主体意识，更掩盖了集体或群体意识，不但未能转化（因为不能转化）主体的价值或实现主体的价值，反而助长了非理性的自我意识与权力意志的执著与发展，逐渐转化理性与知识为科技工具与技能。在实现与实践过程中显露了种种弊病与问题，很明显的是：理性缺乏了一个转化全体个人、也即属于有关人之为人的自我修养问题。但即使就理性的认知功能来说，理性也仍有许多值得修整与完善的方面。

基于这些了解，如何面对人的品质的转化与提升以及如何面对人的认知世界能力的转化与提升，是极为根本而在任何时候都不容忽视的问题。这些问题就是儒学的中心问题。当然儒学涉及的方面很广，历史上对儒学的了解也不尽相同。但儒学关注人与社会的善的实现是自孔子以来儒家的核心课题。问题是人与社会的善如何实现，而在实现或追求实

---

01 庄子在《齐物论》中论辩知识的不可能性，因为没有什么标准是对立两方可以真正公认的，也没有一个第三者可以真正有理由来证实何为是何为非。他说："吾谁使正之？使同乎若者正之？既与若同矣，恶能正之？使同乎我者正之？既同乎我矣，恶能正之？使异乎我与若者正之？既异乎我与若矣，恶能正之？使同乎我与若者正之？既同乎我与若矣，恶能正之？"《庄子·齐物论》既无共同标准，只有自是自非，故曰"彼亦一是非，此亦一是非"，但最后却是"彼是莫得其偶"的未定与不定是非的状态。后现代主义者要求一个独立于标准的正义，是不可得的，最后是对正义的绝望，而不是各以为是的相互矛盾的正义。但在理性与人性双管的沟通中理性与人性的共识与共识标准还是可以具体地建立的。

现的过程中儒学不被异化或工具化。历史的讽刺乃是：儒学在历史上往往是被异化和被工具化了，往往用来作为维护封建专制与既得利益的统治意识形态。这是不幸的。儒学也于是丧失了其原初的意向。但这种意向是存在的，是可以透过孔子及后来的许多儒者来确定的。当然，这也涉及一个历史认知的问题：人的理性思维与人的意志对价值的认识与抉择，除了能适度地反映历史条件之外，也能够超越历史指向未来甚至指向永恒的未来，儒学坚持天与人的相通，王夫之说："性日生，命日降"，更能把握儒学中面对生命本源与价值本源的儒学精神。人与天地相通，而此相通又呈显人的尊严与价值的本源意识，这正是儒学的精华所在。在这一意义上，我们看到儒学坚持的人对历史的超越以及人的智慧的创造性[01]。面对西方现代人的处境、也就是面对上述现代性与后现代性的根本问题，儒学对问题的破解以及儒学返本清源的态度，就立即衬托出儒学的时代相关与其观点的重要性了。

还有与儒学的时代性相关的一点是：儒学在先秦孔学（包含孟学及荀学）与宋明理学与心学的发展中可以被看成为一项推陈出新、承先启后的学问。它既不是绝对的保守守旧，又不是绝对的弃旧创新。它既不是绝对依附于历史，更不是绝对超越于历史。它是一个在历史与文化的价值与知识的基础上的具有理想性与创造性的正本清源思想，是一个检讨历史、发挥人性、改造社会的价值重建工程。

儒学的第一项回应

总结现代性的建树与后现代性对其批判的重点，以下我们拟就儒学的数方面来讨论如何对治现代人性与后现代人性中人的自我转化以及理

---

01 这一超越性与希伯来人上帝超越历史和人的对上帝的信仰超越历史是不相同的，因为儒学的人的超越性是不离时间而投射到未来历史的创造，后者则是脱离时间这一向度，属于另一个世界。儒学不具有这样的超越性。

性思维与非理性思维的提升问题（此即儒学中的自我修养与整体思维问题），并借此显示如何整合西方现代性与后现代性，为现代性开拓另一个新的境界。相对现代性中笛氏对伦理学的缺乏关注，我们首先可以讨论儒学中对伦理学的强烈关注以及此一关注的根本重要性，更进而分析此一伦理模型的方法论涵养。继而相对笛氏的心物二元论说明儒学的本体论立场具有矫枉调和的作用，可以解决现代性与后现代性的各偏倚一方的弊病。相应笛氏的理性主义与追求知识的绝对基础的问题（笛氏的第三点与第二点），我们必须说明儒学潜在的融合哲学与整体主义的立场以及非实体对象化（周易的变易哲学与此相关）的精神，同时也借此批评儒学对此潜在立场的漠视以及其不幸的后果。最后相应于笛氏的第一点，我们从儒学的宇宙本体论说明方法的本体意义以及提出方法学的重要性，但对原子论的方法学如何补充和定位，我们却不能不透过儒学的本体论重新检讨方法与本体的整体相互依恃与转化，为儒学发展的整体方法学厘定一个轮廓。

儒学对人的伦理的关注是根源于人的存在的，因之可说是本体论的。所谓伦理的关注，就是如何使人这个存在活得充满价值与智慧。人具有向上追求的精神需要，也有向上提升的精神能力，但却必须在人的世界中追求与提升。要追求与提升就要奉献自己于人的世界，实现人潜含的价值。这就是儒学中"仁"的自觉，也就是个别的人对人所具有的人的通性的自觉，此一自觉且包含着依之而身体力行的承担。孔子所谓："君子去仁，恶乎成名。君子无终食之间达仁。造次必于是。颠沛必于是。"（《论语》，4—5）因之，能有仁的自觉的人就能行于社会，带来社会的安宁与和谐，可以成为社群的模范与集体的表率。仁之一字早见于《周书》，它是王者之德，它的内含是保民、安民与惠民，因为只有这样一个王者才能守其大命，维持其统治者的地位。在这一意义上，仁之为德，可视为一种工具理性。但到孔子，仁却成为任何一个人内涵的能力，而且是任何一个人做人的原则。只有仁是内涵于人的能力，孔子才能说"我欲仁，斯仁至矣。"（《论语》，7—30）人能够欲仁而仁至当然还与人能对仁的价值自觉而且能够自由的选择仁的态度与行为有关。这是对人性的一种深度的观察。但仁的价值却在使人与社会得到安与和。

仁虽然是一种人的态度与行为，它却可从具体的事功（如管仲之仁）其及后果表现出来，更可以形成一套文物制度以及行为规范，这就是礼的制度与规范。为了社会中人的安和，社会运行不能没有制度与规范。故有子说"礼之用，和为贵。"（《论语》，1—2）显然，仁体礼用，就能致和。安和是社会存在的一个可欲的价值状态，也可说就是社会的善，是仁者所欲求的。《论语》记载说："子罕言利，与命与仁。"（《论语》，9—1）孔子自己也说："为仁由己，而由人乎哉。"（《论语》，12—1）这些话最好看做是孔子内具仁心、力行仁政以求当时为国者的行为出发点的改造以及社会的安和的写照。如此，仁不但内化于人心，而且形成了目的理性的基础，它不但是工者之德，抑且成为每个个人的为人之德。如果说亚里士多德界定人为理性的动物，孔子可说界定人为"能仁的动物"。在这个意义上，仁的重要性与必要性就不言而喻。孔子说："民之于仁也，甚于水火。水火吾见蹈而死者矣，未见蹈仁而死者也。"（《论语》，15—35）也就是说，人民是不能离开仁来生活的，甚至可说社会的本质就是仁。没有仁的目的性，社会怎能存在？在理解仁为人与社会的本质后，我们可以看到仁在孔子是如何更具体地界定的。

孔子对仁提出五个不同但相关的解说：（一）仁者爱人。（《论语》，12—22/13—19）。（二）克己复礼为仁。（《论语》，12—1）。（三）仁即己所不欲，勿施于人（论语，12—2/15—24）。（四）仁为忠恕（《论语》，4—15）之道。（五）己欲立而立人，己欲达而达人。（《论语》，6—30）。如就仁的具体的运作性言，只要以之所不欲作为处世做人行为的最低标准就是仁了。如能进而就己之所欲立与所欲达而立人与达人，仁所带来的影响就更大。所谓"立"所谓"达"，就是成功地自我实现。如果人人成功地自我实现而不相碍，这就是《中庸》所说的"小德川流，大德敦化"

的理想和谐世界。第三与第四项对仁的解说,可看做对如何爱人的回答。爱人不只是一种心态,而且是一种善的意志,更可说是一种智性的决策,故孔子谓"观过斯知仁。"《论语》(4—7)因为就"己所不欲,勿施于人"来说,首先就要有反思与设身处境的透视能力,尤其有关"勿施于人"这一点,一个人更要有理性的约束能力。因之仁的运作不可能只是一种单纯感性的直觉,而是一种综合感性、理性与意志的觉知,可名为"仁的直觉"。[01]质言之,仁者的爱人不是一般的爱而是仁爱,亦即兼含理解的爱。此一兼含理解的爱是要经过一翻修养和锻炼,才能逐渐完善与精纯的。这就是孔子所说的修己的功夫。第二项的"克己复礼",则是就此修己的功夫来说仁的。"克己"可以说是对己之所不欲与所欲的克制,使己之所不欲勿施于人、己之所欲能推广及人。"复礼"则可说为在施于人与推广及人的方法上合乎他人的尊严与地位的讲求与实践。礼是制度性的,也是法则上的行为厘定,可说是仁之用,是在人的分际中谋取和谐,在和谐中掌握分际。人的分际不论在功能上或角色上有的是变的,有的是不变的。所以礼的法则有的代表持久的人际价值,是不应变的;有的则是随着社会的演化而演化。但礼所永远追求的是人的关系中变与不变间动态的平衡,在此平衡中实现人的安和的目的。

在实现仁的人格过程中,仁的直觉与智的思考属于内在于个人的心灵活动,代表感情与理智的交互融合作用,两者缺一不可。智是显隐于仁之中的,而仁则是根隐于智之内的。何隐何显决定于人的性向与气质,但两者的合一是决定仁之为仁的要件。孔子在此基础上区分两类人:一类是仁者,"仁者安仁","仁者乐山","仁者静","仁者寿";一类是智者,"智者利仁","智者乐水","智者动","智者乐"。这种分类显然是就人的气质来说的,并不表示智者不仁或仁者不智(仁者无忧故亦乐)。如就实现仁的社会过程来说,仁的直觉与礼的实践则

---

01 我在前注所引之文中曾用此词,以与牟宗三用的"智的直觉"一词对比。

是属于外在于人的道德行为，代表人格动机与制度文化的交相融合作用，两者也是缺一不可。仁是礼的体与本，而礼则是仁的用与表。仁为人的普遍的人性所定命，而理则必须联系实际的文化社会因素。因之，两者之间既有向心力又有离心力，构成一种分与合的张力。但两者的真实生命则有待两者的有机结合，形成动态的实感与关感，是与天地的生生不已的创造性与创造力密切结合在一起的。[01]这一状态后来《中庸》以"诚"之一字表述之，说明人的内在本质与天地的本体是一致的，也就是人的性根植于宇宙的本源，对此体会而掌握就是"诚之"即致诚。但致诚则有明，明是知周万物之智，有知之明则愈能窥测参赞大地之生物之道的创造性，此又即"诚"。故总言之，"诚则明，明则诚"。于此可见，儒家伦理的关注显然已引申为本体与本源的关注了。

儒家伦理学中的五德的另两德也是与仁的发用紧密联系在一起的。虽然孔子并没有说明义与子的关系，孔子言"见得思义"、"见利思义"、"行义以达其道"、"君子义以为上"、"君子义以为质"、"质直而好义"、"不义而富且贵，于我如浮云"等，表明了有道德的君子必须把义看成基本的行为法则。但什么是义呢？可从"义"之来源及古注作背景的理解。"义"从羊与善美同出而为善的价位。但此善的价值从我，《说文》以为己之威仪，引申为度为谊，表现自我度衡人与我的关系与情谊。但既为善的价值，义亦即我对处理人事问题标准之自觉。因之"义"含有知人知物并知如何对待的自觉。它因之是合适及合宜的认知。君子要行为就不能不有此一认知，行为合适就是正，不合适就是不正。正义是对处境与人事的正确的认知与行为，不义则是缺乏正确的认知行为，或虽有正确的认知而没有正确的行为。在这一了解下，显然义包含公平的判断与道德的实践。如果我们说仁是一般为人处世应有的态度，义则是面对具体问题或事件需要理智性的求正求宜的精神。义还含有意义的

---

01 孔子叹天之无言而行四时生万物，显露天的爱物之仁、生智之智，应是宋理学二程与朱熹训仁为生的依据。

意思，认清意义、认清价值并立行之，就是义。我们可以把义看成为仁者在具体事物上所做认知与实践的用，正如礼为仁者对具体的人的行为之为仁之用一样。相对礼而言，义是质而礼是文，两者又互为表里，义之根植于仁殆无疑义。君子要务民之义，就是要使民各得其所，各尽所能，各获所需。从这一个意义言，义又是现实仁政的方法。孟子仁义并举，说明了义根植于仁又实现仁的意思。他的福利社会和国家的构想，应该可以从这个既是仁又是义的观点来理解。

与义有关的是信的德行。孔子言"信近于义"（《论语》，1—13）。能信即能言论一致、言行一致。只有循义而行，才能取信于人。故我们可以把信看成是个人面对群体所做的义行。它自然是实现仁的理念的一般具体行为。因为它规范了一般人与人的社会关系，即使是五伦以外的关系，也离不开信。信之为德，是在忠于己与人的关系。忠是发于内诚而形于外形的态度，故是内省于己的功夫，与观察人情的恕，构筑成移情共感的忠恕一贯之道（这是上述孔子之仁的第四点意思）。作为更具体的信，在传统社会中更体现在君臣之义中，也是君臣关系所要求的忠之德。这显然是基于其行为后果的考虑。就此言之，现代国家要求个人忠于国家、忠于团体，自然也是忠信之理的应用。在五伦中，信更体现于朋友一伦，因为朋友是相对的更为普遍的关系，信且是累积性的。由于各人言行一致的长期实践，人在社会上的互信与公信就建立起来，成为一种社会安定的力量。信的伦理因之也就是社会伦理的支柱。孔子言"人而无信，不知其可"，"民无信不立"，就是此义。孔子说"信近于义"，信义可说一体。信是一般的主体的义，而义则是特殊的客观的信。两者都在建立个人主体与客体或群体的公平合理的关系，不过信是就主体说，而义是就客体说而已。这样也就显示了信与仁的关系了。信一如义是在己与人之间实现与促进统一与差异的平衡和谐关系，故为仁的本体与理想的一项作用了。如此我们可以得出结论：孔子的儒学是以仁为中心的德行伦理之学。我们可简示之如下图（单箭头表示单向参与与关联，双箭头表示双向参与与关联）：

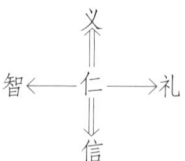

我在以上不厌其烦地分析了孔子的德行伦理，目的在于建立孔子伦理学的整体性、机体性与动态的系统性，并促进对此具有方法论意义的整体性、机体性与系统性的高度自觉，希望用此来说明儒学有吸收及整合现代性的潜能。但就纯伦理学的立场言之，基于孔子所发展出来的儒学德行伦理（可简称为儒家伦理）显然具有两个文化特性：一是它根植于中华文化深处的思维方式，可以追溯到《周易》符号系统所包含的本体宇宙论，这是我在其他论述中早就提到的。由于它的根深蒂固，它应是中国文化发展的基石及动力，我们要改造的是它的应用性而不是它的本体性，因为它的本体性是与对宇宙的深远体验结合在一起的，是属于人类宝贵的生活经验资源，同时也是科学发展的自然背景，如今更证明有与现代科学相得益彰的一面。[01] 我们更要发展的是此一体系所揭示的有关整体性、机体性与系统性的方法学原理，以此整合西方现代性中的分析性与机械性。

有关此一德行伦理的第二个文化特性是：此一系统不是一成不变，而是与时偕行，在历史的长河中不断发展钻深的。事实上，孔子提出此一系统并强调其时中性，就已表示此一系统的通变与变通能力。孔子损益夏殷之礼而从周，就是其例证。关于此点当然我们还可以多作发挥。我们更无须讳言，儒家伦理自汉武帝以后逐渐为封建专制的帝王所利用作为独裁统治人民的工具。在这个意义上，不但儒学被工具化了，而且也被僵固化了，成为封闭的行尸走肉。这是孔子后两千年来儒家伦理的

---

01 参考 Fritjof Capra，《物理学之道：探索现代物理学与东方神秘主义的平行面》（*Tao of Physics: Exploration of the Parallels Between Modern Physics and Eastern Mysticism*），Shambbaba Press，1991。

不幸命运。它带来中国近代史的灾难，并在五四受到强烈的鞭挞，此事也尽为人知。但这不应让我们对儒学的本来面貌与原始精神一律盲目相待。实事求是的态度应是相反的，我们更有理由与责任还回儒学伦理的本来面目，认清它的真相，发挥它的真精神。它的本来面目、它的真相、它的真精神，就是一个开放的、机体的、整体的、有关人的潜力与关系的动态功能系统。这些功能就其提升人的品质与实现人的潜力与导向社会的安和来说就是德行。就其根植于人的对天地宇宙的理解与体验上言，它是本体的，但就其能发展活力的经济与创造性的文化言又是实用的。[01] 由此可见，儒家伦理的实践就其开放的原始意义来说，既是本体的又是实用的。很重要的一点是，儒家伦理的关怀就是要在本体论的基础上促进社会生活的实践，同时也从日用平常的实用中体会生命之道甚至参赞天道的化育。这是在《中庸》与《易传》中就已揭诸出来，此处不遑细论。[02]

就儒家伦理的历史发展来看，我们可以指出，自孔子与《大学》、《中庸》以后儒家伦理的两重发展。一重发展可以定位在孟子的贡献，另一重发展则可以定位在朱熹。孟子的贡献在把孔子的德性明确地本体化与人性化了，这也可说是继承了《中庸》的精神，但孟子的贡献还不仅在此：他还把以仁为中心的儒家伦理转化为以仁义并举为中心的伦理学，甚至可说他提出了义的范畴与层次，来更具体地说明为君者的责任与应行之事。他以羞恶之心为义之端，可说是一种对社会的道德承担，是一种高度责任感的表现，充分体现了《论语》中"于一以为己任"所包含的责任意识。在这一种责任意识下所有德行都可看成责任，是为人者不可逃

---

01 儒家伦理是否及如何提供了东亚国家与地区的经济发展的精神起动与推行力量，近年来学者多所论述。我个人也于1989年撰有专文讨论，见拙文《全体性与相互性：儒家伦理与经济发展》（Totality and Mutuality: Confucian Ethics and Eeonomic Development），见 于 Contucianism and Economic Development（Tzong-shian Yu/Joseph S. Lee 编），中国台北中华经济研究院出版，1995。
02 《中庸》与《易传》是否受到道家的影响而把儒家伦理本体天道化，固然是一个值得探究的问题，但就《周易》的符号系统所蕴含的"观的哲学"及其思维方式来说，儒家伦理的本体化或道体化是一个必然的趋势。如此来看，儒家与道家是不必排除对方来讨论其动态的相互影响关系的。

于天地之间的义务。他所谓"先立其大者，则小者不可夺也"，表明了既为人就要认清做人的分野，善尽做人的基本责任的意识。他对"充类"之辩、"利义"之辩，五伦的界定，舜的善尽孝道的描述，务民之义的社会福利制度的设计，都应该及最好从责任伦理的角度来理解，而无一不显现出理性的光辉。事实上，孟子曾把理义并举，提示义的理的普遍性。但孟子仍毫不犹豫地坚持义的内在于性、植根于心的本体基础。从这个角度看，他的责任伦理仍是德行伦理。但这不是说他的责任伦理是虚假的、片面的。这反而表明了一项极具重要理论意义的儒家伦理发展的事实：在原起的德行伦理基础上面发展新的伦理层次，却仍不否定最初的层次，抑且仍可与第一层次形成既延伸而又包含的机体关联。此即责任延伸了德行，却仍可为德行所包含。责任（义）即是合理的尽义务，又是基于人性可以实现为人之道、成人之德（仁）。这一思想模式无疑可以再向上延展，形成更多必要的层次，却永远植根在人性的本体之中。从这个观点看，孟子伦理政治体系中的理想性也具备了为公为民的功利主义精神。在这点上，他的福利社会与王道国家的蓝图是与美国当代伦理学者布兰德特所说的"理想规范的功利主义"（ideal code-utilitarianism）若合符节的。

儒家伦理的再度发展是朱熹的哲学。透过朱熹的理学，儒家伦理又从德行与责任的层次提升到理学与理性的层次。首先，德行也不仅是"乃若其情"的仁心，甚至也不仅是为人应行之义。它应理解为大卜从弃非之理。朱熹说："学者工夫，只求一个是。天下之理，不过是与非两端而已。从其是则为善，循其非则为恶。凡是皆用审个是非，择其是而行之，圣人教人谆谆不已，只是发明此量。"（《朱子语类》，卷13）不管是五伦的关系，还是具体决定的德行行动，都有一个理在。所谓理者，是一个可以为心所知的事物的本质。但这个事物的本质义是什么呢？目前在英文里把理译为"原理"（principle），似乎也未能表达理的涵义。理原有条理分明、格局井然、理由显著等多重意思。《说文》段玉裁注治玉之理，为事物剥析明白的状况，戴震谓为"察物之几微，必区而别之名也"。但所指为何，仍有待说明。程颢以为理之最真实者为"天理"，天理则就有万物之本体与全体的意思，它不应该是分理而是涵盖天地的整体之理。在此基础上，朱熹说太极也只是一个理。理又有天地本源的意思。但朱熹虽说有是理必有是气，他却不愿说明理是生理。由于他把理与气分开为二物，理只能是气之成物与物之为物的所以然。如此，理更为人心中的理性说明与论证了。虽然朱熹有关理的说明与概念有很多处问题，理之为最真实的本体存在及人心中的经格物致知所理解的道理或原则是不容置疑的。从这个观点来重新解说儒家伦理，则无一德性不为理的化身，也无一理不是需要一个格物致知及豁然贯通的心的穷理探索过程来彰显与发明。虽然朱熹有把张载"德行之知"与"见闻之知"混同的可能，但这也不可以说为伦理的德行与是非善恶的判断，都需要一个实际学习、检验与考察的功夫过程吗？朱熹十分重视《大学》这本书，因为他想从《大学》纲目中展现道德的理性与性理基础。说为理性是说建立一个合理的逻辑系统（这是道问学的功夫），说为性理是说安立一个根植心性的本源（这是尊德性的修持）。儒家德行伦理对朱熹言应同时具有这两方面的基础，而这两者又应该统一在一个最后最高的太极之理中。他说仁为"心之德，爱之理"，正好涵盖性理与理性两方面，而又统属于本体之性以及本体之理（性即理）。在这一意义下，古典的儒家伦理被本体化了，但却是在理学里被本体化了。

除了上面指出的经验的探索关联外，朱熹的儒家伦理学重释也可比拟康德为新教伦理提供了一个理性的基础，以及从一个普遍必然的伦理道德法则或理则来描述及说明伦理的当然性与所以然，更说明其应然与对人的私欲存在的约束性。但朱熹不同于康德的是，朱熹仍站在德行伦理的心性基础上认知理性的理，而康德则完全超越了德行伦理纯从作为善的意志的实践理性来为自我的行为选择立法。所谓德行都成为他说的"德行责任"（duties of virtaes），统率在普遍必然的无上命令之下。然而对朱熹来说，古典儒家里的德行仍是德行，只不过被赋予一个本体认知的理的涵义而已。这又显示上述儒家伦理的发展模式，朱熹在原有孔孟儒学的基础上建立了另一个层次的意义，即德性除为人的价值功能与责任义务外，它也是或更是立足于性理上的理性原理。这一方面说明它有坚固的本体基础，另方面却又把伦理系统系牢在理的静态的网罗中，流入"封闭礼教"、"礼教吃人"的后果。

我并不认为孟子或朱熹的发展已充分地发展了孔子儒学或儒家伦理的所有意涵。事实上，原始儒学的开放性使它的发展具有没有止境的发展空间。它的重视整体性、机体性与动态系统性是其可以创造的发展的动力与规范条件。在这种动力与规范下，我也不认为陆王心学或当代新儒家充分而又必然地发展了孔孟儒学之道。就王阳明论，即使致知格物以穷理应为致吾心之良知于事事物物所取代，这也不能保证吾心与真实之相契，因为吾心良知与事物的真实相违并不矛盾，除非吾心永远在创造真实。[01] 儒家伦理的再发展在如何面对与接受真实及现实世界的挑战与变易提出相应的价值区划及知识条理，以达到一个整体和谐、个体提升及整体与个体相互平衡的境地。要做到此，不经过一个知己知彼的认知与反思与组合的过程是不会成功的。明显的是，儒家伦理必须在其已有的基础上面对19世纪以来社会工业化带来的功利主义的挑战，以及这个世纪中叶以来的实用主义与人权主义的挑战。如何把功利与人权整合在儒家伦理之中，乃是当前儒家伦理最重要的工程之一。

基于儒学所基于的整体的机体的功态的系统思考，我们不难想象它的发展仍将以累积层进的方式向前与向上精微化与广大化，因之在整合或含容功利与权利的同时，也仍将以德行与责任为其理论与实践的基础。儒家伦理仍在创造的发展中，但却绝不会与其德行的传统断裂，反而会

---

01 阳明以圣人之道，吾性自足，不假外求。但这并不表示说，在具体情况下良知可以取代外在的知识。阳明固然认为良知有"造天造地"的本领，但致良知的知识条件问题仍是一个根本问题。所以，我们不能不重视及结合朱熹的格物穷理的发明来讨论善的实现同题。

反向这一传统汲取生命营养。此即孟子所谓"君子深造之以道，欲其自得之也。自得之，则居之安。居之安，则资之深。资之深，则取之左右逢其原。故君子欲其自得之也"。(《孟子》)[01]它的时代性就在于它仍在继续创造的发展，而且这一发展是循着与历史的传统线索获得联系的途径向前推进。这是与西方现代性跳越传统，后段跳越前段的发展，呈现了断裂的系统与多元并存却相互对抗的系统的情形完全不一样。麦金泰尔在其1981的《德行之后》(英文书名也兼含有"追向德行"的意思)一书中批判了现代性的功利与权利伦理哲学，他要走回古典的亚里士多德的德性伦理。但十分吊诡的是：他的历史主义又怎能允许他的理性跃越到已经断裂的古典时代呢？

儒学的其他四项回应

上面说明了儒学的伦理模型，我们现在可以探索儒学对笛氏身心二元对立的现代性(笛氏第二点)的回应。儒学对身心二元论的看法是无法接受的。这是一个涉及经验与理论的根本问题。笛氏明确区分心与物的特性，却尤见于两者经验上的关联。儒学重视身心的关联，却不在属性上强调两者的差异可以引发的认知态度。尤其是儒学承继了《周易》哲学中的本体宇宙哲学，更能在太极与道体等观念上找到一个既能统一又能分化心身的本体论起点根据。但在笛氏，唯有假借一个来自于基督教的超越上帝来作一个不可解的对身心或心物的统一。[02]二元对立的结果有其对现代性的贡献。由于以上帝为一切价值的代表，又由于认为上帝创造世界为人所用、为人所宰制，现代西方人能够睥睨天地横冲直闯，固然发挥了人的探索天才，但也暴露了人的贪得无厌的权力意志与物质

---

01 孟子特别强调"自反"或"反求诸己"的智慧：欲求自得，就必须自反；欲求自反，就必须自得。儒学的重要性在其重视自反的思考方式(也就是从反馈中学习)，而中国文化的自反又必须回到对儒学的审察。
02 学者尽知笛氏以为脑下腺垂体是心身的结合点的说法是莫须有的。

欲望。韦伯用基督教新教精神说明西方资本主义的兴起是有其卓见的。所谓新教精神是两个信仰的相互激荡:相信上帝的无上权威与荣耀,相信上帝赋予我的征服世界的权利。16世纪以来,欧美资本主义的兴起包含了科技的发展、工业的革命与对美洲、非洲的征服。这个成果是惊人的,但对自然的破坏与种族文化的毁灭与奴役也是惊人的。20世纪行将结束,但现代人的精神分离、身心不调仍离不开这一身心对立的权力意志与物质欲望。如果现代性必须付出这样的代价,现代性的价值是可疑的。这也正是后现代性所揭露的现代病。从此处理解,儒学体证的身心统一的经验与追求身心和谐的重视不正好提供现代病的治疗吗?

也许有人担心儒学的身心合和谐论是否缺乏了精神的超越性,而无法激励科技与经济的发展。这里不但涉及超越性的概念问题,也涉及儒家伦理事实上与理论上如何激发科技与经济发展的问题。对于前者,超越性的决定是相对性的,不是只有基督教的上帝超越性(断裂的)的一种。个人依托于天地之道或追求心性的至善完美也是一种超越性,前者为道家的道的(扩大的)超越性,后者为儒家的圣(德)的(深入的)超越性。理论上,这两种超越性都能带动科学的发展。历史上,不也显示了道教(《道藏》)既包含了道的超越,又发动了化学、医学与气学的研究?儒学的伦理精神与自强精神不也在当代东亚文明中发挥了促进经济发展的积极作用?现代性中的理性思维与理性论辩以及科学探求客观知识的活动,完全可以为儒学所吸收。在这接受中完全不需要排除或放弃人的身心一体的伦理,因之也不需要走向身心分裂的西方的个人人格与西方讼争对立的个人自由主义及具有不同程度的狂热的宗教社团主义。

如果我们把伦理的失落看成是基本上由于身心的不调,则我们可以说当代的西方社会只有法律与各种权威与权利的平衡,却没有真正的伦理道德。相比较而言,中国社会在深处并没有伦理道德的问题,却尽有守法与不守法、有法与没有法的问题。当然,也还有权威与权利的平衡问题。儒学与现代性的整合意味着以联合群体与个体为中心的伦理道德与以分开个体与群体或集体为中心的法律制度的并行与相互支柱引发。这样一种现代性的出现将是一种新的现代性，但它却不是所谓的后现代性，也不是欧洲学者说的"先后现代性"。它是用儒家的德行伦理取代了隐藏在理性系统思考之后的权力伦理的整合成果。在这一思考中，建筑在西方权力观念之上的功利与权利不是遭到取消，而是重新奠基于德性之上。也就是说，这一个整合的系统必须构筑在人的身心一体和谐、人与自然环境以及人与人的平等和谐交通与互动的基础之上的。

自孔子观之，具有生命的人是身心一体的存在，因之说身必涉及心，说心必涉及身，两者交叉又含容乃形成了人的自我。只有在此一了解下，孔子说的修身才有极大的意义。修身就是修己，修己就是兼治人的身心连续体的两端，而使其首尾相应、上下配合，表现在知行合一、言行一致、内外如一的要求上。曾子言"吾日三省吾身"，是要就动机、言行与后果同时进行反省的。至于正身且正人，尤其要注意的是动机与行为的双边检查与规范。因之注重礼的行为，甚至非礼勿视、非礼勿听等等，也成为修身以正、修己以敬的要求。孟子对身心的理解是在孔子修身的基础上进行了一个形而上的体会与提示。在论述他自己的不动心与告子的不动心的不同时，孟子说："不得于心勿求于气，可。不得于言勿求于心，不可。夫志，气之帅也。气，体之充也……志壹则动气，气壹则动志。今夫蹶者趋者，是气也。而反动其心。"（《孟子》）作为体之充的气是身体的原质，它也是心的精神而可以为志，可见它连贯身心为一体。由于身心的连续机体性，走路跌跤固然是身体的事，但却能震动人心。当然，人的心志之动则能影响人的行为，自然也能影响人身的气的状态了。

心身有许多功能，理智的为知、为思、为言，意志的为志、为意，情感的为情、为感、为喜怒哀乐，欲望的为欲生、欲富、欲贵、欲耳目之乐，有的更为心的活动，有的更为身的活动，但均为身心一体的活动。既然身心为一体，这些身心的活动都有机体的关联与相互的影响。不但身心通为一气，人的身心也与天地之气相互关联，相互影响。在此一了解下，孟子言"我知言，我善养我浩然之气"是可以理解的。人能感受天地正气，直养无害，与道义又何别？这一方面说明了人性的善的源头活水，一方面也勾画了一个天人合一之道的修持途径，明确地表明了身心与大自然的动态的机体的相连与不隔。《大学》里论修身在正其心，谓身有所忿惧好乐忧患，则心不得其正。相反的，如心不在焉，则又视而不见，听而不闻，食而不知其味。也都说明心身的一体有机相连性。《大学》的格致诚正之道，也都可从这一心身一体的观点来理解来发挥。

现在，我们面对笛氏的第二、第三点来探讨儒学的回应。首先要指出的是，中国早期文化中有丰富的自然知识，而且也自长期观察与经验的基础上提出解释自然现象的理论。《洪范》五行之说有可能开始甚早，尤其当代学者目前已多少知道夏民族与夏文化与中国南方水域文化与东方海洋文化有密切关联。[01]至于《河图》、《洛书》占卜、八卦之说之由来，则可能更早。也许可以推溯到我所说的"羊文化"的伏羲时代。从五行说表述性的自然元素，到战国邹衍解释性的与规范预测性的五行生克说，显然需要有一个长期的发展过程，代表了更多的经验概括、理论思考以及解释性的玄想。同样，从原始的宇宙自然现象的象征系统到说明天下万事万物甚至人事的变易的卦辞系统，显然应该经历了一个更长时期的发展与整合。但我们还是要问：为何中国的早期的自然理论没有逐渐发展成为一套物理科学？这是一个非常难以回答的问题。因为我们也可以问它为什么必要发展成为现代意义的科学？有没有什么重大因素使其走向自然主义的科学发展，或使其走向人文主义的非科学发展？针对这些问题，我想，我有一个从中西文化的比较上来说的哲学性的答案。我认为，中国早期的自然理论发展到战国或至少到西汉，已形成一套无所不能解释的极灵活的但却非开放的观念体系，汉易五行系统就是此一系统的代

01　参考史式主编《中华民族史研究》，第1辑，广西人民出版社，1993。

表。但是，在儒家伦理与道家天道观双重影响下，中国早期的自然哲学就自可能的"控制自然"及"认知自然"的倾向转向为"控制自我"与"顺应自然"的倾向了。我们先就儒家说明，再就道家说明。

《周易》的占卜系统作为人的社会或个人行为的控制体系，在儒家的影响下，其实用价值是很高的。因为它可以把许多测不准因素归之于个人，促使个人得到"射有似乎君子，失诸正告，反求诸其身"的结论。[01] 我们不能不说基于儒学强调的自我修持，在"控制自然"与"控制自我"之间往往首先就选择了"控制自我"的方向了。在具体的事例中，当自然不能被控制之时（无疑，占卜的预测亦是一种控制），更迅速地作出改变自己或自我认命的结论。这一性向显然对发展以理解自然与控制自然为目的的科学是不利的。[02] 这一性向早在春秋时代就很清楚地表露出来，逐渐形成了儒家的人文主义与人本主义。人文与人本对我来说是有区别的：人文是着重人的文化活动的成果，而人本则既是看重人的需要又是以人自身的改变与修持或自身的需要来解决任何问题或决定任何行动。儒家显然兼重两者，但在治世儒家更重前者，在乱世则更重后者。孔孟都生在乱世，对自我的修持（修身）是非常看重的，并希冀由此以达治世，这也就是儒家的大学之道与人文化成的启示。我在这里要指出的是，这种人本的转向早在春秋时代就十分明显了。《左传》里的三个例子就足以说明：（1）鲁襄公25年，棠公死，偃御武子不听文子解遇困之大过不可娶之辞，自作主张娶了棠姜；（2）鲁襄公9年，宣公妻穆姜为占前途，得了艮之随之卦，史官认为可以外出，但她认为己无四德，

---

01 我在此引《中庸》孔子语。孟子更强调"君子必自反"。他说："射者正己而后发，发而不中，不怨胜己者，反求诸己而已矣。"（《孟子》）又说："爱人不亲反其仁，治人不治反其智，答人不答反其敬。行有不得者皆反求诸己。"（《孟子》）孟子并同时引诗"永言配命，自求多福"证之。
02 李约瑟在其《科学与中国古代文明》巨著第二册中说，儒家对伦理与政治哲学的关注使儒家未能关注自然发展科学。但他未指出相对自然的控制而言，儒家选择自我控制所呈现的具体的道德主体性的自觉因素，李氏倾向于以道家为发展自然科学的基本，但他对道家哲学（非道教）并"无求知于自然以控制自然"的根本取向却未讨论。

此卦对她不合用，故不得出而死于宫；（3）《国语·晋语》，晋文公重耳想得秦的帮助复国，卜了贞屯悔豫之卦，蓍史都说不吉而司空季子却说吉，重耳采行了司空季子的解释。这几个例子可以充分说明，当时人本与个人意志作主的人生态度。到了孔子时代，个人道德主体性的高度自觉遂导向自我控制、自我修持的人学，同时也造成了占卜的逐步废弃，就是孔子所谓的"不占而已矣"。

先秦儒家用性与命轻易解决了"控制自我"以"控制自然"的问题，而道家的老子则提出了"无为而无不为"，以模仿自然、顺应自然。有道者要负阴而抱阳，冲气以为和。未知道者更要守静笃、致虚极，去欲去知，以明常道。但所谓道，事实上是不可知、不可名的，自然不可以名言与客观的求知来掌握的。在这样一个"自然无为"的道与求道的观念下，客观物质的自然已不是单纯的物质的了，而是一种精神的状态与审美悠游的境地了。"控制自然"的问题根本不可能发生，因为自然与我为友、与我同一，所谓道通为一，不但不是控制的对象且不是认知的对象。庄子对此有很好的发挥："夫知有所待而后当。其所待者特未定也。"（《庄子·大宗师》）自然真实被看成是未定也不可定之道，我们又如何对之有知？庄子说先要有真人然后有真知，自然仍是自"控制自我"来建立与真实的关系的。但这种关系只能是"游心于淡，合气于漠"的顺应自然而不容自我求客观知识的活动的。（《庄子·应帝王》）

总结儒家人本主义与道家自然无为主义，都未能以自然为对象，用经验与科学的理智程序发展控制自然，助益人类（不是单纯的个人）。两家之外，只有墨家之后的后墨从功利主义的角度与论证明辨的眼光切入对自然的研究，这是一项独立于价值体系之外的工具理性的发展，只可惜此一路线未得充量发挥，反为儒道的哲学体系所淹没了。这就不得不说为社会经济与政治因素的作用了。但如再反过来思考，如果儒道两家能够理解作为工具理性的科学能够导致大幅度的社会福利的改善、能够延长人寿、能够改良医药、能够让人登天入地等等，因之也能够间接地或直接地促进儒家自我控制、道家顺应自然的目的，儒家与道家又岂能反对科学的研究与发展呢？儒家与道家又岂无智慧来做科学的探求呢？当然问题又在：自一个后知之明的角度来看，现代科学并未能解决人生所有及最终极的问题，而且科学也似乎不能有此承诺。更有进者，现代科技也同时带来各种灾害与威胁，甚至破坏人类赖以为生的自然环境。后现代主义者对科学批判甚至否定科学于此也就是可以了解了。但我们在此却必须要把科学与工具理性从运用科学与工具理性以及隐蔽在两者之后的权力意志与物质占有欲望严格分别开来。一方面我们承认权力意志与物质欲望在西方历史中推动了科技发展，并在西方近代史上有不可磨灭的动力功能，但无可置疑，我们也要认识到它们又是排除其他有益人类的文化价值的文化力量与政经权力。

于此，儒学可以做一番接引功夫，一方面吸收科学工具理性的知识发展，一方面要对西方科技的权力意志加以价值的批判。科学根植于人文的价值系统之中并非是不可想象的事，如果有所谓儒商，自然也可有所谓儒学科学家。科学家应有人文价值的自觉，科技决策者也应有人文价值的自觉，为国定计策者更应有人文价值的自觉，于是在根本上便能就科技之利而张之，就科技之害而去之。《易传》所谓："系辞焉以尽其言，变通之以尽利，鼓之舞之以尽神。"《易传·系辞上》又谓"化而裁之存乎变，推而行之存乎通，神而明之存乎其人，默而成之，不言而信，存乎德行"。《易传》这两段话表彰了儒学极高明、道中庸的胸襟，如果采行了致广大、尽精微的理智认知态度，自能与现代性的科学性接轨，把工具理性整合在人文道德的价值理性与本体智慧之中。事实上，这个整合的机制就是隐含在儒家伦理之后的本体宇宙哲学，用"一阴一阳之谓道"来结合知识与价值为一动态的互动与相资的协作系统。[01] 自然，

---

01 有关知识与价值的关联与互基、互动问题的讨论，请参考拙著《知识与价值》一书，中国台北联经出版公司，1987；又请参考拙文《社会变迁与文化传统的核心问题：知识与道德的平衡与整合》，1995年马来亚大学主办国际中国文化变迁与文化传统学术研讨会论文集。

这不是要超越科学也不是要限制科学，反是要充分发展科学来改良与完善物质与人文的建制，促进个人与群体的和谐，为整体的人类平等服务。

笛氏对理性与感性严格的分开是不必要的。西方学者往往根据抽象的理性评价中国人的语言与思维缺乏构造抽象概念的能力与方法。甚至许多中西学者认为，中国语言阻碍了逻辑、高级数学与科学在中国的发展。这是一个错误而又简单化的结论，中国语言的特性是一个重要的课题，我不拟在此讨论。但我要指出的是，由于中文或中国语言在语法及文法上并不断然化分具象与抽象（两者为一可以内在联系的连续体），它就不是只有具象没有抽象。具象与抽象的定位是要在整体的系统网络中去厘定的。在语用上，事实说明也有足够的线索来作出具象与抽象所指与用法的差别。如果不深谙中文或中语而跳向独断的结论，就难免犯了以偏概全之过。针对笛氏的第二点，我还要指出知识论与科学哲学以及科学本身是连成一气的，这个自然化的知识论又是与人的价值系统及行为系统联系在一起的。这种联系就是科学知识的理论基础，它的基础是在它的整体与机体的动态系统发展之中，而不在此之外。在这点上，我们应是比笛氏的现代性更为现代性，同时也不落入后现代的泥淖之中。

最后，我们可以比较简单地从儒学的立场来回应笛氏的第一点，亦即有关方法论的思考的问题。显然，原子论的思考方法对认知实体物质宇宙与客观的实体现象与因果关系，有不可取代的有效性与工具性。但实体的存在是整体性的，也是具有多元多次复数函数关系的，而且是在时空的变化中不息的变化。由于不同的层面与不同网络的结构与过程，变与常、实与虚、一与多、动与静都交叉地发生依存互化的作用，形成一个机体的动态的系统。在这样一个对实体的宇宙整体的理解下，单向的原子分析是不足的，而且也约化了存在的丰富性与层次性。因之，儒学的整体思考、机体思考、动态思考与系统思考就可说提供了一项弥补原子分析论的方法学的方案。这项方法学的方案的重点乃是：理性的分析应不忘创造的综合，元素的约化与结构应记取整体的还原与层现。当然，如上所论，儒学在面对现代性的重大发现与成就时就必须反思自身多层次的整体结构与发展过程，并明白与清晰地表述与论证其所能表述与论证的理论与方法资源与视野。在这个意义上，儒学就先要实体化与理性化，也就是先要现代化，也就是掌握现代性的优长之点与其问题之处，如此方能进一步批判现代性，发展更为完美的现代性。我们的目的是要在现代性的基础之上重建儒学，然后在儒学的基础之上改造现代性。

儒学的重建意涵着现代性的改造，现代性的改造也意含着儒学的重建。这是一个辩证转化的过程，此一转化的前提就在于正确理解现代性与正确理解儒学，站在现代性的观点看儒学缺失什么，也站在儒学的观点看现代性缺失什么。最后，就人性的整体需要与人类的整体需要把两者整合为一体。整合是一个相互批判、相互解析、相互理解，也相互吸收、相互激发潜力的过程，同时在一共同肯认的价值理想与生活景观与互动的实践方式之下融合为一机动的平衡而又和谐的整体。要做到这点，儒学显然一方面要多作知己知彼的功夫，另方面更要自反于一个整体的本体宇宙系统，用以理解及结合价值与知识、自我控制与自我控制的互补与互动关联。[01]

结论：从归纳与融合中学习创造

本文导论中我所提两端之说，只是基于一个排除的逻辑和一个演绎的逻辑来论证各自有效性，但它们忘了还有一个融合（包含与综合）的逻辑和一个归纳的逻辑可以作为儒学与现代性整合的基础。融合就是把各种差异及差异的层次与方面和性质找出来，把它们融合在一个能包容而又能联系不同个体的动态机体系统里。我强调动态机体系统，是因为

---

[01] 《周易》哲学提供了一个融合思考的模型。从本体的整体一元的基础上来诠释多元文化的自然与文化差异，更同时从多元差异的自然与文化现象上来探索本体的整体一元，也正是作为融合方法与本体的本体诠释学的重要性所在。

文化或自然的各种层次与方面就如人的生命体各个部分相互又与整个体系动态地联系着。归纳则要敞开心胸，放眼观天下，学习新鲜事物，也要理顺与消化新鲜事物，创造新架构。这就是我们提到儒学的重建与现代性的改造以及两者的整合的理由。

不论儒学体系是否完备，值得特别提出的是，儒家伦理是一个接合现代性的起点，它同时也是儒学思维方式与价值体系的核心，因之如何重建现代化的儒家伦理乃是最为当务之急：如何从儒家伦理的建构中掌握人类当前现代性的需要与问题，再如何透视此一建构中所体现的本体与方法意涵以含容与改造现代性。儒家伦理是一个整体性的与机体性的思维体系，它提供了一个本体与方法的模型，但在传统儒家，此一本体与方法的自觉并不彰显。如今，在面对与回应现代性的挑战时，此一自觉却成为非常必要。这就是重建的开始。此一本体与方法的自觉也在现代性的改造中扮演一个重要的角色。如上所述，它提供了一个新的心物一体的典范与整体定位的方法学观点。即使在知识体系的建立上，此一典范与观点以及此一整体论与机体论的模型，也将提供一些极重要的启示。[01] 价值体系与知识体系，目的理性与工具理性，彼此有很大的不同，但彼此却又有密切的关联。儒学与现代性，也正如价值体系与知识体系，目的理性与工具理性，必须在认知差异而又获得共识的基础上，建立其密切互动的关联。

---

01 诸如平衡原理、互动原理、整体原理、共识（互为主观性）原理、互基原理等，都是儒家伦理学可以对现代知识论有所启示的方面，一如现代知识论在其他方面可以对儒家伦理学有所启示者。当另文讨论之。

儒学复兴与现代国家建设

1985年,我第一次回到国内,在北大作演讲,做客座,同时又在当时的中国文化书院做教师。那时,93岁高龄的梁漱溟先生跟我们一起在军事学院、外交学院演讲,礼堂里有1000多人,当时的热情是非常令人吃惊的。20多年后的今天,中国和世界的经济、文化不断发展,我们更需要进行再三思考。尤其是在当今中国面对世界,世界面对中国这样一个大环境之下,更应该思考中国自身、中国文明、儒家思想的重新定位问题。这是个老生常谈的问题,但在今天它又有新的意义。过去一百年来,中国基本上处在一种被西方人界定的地位上——什么是中国的文化、中国的哲学、中国的社会,什么是中国人应该扮演的角色。这种界定在很大程度上影响乃至决定了我们自己对自己的认识,当然,其背后隐藏的权力关系也被过去的我们不加警惕地接受下来。在中国建设一个现代化民族国家的当下,儒家思想怎样才能积极恰当地参与进来,发挥正面的积极作用,就成为我们不得不重新思考的问题。

民族主义并非儒家的问题

中国当前如何建设现代国家,或者说得更深刻一点叫现代民族国家,既是面临的现实问题,也是世界已有格局的要求。这一问题,从五四以来就一直困扰着国人。是不是因为在国力上没有西方强大,就干脆不要谈中国的传统,来全盘西化?其实西方文化也是发源于希腊和希伯来,中间经过文艺复兴和宗教改革的挖掘转化,所以,其内部有民主的东西也有反民主的东西,有科学的东西也有反科学的东西,有反人权的东西也有反法律的东西。关键看如何发展。对中国而言,它不可能跟过去的历史完全斩断,全盘西化第一是做不到,第二也不利于中国的发展,甚至不利于人的发展。

上世纪80年代中期我回国,大家最关心的问题就是中国怎么现代化;或者在现代化过程当中,中国文化尤其是儒家文化会扮演什么角色。其实,我一直以为,中国革命能够成功,甚至今天中国经济的巨大成就,都和儒家有莫大关系。没有儒家对人的一种信心,没有儒家刚健自强的精神,没有所谓"变则通,通则久"的变通精神,中国不可能有现代化。所以,儒家必然会成为中国现代化的一个重大的机制。

因为儒家有这样几个十分重要的特点:一是重视人的发展能力;二是这个能力本身具有社会性,因此它也具有道德性,所以发展不是为了个人而是为了社会;三是发展是一个过程,它是可以按部就班从内而外从小而大推己及人的,所以它是可以执行的生活修养程序;四是它不但可以从个人修养发展到国家治理,而且还有一个天下观,就是等国家发展到一定程度,它也可以兼济天下,使天下获得和平;五是儒家对异己思想采取开放并包的态度,它符合人的基本需要,不走极端,它允许把国家治理需要的各种条件集合成一体,达到发展社会、国家、天下的一种可能。

在这种意义上而言,我赞同儒家思想能够建构一种相对温和的"儒家民族主义",我也觉得它不太会变成某种心智封闭的、以族群为基础的民族主义。

人的社会是由小而大,是基于社会发展的需要与人发展的需要而进行的。但无论如何发展,都不能脱离维护社会存在的正义秩序,也就是必须紧密地切合人的生命与人的知识而发展,即使道义也正是建筑在生命的需要与知识的需要之上的。一个全球化的社会就必须要有一个维护生命秩序的知识体系，一个维护知识体系的道义体系。当然，今天的人类历史还没有发展到这样一个能维护生命与知识的正义体系，使人们在生活中可以享受和平安全与生活的福利，充实生命，开拓知识，可以进一步来完善我们的社会及其道义的秩序。但完美的社会是可以追求的，也是可以作为目标来改善现实的，至少是我们生活的动力与生命的价值所在，所谓"虽不能至，心向往之"。这是儒家的信念，也是中华文化的信念。

但前段时间，挪威爆炸案中所体现出来的欧洲种族主义却和这种信念背道而驰。当我们在逐渐了解西方之后，会发现西方的价值观虽然十分重要，但可能有适合我们的，也有不完全适合我们的。它不是唯一的发展方式。我讲中国哲学的现代化与世界化，并不是说儒家要排除世界，自己再创造一个世界，也不是因为其有天下的概念，就不重视国家的概念，而是讲儒家具有作为一个现代国家所需要的主要因素。

民族国家，即 nation state，是由单一民族发展而来的，最早出现在欧洲。这种方式和中国以汉族为主体建立多民族国家的传统有很大差别。

西方因为是纯粹的民族国家，所以内部矛盾很多。例如最近英国的动乱，也或多或少与其作为一个民族国家的种族因素和宗教因素有关。英国除爱尔兰之外，民族成分比较单一，但由于其殖民霸权历史，现在涌入大量印度和非洲移民，成为民族国家高速发展的负担和不稳定因素。原来的民族国家是单一的民族，现在已经不可能单一了，在全球化以及后殖民时代的国家，必须要面对所谓新移民的问题，以及由此而带来的种族问题。

这些移民很难和本国的人融合在一起。因为除了价值观，生活传统（文化生活、社会生活、宗教生活）也很不同。移民比较多的国家一般都会出问题，如几次大骚乱都发生在英国，德国也有很多骚乱，像新纳粹主义等；北欧一些国家，如丹麦、挪威也好不到哪里去。在这种意义上讲，种族问题不但在西方社会长期未能解决,而且还很可能会继续出现。这也是全球化所面对的问题。

回来看中国,因为在历史上一直要面对外来民族,所以中国对种族从来都有认识。不管面对什么样的外来民族,都采取融化、融合的方式。儒家说得很清楚,夷狄入华夏,只要遵守华夏的礼仪,则华夏之。在这个意义上讲,中国是尽量用文化的方式来提供少数民族提升发展的机会,用教育的手段和文明的手段,来把少数民族容纳到一个大家庭里边来。所以,中国的基本问题不是民族主义,而是文化融合的问题。

《论语》里面讲:"言忠信,行笃敬,虽蛮貊之邦行矣。"乃至"修文德以来之。既来之,则安之。"这两段话很重要。所以,关键问题是我们的文德怎么样,怎么来证明自己也是有一套的,让别人采用了也能够化解一些冲突和矛盾。

中西价值差异与天下大同

一百多年来,西方文化作为一种强势文化,对中华文化形成很大压力,乃至一直有人疑问,如果和西方的所谓普世价值相比,我们是更应该强调儒家的统一性,还是特殊性?

必须指出,普世价值是由实际众多的个人与族群与社团逐渐实现与发展出来的,有其一定的内在的历史性与文化性。由于西方文化与东方文化的不同以及历史发展的不同,所谓普世价值是具体的情志集合为一体发展出来的,到了一定的层次就成为自觉的理性的普遍要求,具有一定的目的性与理想性以及规范性。但仍不应脱离情志的现实及其发展的条件。基于任何普世价值都有特殊性的一面,而不能脱离特殊性来谈,我们必须说尊重特殊性方是发展普世价值的重要手段。而自觉为普世价值的文化与政治主导者必须反躬自省,是否应该尊重他人的历史与文化行为。尊重他人的特殊性,并非不可以以己之所具有与所成就向世人示范，引发他者的学习兴趣与尊敬，而非以之为获取自身利益的手段与实现个人或国家权力的方法，甚或强加于人，勒索于人。这里牵涉到一个普世价值如何落实与应用的裁断的问题：如上所说，普世价值是一个理想的价值，是人们应该去追求的，但不是所有的普世价值都可以在同一个情况下同时实现，因为这有一个起点的问题，有一个先后秩序的问题，有一个整体需要的缓急问题，有一个实践资源的发展问题，也有一个不同价值的冲突问题等等。

基于理想价值的历史性与文化性，我们有中西两个不同的价值系谱，包含两类不同的理想价值。此处就中国与西方社会与国家一般的理想价值来表露。

西方社会与国家对内的理想的价值系谱是：自由、平等、人权、法治、制衡；对外的价值取向是强权、实力、先进、占有、控制。这些都具有不同的目的性，但也往往形成相对的工具性，都与西方实际的历史发展有关。举例言之。希腊城邦制度的发展容许不同城邦各自发展有利自我生存繁荣的政治体制，导向了雅典民主与斯巴达的军权的相互竞争，罗马帝国的发展则导向了专制独裁的法制社会。

至于近欧自由经济与资本主义以及科技发展，则在其强力的工具性上形成了强力的目的性，譬如，人们以聚集财富或大量牟利为最大之乐，此为西方发展出来的资本主义走向侵略压迫他国的帝国主义强权提供了发展的动力与动机。西方社会与国家强调了个体与全体的对立性，故在国内处处防范集体或个人权威的压迫，发展了民主与法治，但对外却为利益与权力无限扩张，逐渐成为强权霸主。西方过去的大国兴起莫不如此，而今天的美国更是突出这个内外矛盾的特征，形成了对内民主对外霸权的不伦组合。由此观之，我们不能只就一个或两个基本政治价值来评价一个国家的政治形态。

中国社会与国家对内的理想价值系谱是：诚信（良知）、忠孝、仁爱、信义、礼数、责任、和善。对外的价值取向则是：传统的恩威并施、以德服人、怀柔、道义；现代的自主、互惠与友善。在传统中国文化中，情感与需要从个人类比地转移到小团体，然后扩大到大团体，并不强调大群体对小群体与个体的可能侵害或个体与团体的对立。相反的，强调的是大对小的关注与小对大的依赖或信赖。当然，这也就给了当政者一个假公济私的机会以及扩大权力的机会，形成了中国历史上的政治专制与封建独裁，也使道德的五常伦理转化为政治上的三纲体制。但中国在近代史上经过了两次革命与多场斗争之后，却不必走传统政治的老路，也不必接受西方的发展模型，而大可融合中西文明之普世价值，走一个整体的和谐化、上下的沟通协调、左右的相互合作互惠之路，把自由民主与社会和谐及道德责任结合在一起来发展社会，建设国家。

中西之间，哪个体系更为真为善为美？应该说并无绝对固定的答案。我们可以用最后效果来衡量，也可以用人性的最初偏向来衡量。其实，西方是更偏向国家主义，要用民权宪法来限制国家权威，故强调超越个人德行走向康德的责任主义，随后又建立功利主义的新典范，相对地废除了康德的绝对责任主义。20世纪西方又建立了个人权利主义的范型，在英美形成了民主自由主义的世界观。中国事实上更重视个人的发展，重视在个人层次上的理想价值，因而不以国家为对抗的对象，而以之为个人发展的依托。此一事实说明了个人修身的重要，走向向上发展的德性主义，潜在地涵括了责任、功利、权利等价值功能。必须指出：凡是西方正面的普世价值中国也都能理解与实行，并进行制度化。同样我也相信，凡是中国具有的正面价值西方也可以理解与实行，并进行制度化。但如用西方已发展的普世价值及制度来衡量与促进另一国家与社会的发展，则是不当的；这实际是一种工具性的权力运用而已。此一现象可名为"现代普世价值的工具化问题"。要认识的是：以儒学为代表的中国文化早就摒弃了以强加己于人为普世原则的行为，即使是善，也不可强加于人，只能"善与人同"，"与人为善"。这也才是"推己及人"的真正意思。

由此，我们谈一下天下大同，这是现代意义上的全球和谐。在《大学》中，全球和谐的理想就是平天下。它依然是以个人的努力为基础，认为有了德天下就能太平。确切地说，个人的努力必须符合互惠原则："所恶于上，毋以使下；所恶于下，毋以事上。所恶于前，毋以先后；所恶于后，毋以从前。所恶于右，毋以交于左；所恶于左，毋以交于右。"

为了实现全球和平，应当遵守上述原则。因为在世界上，国家不应分上下、左右、前后。这些原则可以应用于不同时期、文明与政治。但中国不必走传统政治的老路，也不必接受西方的发展模型，而大可融合中西文明之普世价值，把自由民主与社会和谐及道德责任结合在一起来发展社会，建设国家。

世界各国都应当思考这样一个问题，在这个由众多国家组成的世界上应该如何确定自己的位置，应当如何依据作为仁德的克制与自律原则去行事，因为，只有把其他国家看成是独立平等的国家才能得到对方的尊敬。这种克制原则可延伸为上面所提到的互惠原则，不要占任何国家的便宜。克制原则和互惠原则的形成是极其理性与自然的事，其目的是让大家知道，什么样的事不应该做。但是，需要做什么事则是另外一个问题，《论语》中就有"己欲立而立人，己欲达而达人"的原则。运用这两个原则的困难是：我们需要知道我们想获得的东西或许恰好是他人不想获得的，还需要知道他人的需要和欲望以适应他人。如果每个国家都这样考虑他国，全球和谐便容易实现。但问题经常是人们不知道他人的需要，而他国的需要也许正是自己国家的需要。各个国家为了自己的发展展开竞争，成为竞争对手。因此，如何实现和谐不仅要克制，还要理性地、公开地进行谈判，为了双方的利益达成谅解。从这个角度讲，就是和而不同。暗隐的困难是：差异是否能造成不同，是否对未来构成威胁。就此而言，理性地思索与讨论，并进行合理的交流，毫无疑问是非常重要的。所以，只注重个体的道德也是行不通的。在《礼记·礼运》中，实现天下太平的理想国又被描绘为"大道之行也，天下为公"。这个理想国家的重要特点是：选出圣人与智者来服务众生，倡导诚信、和谐与友谊。在这样一个理想的世界中，人人都能得到关心，就像在家里一样，人人都关心他人，不仅善待老人，儿童和弱者也会得到很好的照料。鳏寡孤独均有所养，男女同样居有其所，行有所止。其他理想性质的内容还包含：财物不必只为己用，做不做事无人忌妒。在此完美的社会中，夜不闭户，路不拾遗，无盗无抢。这个国家被称为大同。我们确实可称其为同和或共和，可以借用汉语中"共和"这个词来说明这个理想国家：天下为公，人尽其才，和谐相处。这也是《中庸》里所描绘的国家："万物并育而不相害，道并行而不相悖，小德川流，大德敦化。此天地之所以为大也。"问题是，这样的国家是否只是一个乌托邦，而不能存在于现实中。从理论上讲，还没有一个国家能达到这种程度，它涉及相互间的信任，对政策的信任，以及对统治权力的信任；它还涉及对目前的生产和分配的经济模式的修正。它不完全是由公正分配占主导地位的社会主义国家，因为它是由人的道德转化而来的，其依据是他们的道德品质和信任互助的能力。需要说明的是，仅仅通过理性是无法建立这样的国家的，只有通过每个人的道德修养，这样的国家才能出现。确切地说，这就是儒家的观点：把普遍的道德修养看作国内和国际间利益和社会利益和谐化的基础。

儒教是否可能？

从上面的分析可以看出，儒家尽管一直强调道德，但并不将道德看作是一种纯然的个人修为，而是把它当作一种从内而外的治理方式。它建基于对人的基本认识和信仰。由此，蒋庆他们提出所谓政治儒学，这从儒家来讲并没有什么出格的地方，在此我想一并简单谈点自己的感想。据说蒋庆他们的提法里配有一套很实际的操作设想，如建立贤人院，或者如陈明所主张的那样，希望把儒家作为一种公民宗教来实现。他们认为找到了一个儒家发展的模式，中国人应该走向这一模式。但是从纯粹学术或者从一个文化发展、世界发展的角度来讲，我对蒋庆这种第一以儒家为宗教，第二以儒家思维建立一种明显经验主义的社会制度，即所谓的政治儒学，是有保留的。今天的潮流是把宗教开放成一种自由信仰。很多人认为儒教就是以儒家的哲学来教化大家，这叫儒教，修道即为教，就是要修身养性。这种从内部建立德行的做法我没什么反对的，但如果把它理解为儒家的宗教，那意思就不清楚了。把儒家天的概念变成超验的上帝，用西方宗教的那一套来塑造一套儒家的宗教，我认为这是违反儒家基本精神的。其他宗教里都有一个超验的神存在，而儒家却从来不把天人绝对分开，所谓平凡里面有神圣，神圣里面也有平凡，人处在一种开阔的精神空间里面，可以实现发展提升的现实可能。

当然传统的政治儒学中有些东西，比如内圣外王，也是把某些人神圣化，大家要以他为准，他是一个新教主，这个我也是反对的。因为每个人都应该有自己的信仰空间。事实上，也没有可能将儒家定义成宗教，你怎么宣布国教？为了中华民族的发展，我们是要强调国学，要把这个发挥出来，这是我们的精神价值、社会价值、核心价值。要信仰这个是好的，是我们所需要的，但是不是要把它变成一个宗教性的信仰，还是说把它当成全球化伦理中一个最高的伦理原则，我可能更倾向于后者。

第四代儒家现在在大陆，他们讲什么生活儒学、政治儒学、宪政儒学、人民儒学，这些我觉得都是很好的。当初，第一代新儒家的产生，也主要是为了应对所谓西方的冲击。到第二代就基本流落在台港，第三代基本是在海外，与大陆稍微间隔得远了一点。现在第四代应该说又产生于大陆，主要针对大陆目前发展过程中所凸显出来的问题，这是很好的。儒学本来就是回应社会、回应时代、回应人的需要的，在某种意义上讲是把前几代儒家基本的哲学理念落实了一点，应该可以期待接下来的儒家学者会在未来中国的现代化建设中起到一个更大的推动作用。当然，我要提醒一点，即第四代儒者不应该脱离第三代、第二代乃至第一代已有的研究成果，应该在他们的基础上来进一步完善，不应该无根地去谈问题。比如，就第三代儒者来说，他们在中西哲学、中西文化的沟通上所作的贡献就多一点。第四代与之相比，这方面明显还欠缺一些。因此，如果第四代儒者能够和前几代更好地沟通、汇合，则会对中国的经济发展、社会发展和政治发展产生更好的激荡。当然儒家的现代化或者儒学的现代化，应该有它可持续发展的视野，不可能从第三代转型到第四代就算完成了，而是还应该有第五代、第六代，一代代传下去，建立一个更开阔的现代中国的生活格局、政治格局和道德格局。

儒家哲学的理论重建及其五项实践

一、重新认识儒学理论重建的意义与重要性

必须承认儒学的传统已丧失其整体精神,而其价值体系则散落在现代生活的平台之上,往往无关乎现实的生活方式与社会习俗,成为个别的少数人的理念或信念而无法发挥其转化社会与教育下一代的有效力量。儒家哲学中天人合一、知行合一、言行一致、内外表里如一、择善固执、与人为善的自我与他我要求,已非当今社会的普遍价值的期待。这个社会不但没有了君子、大人与圣贤,也没有了单纯的小人,更多的小人化的君子与君子似的小人。代之而起的是利益导向、权谋手段的功利主义思想与行为规则,配置以一种邪理与似是而非的矫情。这是反儒学的潮流,但在其根源上却也是同时发挥了现代化加上后现代的个人主义兼理性与反理性主义精神。理性纯粹成为工具被利用。纵然如此,我们为什么还要积极地追求儒学的价值与规范呢?为什么我们仍能为儒家的古代经典所激励与感召呢?难道只因它是我们历史人格的一部分,而对之有深厚的情感认同吗?或是它涵有精微宏大的生命智慧让我们难以舍弃吗?我们在生活中不能采用德性的儒家的性情伦理,行仁为义,难道是为环境所迫吗?我们不能实现儒家治国平天下的理想,难道是我们无法进行自由的选择吗?从这些提出的问题所面对的可能回应中,我们显然可以感到儒学在中国现代化中的失落是有其客观与现实原因的。其中最大的原因是传统(非原始)儒学的气质已无法适应世界的文化潮流,

也就是无法抵御现代化与西方化的组织文化与科学技术的影响,不能满足现代国家发展与社会生活的需要,无力面对国际的竞争与对抗世界强国的暴行与其经济、文化的侵蚀性。

因此,我们也必须以现代化来武装我们自己,来发展我们求生存与独立自强的力量,建立一个现代化的国家、一个现代化的社会、一个现代化的经济、一个现代化的治理之道、一套维持生计与保护自我权益的现代化策略。因此,我必须说儒学并不必然反对这些求生存有竞争力的生活模式,或一个自然演进的知识社会与现代文明。当然,我们可以追究何以人类发展到这样一个现代化生活模式,而我们作为人到底能做些什么。在此我无法作出详尽的说明,只能简单地指出:人类历史的进程有其不同的遭遇,东西方文化的差距及其发展后果是人类全体必须共同承担的。现代化的发展并不是偶然的、任意的,但也不是完全为历史因素决定的或支配的,而是一个有意或无意的情况带动了另一个有意或无意的情况的连锁,是一连串历史事件逐渐发展出来的可能性的实现。存在的不一定是合理的,合理的也不一定存在。这个反黑格尔的命题中,我们看到人类的历史必须向前发展的理由与动力,而人的意志与理性的参与也是必要的。有了这个现实性和理想性的分别,我们才能认识到为什么人类有很多美好的价值往往未能实现,而已实现的美好价值却能在一定时空中被抹杀或销毁,代之以低下的现实的粗糙的生活元素。但也让我们相信我们的意志与努力也能改变我们自己的命运与人类历史。

无疑,现代人类生活的一个特点是走向平民化,因之体现出来的是孔子所谓小人的庸俗的价值概念与行为。一些高贵的气质与生活信条早已在现代化的紧迫与纷扰中随风而去。这里说明了当代中国社会对儒家君子的敬意,对所谓大人、贤人与圣人的崇高情怀,会显得如此微弱与遥远了。这自然不是单一的个人因素所造成的,而是现实社会在现代化的环境中形成的状态。但我们作为现代的儒者,却不一定那样心甘情愿地放弃我们体验到的或知道的儒家情操与理想或者对人性的信念。

基于这样的理解，我们要认识的是儒家作为一套人的存在与生命的本体哲学，在中国历史上曾扮演极其重要的指导角色。我们必须面对的是，由于现实的文化与社会变迁以及经济与政治力量的强力发展，儒学的价值体系已无法驾驭现实与指导现实，而不得不让位于政经发展的意识形态，甚至接受其批判而面临消解的命运。如果儒学在鸦片战争以后能够自行更化，找到一个最佳的整合现代化与儒家社会伦理的方案，主导或引进现代制度与工业化的进程，中国的社会显然将有不同的历史境遇。如此，我们或可想象中国作为现代国家当以某种方式构筑在儒家自觉的价值体系之上，与过去历史与文化传统或许就不必有猛烈撕扯与断裂的痛苦。不幸的是，历史的进程往往走的是迂回的道路。在此迂回中我们还得承受诸多暴力与不义，几近覆灭。庆幸的是，我们毕竟发展到此一关头，我认为当代新儒学的发展已为儒学的生命哲学与价值体系创造出一个革新而独立的地位，且能发挥道德上与政治上的某种影响力量。当然，儒学能不能作为社会危机的解救者、文化价值的创新者与政治制度的改革者，正面临着严峻的考验。

显然，在目前这样一个社会处境中，无论儒家的理想价值能否获得指导与规范社会发展的地位，我们仍可深信儒学有其蕴藏深处的活力与泉源。问题在于我们如何挖掘这块土地深处的灵泉。就我看来，儒学的再发展端赖重建儒学的理论体系，可以作为社会发展与进步的力量与价值根据，还要同时扮演起转化社会解决政经问题的基本资源。当然，这不是把儒学变成宗教，完全用超越的信仰来发展儒学，而是把儒学变成一个论证者、抉择者、决策者、领导者，在一个知行合一的文化高处维护人类文化的价值发展，使现实社会多一分理想的色彩，也多一分发展的动力。

此处我想提示儒家发展的两个重要角色：一是把儒学看成文明与经济发展的必要工具，这是儒者必须认识的，所谓俯首甘为孺子牛，因为这是今天的企业管理与社会秩序维护者所需要的；一是肯定儒学的主体性，策略的运用社会进步的力量作为实现理想的工具，也就是用以追求一个兼容理性文化与德性文化的社会目的。我认为儒学角色这样的双重性是儒学能够起死回生的奥秘所在。但如何才能发挥这双重的角色力量呢？我的回答是：只有不断地把儒学的理论说清楚，把它的理性原则与德性伦理的理想价值举出来，儒学才能把历史文本的沉默转化为现代话语的说服力，再转化为现实的实践力了。在此一理解下，儒学的理论重建成为必然，理论重建的理由就是把儒学建立为价值的标准，使它能成为社会发展的目标，也能成为人们行为的标准与崇高的价值理想。简言之，理论重建在于建立可理解的话语，把精华的元素与精微的智慧提炼出来，为人们所体现与实用。

秉承儒学发展的历史使命，我们必须从多方面来理解儒学及其实践的重大意义。首先我们注意到，对儒学的理解必须是上下左右贯通的，也就是贯通东西而不仅贯通古今。我们也要注意到儒学在与道、佛、耶等宗教思想竞逐中应如何辩证地发展，并说明儒学历经不同时代的发展与其坚韧不拔、锲而不舍的精神活力。就我个人而言，我对儒学的理解始于生活的体验与反思，然后贯穿了中外对照与中外互通的认知。由于我对西方哲学传统深刻的认识，深知掌握西方哲学的本体特性及其所以然的发展，是提升中国哲学或儒学发展的不可或缺的方法途径。我们必须认识到在全球化的世界格局中，中国哲学或儒学目前处于何等地位以及面临何等发展的困境。我们当然也要从人类发展的需要中认识到中国儒家哲学的复苏对人类社会与西方世界的重要性，而不仅是对中华民族的复兴与中国国家的崛起具有重大意义。在这个认识下，我们必须坚持在理论与实践上充实儒学的活力，使其有能力在全球化的整体意识下建立一个正义与和谐的世界。

我自1970年代构思中国哲学的重建工作，目的在推动中国哲学的现代化与世界化，于1972年出版《中国哲学的现代化与世界化》一书，说明如何重建及重建对中国哲学走向现代与世界的必要性。事实上，在此重建的基础上，才有现代的西语世界中国哲学发展的可能。我说的重建在当时的西方哲学的语境中指的是哲学概念的意义澄清与论证推理前提的分析，是涉及语言的意义分析与语句的逻辑分析的。当时就有三个方法学的学术意见相互争胜，形成哲学方法论上的三国分立。一是以逻辑为基础的分析哲学，在蒯因与卡尔纳普的论辩中凸显出来。一是以 C.E. 摩尔日常语言用法分析为中心的日常语言哲学派。一是基于乔姆斯基的转型文法形成的语意与认知科学的语言心理学派。1960 年代我深入蒯因教授的语言哲学体系，从事科学方法论与自然化知识论的研究，对于哲学问题首重逻辑的分析，再予以整体的概念的构建，同时展示逻辑的理论结构与经验的意涵结构，是与科学理论建构方法接轨的。我认同一个理论代表对一个真实世界的肯认，用以说明与预测时空中变化的事实与经验现象，甚至进行对经验世界的理论结构的规范。但我却从头质疑此一方法学涉及的约化主义（reductionosm）形上学，把语言中所有的意义都推向物理世界或感觉世界。在我的观感中，物理世界之上有生命世界，感觉世界之上有心灵世界。但胡塞尔此两者如何统一或结合呢？显然我们不能不有一个整体的本体结构来进行此一统合的工作。

此一统合的功能在蒯因是不存在的，但在康德却是用纯粹理性来完成的。经过长期的思考，我悟到只有具有深刻含义的中国传统名词"本体"才堪当此任。但要本体担当此一统合的任务，我们必须对本体一词原义进行疏解，使其具有活生生的经验与体验意义，然后再加以概念的构建，使其具有自觉的多功能的理论含义。总之，我给予"本体"一个结合了古今中外的义理，用它来担当一个融合东西哲学的重大任务。在此过程中我吸收了以 C.E. 摩尔及后期维特根斯坦为圭臬的日用语言学派。透过我的语言哲学课程，发挥它对理解文化社群中人的相互的心灵认知，我定位它为语言用法的现象学，参考了胡塞尔的刮除法的现象学，强调了整体的观感现象学的重要。我也吸收了乔姆斯基的转型文法学的普遍认知结构的见解，认为人类经验语言包含了此一结构，并深化为本体的日常生活的存在结构。在此同时,我开始重视伽达默尔的哲学诠释学,因其更重视效果历史与诠释认知的关系,对促进跨文化理解与人的存在的理解有重大意义。再者,基于德国哲学的传统,所谓诠释并不必陷于理论建设,应该也展示(Auslegung)体验的含义,因而给予非建构性的真实性的含义。然而哲学诠释学并未能解决人的本体存在的根本意义问题,因而陷入在早期海德格尔存有论的相对主义之中而不能自拔。

面对这样根本的问题,我发现我们对人的存在的真实理解必须体验一个根源及其创造性的发展的重要性,因而把诠释学推向了本体诠释学,解决了根源问题以及超于语言而又发生语言的本体问题,为世界上所有的语言体系确定了一个根本的但却可以多元发展的本体基础,同时也化解了化约主义,在本体的概念与理论建构中不必局限在物质知识的层面,而否定了发生而呈现的创造过程(onto-generative/onto-creative emergence),因而也为蒯因与Pavidson的分析的诠释学或理论构建弥补了一个本体诠释学的基础。在此意义下,我说的儒家哲学的理论重建就自然地包含了两个部分,一部分是分析的概念与理论重建,一部分是基于存在根源意识的发展展开的本体诠释说明。在此一理解下,我进行了下列儒家哲学五大方面的理论诠释与重建:儒学的方法论、儒学的本体学、儒学的德性体系、儒学的政治哲学、贯通之道与开放的自我实践与实现。

二、儒学的本体方法论:本体建立的方法化

自第一代新儒家开始提倡儒学以来,对儒学的方法论较少着墨,对儒家如何发展成为儒学的方法基础缺失探讨。牟宗三崇尚王阳明传统,基本上以智的直觉作为认识世界真实的方法,但如何鉴定智的直觉的真实性与有效性呢?其实,中国哲学的开端就同时看重客观与主观经验的积累与思考,注重一个公共生活世界的建立与分享。我从三易发展的历

史以及中华文化的发展来看，中国古代先民对自然界的认识是整体的、系统的，但却是开放的，而并非把主观的情绪注入的，因而并未形成像希腊神话般的神话世界。然而，从《诗经》的风雅颂的篇章中，自然的美感却耀现着生命的活力，并体现在多元有序的变化之中。在此基础上，进而反思人的能力、感情与需要的定位，形成了对人性与人情的基本认识，并体验到人的创作活力与自我控制的社会需要，形成了深厚的社会意识与群分功能，建立以自然秩序为本，以人民大众为体，以贤明仁爱为用的政治模型，都可以看做一个开放的方法学的运用，潜藏在古典经籍的文字之内。

在此基础上，我们运用天赋的想象力与逻辑推理，仔细推敲《易经》与《尚书》的文本，不难发现观、感、学、思与体用合一的方法哲学：观是整体经验与知觉的认知，反映一个客观的世界；感则是反思自我的创意，引申出强而有力的自我意识，不断思反思形成了一个开放的心灵境界与自我整合的能力，有利于道德意识与行为的发展。有此基础，学在强化观察的能力，思则在拓深内在自我的空间。继此，建立一个整体的宇宙存在意识与一个整体存在的自我意识则成为顺理成章的事。这也是本体意识的来源。此一方法论的实践是自然发生的，其实，其作为方法的认识是后期的，是在建立人的真实存在与宇宙存在的真实性的过程中发生的，并非独立于经验的、抽象的方法意识。具体地说，它是一个本体意识发生的过程，体现了本体发生即是功夫所致，功夫所致即是本体发生的创造性的活动。此一过程到了宋明理学就发展为察识与涵养的功夫论了。所谓察识就是我说的观与学，而涵养则是基于感与思的内在蕴含与持有，形成了一种状态与潜力，我名为本体的存有或本体（onto-generative being or rooted being）。

最后还需要指出的是，此一内外挟持而互动的本体化及功夫化的过程产生了天地大宇宙与人的小宇宙的相应效应。宇宙的有序与动态启发对人自身结构的理解，而人自身的理解也是在宇宙的理解中进行，也自然折射出我作为人对天地大宇宙的理解。如此相互交感才能产生易学中象传这样的天人相应以及人能从天道中学习到人道的当然与规范意识。孔子并以此为"人能弘道，非道弘人"（《论语·卫灵公》）的灼见。《易经》中就有"复见其天地之心乎？"（《复卦·象辞》）的眼界，到了宋明也自然引申出以天地之心为心的宏通心怀。《易传》所谓"会通"，或孔子所谓"贯通"，就自然成为终极的宇宙整体与本体的认识。

统合言之，此所说的本体方法论，不外乎体现下列几个重要的思考与体验真实的命题：观以见整体，以见变化，以体验本而体的发生；感以认识自我的感动能力，以体认自我的本体整体机构的动态内涵；学则在认识此一观察与感受经验存在于事事物物；思则在反思的体验与组合此一感受的经验。学而思、思而学是建立自我的重要过程，以及体察本体发展的重要功夫。在此基础上，我们说的体验就是观感与学思，我们说的观感与学思就是体验与本体的认识可名为知的活动。基于此，我们可以建立本、体、知、用、行的活泼的心灵内涵，把潜在的理解提升为自我存在的本体。由此本体方能与物相应，形成一个感应与感通，以至贯通内外整体的道的思想，故而功夫所至，即是本体。在这一题解下，不但我们可以理解《论语》中一以贯之、智仁互依的知识论与方法论，我们也能进而理解自我之中心性的发生过程，从而再引申出《大学》与《中庸》的方法与功夫原理。我在下章将发挥此一方法功夫发展的本体化过程，与此处本体的方法化息息相映。

在此理解下，牟宗三所说的"智的直觉"是一个未经分析的概念，乃是假借了西方的直接认知的说法，而不能彰显中国哲学或儒学中"学以致其道"的整体发展，贯通而开放的体验真实的生动形象。纯内在并不可只有直觉或知觉作为方法。所谓"君子学以致其道"的学就不是直觉，而是一个经验学习与思考交替形成的认知过程。就儒学的认知基础研究，我们应可掌握从广博的观察与深刻的反思之中的学习之道。学习的目的就在发现自我，也同时在认识世界。

我们要注意到方法意识是抽象出来的，是理性在观感本体经验中经反思与实践提炼出来的策略方案，是一种思想工程的管理作用。我在讨论西方哲学的方法意识与中国哲学的本体意识时提到西方的哲学史方法如 logos 决定了其本体的形成，而中国的哲学则在本体中蕴融方法因而谓之为功夫，其特点是本体不离功夫，功夫不离本体，而与西方之方法超越本体而决定本体的基本思路形成强烈的对比。

三、儒学的本体学：学思实践方法的本体化

我曾就本体的概念提出重要的澄清，说明"本体"一词不是用本来形容体而是有本以致体，具有整体发展意义的存有概念，因而与"存有"一词分别开。存有或为本体的存有，或为本质的存有即抽象的存有。海德格尔说的存有则为非本质也非本体的存有，因为其存有为抛出的（geworfen）存有，不具有本发展为体的内在性与目的性，故非本体的存有。这一个分别是很重要的，因为这涉及人的本体的修持与发展的问题。在海德格尔的早期的存有论里，人的存有（Dasein）处于焦虑之中，无法建立与世界与他者的联系，必须在无根的基础上作出面对未来的决策；而后期的海德格尔则回归到天主教二元存有的上帝依托论，始终未能认识到人的本体存有的宇宙意义与生命意义。我们必须说，在世界上诸大文化与哲学传统中，只有中国的哲学传统在其根源及其发展中充分地肯定了人的本体发展的重大意义，此一意义的来源在于：（1）人是宇宙本体活力的一个重要实现，因而具有体现与发扬宇宙创造存在的意义；（2）人能够自觉其生命内涵的价值与意义，因而能创建人类的文明而建立人类道德的社会；（3）在个人与自然与社会互动中能够体现终极的内在的根本价值，也是人的自身中可以体验与持续发展的；（4）面对其他文化传统能以一个包含的态度来调和冲突与解除矛盾，同时实现外在与内在，并用内在超越的方式体现外在超越；（5）不断地更新本体，

从不断反思本源的创造力以更新我现存之体,以体现宇宙本体的生生不已创造力与我的自我创新,实现一个个体与群体存在的潜力。

若从一个存有论的现象学的观点来看,显然我们必须面对人的存在的意义问题,而不必先验地决定人的存在与宇宙的存在为本体的存在,而人的存在则为宇宙存在的一个最重要部分,后者是要透过自身体验与自我启发的过程来达到的,所谓"反身而诚"就具有这个含义,回归自我以体现真实。但必须理解体现自我的真实也包含了体现世界的真实的要求,因而必须面对世界,回到事物本身上去,这是胡塞尔"回归事物本身"的现象学的要求。结合此一要求与《中庸》与《孟子》对人的存在真实性的追求,我在上节提出的观感方法论就提供了一个可以认知人为本体的存在的方法基础。但另一方面,我们也不能不指出,此一方法的提出却是站在一个对人的本体的前解上面。当然,我们也不必漠视基于某些特殊的观察与反思产生的其他世界性的存有论的思想模式。对此等模式的探讨是世界主要文明相互理解所需要,目的在建立世界上重大文明的系统理解,借以消除冲突与矛盾,实现一个和谐而正义的全球秩序。这也即是本体诠释学作为方法学提出的"相互诠释、反思真理"以沟通中西的看法。

基于本体诠释学对世界主要文化与哲学在本体论的基础上探讨,我们看到中西文化的差异显现在四个基本的核心存在范畴系统之中。首先,我们必须在形上学上看到四种思考方式,代表四种可能的价值方向的选择,最后导向四种文化存有的方式,即外在性的价值选择、思考与存有方式,内在性的价值选择、思考与存有方式;外在超越的价值选择、思考与存有方式;内在超越的价值选择、思考与存有的方式。我们可以把"择"字代表价值选择,"思"字代表为思想方向,"存"字代表为存在方式,如此我们可以把这个"择→思→存"看成人的存在本体化的过程,一方面表明了与宇宙自然的本体发展有所差异,一方面也显示了人的存在事实上是一个不断选择、不断创新的过程。我对此四者有如下的说明:

外在性的"择→思→存"方式：从外在世界的认识与知识建立价值行为；内在性的"择→思→存"方式：从内在心灵意识解构外在世界以肯定意识之真；外在超越的"择→思→存"方式：从超越的存在的信仰以解说内外在世界的依存性；内在超越的"择→思→存"方式：从人的内在性寻求对外在与内在世界的本体超融。

显然，这四个存有的方式或模型是人类面对存有方式的选择以及对选择进行后的安顿措施。我这里说的存有方式的选择，事实上，是在一定时空与生态环境的条件下自然发展出来的，显示了一定历史文明与文化的成就。不同的时空与环境生态自然影响了一个社群的文化发展的方向与方式，因而在其终极的形态上表现不同的方式，而此等方式又反过来影响以后的选择与决策，如此形成一个比较稳定的文化倾向与效果历史。但这并不是文化决定论，而是文化本体论，而且是一个开放的、渐发的文化形态论，因而允许创新的发展与改革，在一定条件下凸显出整体的改变。这样的改变也有科学革命新创典范的精神在。

就事实言之，外在性形态的典型代表是科学主义，以科学客观的知识为真理的依皈。内在性的代表则为印度的瑜伽唯识文化，在个人心灵意识的深入开发中寻求终极的生命真理。佛学也可以看出这一个内在化的取向。至于外在超越形态，显然必须以阿伯拉罕宗教的超越上帝思想为代表，认为只有在超越的甚至不可知的上帝的存在中看到真理。最后说到超越内在性的代表，则非中国文化与儒学哲学传统莫属。在儒家哲学中最需要指出的是在观感的反思中看到内外上下存在的汇通，形成知识与价值的互基以及信仰与体验的结合。这是我说的超融的心态，也就是我说的内在超越，既不局限于内在性或外在性，也不脱离心灵与世界，而是整合两者为一体，实现一个肯定生命存在、开发生命存在与不断提升生命存在的动态发展的价值行为。基于以上对选择思考与存在方式的思考，我们看到了儒学对人的存在的定位，同时也看到了儒学发展的方向。此一方向乃是以内外合一之道来拓展与体现上下合一或天地合一之道。它并非不重视形而上的信仰，而是要把信仰建筑在知识与价值互动的基础上，以维护生命发展与实践的价值活动。其中涉及与科学、心灵哲学、神学等的对应与整合关系。这是需要不断地认知与决策的，也是需要不断整合与融通的。这是一门自我修持的学问，是一个所谓博学、审问、慎思、明辨与笃行的功夫。这也就是《中庸》提出的中庸之道。孔子已经看到它是一个艰巨的实现过程，但孔子并未因此而放弃，反而更能锲而不舍地去追求，体现了尽性致曲的、致诚以至诚的学习而创新精神，如此则能在实践中"虽愚必明，虽柔必强"。（《中庸》）

最后我要强调的是儒学就是人的本体存在的修持学，亦即在择、思、存的学习与创新的过程中，实现个人或群体的整体化创新，与时并进，以应时需，也创造时需。此一过程与作为我称之为本体的修持学或本体学，以别于在思想认识上的本体论。本体学能导向本体论，而本体论的存在理由乃在笃行，亦即本体学的体现。基于本体学，这样我们对本体论也就有了一个新的认识，即是本体学是要与实践联系在一起，而本体论则不一定要与身体力行的实践活动联系在一起。英语中以 logy 表示论，以 ics 表示学，故就 metaphysics 的本意应区分存在论 ontology 与存在学 ontoics，因而区分本体论 即 generative（creative）ontology 与本体学即 creative ontoics。就 ics 之为学来说，物理学与伦理学都是学，而物理学中的相对论与伦理学中的责任论则是论了。

四、儒学的伦理哲学：德性、责任、权利与功利的整体化

我对儒家的伦理哲学有两个重要的表述：一是对基于对孔孟的认识所重建的德性体系，一是对整体人类伦理学（integrative ethics）的发展与儒家德性伦理的定位。就前者而言，我们都知道孔子以仁为人之本，以人为社会国家之本。但对仁的诠释与基于仁对诸德的诠释，却可以有

不同的路径，在西方语言中"仁"之一字有不同意涵的翻译。我的对仁的理解与认识是本体性的，仁为本，但仁也是仁本发展出来的仁体，故有子说"君子务本，本立而道生。孝弟也者，其为人之本与？"（《论语·学而》）其精神在体现仁为基于孝弟推展出来的体性。但另一方面，无疑的，仁作为人性的根源与异于禽兽的几希却是任何的德性的本，故本体的说仁是人的存在的本，而不仅是人的存在实现的体。事实上，以仁为本，以仁为体，其最高的境界与理想就是与天下万物一体之仁，能参与天地的化育者，此乃人的本体存在的最高体现。

从仁本到仁体的完成乃是一个道德与伦理实现的过程，也就是不同德性凸显与实现的过程，因为这一过程中必然涉及各种人生处境与各种人物关系。第一个涉及的是智的发展。学者对智的理解往往处在仿佛之中。此处我要指出：智者知也，必然涉及对世界万物与生活处境的知觉与认识，乃是具体的理性的认识与具体情性的感通。知而后能作出是非善恶的正确判断，就是智。人有此一能力是必须肯定的，我们可以从常识上论证，也可以基于人的生命的目的性与意志选择的自由与学习反思的能力，来彰明是非善恶的原初分野与应然取向的自觉。总言之，人的关切必然导向智。就具体处境与差别环境的判断，然后诉诸仁以为保全与持续。这是我的仁智互通的诠释。在仁智互动的情景下，我们才能谈义与礼的兴起。

如果我们把仁看做等同原则，义则可看为差异原则。仁者基于一己之仁，要自然而正确地对待他人，就不能不运用知来达到知人知物的目的，并基于仁的实践性，体会价值以对人与处世，此即是智，或名实践智慧。基于对差异的认识，予以适当的对待，以建立合理的分配与合乎条理的远近与差等原则，此即是义的所以提出。义是适当的处理实践与对待他者，除适宜性的含义外，当然也有是非的分别与正义的坚持的含义。待人以仁是宽容，待人以义是尊敬。两者都是需要的。有了仁智下的义，我们才可以建立社会人与人间的行为规范，此等行为规范必然要顾全人与人之间的关系形成的情感，也要有保障社会人与人的沟通的能力。因之它不是死板的法，也非单纯的社会规约，而是合情合理的规范，这就是礼。礼是仁而至智的圣者制作出来的，必须应乎情、合乎理，而又有教化的功能。礼的运行是一个文明社会之为文明的标志，知礼也是一个文明人的标志。但必须注意的是礼的体系是可以应时而革新的，孔子对礼制的损益改革是十分看重的。因为礼制反映一个社会的道德品质。有了礼自然可以引进法律。孔子并不一定反对法的重要性，因为对于不能自主的小人只有用礼以化之，用法或罚以范之。如此这个社会才有信。所谓信就是值得信托，值得信赖，所谓"民无信不立"。(《论语·颜渊》)如要问人之为仁的基础为何？回答当然是人之为人的真实。如果一个人不能做到为人的真实，则他是无能启发初期内在的存在的感情的。这就是诚的重要。诚是人的真实，表现在人的表里一致、前后一贯的真实性的自觉之中。因为易于沦入虚妄与蒙蔽，追求真诚与保持真诚是随时需要的。孔子曰："仁远乎哉，我欲仁斯仁至矣。"(《论语·述而》)已预设了人的本性的真实性。自《中庸》而《孟子》，提出反身而诚，说明儒家理解到回归人的真实无妄的重要，如此方能发掘出仁义的道德感情与意志之所自。如此不但仁义成为可能，明智也成为可能。明智与真实相为表里，故《中庸》说"诚则明，明则诚矣"。此处必须注意的是诚不但是德性与能力，也是心智活动的根源，显示了自我认知的自觉。只有在此自我认知的自觉中才有道德的自我可言。诚之一字对道德的心性哲学的建立，具有关键性的作用。更有近者，诚之为自我的真实，更为自我的真实源于宇宙的真实的体验，显示了外在宇宙经验与内在的自我体验的一致。在此一役上，儒家的伦理德性就有了一个宇宙本体的根源基础，也就成为了天地的道与生命的德。宋明儒家中周敦颐讲诚能感通，二程与朱子讲德性即天理，王阳明讲心之即理，都是以天人一本之诚为基础的。

基于以上所述，我对儒家伦理的深入诠释导向了下列的体系表述：

天地生生不已之道→为己一体之诚→仁智合→仁居义行→义质礼表→信达上下

　　这一儒家伦理德性的诠释，也说明孔子的伦理是以道德的一贯性作为内在线索的。

　　现在我再就儒家伦理学的现代与世界定位进行简单扼要的阐述。这个定位是与儒家的仁的基本内涵与活动的认识密切相关的。首先，我们必须认识到孔子所谓仁如何去理解？我们的体验显示它是一个超越差异的情感和知觉，一般我们都看到他人表面与我的异同，而无法看到他人的内心的真相，因为我无法进入他人心中。但仁却是一种在差异中对他者的移感（empathy）与同情（sympathy），事实上是用自己的情感投入他心之中，所谓"他人有心，予忖度之"（《孟子·梁惠王上》）用想象与经验来感受他者。这是一个经验的事实，但也可以体会为先验的对人心的理解，即所谓"人同此心，心同此理"。孔子对仁的提出，就是对此一能力的自觉的发现。但对这一能力的分析应包含两部分，一是实际地感受他人，但这个感受也不纯然是情感，而是有知觉与认知的成分在内。或者这样说，这种情感是预设了差异的意识的。往往正因为差异和他者的差异以及特殊的状态，而引发我的移感同情的。这个差异的知觉很重要，因为我如基于我的情感而行动，必然是要把这个差异的知觉考虑在内的，我必须要问：在何种情况下才能做到"己所不欲，勿施于人"？（《论语·卫灵公》）或"己欲立而立人，己欲达而达人"？（《论语·雍也》）仁因而是一个有知觉他者与我异同的感情，再进一步要把这种知觉的感情转化为一种考虑他者情况而予以有益于他者的行为或行为动机，也就是助人利人之心。

　　此一转化就把原有的同情转化为道德的感情了。这里我们又可以说，此一仁的感情有一个引发实践理性的力量，使我在感情上去建立对行为或行动的要求，使感情转化为意志的要求与理性的规则。因而，仁的感情也就可以体现为仁的理智与仁的意志，使感情转化为价值，去规范行动,而且以实现他人的利益为目的。这里主要说明仁的性质是逐步表达的,也是逐步实现的。更重要的是指出事实的情感在人心中可以转换为一种德性或德行,又可以转换为一种责任或义务,甚至转化成一种根本的权利。最终,仁也可以指向一个在权责满足情况下的共同功利。当然,我们也可以说,仁可以以义务与权利的满足为导向善的目标。有此理解,我们可以看到义的重要,义是在仁的情感的自觉下对差异的他者做出公平与公正的行为。透过差异去认识人的共通的感情,并用以同情他者,是仁;从同情的共感再掌握差异,以施行考虑差异在内的公正,即是义。儒家的仁义哲学即是基于差异中的同来回应差异他人获得应有的利益。仁是同情共感,但仁感预设差异,应差异导向义或正义。

基于以上分析,一个以仁为基础的道德与伦理具有动机与动力,可以导向责任与权利的意识,最后在责任与权利满足或实现的基础上导向对他者的功利。我如此分析,其目的在指出儒家的伦理是一套德性伦理,却涵摄着一套责任伦理与相应的权利伦理,最后实现为超越私利的对他者或群体的功利伦理。如此论证,则可以看到对仁的理解不但是德性伦理的基础,也是责任伦理与权利伦理的基础,并不排除功利伦理的可能性。如此,我们甚至可以界定仁为实现责任与权利的公共利益行为,不但与西方的自亚里士多德的德性论理相协和并包容,亦且涵盖了康德以来的责任伦理与权利意识(个人之应得)以及以全体与多数及长远利益为利益的功利主义。在此一深入的对仁的理解下,仁可以成为全球伦理、生态伦理与经济伦理的基础与行为动力。

五、儒家的政治哲学:基于人性与仁德的国家治理与全球社会的和谐化

我对儒家的政治哲学基本上保有两个重要观点:其一,儒家阐述的古代圣王的禅让制一方面显示了孔孟对理性政治的向往,但一方面也反

映了一个早期由社会走向政治权力的历史境遇。儒家理想的政治体制是以民为本的圣王治理。圣王之为圣王有三个要素：第一，有完美的道德情怀，无私地关心百姓的待拯处境；第二，有智能与能耐解决或帮助解决社群面临的公共问题或灾难；第三，百姓表示听从有能有德者的组织安排，接受领导以发挥解决公共问题的作用。此一认识是重要的，即圣贤的君权以其无私的有能力的领导服务于民，而无任何基于地位而非职务或任务的特权。鉴之五帝的传说，这三个条件都是适用的。自禹以后，王权流于家传，显示了君权的特权地位，为有权力野心所角逐。最后君权沦为非常的特权，但仍有传统天命的约束。《孟子》引《尚书·皋陶谟》说天命即民命，也仍然反映了百姓民众的支持。三代以后王权不再从圣贤的要求来看待，而圣贤只是用来点缀王权的谀辞了。明代黄宗羲深深体会到君权独裁的恶果，在《明夷待访录》中论述君权的腐烂，造成国家的败亡，所谓"一人贪戾，一国作乱"，而历史上天下的兴亡，往往系之于一国之君的有为与无为了。显然，如果天下没有了圣王，百姓也选不出贤能有德之人以为国家社会的治理者，百姓至少要以天下事为己分内事，要关心、要参与、要监督，而不是只有等到革命为解决问题的唯一手段。这一观点我认为就是儒家的观点。当然，儒家的观点更在提醒、教导、协助及督导为政者，使其趋向于正，居正位而行正道。所谓正则在以民为本，惠民与利民，提供一个发展、繁荣与教化的环境，使社会进入安和乐利的境地。当然，儒家也有教民化民的职志与抱负，孔子就是一个最好的榜样。但历史上的发展，儒家扮演的角色显然是以辅导君子以德从政为主要任务的，所谓"学而优则仕"。

禅让政治也可以是一段时间内的历史事实的原因是：中国地大物博，考古上看得出远古时代，各个族群分布辽阔，不必用战争来维护生存，反而靠通婚与交往来发展生计，形成了原始社会中九族敦睦的状态，才有《尧典》所谓的"平章百姓，协和万邦"的理想。在这样的历史背景下，中国历史上的政治管理就不必雷同于西方的历史。西方霍布斯提出的神权说显然不适用于中国。但洛克与卢梭之社会契约说又如何呢？我认为两者的政治学说有可能受到启蒙时代传入的儒家学说的影响。两说一方面体现了人民自然权利的重要，另一方面显示了贤能政治的必要，以及君主可以转化为集权专制的可能。我看到两者的理论认识可以用来说明中国从圣王走向专制君主的实际情况，以及孟子为何主张革命民权的政治哲学。当然，西方在近代逐渐走上了民主法治的政治，这是一个制度性的发展，而中国虽经列强的侵略，历经战乱，仍能秉承着儒家传统的以民为本的精神，向民主法治的方向发展。

我对儒家政治哲学的第二个重要观点是：儒家看重人治，但也同等重视法治，但两者必须有效地结合，方可相得益彰。如不能有效地结合，则适得其反，人以法犯法，法以人搁置。孟子说："徒善不足以为政，徒法不能以自行。"（《孟子·离娄上》）但人与法两者如何调和与整合，孟子说得是很清楚的。为政者，必须要有良好的目标，有足够的聪明才智，力行仁政，才能达到治理的目的。他说的仁政是包含了惠民的制度规章的，而不是空说的理想。既然涉及制度规章，当然也不能排除法律与惩罚制度，以为克制违法乱纪者之用。当然，最大的问题是此一法律典章又如何产生呢？回答仍是回到先王之法，所谓"不愆不忘，率由旧章"（《中庸》）。但时代是变化演进的，如何制作新的礼法仍是一个重要问题。荀子主张法后王，并不废弃先王，把问题导向在何种基础上建立良好的治理的礼法制度。显然，基于先王，有些制度可以继承下来，面对时代的改变与人民的需要，进行损益的改革，应是可行的。问题在如何选贤与能，让有意志有能力的来进行改革。问题也在当权者有无改革的眼光与决心。孔子在《论语》中提出了两个治理模式：一是"道之以政，齐之以刑，民免而无耻"（《论语·为政》）；一是"道之以德，齐之以礼，民有耻且格"（《论语·为政》）。如上所示，此两模式不必是冲突矛盾的。事实上是可以相容的，而且两者的并行是必要的。何以故？这是因为社会上有君子也有小人，也许小人更多。因之，对接受教化的民可以发展为君子，可以自我管理自己。另一方面，更大多数的人必须用法律与规章来阻止其犯法，故不论其有耻或无耻。儒家的政治可说是先给予礼的制约，但如沦落为小人，则不得不受君子的惩罚了。

儒家的政治如何建立标准，此一问题到《中庸》已有比较清晰的回答。《中庸》提出了王天下的六个重要的考虑："故君子之道，本诸身，征诸庶民，考诸三王而不谬，建诸天地而不悖，质诸鬼神无疑，百世以俟圣人而不惑。"对此六项要求的诠释，学者多未能细探其究竟，往往与《中庸》提出的"三重之道"混淆起来。再者，这里明明说的是六项，绝不可能变成三项。我们对此六项的内涵也要有深刻的反思，找到它们最实际与合理的诠释。在此理解下，我们可认为第一个考虑的是治理之道必须基于主政者或希冀主政者的信念与智慧，而非附会他人；第二，必须从考察中看到它获信或取信于普遍大众；第三，在征引成功的历史作为例证，以见支持；第四，合乎天地之理而放诸四海而皆准，也就是符合自然与人道；第五，必须在一般宗教的鬼神信仰中不会引发质疑或对立；鬼神代表的是精神信仰或价值，而不必是超越的上帝，也许更应该是祖先与天道；第六，诉诸长远的实行以待圣王之出。如此理解，此一王道的建立乃在寻求合理合情的可持续发展的中和与中庸之道。因之，任何符合这个意思的要求都不必排除在外。在时代的发展过程中，对人民大众的征信尤其显得重要，这也可说是一种民主化的趋势，以民众群体的参与来实现以民为本的精神。其次，从人类文明历史发展的精神来看，宗教的信仰应受到保护，但却不应成为立国为政的基础。如就内圣与外王的各自的内涵来看，宗教信仰可以是个人内圣的修养的一部分，但却不能也不必是建立政治制度进行有效管理的根据。后者有其自身的系统性的要求。这也就是我把政治的内在基础与外在基础分别开来的缘故。政治的内在基础最重要在道德的修持，体现在《大学》中的修身这一项要求上。但修身却必须以正心诚意为基础，而正心诚意则必须以格物致知为基础，其中并不包含涉及鬼神的宗教信仰。当然，这一宗教信仰对个别的人来说是重要的,可以看成内圣的一部分,其作用在可以提供个人生命的精神稳定性或道德修持的坚定性,是针对个别的个人精神需要而发展的,而非全体或公共的需求。再说,宗教信仰可以多元的,而事实上,也是多元的发展,因而不必用政治力量强加一个宗教信仰于大众之上,这也是西方自启蒙运动以来政教必须分离的理由。西方强调的自由往往指的是免于宗教迫害的自由,其次才是免于政治迫害的宗教信仰的自由。在两种自由的意义下,都可以看出即使在西方宗教信仰是内在个人的事,而非外在政治管理的元素。孔子事实上也看到此点,故而强调"敬鬼神而远之"(《论语·雍也》),主张"祭如在,吾不与祭如不在"(《论语·八佾》)。

在如此的理解下,内圣外王的关系是什么呢?内圣的修养在完善个人的心智与道德情操,能克制私心与私欲而关注社会的秩序与群体的福祉,也就是培育自我管理的能力并建立管理社会的能力。后者是为了社会需要贤明的领导与管理。因为有公共的事务必须管理,要能做到明辨是非善恶,主持合理的分配与正义的裁决,维护社会之是与善,涤除社会之非与恶。这都是能力与眼光问题,而非单纯的道德问题。显然,道德是保障从政者的基本出发点的正确性。在此基础上,为政者治理的能力却是内在修养的重大要求。从政的外在要求则在提出可行、可信以及符合群众及整体长远利益与发展的规章制度与政策策略的建立方面,反映了从政者的本体存在之用,而非其内在的信仰的直接挪用。在此一理解下,孔子提出正名的思想作为行政的措施并非他的道德修养的直接挪用,而是他在对仁与义的道德情怀基础上针对管理对象所提出的对策。由此理解,内圣不一定能够开出新外王,因后者乃知识、民意、社会需要与政策方针、法律规章之事,而非个人的道德的或宗教的修养之事。前者是必要的,但却非充足的条件,故内圣开不出新外王。内圣外王并举,指的是兼内圣与外王,而非内圣引发外王。如此,我把管理哲学提出来,以别于道德哲学,旨在说明管理之事除需要道德的修养外,也需要或更需要其他管理的能力，因之也不能在方法上局限于儒家。我在《理论：中国管理哲学》中就明确地指出管理之道应考察七家之言，以符合现代管理的需要。七家之言代表了七组现代管理要素：承诺与计划、组织与领导、竞争与合作、改造与创新、沟通与协调、整体化与循环改进整体清理与新出发，相应于道、法、兵、墨、儒、易与禅。在此，儒家的仁义之道与生命的道德感情仍然是管理的主体与本体，而七家之言，包含了儒家自身，也都成为儒学本体之用与行。

儒家政治哲学的终极目标是治国而平天下。关于治国之道，孔子强调了"德而礼"之人治，但也不废除"政而刑"的法治。强调了道德的修持以建立自我管理的能力，这是道德意义上的君子，但政治意义的君子除却有自我管理的道德修养外，还应有管理他者与群体社会的能力，这必须是仁智合一的更进一步的运用，必须有充足的认知能力以及维护社会发展的智慧，而且能为庶民所征信的，所谓"无征不信，不信民不从"。为了达到贤明政治的目标，《大学》提出了为国九经的制度要求，《中庸》提出了三重之道与六点判准，这些也都表明了儒家在原本的思考中是注重本，也重视体的，而所谓体却必须同时体现现实的需要与理想与客观的价值。因之政治的政是对社会客观价值标准的建立，也就是在众多的可能性中找寻一个正的标准。孔子早就提出了正的要求，而且是以真实作为正名的基础，显示正是离不开事实与仁义之道。最后，荀子提出"隆正"的概念，以正为隆。追溯历史，实际在《尚书》中已有洪范的提出，分析《洪范》的内涵，也可以看出当时对政治管理的标准的认识。我曾把此一认识说为中国宪政思想的发引。基于以上所述，我们在儒家的政治哲学中作出四个分别：一是为政者个人的道德修持，一是客观为政需要遵从的大原则大方向，一是在具体为政时的各项要求，包含民意的要求，一个是实际为政的管理方案与行为。从儒家的文献与观点，我们可以看到从《尚书》以下到孔、曾、思、孟、荀，都有一个基于人性与仁道的"以正为隆"的政治理想与目标，因之可说已有一个政统的理念，非如牟宗三先生所未能认识者。至于治统及如何实行仁政，也有一致的方法与策略认知。此点牟先生是无异议的，但却没有作出以上有关第三点与第四点的分析，因为他尚无管理哲学的概念。当然，儒家所说的正或隆正仍可看做一个开放的概念。在今天，我们有了更深刻的民主意识，更深刻的经济发展意识，更深刻的社会分配正义，民意或社会意志，及其所要求显然可以考虑为政治之正的一个构成成分。

儒家政治哲学的一个重要的概念是平天下。但何为平天下？在《大学》与《中庸》的文本中并没有详细的论述。《大学》是把重点放在治国之道的延伸上，把治国的絜矩之道推引到人与人之间、国与国之间的关系上，也是建筑在仁义道德为文明的基石的信念上，故如孔子所说"言忠信，行笃敬，虽蛮夷之邦行矣"（《论语·卫灵公》）。但这并非平天下的意涵。实际上，平天下应该有两个意思：一是统一天下以管理之，一是协和万邦以实现天下太平与世界大同。可能在战国晚期，平天下就有前一个意思，孟子说"天下定于一"（《孟子·梁惠王上》）。但我看《大学》的平天下尚无此意，而是协和万邦的继承。至于《中庸》，虽有"经纶天下之大经，立天下之大本，知天地之化育"的天下一家的思想，但还非以一国平定天下的想法，而是天下的人民都能得到道德君子的管理而享受安乐与和平。因之也不必非一个多元的国家形成的协和与开放。也许可以看成一个最早期的全球化以社群思想为主的设想，对现代人类如何解决国家主权纷争与世界霸权争霸，提供一个超越国家利益的世界和平理想。

六、贯通之道与批判的自我实践与实现

基于以上对儒家哲学的理论重建的诠释，我们看到儒家哲学有非常丰富深邃的对人的生命及其内涵的透视。当然，我们必须说，没有一个重视真实本源的诠释与一个分析义理的重建，我们是无法掌握这个儒学

的精微系统的。总结我们论述儒家的四个方面，可以提出五个儒家哲学的特点与基本性质：

儒家哲学是对人性的开发与充实与体现进行的反思：人的存在是有意义与价值的，因为其呈现的人的存在是宇宙自然创造力的发展，因而人具有与天俱来的创造力，但人类必须自觉地开发这一个创造的力量，必须肯定生命而培育理解自然真实与人类真实的创造能力，必须成就一种自由而不违反自然，却能扩大自然。

儒家哲学是一个自我实现的批判的实践过程：儒学从肯定人的存在于生命的价值开始，是一门透过自觉的思与学而建立自我与实现自我的活动。人之为人决定于人之生的潜能的发挥与实现，是人与人的交往以及人与天地自然与自我之间的探索来界定自我，故能日新又新，逐渐形成一个心灵生命的自由，如孔子对自己生命的成长的描述。这一过程也是一个自我修持的过程，无论在人伦的关系或政治处境的关系上都要有独立自主的精神与尊严。只有在此修持中人能超越自我而成就精神的完美。

儒家哲学要求一个不断改革的政治制度：孔子说："法语之言，能无从乎？改之为贵。巽与之言，能无说乎？绎之为贵"。（《论语·子罕》）儒家并没有预设当权者就是圣贤，但却坚持他必须是一个君子，即一个能够自我管理以及有能力管理社会的人，因之他必须日日反思自身，有过能改，方能做到仁和正直，与民为善。所谓明明德、新民或亲民，以至趋于至善，都必须有不断精进，不断自我检讨的精神。君子议礼、制度、考文，都是为了适应新的环境与创新文化的需要而要求的。以《周易》的易道为基础的周易礼乐文化，就是文武周公改革旧章而形成的新制，绵延数百年，由于不能继续创新与改革，周文疲敝而衰落瓦解，是历史上革而兴、不革而衰最好的例子。改革的政治是重视根本目标的管理，是持续管理。

儒家哲学是一个本体知用行的学问：儒学基于对宇宙的观察，认识到存在的本源性与体系性，尤其强调本体的动态生成与发展。在人的本体形成过程中，自觉的心性扮演了极为重要的角色，有了心性的知，才有了价值目标自觉的追求，把人的创造力用于自我的创新与文化或知识的创新，这就是用。有本有体，不能没有用。因有了此用，人类文明的推陈出新才形成了人类文明辉煌的历史。但更重要的是：本体的个人或集体的人更能进行彼此的理解与相互的关怀，逐渐形成相互沟通、相互学习的发展关系，不但以此可以互通有无，且能取长补短，相互补充，携手共进大同和谐之境。这是人类的本体的行的作用。不幸的是，在人的本体道德的行的方面，人类离理想之境甚远。现代化最大的危机即在一旦有人掌握了国家权力，就开始玩弄权力，称霸世界，图谋他国土地，发动侵略战争，或利用职权，私相授受，置正义于不顾。这是对儒学之行的最大的迫害，如何对治是儒学最大的挑战。在国家政治的发展中，儒家哲学可以发挥其融通与创新的精神，虽不当其位，却能致其用，也可以发挥其领导与管理的影响与作用。

儒家哲学是一套贯通上下左右的体系：从观察自然事物到反思人的心性，孔子认识到人与自身，人与他人，人与天地的一贯之道。所谓一贯是指连贯各方面的生生而条理的原理，但却内涵于事物之中，并非外在于事物，因之是贯通人与天地的生命发展的原理，或可名之为天能生人、人能弘道的生命创造力。在此基础上，乃有贯通人的心性的同情共感的仁爱原则，再进而形成具有道德意识的絜矩之道，具体表现为人与人之间交往的忠恕之道，再表现为实现自我的中和之道，以及维护平衡的中庸之道。前已指出，大宇宙的天地与小宇宙的人的本体自我是可以相互沟通的，沟通之道即是本以成体的体以溯本的观感学思体用过程。但人之个体与人之群体如何沟通，以形成文化与和谐的相互理解的社会，却有待个人在理解他人以及推己及人的过程中，发挥天地创新与包含之道的精神，以解决社会不协调与国际之间的纷争问题。

这些都是孔子的一贯之道，而它们之间也有相应的贯通，体现在我诠释的方法意识与本体意识之间，以及道德哲学与政治哲学之间。事实上，从方法到本体，从本体到道德与政治的应用，都是一种推广的创新与差异功能的融合。因其贯通，故能理一分殊，一元多体，殊途而同归，百虑而一致，无形中实现了易道展现的变易、不易、简易、交易与和易的无疑结构与过程。以上基于我对儒家哲学融会贯通的理解，系统地诠释了儒家哲学，也给予它一个理论性的架构，我名之为儒家哲学的理论重建。我深知儒家哲学的精神贯穿中国历史数千年，经过我说的五个重大的发展阶段，涉及的典籍与著述不下几万种，可阐述的论点何止千百个。我在此并未详加征引，只用简易之道，强调它的精华之所在、精微之所示、精神之所至，但却与我们的世道人心密切相连，与我的个人生命，与我所属的群体与我所在的世界血脉相通，继承了一个传统，涵盖了一个过去，面对了一个现代，指向了一个未来，与时俱生，与时俱进，与时俱成，或名之为"新新儒学"，不亦宜乎？

四

儒家伦理与全球伦理

儒家哲学中的宇宙学、生态学与伦理学三位一体论

引 言

在近年来逐渐高涨的生态危机意识中,最近的哲学文献中也同时出现了对环境伦理的需求,而自上一世纪以降,西方哲学家和伦理学家也已明白指出人道主义或人道主义伦理学所带来的负面影响[01]。批评者认为人道主义或个人主义(Personalism)只是一种以人类为中心的理性主义,只是一种将道德限定在人类活动的"人类学自我中心主义"或是"人类沙文主义",其对于良善及价值的追求只是为了满足人类的利益及关怀[02]。毋需置疑,人道主义在取向及目标设定上可以是义务伦理学或功利主义的,但其终极目标仍旧在寻求人类集体或个人之福祉及满足。人道主义因而可以被视为是人类在自然界中实践"集体自利"的一种设计。我们或许因而可以指出,人道主义其实可以整合黄金法则(the Golden rule)、康德第二版的绝对命令(Categorical Imperative of the Second Version)及其他博爱原则,来做为其内涵的一部分,人道主义因而不需被视为是绝对以人为中心。更进一步来说,人道主义甚至可以将这些道

---

01 始自 1979 年。已有许多有关环境伦理学之文献陆续发表。由 K.E.GoodJpaster 和 K.M.Sayre 合编,圣母大学 1979 年出版之《廿一世纪伦理及问题》一书为环境伦理问题探求之先驱,该书探讨环境与社会之间伦理理论及现实问题的关系。

02 参见前列文献之 R. 和 V.Routley 的 "*Against the Inevitability of Human Chauvinism*",第 36—59 页。

德原则延伸至所有有欢喜及痛苦知觉的生物之上。[01] 人类设身处地地站在一支蠕动的虫的立场上，来决定如何对待虫类。我们可以自我要求地将其他生命形式视为目的本身，而不只是一种手段，或者只是纯粹基于保障自然生命活动及发展的立场上，来爱护所有的动物。如此一来，我们或许可以据此建构出一套人道社会取向（humane society approach）的伦理学来对待飞禽走兽。然而，即使如此，我们仍然没有回答人道主义伦理学为何必须以人类为中心，仍然没有回答人类为何可以将人类道德原则普遍地延伸至动物世界。

很明显的，人道主义道德原则的发展是以应用到人类日常世界为目的的。然而在将人道主义伦理延伸到动物世界，或是更进一步到所有生命形式的同时，我们虽隐约但也明白地假设这样的道德延伸，是为了避免人类中心道德所可能导致的生态崩解，这个假设因而仍是一种基于人类福祉的功利主义考量，虽然比其他思考更为全面并整体地兼顾到生态崩解的危险性，但充其量也只是一种反省层次上的功利主义思考罢了。

然而，在揭开人道主义或人道主义伦理学背后潜藏的功利主义思考的同时，我们也摧毁了其在应用上的伦理及道德有效性。试想在某种情况之下，我们基于更进一步的功利性思考，被迫放弃或撤回这样的道德延伸。然而即使如此，我们终究还是归结于对我们所处的自然世界及环境可能带来好处，但也可能带来伤害性结果的以人类为中心，及以人类为目标的伦理思考及道德行动。

基于以上的讨论，我提出以下三个基本同题：是否能有另一种不同诠释或理解人道主义的方式来调解人类中心的倾向？是否能有其他能同时平等及适当对待自然及人类，而不只是考虑单独个人或人类的方法或判准？如果确有这样的判准及方法，人类应该如何应用才能在自然世界中道德地实践，并据此发展出一套伦理态度及习惯来维持这套判准及方

---

[01] 参见前列文献之 W.K.Frankena 的 "Ethics and the Environment"，第3—20页。

法?本文将在哲学层次上,从儒家及新儒家的观点来探讨这三个问题。

包容性人道主义作为宇宙伦理学及生态宇宙论

如果留意过去两千五百年来人类对知识的探求,我们可区分出两种形态的人道主义:提升人类成为宇宙主宰者及支配者的"排他性人道主义",及强调人类协调能力作为其存在基础的"包容性人道主义",现代西方从近代以降可以说是属于"排他性人道主义"。虽然我们不必将笛卡儿的理性主义视为"排他性人道主义"的原型,然而,无可置疑的,笛卡儿的理性主义哲学提供了近代西方排他性类型人道主义的一个发展基础。

首先,笛卡儿设定了一个本质上自然主义的神(deistic God)来作为我们对于外在世界知识的唯一基础。但是对于这点的认知也使得我们得以利用知识来征服自然世界,而这背后没有任何伦理上的设限来约束我们如何使用外在知识来进行对于自然的开发与利用。笛卡儿的心物或灵肉二元论又进一步为心物或灵肉的宰制关系提供了一个逻辑基础。传统的创造之神(Creator-God)高高在上之余,也赋予人类宰制地球的权力。不同于文艺复兴的艺术之人,近代的理性之人从黑暗时期(或是牢笼)的桎梏中解放出来之后,借着在发明上的聪明,在工业发展上的筹略,首次在权力的演练中尝到了宰制的甜果。用尼采的比喻,现代人如同一只由骆驼蜕变的年轻狮子乍出牢笼,现代科学及资本主义就如同这只狮子的一双利爪,同时提供了他玩耍及捕猎的武器。由此看来,人道主义在近代西方,只是一种世俗化的权力意志,其目的在以理性科学来致力支配。事实上,对于权力的迷恋不但产生了浮士德式知识权力(享乐及自我荣耀)与价值真理的交换,并终究导致人类自我意义,及人类自由的全面瓦解,在人类这样的发展中,自然世界也因而失去其对于人类的魅力及内在道德价值。自然对于现代心灵而言不是一个住所,而是人类追求及收集财富的猎场。然而不是科学及理性夺取了自然对于人类的道德价值或内在意义，而是因为后中世纪的人类取代创造之神，但却缺乏传统上神被赋予的善意。这种人道主义因此是排除了人类与外界其他事物的真实关联及内在联系的人类中心主义。这种排他性不但产生对自然资源的逐渐控制，及对科技的加速发展，也是在人类工具理性的成功运作鼓舞之下人类绝对权力意志的展现。这种排他性的人道主义只是近代人以科技作为征服掠夺的武装，进行其个人主义工程拓展的伪装。

然而，还有第二种形态的人道主义，"包容性人道上义"。[01]如字面显示，这个意义的人道主义强调人类作为自我转化及转化外在现实世界的主体。当自我转化是根基于实在，而实在的转化也根基于人类自身时，则人类自身及实在之间也就没有分界与分歧。而这表示二者有着本质上的关联。如何理解及解释这样的内在联系是一个形上学工作，其不仅涉及想象，也必须透过一种同时定义实在即人，而人即实在的有机关联的深层感受及经验。从这个关联来看，人之为主体及自然世界之为对象之间并无本质上的对立及冲突，同时也没有人之为实体及自然之为另一实体之间的对立及冲突。事实上，人及自然二者相互依附于一个连续发展的整体。这个同时包含人及自然的现实整体必须被视为一个容许人及自然能在其中相互转化的动态的创造的转化过程，而这也清楚地证明了这种转化的实在性及创造性，提供了转化过程所需的内在联系。因此，包容性人道主义是一种人类作为实在，在实在中，来自实在，并为了实在（in reality, for reality and from reality）的自我实现的创造过程的观点。

"包容性人道主义"的一个基本认知与理解是：自然或整个实在——无论是作为移动中的宇宙，或作为事物的整体——包含了存在之为价值相互联结或相互联系的脉络。这不仅表示实在本身是人类及万物的共同

---

01 在我以前的文章中使用了"内在性人道主义"（intrinsic humanism）来指涉本文中的"包容性人道主义"，而使用"外在的人道主义"（extrinsic humanism）来指涉"排他性人道主义"。

来源或基础,并由于这个来源及基础,每一事物因而得到其内在价值——其之为价值在于促使万物之间形成一相互丰富、相互增强的关系,并因而促成万物之间整体的统一与和谐。这也同时表示万物之间理想的和谐,不但是人类在行动上的基本考量,也是万物之间关系发展的自然限制。因此,没有所谓抽离世界的超越上帝,也因而无所谓上帝授权人类作为他在世间的代表,上帝根本无需设立任何代言人,因为人类从一开始即与其他万物参与在整个转化过程,而为其转化力量的一部分。

当人在了解到他的角色及领域之时,人及自然已经是本质上结合为——实现为可以在过程中被遗忘,但却不能被完全泯灭的人类与生俱来的存在知觉。虽然在历史情境中,初发的权力意志在寻求自我肯定,自我膨胀或自我荣耀的过程中不可避免地导致个人自我的内在分裂,因而失去其与万物分享共同根源的感觉,并进一步导致为了征服及占有的永无休止的争夺及冲突,然而人类与生俱来的存在知觉是可以透过教化而得到回复的。由"排他性人道主义"回转到"包容性人道主义",人类不再是世界的中心,而是人类与自然万物的中间桥梁。对"包容性人道主义"而言,人类精神是一种转化权力意志成为仁爱精神的朝向和谐的意志。人类因此是被理解为介于世界万物之中的创造性转化、关联、协调或相互认同的管道。人类创造性转化过程因而是与世界的整个转化过程相互契合的。从这个角度来看,因而无所谓绝对的得或失,一切都是人类在人类良知的运作下,极其可能地在潜能与实际,正面与负面之间努力达到的动态平衡。"包容性人道主义"所耕耘出来的果实,在人类受益的同时,也丰富了其所耕耘的大地,"包容性人道主义"因而可以说是"耕耘的人道主义"。相对之下,"排他性人道主义"则是人类因为对客观化世界的疏离,不断致力于土地的支配与领土所有权的争夺,就像是游牧民族对大地永无休止的狩猎与掠夺。

"包容性人道主义"的基本行为与道德模式是把自然世界包含在和

谐关系之下，人类及道德行动的对象因而不能只限定在人类，或只与人类关怀有关的事物。任何事物——不论是生物或非生物——都可以是人类在兼顾时与地、人类与自然、现在与未来、此地与彼地的同时努力达到的整体和谐的部分。人类世界与人类关怀因而可以被视为是在其创造过程中，真实世界更深更广的呈现。其所预设的伦理学因而不能不是宇宙伦理学，不能不是宇宙创造性转化的伦理学。作为人类，我们必须在思考、行动、计划及决定的层次上，时而考虑自然和谐的现在及未来，宇宙伦理学（Cosmo-ethics）因而也是结合存在作为创造，创造作为和谐，和谐作为转化的生态宇宙论。

在我早先对《易经》形上学的研究中，我将这种生命整体宇宙论称之为"本体宇宙论"，用以表示变化与真实，或过程与实在的和谐及统一。[01]当实在包含了作为宇宙内在价值的人类价值之时，就其展现为自然环境的生命过程及生命形式，并也是人类伦理关系与道德行动的基础而言，生命创造力的本体宇宙论同时也是生态的。它因而也是一种宇宙伦理学，或是基于实在创造性转化的认知的伦理学。

"包容性人道主义"无疑标示了宇宙实在关键性转型的起点，透过参与、反省、创造与革新，人类克服重重的阻碍及误解，不断努力迈向一个存有、变化、非存有的动态平衡与和谐。笛卡儿如果可以被视为西方"排他性人道主义"的奠基者，怀特海则可以说是本世纪西方"包容性人道主义"的代言人。以一种十分怀特海的方式，儒家也在"包容性人道主义"的原则下，在人类与宇宙的合作关系中，努力建设一个不仅反映人类关怀，同时也强调整体和谐的宇宙。

---

01 见拙作 *Chinese Metaphysice as Non-metaphysic: Confucian and Daoist Insights into the Nature of Reality*, in Robert Allinson, ed. Understanding Chinese Philosophy, Cambridge University Press, 1989, 第167—208页。

本体宇宙论作为儒家三位一体论的内在核心／基础

儒家学说是一种包容性人道主义。然而，儒家学说往往被理解为以人类为中心，或是以人伦为中心，也因而只被看成一种道德及伦理哲学。儒家学说中的仁（善／人道）被视为是缺乏理性及超验基础，而其学说中的礼（仪式／适宜）则被视为只是为了确保社会最大利益的规范社会关系的仪节及行为规则。而儒家学说中的义（正义感／正义）甚至被化约为在人际及社会脉络中指导人类行为的准则。虽然我不愿将这些论点直接斥为肤浅的误解，然而这些建立在对儒家不完全且不成熟的理解，完全没有掌握儒家伦理学背后本体宇宙论的论点，的确误导了一般人对儒家的理解。虽然孔子《论语》似乎基本上只包含了德性伦理学及其在政治上的运用，然而我们不能忽略其背后赋予孔子及其追随者学说精神及生命力的本体宇宙论论述。关于这一点，我们不但在宋明新儒家看到古典儒家哲学如何呈现了包含人类及实在每一面向的整体统一，同时也在《周易》的本文及符号，及后来的《周易·易传》中很清楚地看到了本体宇宙论对儒家理论的相关性，我们因而不应将我们对儒家的理解限定在孔子的《论语》或《四书》，我们尤其必须将《周易》注解中的本体宇宙论与孔子的道德与伦理学关联起来。[01]

除了应以宽广及平衡的方式来理解儒家的立场外，我们还必须认识到：除非并且直到我们将儒家伦理学及道德读为实际理性及其实践，我们不能真正理解到这套伦理学及道德作为一套论述为何应该统一于（或需要一个形上学）本体宇宙论基础。许多儒家词汇已反映了其背后的本

---

[01] 尽管一些学者强调老子道家思想对周易的影响，但倒不如说道家及儒家的本体宇宙世界观都同样来自古老易卦传统的世界观及其预测方法。可参考拙作 On Ontohermeneutics of Quan: Comorehensive/Contemplative Observation, International Journal for Yijing Studies，第一卷，79—110页。虽说道家及儒家的本体宇宙世界观有共同的哲学根源，但不表示其伦理道德及政治态度上的一致。许多因素影响儒道对相同本体宇宙论的解释，而这进一步产生他们对政治及生命的看法。此外，易文中内在的"本体论差异"（onto-logical difference）也可能导致儒家及道家产生不同的政治及道德学说。

体宇宙论假设，天作为道德价值关怀的中心，道作为德及仁的基础，性及命则显示人类作为道德存有的两极性。如果纳入《大学》、《中庸》、《孟子》及《荀子》，这种论述就更为完整及更具结构性。但如果把《中庸》也纳入，我们就没有理由把《易传》排除在外。因为《易传》提供了我们在道德及伦理学的形式之外儒家学说的本体宇宙论论述。在这里我们还必须留意《中庸》（及《孟子》）与《易传》之间的一个微妙差异：《中庸》着重在个人及社会中道的实际及道德的推动方式，而《易传》则十分强调道如何运作，世界如何开展，及人类如何实践其道德命运和创造性任务。我所要强调的是透过这些论述，我们不仅可以更清楚看到儒家伦理如何作为《易传》的本体宇宙论实践，同时也可以因而认识到：除非透过这样一套本体宇宙世界观，我们将无法在我们存在的环境中以伦理道德来影响真实世界。

《易传》的本体宇宙世界观包含以下几个要点：首先，宇宙间存在着无可穷尽的创造根源、浑一不可分辨但又可分化为具体个别的事物，太极一概念因此反映了真实世界的动态统一：在发展及演化过程中，结合了统一与多元及其间的动态联结，最重要的，太极也是所有事物之间恒久及持续的创造源头，除了是各种不同类型事物的动力来源，也提供了各种类型事物一个整体的、目的性的统一，换而言之，太极是万物的起点也是终点，不但是万物的发展根源也万物的内在联系。

透过太极的点化万物，我们可以看到宇宙原初力量的触动及完成。此外，太极也可以被视为万物创生之前或之后的混沌平衡状态，因而也是万物存有的最终基础。除了是创造的根源，太极也是事物和谐的根源，并因而提供了不同层次事物之间调和与区分的基础。和谐或调和在这里指的是万物相互支持、相互补充，并相互促成创造力的更新及发展，就这个意义而言，太极也可以说是道。事实上，二者合一代表了宇宙原初的平衡及万物之间的和谐能在其中延续不断的过程及整体。如同其他万物，人类建基在这种深刻的平衡及普遍的和谐之中。但人类不同于万物而超越于万物的是：人类能够在其能力及潜能之中结合太极与道，透过文化及艺术来创造更高层次的平衡及和谐。我们接下来因而必须要谈到创造力作为过程的第二个面向。

《易传》说："一阴一阳之谓道，继之者，善也；成之者，性也。"[01] 这段文字强调的是在太极创生宇宙万物的两极本质，什么是阴？什么是阳？很明显的，现象世界中的阴/阳现象可以实在论地理解为实在世界中的万物，及本体地理解为万物的创生过程，阴/阳现象可以展现为对立的统一，互补的整体及相互转化、完成及回复（可称为创造性的流通或循环）的自然过程——如同我们在对事物的美感经验中所感受到的。同样的，由特质及特性组成的事物也必须表现出阴/阳的互动及整合，这不仅意味着事物是从阴/阳的互动转化而来，所有事物的分化及统一也都可以解释为阴/阳在不同层次上的衍生。我们因而可以了解阴/阳的相对性及多重性理同时也是人类对自然过程的反省性解释的基础。除此之外，阴/阳也是作为本体及宇宙的统一性及相互性的本体宇宙论原则。阳很明显的指的是可见的、明亮的、变化中的或转移中的宇宙过程，阴则指的是不可见的、隐藏的及恒定的本体实在。二者的相互依存及相互渗透产生了自然万象，我们因而可以把阴/阳视为终极实在（太极）的两个不可分离但可以相互转换的动力。作为宇宙不可穷尽的终极根源的太极产生了在创化万物的两个基本动力，而这二个基本动力又进一步完成太极之中万物的创造转化。创造性转化的本体论及宇宙论的相互辩证保证了道——展现为过程与实在的阴/阳互动——的生生不息。张载对阴/阳二极的统一性及太极的阴/阳分化有很好的描述："一故神，两故化。"[02]

01　见朱熹的《周易本义》，《系辞上传》，第四章。
02　见张载的《正蒙》第二章。我将"一卦生"中的"生"翻译为创造的，因为"一"是宇宙创生的来源及动力。我将"二卦化"中的"化"翻译为转换，因为万物的转化是透过阴阳的互动，系辞中的"神无方而易无体"的"神"也可以解释为创造的。这句话因而可以理解为：创造没有边界，变化没有形状，创造性的变化因而是广大而深刻的。

在这里，我们必须带出一个重要的命题：所有真实世界中的事物都是作为价值，为了价值，朝向价值（as value, for value, and to ward value）而产生的，这也表示实现即是真实，而真实即是价值，价值之为价值不只是因为它被创造为真实，而是因为其在万物之中能被关联、发展及强化的基本位置，价值同时与人类心灵有着一层特殊关系，价值不但表现于感觉，也表现于事物被感受的特质中。它是愉悦，认知，肯定或否定，探索和发展或重建的对象，所有事物就其生于、成于创造过程中而言，都可以被视为价值。因此，"继之者，善也；成之者，性也"。善是自然的呈现，因此是理解整体自然世界的基础，或是价值的理型，这种价值观念的实践，有赖人类发现事物及其处境中的真实价值，并进一步致力于价值的建构及重建。

从万物创生到完成的两极性，我们可以了解天地如何必须有道的创造过程，或太极一统的创造性实践中形成，对《周易》而言，天地是阴/阳的基本宇宙结构，由此八卦及五行中的其他宇宙结构才能应运而生，我们因而可以将《周易》符号系统中的天地设想为自然宇宙创造性演化的基础，在这个基础上，人类世界的创造演化才能进一步产生。我们可以在太极原初创造力经由阴/阳两极动力的展现中理解到天与地如何联结。这是天（乾）的创造力及地（坤）的收受力的共同运作。乾与坤只是阴/阳的宇宙论代号。有趣的是，在《周易》的符号文字中，乾坤作为天地的标示符号同时也代表了太极的统一性及其创造结构动力被分解为阴阳两极。理解太极宇宙论——我称之为太极的本体宇宙论体，并将之等同于《系辞》中的道，后来的周敦颐的太极图说中对此多所阐释的方式因而不是独断的，而是逻辑的。

我们因此可以看到老子所说的"一生二，二生三，三生万物"[01]很清楚地指涉太极生阴阳二极的架构。但是，老子也说"道生一"，这很明

01　见《道德经》（严灵峰版），第四十二章。

显地强调在终极实在中动态的创造性,最后将归于一的形式[01]。如果我们把太极当作是世界根源,道则如同太极衍生必须被视为整体系统的世界万物,[02]而在老子说"三生万物"之时,三同时也可以被解读为第三,即由二相生而来。所有的生命形式因此都可视为天地阴/阳互动相生而来的结果。但是,我们也可以说二是任何二种力量或事物,而三则是任何二种力量或事物相生而来的第三种力量或事物。

人类无疑是天地所育化出来最独特的第三者,人与天地在宇宙之间形成一三合一的组合。有趣的是,人有能力效仿天地润化万物的成长,虽然人类不能真如天地一般,但人有天地之德来达到更高的价值次序,人类所建立的文明,如文化及艺术,应该被珍惜为人类创造力的产物。然而人的创造必须有益于(而不是破坏)天地自然的延续。我们要做的因此是效法及延续天地精神,不做任何违反人类天性的事情。这因而是我接下来要讨论的生态伦理学如何被实践的问题。

在创造性生产的本体宇宙过程中,人的立场为何?《易传》说:"圣(人的最高道德阶段)与天地相似,故不违;知周乎万物而道济天下,故不过;旁行而不流,乐天知命,故不忧;安土敦乎仁,故能爱。"[03]朱熹注解说这段文字是有关如何"尽性"的说明。尽性是深而广地实现天地之道的仁。朱熹甚而认为圣者的圣明应如天之道,而圣者的仁慈则如地之道。[04]圣者因而是天地的代表,而不只是天地的子嗣。[05]

作为天地统治者的代表,人不应为了自身的享受利用知识来征服掠夺自然,相反的,人应利用他广博的知识承担起关照保护自然生命的任

---

01 老子说:"万物负阴而抱阳,冲气以为和。"第四十二章。
02 至于"道"是否可以等同于"无极"还是一个未决的问题。如依老子所说的有/无的相生性来看,"道"应该是包含了两者为"道"的两个功能。
03 《周易·系辞》,第四章。
04 见朱熹《周易本义》,在此之前,在其讨论"仁"的文章中,朱熹将"仁"解释为心的德性及爱的原则。这有点不同于他在《本义》中所谈的"仁者爱之性,爱者仁之用"。
05 张载在其著名的《西铭》中发展出这个父母关系模型,而把宇宙世界当作一个大家庭。

务。人类可以基于同样的精神建立起一套孟子称为"仁政"的统治方式。[01]作为天地之子,人类应抱持同情心来对待其他生物,不应坐视牛羊畜牲的痛苦而不顾。[02]这正是"尽性"精神的所在。狭义而言,"尽性"只涉及自身本性的完成;广义而言,则是由自身本性的完成推展到他人及世界万物本性的完成。《尽性篇》说得明白:"唯天下至诚,为能尽其性;能尽其性,则能尽人之性;能尽人之性,则能尽物之性;能尽物之性,则可以赞天地之化育;可以赞天地之化育,则可以与天地参矣。"[03]谁是这个至诚呢?至诚之人应能保存及彰显天地至性,不但能实现及完成自己,同时也能实现及完成他人。如《尽性篇》所说,尽性同时涵盖了仁与智(广博的智慧):"成己,仁也;成物,知也。性之德也,合外内之道也,故时措之宜也。"[04]孔子因而也说,人能弘道,非道能弘人。[05]

如上所言,很清楚的,人自诞生及未来发展都与天地关联在一起。天如果是源源不绝生命创造力的呈现,地则是博大无私仁爱精神的象征,人则是将二者适当地运用在思考、感觉及行为之中的具体和谐的呈现。由此,我们可以把天当成是创造力的宇宙论象征,地则是广博及和谐的生态学象征,而人结合二者则是整合与实践价值的伦理学象征。这正是儒家人格结合宇宙学、生态学及伦理学所形成的天地人合一。重要的是,这二者的合一是根植于及整合于道及太极的本体宇宙论:我们可以如此图示这种三合一关系:

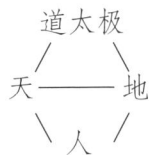

---

01 这事实上是中国山水精神:自然是一个愉悦、和平、虫鱼花鸟为伴的仙境。这是由周易世界观发展而来的道家精神。
02 有关仁政的论点见《孟子·梁惠王》篇。
03 《中庸》,第二十二章。
04 《中庸》,第二十五章。
05 见《论语》。

三位一体的概念来自基督教中圣父、圣婴及圣灵的三位合一，这是一个有特定内容的特定概念。[01] 三位一体原本是应用在耶稣救世论上，如何将之应用在宇宙论、生态学及伦理学，则是一个挑战性的问题，但就前所解释的《周易》三合一概念来看，我们可以把圣婴视为圣人，圣父则为天（创造精神），及圣灵则为地（收受精神）或为见证圣迹的世界。如我先前所说，除非我们将上帝的超越概念转为一种内在概念（内在于地，内在于人及内在于天），人对地球的支配终将转为人类以神之名对地球所进行的支配。人将为自己的自由所俘虏，成为孤立之下个人自由意志下的牺牲品。

最后，我们可以怀特海的有机宇宙论（organismic cosmology）来诠释儒家宇宙伦理学及生态伦理学的本体宇宙论基础。首先，怀特海的开放的创造及创造的延续，可以与《易传》本体宇宙论中源源不断的创造力原则相契合。根据怀特海，创造力所发生的方式为"多元即一，由一而增"，差异因而被整合为崭新价值的整体。透过一个开放的创造过程，多元中的统一同时是由一而增，由多而灭的过程。这可以对照于太极图中易所展现的动态平衡与和谐。在太极图中，创新及联结的过程展现了易在多元的本体发生过程中"一即是多，由多而增"的和谐及转化。这是阴阳六十四卦像多层分化的产生过程。我们也可以将此视为透过怀特海式可能性的切入（Whiteheadean ingression of possibilities）真实情境，价值的创新及分化过程。需要特别说明的是，多元即一，由一而增伴随的是由一而减，由多而减，同样的，一即是多，由多而增同时也是一即是多，由一而灭，这种施/授，来/去，增/减的内在平衡彰显了作为价值创新过程的实在（the reality）的和谐与平衡。

---

01 对于"位"的论点，可参考拙作 *Philosophy of Positions in the Zouyi*，在即将出版的 *Orient Extreme, Occident Extreme*, Pang Pu 教授在其中文近作中再次讨论到他称之为"一分为三"的儒家辩证法。（原本出版于北京，书名为《儒家辩证法》，后来在深圳再版，书名为《Yifen 文选》）他在该书中解释由一到二、由二到一的形成过程。他强调一分为三的分化过程，相对于三合而为一的统一过程。我的看法是我们应两者兼顾，不可偏向一方。

我们可以上帝的原初本质及后续本质——作为终极创造的两种模式——来解释怀特海的宇宙的创造力，这无疑强烈暗示了太极的阴/阳二极与事物的动/静及软/硬之间的一个类比。关于怀特海的上帝的原初本质，一般或许倾向强调其相对后续本质的超越性，但我们其实也可以将之诠释为开放性创造过程中的内在形式。由原初的静止到运动的起动过程，也因此可以被视为宇宙终极力量——宇宙永恒的根源同时也是开放的过程——既超越又内在的展现。同一可以否定自身成为差异，而差异可以否定自身成为同一，我们因而有差异中的同一，及同一中的差异，这也同时显示了内在如何转化为超越，超越如何转化为内在，及创造性的转变如何同时包含内在及超越。这是我们在《易传》及怀特海中所看到的对于创造性的辩证式思考。因此，上帝的原初本质之为天，上帝的后续本质之为地，二者不但不可分离，并且是世界万物（包括人）的演化基础，而人能反思这个创造过程也意味着人与世界的创化过程，与人类创造力根源之间可存在着一种内在的联结。

经由这个过程，我们可以看到怀特海的思想如何呈现了生态伦理学与《易传》结合的可能性，虽然怀特海并没有特别谈论这个议题。在其《理念的探索》一书中，怀特海提及人类文明发展的五个基本价值：真理、美、冒险、艺术及和平。很明显，这五个文明标志是描述性也是规范性的，不但是我们行动的规范，也是我们价值判断的判准。更重要的是，它们之间不能孤立分开，而是彼此相互加强，相互牵制之下形成价值的和谐统一。这种价值的和谐整体我们可以称之为（定义人类及宇宙创造力的）至善。这也正是可以透过连续发展而被扩大的宇宙原善根源，同时也是《易传》所说的"继之者，善也"。无论是对待自身、他人或整体环境，我们皆应从关照实在整体及其未来发展的观点来进行价值整合。这也是《易传》及怀特海仁与智宇宙论、生态论、伦理论的基本意涵。

宇宙—生态—伦理学及道德决策

基于《易传》及《尽性篇》本体宇宙论对人的理解，我们可以区分儒家圣者与传统道家、儒家与现代科技专家对环境与自然的基本态度。

道家相信自然及实在的自然运作，并因而倡导自然无为的伦理生活。为了达到自然的无为境界，一般的作法是切断知识与欲望，使其不去破坏人与自然的平衡。然而这种作法不仅不切实际，实际上也不是道运作及创生世界的原则。道作为宇宙创造动力，必须从创造过程中得到满足与快乐。没有生命力，就没有创造力；有了生命力，也才有经验与学习的热切渴望。一如其他生命形式，人类是"道"创造力的一部分，而不同于其他生命形式，人类被赋予了更高的知识及行动能力。所以，对于人类而言，自然的生活方式不是植物或简单生物的生活方式，而是一种符合其知识及行动能力的同时，又不扭曲、伤害、忽略及违反人与自然之间、自然与自然之间的和谐及平衡的价值状态。人有足够的智慧来成就此事，也应充分发展这样的智慧，这种智慧是作为了解人及环境关系的反省理性及作为维持人与自然关系的实践理性的结合。人只要做到这点，就能扩展他的知识及保存他的生命欲望。[01] 老子在《道德经》中事实上提供一种更为启蒙的自然生活方式。他提到圣人透过自我了解来了解他人的无私，[02] 而将道家中的无为解释为"生而不有，为而不恃，长而不宰"。[03] 这种理解自然无为的方式，可以广泛应用到人类的创造力，特别是人类的环保伦理。在运用上，人类必须经常反省其思考及认知的内延（意义）和外包（适用范围），及其行动的动机与结果。

我们可说第一个反省是关于知识的充分与深度，第二个反省则是关于行动的充分性及深度。只有在考虑到知识及行动的充分及深度，我们

---

01 人也可能忽略宇宙中创造根源及整体平衡，因而没有考量到事物的来源及关联。终而导致非自然的失序混乱状态，反弹为自我退败及自我毁灭的循环中，所以人的创造不应只是盲目跟从自然，而是依自然之道来参赞自然。这因而是避免破坏自然平衡及避免妨碍自然运作的过程。

02 见《道德经》，第七章。

03 见《道德经》，第十五及五十一章。

才能批判地衡量我们的行动及知识。这样的思考需要我们从整体及长远的观点来了解自然事物的本质，特别是需要对人类内在自我及其终极价值的彻底批判。在这样的思考下，任何科学知识都必须从一个超越知识的实在及价值系统来加以判断。同样的，任何行动都必须从一个超越行动的系统或过程，从事物的互动、循环、平衡及和谐的角度来加以评估。很明显，道及太极的本体宇宙论提供了这种反省及评估一个有意义的基本模式。

进一步来说，天的宇宙论应该提供我们一个人类文化及科学活动得以在其中促成生命（不单是人类，而是自然整体）延续的创作力模式。如果我们不能从自然得到持续创造的基础，人类生命终究将被截断。另一方面，地的生态学应该提供一个人类可以在其中反省及思考自身的创造力，终而成就最高价值的无为自发的行动模式。最后，人的伦理学必须在和谐及平衡的情境下，在行动及知识的结合中，展现天地智慧。不论就知识保证行动或行动验证知识而言，我们都不能只在简单的知识层次上或简单的行动层次上来作思考。我们需要来自天的宇宙论及地的生态学的反省及洞见。透过宇宙学、生态学、伦理学的智慧整合，我们才能实践及完成人类作为天地合一的生命价值。

道家的道及儒家的太极可相互支持，相互呼应及相互增强。我们可以如此来总结及呈现人类创造力的概念结构：

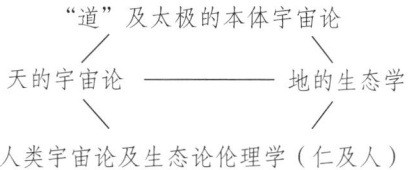

我们现在可以讨论有关科学及科技发展的问题。科学及科技的发展改变了人类知识与行动。现代科学使人类了解自己在自然界中的位置，却不必然决定人类命运，或告诉人类什么是好的生活方式，直到现代科技的出现才彻底改变了人类生活及社会。然而，科技伴随工业的发展也同时导致了生态环境的危机。我们因而不得不面对以下的问题：我们是否应该将科技视为有害人类文化，而在一开始时就对它敬而远之？道家显然对这个问题抱持一个否定的态度。老子认为现代科技是"伤技"，不仅因为它可以被运用于战争及破坏，也因为它导致"驰骋田猎，令人发狂"[01]，庄子也认为科技加强人的技性，而应在根本上阻断其发展。总而言之，道家认为科技坏处多于好处，科技破坏了人类自我的纯真无邪，令人落入知识与欲望的无尽恶性循环。海德格尔的观点虽与道家不尽相同，他对科技的批评强调科技造成人对存有的本体疏离。对海德格尔而言，科技不仅破坏人类环境，同时也阻碍人类回归本体的真实状态。

然而，根据道及太极的本体宇宙论，人类创造性不仅限于一个层次的活动而已，它还作用于宇宙及生态创造力。在这样的基础上，自然世界及文化世界形成了内嵌及向上的连续阶层。只要人类创造力是持续作用于宇宙创造力，并时而把平衡、持续、和谐、健康的建设性循环等等价值纳入考量，则人类创造力将可潜力无穷。这也意味着任何技术的发展都必须在这种允许知识/价值、整体/部分、过去/未来、人/自然相互作用的架构之下来评估与理解。基于这样的考虑，我们可以说一个在思考及行动上遵守宇宙—生态—伦理的儒者，也必能扩展其创新及保障人类价值整体的能力。《易传》所说的"开物成务"、"备物致用，立成器以为天下利"可以被理解为对科技的赞同与支持。[02] 基于同样对人与自然的理解，怀海特的有机哲学也容许科技在潜能与实现互换的开放及创造的环境中，在人类价值实现的自我反省中，顺应时间进行发展[03]。

　　　　　　　　本文系林菁菁女士自作者英文论著中辑出

01　见《道德经》，第十二章。
02　见《周易》，《易传·系辞》上传，第十一章。
03　参照"Whitehead and Heidegger on Technological Goodness", in Research in philosophy and Technology,Volume 14. *Technology and Everday Life*,JAI Press Inc. 1994年出版，第161—173页。

中国伦理体系及其现代化

两类伦理体系及其现代化[01]

"伦理"一词是指人类社会中人与人关系与行为的秩序规范。人类社会是在历史的过程中形成的。其形成及其以后的发展、变迁或维护都有其精神与物质的决定因素。物质因素主要指生态环境、自然资源、科技与经济创设；精神因素则主要指政治体制、社会与伦理规范与文化活动。如果再区分人类社会中的外在生活秩序和内在生命秩序来表明人类社会精神因素的两个层次，则伦理规范显然是属于内在生命秩序层次的一个重要的内容，甚至是唯一重要的内容。如果人类社会没有伦理规范，则其群体生命必然失去自主与自律而面临崩溃涣散的命运。

基于上述意义，伦理规范应该具有下列各项特质：1. 它有历史演化的特质：伦理规范基于民族历史演化而来，它与民族社会的形成有密切的关系，自然也直接决定及影响民族历史的发展；2. 它有社会结构的特质：伦理规范有其社会结构的基础，如果社会结构改变，产生新的社会需要，则伦理规范也可以有相应的改变。但其社会结构瓦解，则伦理规范也会陷入失序和混乱，加速社会趋向衰败和毁灭；3. 它有理性自觉的特质：伦理规范固然一方面依自然形成，它方面却是发自个人的自由意志，表现为一种理性的自觉。无论是透过宗教的立法和透过哲学的启蒙

01　选自《文化·伦理与管理》，贵州人民出版社，1991年版。

而建立，它都包含着一种对人类主体性与尊严的肯定；4. 它具有目的性与理想性的特质：它不但提供了一套人际关系与个人行为的规范，也隐含了此套规范所收为规范的理由以及其指向的理想目标，因而彰显了个人存在与社会存在的共同意义。在此一意义下，伦理规范紧密地结合着社会中的各项秩序系统，为社会的发展同时提出推动力与制约力。

基于上述诸特质，伦理规范不能脱离实际的伦理行为，更不能脱离理性与哲学的批评，作为改进社会、创造新规范的经验基础，这是由于伦理规范同时有其传统性与其时代性。它的传统性指向它的文化根源；它的时代性则指向社会进化中的文明与理性标准。一个社会的内在需要若有所改变，则其伦理规范当与时偕进，作适当的调整。事实上，我们看到的是：在一些条件下伦理规范往往引导一个社会和文化走向新的经济和社会型态，由此型态再导使伦理规范改变。这种伦理、政治与社会经济的相互制约和相互影响，显现了伦理规范与社会各因素形成的多重机体相关性，而不可对其意义与功能作片面和单向的理解。

于此，我们应更进一层理解伦理（ethics）与道德（morality）的差异和关联。伦理是就人类社会中人际关系的内在秩序而言，道德则就个人体现伦理规范的主体与精神意义而言，伦理侧重社会秩序的规范，而道德则侧重个人意志的选择。固然就具体行为及其目标着眼，两者不必有根本差异，但就个人与社会的相互关系而言，伦理与道德可视为代表社会化与个体化两个不同的过程：道德可视为社会伦理的个体化与人格化，而伦理则可视为个体道德的社会化与共识化。透过社会实践，个体道德才能成为社会伦理；透过个人修养，社会伦理才能成为个体道德。伦理与道德的相互影响决定了社会与个人品质的提升与下落。若要促进一个社会向真、善、美的高品质发展，显然社会伦理与个体道德的双向发展必须推行。因而一个社会中的伦理规范教育与道德修养教育是维护一个社会中的内在秩序及其健全发展的枢纽。人类社会可以包含不同层次的社会组合。从个人、家庭、社区、到社会、国家，乃至国际社会都展现了人类社会不同层次的组合，每一层次的社会组合都有其每一层次的人性需要及满足此等需要的伦理秩序，因而我们可以相应这些层次界定不同层次的伦理。就上述的社会组合而言，我们可以区分个人伦理、家庭伦理、社区伦理、社会伦理、国家伦理，乃至国际社会伦理。如果视人类全体形成一个人类社会，自然我们也可以界定人类伦理或世界伦理。如果我们把人类与宇宙的关系当做"内在秩序"建立来考虑，我们也可以提出"宇宙伦理"的概念。事实上，目前人与自然环境的密切依存关系已不能不让我们面对"环境伦理"的课题了。若就中国人的伦理精神而言，环境伦理自然导向宇宙伦理，因为它强调个人与宇宙中天地精神的合德与合一，并具备了浓厚的宗教伦理的意味。

除上述不同层次的伦理规范外，任何持续影响社会全体的团体行为或专业行为都应有实现其内在秩序的特殊要求的伦理。因之，商业行为应有商业伦理的要求；工业行为应有工业伦理的要求；法律行为则应有法律伦理的要求。以此类推的各项伦理并不必然互相矛盾，更不必与普遍化的社会各层次的伦理规范有所冲突。事实上，吾人应以补充或充实社会生活及其伦常秩序为前提来规范各项专业性与特殊性的伦理要求，使社会生活的内在秩序在科技、经济、政治新发展的气候下获得平衡和改善。个人伦理与个体道德的区别在于前者纯以个人存在为单元建立行为规范以达到个人生活的和谐，后者则以个人主体的自觉建立和实现精神的自由和人格的价值。两者的差异也就是西洋哲学中"伦理"（ethics）与"道德"（morality）的差别，上文业已指出。

但中国哲学中"伦理"与"道德"两词涵义的分野则比西洋哲学中两词涵义的分野更为显著，此乃由于"伦理"即指人伦之理，而"道德"则指得（德）道之行，后者显然有强烈的形上学意味。这是由于"道德"一词是与老子《道德经》的本体论与人生哲学有密切关联的。经过宋明理学、心学的陶铸，"道德"之学更与一个人的心性与智慧修养融合为一。这不但提供给伦理学一个形而上学的基础，更把"伦理"内化为心性的"道德"成就与境界,使伦理与道德形成心性的知与行的一体两面,并发展为一个"合内外之道"、"故时措之宜"的大系统。

基于以上对中国哲学中伦理与道理合而为一的了解,我们可以在理论上指出人类文化中伦理体系的两类:第一类的伦理体系从涵容一切层次的伦理的大系统着眼,强调个人伦理到宇宙伦理的一体性、统一性与连续性。此类伦理体系并以个人伦理的内在化道德为整个伦理体系建立及实现的起点。事实上,个人伦理与宇宙伦理被认为具有共通的存在基础,故宇宙伦理即为个人伦理实现的最高目的,而个人伦理的建立则有赖于宇宙伦理的启发。依此观之,两者互为因果,互为基础,构成一个动态的"道德"与"伦理"、"形上"与"形下"思辨的融合体。

第二类伦理体系却与第一类伦理体系有相反的性质。它是以各层次伦理的不相隶属、不相关联为前提的,同时也不作包涵一切伦理的大系统的假设。个人伦理独立于家庭伦理之外,正如家庭伦理独立于社会伦理和国家伦理之外。当然,社会伦理与国家伦理也相对独立;两者并同时独立于宇宙伦理或宗教伦理之外。这种各层次伦理不相隶属、不相关联的认知是基于视个人之事无关于家庭之事、家庭之事无关于社会之事、社会之事无关于国家之事,而前述各事也无关于宇宙之事的认知。这种认知并非否认个人、家庭、社会、国家、自然宇宙等存在之间的逻辑和自主关系,但却明确地肯定这些存在现象的相对独立性,即以这些存在现象的相对独立性为此一认知的对象。我们也可以说此一认知即是西方古典逻辑与西方古典科学的认知。在此一认知下,整体复杂的现象被抽象与分析为互不相连的性质空间,以便找寻每一性质空间中事物的规律性。科学分门别类的知识就是基于此种的认识方法而来。应用此一认知方法于伦理体系的建立上,就是先行区分不同的存在领域,并假设不同的存在领域应要求一个相互独立的人的行为秩序规范。因之,每一个伦理都有其应遵守的行为准则,正如每一种游戏都有其独特的游戏规则而不必相互关联。若将伦理主体化为道德,则每一个个别伦理都有其相应的内在的道德意识，不容相互逾越与相互连贯。此一针对个别存在现象规范的伦理或道德是以客观的个体为单元的，而非依主体与客体的相互依存的关系作整体性的伦理或道德规范，据此，我们可以理解第一类伦理体系着重追求道德目的性和实现此一目的性的德性能力。第二类伦理体系则着重从客体现象的道德责任性和承担此一责任性的理性能力。第一类伦理体系可名为德性伦理，第二类伦理体系可名为责任伦理。

目的性的德性伦理是与第一类伦理体系中各伦理的一贯相连性有密切关系的。个人伦理的目的在追求生活的和谐和人格的完美，为达到此一目的，一个人必须经过家庭、社会、国家等伦理修养层次才能达到最高的天人合一的境界。这就必须假设各伦理的相连一贯，并在一整体的大系统中融合为一。与目的性的德性伦理相反，分辨性的责任伦理是以知识而非单纯的主体的目的性为其成立条件。在分辨性的责任伦理中，目的性是在知识的限定下存在，即个人必须在知识认定的范围内找寻目的。即使先有目的提出，目的可行性却要经过知性的评估来确定，故人生最高的目的只可看成个人的信仰部分，而不必与社会伦理或国家伦理相互关联。至于知识的新开拓及其社会化则必然导向新的目的性的产生，这就是各行业的专业伦理发生之由了。知识既限定既有目的，也导向新目的的认定，因而更精确地固定了各层次伦理，也扩展了不同的专业伦理。在此种了解下，目的性转化为责任性，目的性的德行也就转化为责任化的行为。责任行为具有内在的目的性，但却不具有目的性德行具有的最高目的指向意义。这一特性也就是个别伦理相对独立、不相连结的重要原因。由于此种相对独立与不相连结，一个伦理不必为另一伦理的起点与终点，而表明此一特性的第二类伦理体系也就不必有一公认的起点和终点。在此一理解下，社会伦理与各项专业伦理均可视为社会与其所面对专业所必要遵行的不成文规则而已。同时，在此一伦理体系中，由于并无一个作为起点的个人伦理，也无一个作为终点的宇宙伦理，宗教则往往被看做结合个人伦理与宇宙伦理的超越伦理，而独立于各项伦理系统之外。

以上两类伦理体系可以用下列图形表示之：

第一类连贯目的性伦理体系：

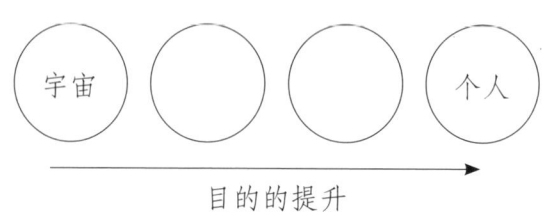

第二类不连贯责任性伦理体系：

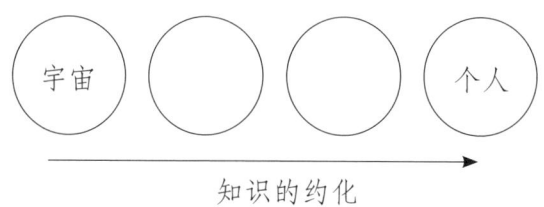

上述两类伦理体系实为中西文化与哲学中实际体现的两套伦理系统的理论描述。第一类连续、贯穿伦理体系是典型的传统中国儒家伦理，而第二类不连续不贯穿的伦理体系则是典型的现代西方责任伦理。它是在康德伦理学与基督教新教伦理及神学的影响下逐渐完成的，因之，可名之为现代西方伦理体系。此一伦理体系以责任意识为主体。面对人类社会各项需要，基于理性分析和科学知识，建立了各层次的伦理规范和法则。这一现象也可视为社会现代化的主要特征，标志出西方从古典的德性伦理和中世纪的目的性宗教伦理演化为现代工业社会多元生活和专业领域中责任和能力分化与分立的过程。

社会现代化所包含的责任伦理化有其优点，也有其弱点，此处不拟详加讨论。但可以立即指出的是：此一责任伦理对理解与规范人的行为，具备了理性的分析力和精密度，故较能掌握权利和义务的分野，并较重视行为的效率和效果。然而，它却因之削减了人的主体性整体的投入，限制了自我担当的道德创造力，使人的品质平庸化和现实化，把人推向机械化商品的存在，根本无法真正突显人的崇高和尊严。相反的，德性伦理体系具有强烈的目的性，也更能激励人性中的创发力量，展现人的道德勇气、智慧和活力以及为理想牺牲的精神。这是人的主体性的至高表现，且基于其与宇宙本体的连贯性，充满淋漓尽致的生命精神。但是在社会与国家层次，它面临现代科技和经济分工的需要，却无法有效地动员协合众人的力量。这是由于德性伦理无法和责任伦理透过理性的立法，使社会产生共识与共同责任，要求每一个人都能理性地去实现社会的共同目标。这就有碍于社会与国家现代化和知识技术化的进步。

综观上述两类伦理体系的优点和弱点，我们应能了解这两类伦理体系面对的相互挑战。这也就是中西伦理体系的相互挑战和相互批评。首先我们要问：西方伦理体系如何安顿人生的最高目标？如何掌握人的根源和人的理想？如何建立各不相属的伦理系统之间的整体关系？这些问题都是针对人生的需要提出的，不可单纯的解释和轻易地化除。同时又由于科技快速发展，如何避免机械化及非人性化的危险以掌握人生的价值，更是现代化社会急需探索的课题。至于中国伦理体系如何掌握知识和理性，适应现代社会的需要，建立责任与权利相互界定、律则与自由相互依持的功能社会秩序，更是中国社会必须严肃面对的问题。在这一个现代化的过程当中却又不能不关注人之为人的主体性与最高目的性的精神安顿和维护。这原是中国伦理体系的精华所在，是不容忽视和漠视的。

我曾在我写的"孝的伦理及其现代化"与"自目的论与责任论交融观点上重建儒家的道德哲学"两篇论文中提示了一个中国伦理体系保存化及现代化两面兼具的架构。在这个架构中，就以个人伦理与家庭伦理、宇宙伦理为目的性的追求，以社会伦理、国家伦理和专业伦理为功能性的追求。个人伦理在提升个人德性及品质，家庭伦理在完善个人生活，宇宙伦理则在实现宇宙与个人本质上的和谐和统一的人生最高境界。这都是目的论和德性论的。但社会国家及各行专业都是个人生存和发展的路途和工具。人不可逃于天地之间，也不可逃于社会、国家和工作职事，故面对庞大的社会、国家和分类日繁的工作职事专业，必须要以平衡互持的权利和责任意识来尽一己之长，以求创造一个能够完美实现个人伦理、家庭伦理与宇宙伦理的最有利条件，也为完美实现整体而多元的世界伦理创造最有利的环境。在此一架构中，德性与理性必须并重，智慧与组织必须兼顾，目的必须寓于生活，自由必须寓于责任。此一架构也可说融合了中西两个伦理传统体系，形成了一个新的伦理圈，解除了两者之内潜存的困境与危机，更为世界文化开拓了新方向。对中国伦理体系来说，也是为它厘定了一个世界性的价值地位与贡献功能。我们也可以用简明的图示来表达这个新的伦理圈的架构（见图）。

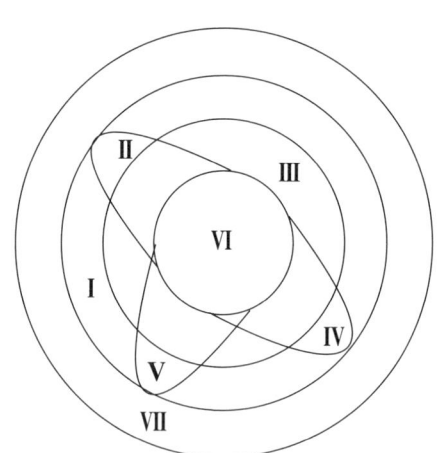

Ⅰ 世界伦理
Ⅱ 国家伦理
Ⅲ 家庭伦理
Ⅳ 社会伦理
Ⅴ 专业伦理
Ⅵ 个人伦理
Ⅶ 宇宙伦理

中国现代伦理体系的根源及其发展

中国伦理体系的建立是中华民族作为一个民族社会，逐步糅合、凝聚、演化出来的一个成果。中华民族起源于远古华夏诸族，到公元前16

世纪与11世纪,夏商周之时逐渐混合为一体,自名为华夏。故《左传》有曰:"裔不谋夏,夷不乱华。"(左传定公十年)此一华夏民族又汇合东夷荆吴百越诸族,形成汉民族。发展到近代遂形成了包含中国各民族的中华民族。此一融合同化的过程可看做中华文化凝聚与扩展的过程,亦为中国社会伦理秩序之凝聚和扩大的过程。一个民族与一个文化有凝聚和扩展的过程,而中国伦理体系就表现了一个民族和一个文化的凝聚力和扩展力。在开始阶段,此种伦理秩序的建立也许并未成为民族社会的自觉与共识,但在文化日新、文明日进的行程中,乃渐发展为伦理规范自觉的要求和实践。此处吾人可举出中国古代文献《尚书》中所包含及提示的伦理政治哲学为中华民族社会早期伦理体系的自觉范型,也可视之为中国伦理体系之原点架构。《虞书·大禹谟》中说:"舍己从人,不虐无告,不废困穷。"又说:"罔游于逸,罔淫于乐。任贤勿贰,去邪勿疑。疑谋勿成,百志惟熙,罔违道以干百姓之誉。罔咈百姓以从己之欲,无怠无荒,四夷来王。……德惟善政,政在养民。水火金木土谷惟修,正德利用厚生惟和。"《皋陶谟》言"知人在安民"。这些话明显地包含了一套力求社会稳定和谐的国家伦理。《皋陶谟》中列举"行有九德"(宽而栗,柔而立,愿而恭,乱而敬,扰而毅,直而温,简而廉,刚而塞,强而义)又言"都慎厥身修思永",与《大禹谟》所说"人心惟危,道心惟微,惟精惟一,允执厥中"等言乃显示了一套完整的个人伦理。更值得注意的是:这套言国家之治的"国家伦理"与个人之修的"个人伦理"已联成一片,认知了国家之治乱是以个人的守德与否为前提的。同时更进一层把"民"与"天"联系起来,也就是把"宗教伦理"与"政治伦理"结合在一起,使"政治伦理"有其形而上的基础。《皋陶谟》中"天聪明自我民聪明,天明畏自我民明威,达于上下",也就是《尧典》中所说"克明俊德,以亲九族,九族既睦,平章百姓,百姓昭明,协和万邦,黎民于变时雍"的基础。这是一套贯通首尾上下的大伦理系统,到了《周书》记载的《洪范》篇更明显的扩大为涵盖天地万物及人事政治的一贯圆融的伦理系统了。洪范一词表示天地之大经大法，故为一套"宇宙伦理"，包含了自然论的五行五纪，治民哲学的三德、卜筮、庶征、五福、六极，以及为人处世的五事，从事生产的八政，而统之以皇极之中的大准则。

以上举出《尚书》中之伦理体系以表示中国伦理体系由来有自，可以溯源到中华民族社会及华夏文化的造形阶段，约当中国历史中夏商周政治文化发皇扩展时期，综观此一伦理体系，我们可以举出下列五大特征以为中国伦理体系理论性的说明。

（一）整体性：伦理是以建立整体为目的，因之不必限于一个有限的层次，而是要伸展到世界层面，与天地万物合为一体。在这个意义下，伦理体系也就与宇宙体系合而为一了。此乃把宇宙伦理化，而宇宙也不必具有独立的单纯本体意义。中国伦理系统的伦理化宇宙与西方知识系统的知识化宇宙正好形成一个对比：西方知识体系把人知识化，正如中国伦理体系把自然伦理化一般，都是整体性原则的推演。但西方的知识有其向低层次约化的倾向，而中国的伦理则有其向高层次提升的倾向。近代西方的伦理学在西方的知识约化原则下，依循基本的律则体现意志自由或追求最大的功利。传统儒家的伦理原则在中国的价值提升原则下，提出贯通人类范围，天地与万物一体同流的"仁"的理念，以为人生价值追求的最高目标。

（二）内发性：伦理的建立是以一己的修持功夫为起点的。此即是说，伦理是根源于人性的内涵，绝非外缘于宗教或政治的规定。孔子的"修己以敬"，孟子的"四端说"都在表明了伦理发自于内在的生命根源。这种内在的生命根源叫做"性"。故伦理的内发性就是指伦理行为和伦理秩序都发自于"性"。"性"是根源，也是动力。人的求善行善也莫不以"性"为依据的理由。而人之趋向于伦理并努力使其整体的实现也就是"尽人之性"了。明白简洁地指陈伦理这种内发性的根源意识是《中庸》的首句："天命之谓性。"性来自于天，天是生命之源，更是涵盖一切存在的。故"天之所命"既是生命又是实现生命的潜能。故伦理必然要扩展到天地万物,由"尽己之性"达到"尽人之性""尽物之性",以及最后的"参天地之化育"的境地。这种"尽性""与天地参"的过程就是伦理秩序内在性与内发性的最好说明。

(三)延伸性:在上述整体性与内发性的阐释中即已提及中国伦理体系的逐层发挥、依次推广的特性了。伦理体系的建立是以宇宙为最高的和最大的内涵,但却开端于个人的自省和修持。若谓伦理的最高目标为"至善",则其最初的起点即为"至诚"。从"至诚"到"至善"是要逐步推展的。在一般正常的情况下,是历经"个人伦理"、"家庭伦理"、"国家伦理"、"世界伦理"等建立的过程,表现为实质的"修、齐、治、平"的效果。《大学》在"个人伦理"的层面上,特别强调"格物"、"致知"以"诚意"、"正心"。这又表现了一个尊重客观,融纳知识以规范主观心志的灼见,也可以说是孔子"智及仁守"精神的发挥,依此,中国伦理体系中的"致知以诚意"或可与西方尊重知识,并以知识为德性的基础的重知主义(首创于苏格拉底)相互发明,兼可为现代"责任"奠一基础。但自《大学》看,无可否认的是:重智是返回重德的一个进阶,故格致之道实可看成个人心知的伦理,循此可以发展个人的"心意伦理"亦即诚正之道。"个人伦理"自然也可以看为心知到心意的发展以及心知与心意的综合一体,这就是《大学》所谓的"修身",也就是孟子所说"尽心以知性"的过程。这自然也与《中庸》"尽性"之意相合。"知性"是偏知的,"尽性"则是偏德的。基于心知和心意的统一,两者也就合而为一。修身、齐家、治国、平天下都是一己心知和心意真切笃实的推展,以达到"宇宙伦理"中"天人合德"与"天人合一"的最高目标,于此也可以看出人性本质的善和人性追求的至善的合一。

(四)提升性:上述伦理的延伸性是就其涵盖的时空而言。若就其延伸的动力方向及其价值高低来判断,则其延伸性就是提升性了。中国伦理是提升人的精神生活和精神价值的,故可称之为德性的修持和发扬。

《尚书》中提到修持九德的重要,《尚书》中的帝尧、帝舜也都是德化的权力。权力若无德相伴则只是威势,若有德则具启导与感化之功。故《中庸》有"小德川流,大德敦化"的说法。事实上,从中国伦理的理想来看,权力必须依恃德性而成立。《尚书》中的尧、舜都是以大德或玄德即帝位的。尧的"钦明文思安安""允恭克让",舜的"溶哲文明、温恭允塞"都是德的表征。后来儒家继承此一重德的传统,把德的自我修持看成是人性的一种实现,此即为人性同时向外的延伸与向上的提升,不但自觉地掌握了生命的精神价值,也使人的生活有所寄,有所安。

《论语·述而》言"志于道,据于德,依于仁,游于艺"就点明了人性自觉以求实现的精神境界。"志于道",以至"致其道"都明显地表明了人性提升的方向。这一提升性也显示了中国人伦理体系所包含的宗教意义。中国伦理体系发展到"天人合一"而人能"赞天地之化育"的境地,已不是西方哲学中的伦理体系了。它已兼含宗教的"终极关怀"之义。古代中国以天为至高的精神境界。中国伦理体系的根源和目标都指向天,透过"天命之谓性"的内在人性的动力,把内在之性实现为外在之命,即为一种终极与超越的行程。当然这种"超越"不是离性而至命,而是即性以至命或即性以即命的修持,与西方宗教中之离性以至命的外在超越不一样,故可名之为"外化的"而非"外在的"超越。"外化的超越"即实现自我之性于"民胞物与""与天地参"的投入与贯注之中,此一投入与贯注在价值上即是至善,亦即人性最高的精神提升。上述指出中国伦理体系中的"宇宙伦理"隐含了一个宗教伦理之意即在此。

(五)连续性:基于对中国伦理体系的延伸性和提升性的了解,中国伦理体系实已涵摄了政治体系、经济体系和社会体系,而呈现了一整体性的结构。事实上,从《尚书》等古代文献及制度历史的探讨中,我们就已看出古代中国政治全以伦理为基础的。不但政治的权力德性化了,德性也政治权力化了。同时,德性也被认为政治合法化的唯一依据。人有德即中天命,天命又与性一致,故有德必能唤起百姓大众的共信与共识，形成政治权力的基础。政治权力之施行又有待于教化百姓，使百姓同登德性之堂，故伦理又为政治的手段与工具。由于伦理与德性包含甚广，凡是增进及维护整体生活秩序的都是伦理之事。因之勤劳、奋勉、俭廉、恭让、和谐、协力等行为在在都是德性的表现，其效果则不仅为社会政治上的安和，也是经济上的自足自给了。

在历史上，中国为一历经凝聚和扩展变动的民族融合体，因地理环境发展出一重农经济的体系，其表现为一重德至命的一元政治。中国的伦理体系也以此一经济和政治体系为其背景，发展为与此一经济和政治体系相互依存的连续整体。甚至说中国伦理政治二者为一体两面，并与中国经济互为因果，也不为过。这也就说明了何以在中国历史中赤裸裸的政治权力也要借用德性来做文饰，而且更利用伦理体系来达到专制统治的目的。这种现象相应于儒家理想的"以德率政"、"政教合一"的理想而言，可称之为中国伦理体系的异化作用。

中国伦理体系的多面连续性也间接说明了何以在现代化的中国社会中经济发展必然受到社会伦理体系的刺激而得到支助，同时也因其发展，逐步破坏了及转化了传统的社会伦理体系。

以上所举五项中国伦理体系的特性是与中国早期民族社会的形成以及此一民族社会的经济政治体系化的发展密切关联的。春秋儒家伦理哲学的建立显然是此一伦理体系更细密的、自觉的、理性的发挥，因而突出为一个理想社会建立的指导原则。孔子的"述而不作"、"好古敏求"就指的这种伦理文化的继承。孔子哲学表现为伦理体系，但在其深层的文化意识中已实质地包含了一个形而上学、宇宙论和一个宗教哲学。这是由于中国伦理体系原来（也就是在其原点上）已包含了宇宙层面与宗教层面。这在孔子后儒家哲学的开展中已清楚地表现出来。故自中国伦理体系的整体性言，孔子哲学也不可以单纯地自伦理学来了解，而应视为一个包含上述五项特性的一个整体开放体系。

值得注意的是：孔子哲学中的德性都可以自以上所述五项特性来作

了解。表现这五项德性最完美的德就是孔子哲学中心观念——"仁"的观念。无疑的,"仁"是一个整体性的、内发性的、延伸性的、提升性的与连续性的观念,因为"仁"是涵盖人的生命一切的,内发于人性的,是推己及人的,又是提升人性,完成人性于逐步扩展的人格与行为中,更是实践于实际经济、社会与政治中的连续活动。"仁"之具有这些特性也许并非偶然,因为"仁"可以说是中国伦理经验和精神自觉的集中表现。因之"仁"也就可以被看做一个至德或全德了,而儒家的"仁"的哲学也就成为中国伦理体系的最高发展了,不但为中国伦理体系找到了一个"原点",也为中国伦理提出了一个理念和理想。

在"仁"的哲学架构上,其他诸德也都或多或少地显示上述伦理体系的五种特性,然而却没有任何一种德性像仁一样兼具五种特性到丝毫无缺的地步。这也就说明了"仁"何以涵盖着诸德,而诸德则在不同的社会层面上遵行"仁"的观念与理想。首先,我们可以视"义"为相应"整体性"的"个体性"原理,显示辨别差异的重要。"义"就是兼重分别和差异,以寻求部分和部分、全体与部分之间的平衡和对称,借以实现整体的个体性与个体的整体性。"义"也有内发性,但相对于"仁"而言,却有较多向面的外在性。这也就是告子与孟子辩难"仁内义外"的缘由。"义"有扩伸性,然就"义"的实际应用言,则表现为因人因事因地因时制宜的凝聚和关注。"义"可以提升到宇宙的高度,故孟子言"吾善养吾浩然之气"是可视为由"集义"而来。但一般言之,"义"是要对人对事而言的,是有特定对象的,故与其言有提升性,宁可言其有落实性更为妥当。"义"之兼具伦理与政治两面,是毋庸置疑的。使民固然要以仁,但只有"务民之义"才能使仁政落实。故"义"的功能是同时依据仁的原理与事实的需要而建立的。

"礼"之为德也兼具社会伦理与政治伦理两面。就儒家言,"礼"是道德规范,也是政治规范。故"礼"原与"法"并列合用,到荀子则几与"法"合一。"礼"的提升性与"乐"相同,是一种社会教化与安定的力量。这在礼记中言之甚详。但"礼"的内发性却是间接的，是透过"仁"和"智"的功能而来的。故儒家认为具体的"礼"是圣王所制作，而非个别人性的发用。"礼"当然是整体的，也是延伸的，但却如"义"一样，必须考虑人事、物象、时空等因素的相关与限制，表现为不同的形式和内涵，但也随着时代的转移，获得新的形式和内涵。

"智"是与"仁"有同功异能的人性之德。孔子言"知及仁守"，并以为"智"就是对"仁"的选择，对善之固执。故"仁"之德的自觉实行就是"智"的开始。经过反省，"智"就能引发为更大的"仁"，而"仁"也能促进更多的"智"。"仁者无忧，智者不惑。"不惑就不忧，不忧就不惑了。故"智"有整体性，经下学而上达，能致天下之道。"智"也有内发性，是人性的启蒙和自觉，经"学"与"思"的并用而有发展。故"智"应兼具推展性与提升性。但"仁"与"智"虽相互为用，相互为基，"仁"与"智"却在连续上显出不同："仁"是包含的，智是分别的。"仁"以爱民、亲民为目标，故可言仁政，"智"却是以正名、正己、正人、守法为行政的手段。故"智"倾向于法治，"仁"却倾向于人治。这是很大的分野点。

"信"具备内发性与推展性，是基于"仁"与"诚"而来的个人和社会的凝聚力，可视为"仁"的推展，"诚"的凝聚。"信"也可说有提升性，因人之立足于社会就在其信之有无，可信度之大小，故孔子有言"民无信不立"。在整体和连续性上，"信"不能没有"仁"和"义"的引导。故"信"之为"信"就是"仁"和"义"在人的实际行为中的表现和效应了。

以上仅就儒家伦理体系中的重要德性，依据上述五特性，作了较系统的分析和鉴定。其他德性自然也可比照此确定。同样，其他诸子百家的伦理体系（道、墨、法等）也都可以依上述五特性作一分析和解说，它们在中国社会发展的历史中扮演的角色和贡献也可因之得到一个较为客观的判定。

基于上述的理解，我们可以看到儒家哲学及其显示的伦理体系，都有其历史上的源头活水和理论上的价值标准。就此言之，儒家哲学的发展也就有其内在的动力。两汉是中华民族另一融合时期，儒家的伦理体系就发挥了当时融合诸族的功能。两汉以后，外来民族陆续融合于汉族之中，外来的佛教更直接地提供了当时社会秩序所需要的稳定力和包含力，而儒家伦理体系则处在"退藏于密"的地位，成为隐含于制度与社会生活上（非价值意识上）的凝聚力量。到了宋明，儒学融合了佛道，在更细密广博的层面上建立了宇宙哲学与伦理哲学。而此两者，较之先秦儒家，更能表现形上本体流行与形下时空事象的一贯性、圆融性、系统性。明清以来，这个大系统，固不论其为理学或气学或心学，已成为近代中华民族伦理精神之所系，并为其表达。但自清中叶以后，西方挟其经济、政治、社会科技的力量冲击了中国传统的经济、政治、社会与学术，遂使中国伦理体系面临着空前的崩溃危机。百年来的中国现代历史，事实上更证明中国传统的经济、政治、社会与学术已有实体的与结构的改变与发展。中国社会的伦理秩序在人的主观意志和理念上也应作相应的调适，借此主动而整体地重建一个现代中国社会所需要的社会伦理秩序。

在此一自觉的要求中，中国伦理体系要求大幅度的改造是自然的，这种改造在我本文第一部分的讨论中已确定为融合西方伦理体系中的理性化的知识化的"责任伦理"于中国伦理体系中的心性化的德性化的"目的伦理"之中。若相应于本部分所析中国伦理体系五特性而言，此一融合乃在接纳、强化与引进个体性、外化性、一般立法性、离宗教独立性、离政治独立性等原则，以建立一个个人、家庭、社会、国家、世界、宇宙相互区别并相对独立的伦理体系。这是人类社会步向现代化、理性化的一个重要特征，也是人类社会满足其发展的需求所必须。但吾人也不可忘记人类建立伦理秩序之时有其积极的主动性与主体性的需求，又不可忘记中国伦理体系具有包含及融合的能力，而包含及融合也原为人性个体与世界整体所必须。因之,理性化的现代伦理体系也面临着如何整合人性个体和世界整体的难题,这也就是后现代化的一种要求。面对这种要求,中国伦理系统中的五种特性又显出其重要的时代意义了。理想的人类伦理体系也许就在于如何结合、融合中国伦理体系的五项特性与西方伦理体系的相反特性以形成一相辅相成、机体关联的大系统,不但为未来人类的个体定位,也为人类未来的社会定向。

现代化的儒家伦理和儒家伦理的现代化

一、宏观伦理和微观伦理

自孔子时代起,儒家伦理日渐渗入中国社会。这不仅因为儒家学说已通过民间和官方吸引了学人和平民并为他们所接受,而且,因为孔子教学和学府中的儒学被称作当然地保护和发展了古代中国的政治、社会思想的精华和体现于周文化中的智慧[01]。这一儒家传统代代相继地调整了中国人的家庭、社会和民族的伦理关系,同时,为中国人对人生、世界和宇宙的看法奠定了基础。张载(1020—1077)的《西铭》和朱熹(1130—1200)的《论善》两篇理学名著是熔形而上学与儒家伦理学于一炉的典范。近年,儒家伦理与中国社会特点之间的密切关系已为学者们注意,人们看到始皇起,以东方式家庭为基础的中国社会在政治上一直受着强权统治者的思想的控制。经济方面,农业是中国社会的基础。社会、政治和经济制度是儒家伦理在平民的理解和接受中得以发展和巩固的契机[02]。

就相互吸收的角度而言,很明显,无论是社会还是政治、经济思想必然对儒家伦理的本质发生影响,反之,人们又确能用儒家伦理学说阐明中国传统社会、政府、政治、经济的某些重要特征。由此可见,我们

---

01 乔斯福・列文森在他的 *Confucian China and 15 Moden Fate*(伯克利:加利福尼亚大学1968年版)谈及中国儒家的命运。中国由于其大部分历史无疑由儒家传统决定,这一再显示和发展了中国古代思想家的最初探索,这种探索是建立在普通中国人民的经历之上的。因此,儒学中国的术语拥有合理的用途。

02 参见列文森的著作:*Fear and Tremblidg unto Death*.

可以提出儒家伦理学、形而上学与儒家实际政治、经济生活形式一体化的理论系统[01]。换言之，儒家伦理以集权和组织机构对中国社会施加影响，若不深入儒学，便无法理解中国社会的形成和变更。

在以往的二十年里，以中国文化和儒家精神为指导的新加坡、中国香港、中国台湾和韩国四个东亚地区的经济尤其是工业的大幅度发展，已为世界认可。对这一发展应作何理论说明呢？这个问题日益突出。许多欧美学者提议用儒家伦理来说明这个问题，他们的兴趣旨在弄清东亚地区经济高速发展是怎样获得的。他们认为这应归功于儒家的"德"，正如西欧、美国将工业发展归功于基督教的"德行"一样。这一看法的症结在于，它只摄取了儒家伦理思想的一个侧面来解释上述东亚地区的经济发展，何况，所谓儒家"德行"，也必须用整个儒家伦理学说及其实践来说明。此外，我们不可忽视这样一个事实，即东亚经济发展并非对传统价值观的简单运用。东亚国家二十多年前的社会变革是其二十年以来各方面发展的先导，因此，评价儒家伦理在东亚经济发展中所起的作用，应考虑诸多历史因素。事实上，从历史发展观来看，东亚经济发展是与日本同时起步的，因而它的发展汇入了宏大的潮流。再从历史渊源来看，明治维新促成了日本经济的现代化，但明治不可能不把儒学和理学伦理观作为社会组建和革新的理论源泉。因此，必须深入探讨完整的儒家伦理体系，才能获得对东亚地区近年的经济发展及其相应的政治、社会改良的全面而正确的理解。

深入理解有关现代化事业的儒家伦理的途径是：面向社会、政治和经济现代化的潮流，致力于儒家伦理思想核心的现代化和变革。儒家伦理学的核心之典型代表就是忠孝伦理以及儒家传统观念中的家庭伦理。为了探讨儒家忠孝伦理观的现代化和革新化，必须指出以下问题：儒家忠孝之伦理的基本含义是什么？其作用如何？其理论基础是何？面对社

---

01 康德反对这种形而上学，但却强调道德形而上学。但他的道德形而上学只是对人类理性道德公正的假设。

会、经济的现代化要求,它是否还具有存在的理由?若它对于现代社会尚存有价值,那么又怎样使它现代化并适应现代化的要求?以往哲学的论述中没有充分的答案可提供,也不存在涉及社会、经济现代化结构的现成公式。自中国1919年的"五四"运动以来,包括儒家伦理思想在内的儒家伦理学说失去了其至上的权威地位。尽管离开了合理、理性及有益的阐发与改造,儒家伦理很难被摧毁,但它还是遭到了学者和作家的纷纷批判。努力作出合理阐述并寻求理性的和有效的改造,因而成为儒家伦理学说现代化和革新化的前提。可见,不能简单谈论儒家"德行",除非当作经济现代化的一种说明。反之,经济现代化的现象会构成破坏传统意识中整个儒家价值体系的潜势。因而,我们面临着如何将儒家伦理同台湾的以及其他受儒家伦理学影响的东亚地区的社会和现代化联系起来这一课题。

虽然我们不能武断地给现代化下定义,但我们很容易说明所谓现代化是由工业和经济发展所构成。这一现代化的概念是以耗小益大为主要目标的,这样就意味着一个社会应据此效益原则组建,从而满足其要求。工业只是体现这一原则的社会建设形式,而此项原则却是通过有组织的智力和体力,谨慎地融入获取自然资源的过程的。由此可知,现代化最终必须与科学技能与技术的不断革新和发展相结合,从而带来经济增长和生活改善。在现代化的这一推动下,调整人与人关系的伦理标准及价值观也必须得以相应的调节,毫无疑问,调整父母和子女之间关系的家庭伦理亦无例外。

有两种实现伦理关系现代化或调整伦理关系的方法,认识到这一点很重要。其一是被动的改良:伦理关系需应外界压力而变化;其二是主动的改革:其源自个人对改革的内在的、自愿的努力。因而我们谈及儒家伦理学现代化,便包含两种改革的方式。事实上,确实存在着由经济、社会现代化促成的被迫的变革,然而,我们也能为现代社会的伦理准则提出完善的改革计划,从而使伦理现代化成为自觉和积极的行动。在此意义上，以下将讨论儒家伦理学说中的忠孝以及其他富有生机的人伦关系。考察了关于现代化的理解问题，我们将进而阐发儒家伦理学与现代化的关系。显然，实际与理论存在着矛盾。许多欧美学者早已将东亚经济的现代化归因于儒家"德行"，而我们曾指出：经济现代化导致了东亚社会的家庭伦理关系的破灭。由此，便产生如下问题：儒家伦理学如何产生出经济现代化而又为经济现代化所击败和摧毁？如果儒家伦理仅仅成了废墟又怎样说明现代化？如果儒家伦理是现代化的中坚力量，便不应遭致破灭的命运。

为解决这一矛盾，我想指出"宏观伦理"和"微观伦理"的区别。"宏观伦理"是蕴含在某一伦理体系的形上学之生活观和宇宙观，这一体系是信仰、行为和价值抉择的基础，甚至，它能成为系统阐述一项政策以适应改革的基础。因此，它也是整个现代化过程的基础。"微观伦理"只是为具体特定的行为所设定的准则和规范，它反映特殊的学说和特殊集团的道德习俗。通过鉴别，我们很容易看到现代的发展能溯源于"宏观伦理"，这一伦理中拥有高度的创生力和进步性，正如《易经》哲学所显示，现代化运动在中国及东亚社会中所摧毁的是与儒家"微观伦理"相关的具体准则和价值观，由于儒家"微观伦理"的破产，儒家"宏观伦理"得到解放并因此发挥出革新和创生的威力，从而产生出现代化结构，注意到这些是有趣的。据此叙述，我们不仅能解决东亚现代化和儒家伦理之间的矛盾关系，而且能说明儒家的忠孝伦理及其他美德如何能现代化，从而成为东亚社会，尤其是中国社会生机蓬勃的革新源泉这一问题。

二、儒家伦理现代化的深层影响

现在我们来探讨儒家宏观伦理对现代化运动进程的更丰富更具体的影响。现代化是一个含义丰富的整体概念，虽然现代西方（主要指欧美）

已达到现代化，但现代化并不等于西方化。在有关现代化的学术讨论中，现代化如何产生并成为可能的问题常常与我们所理解的并加以模仿的现代化形式混为一谈。很明显，当代西方发展着现代化，并且西方传统的某种因素必定是其现代化起步和前进的关键。但是，不同种类的现代化模式或方式依然存在，它们不一定产生雷同的现代化结果。因此我们可将日本的现代化与西方现代化加以区别，然而这一区分既不能忽视现代化中的某种普遍因素，也不能否认现代化进程的一定的基本要求。

论及现代化，我们所要重视的是：现代化总体过程终将在一有机形式中得以实现。现代化之有机体存在着多种形式，每一种形式都带有特定的组成方式，然而每一形式都包含并显出某种基本的普遍的因素或形式。我在此所指出的是，现代化既有特殊性又有普遍性。将现代化构想为仅有普遍的性质和过程，那便是误解。

由于将现代化看作仅属西方，许多中国知识人士在１９１９年的五四运动中，用西方传统反对中国传统，并强迫自己全盘抵制中国传统以图现代化的实现。也许这种单纯的感情冲动是当时历史条件的必然产物，但它确实产生了不幸的后果。可见，对于传统的全盘否定并不能导致现代化基础的诞生。相反，现代化要求某种来自传统本身的激发力，并需要将自身的传统作为动力和源泉。人们应该懂得西方现代化是一个普遍而又特殊的过程，我们只有在特殊结构中才能理解现代化的普遍性。这种了解是以懂得如何反映并利用自身的传统来获得普遍性为前提的。我们不能机械地复制西方现代化的普遍方面和特殊方面，若如此，我们必将全盘抛弃传统，丧失真正达到现代化的基础及根据，从而铸成大错。五四运动中陈独秀、胡适等知识人士犯了此一错误。

作为总体概念、有机过程和系统，现代化内含着将传统社会改为现代社会的尺度，这主要是针对经济、政治和社会的组建和改建而言的，因而现代化要求在调整和改革个人和社会生活各个方面及各种水准上获得更多效果。由于西方和日本的现代化始于经济技术的变革，我们因而须考察儒家的人文伦理怎样面对并解释该问题。尔后，我们将了解儒家观点怎样适应并加入现代化的其他方面，诸如价值定向和伦理关系。

马克斯·韦伯依据新教责任伦理学，说明了现代西方资本主义经济的高涨。这一伦理学引导个人形成探索和冒险精神，引导政府和社会建立理性社会秩序。显然，在韦伯看来，哲学传统的新教人文观使现代科学、技术、经济的高涨以及社会发展成为可能。由于儒家宏观伦理中的人文观迥异于基督教，因而韦伯所谓儒学中国的现代化结论便成了反面指南[01]；然而，现代化是当代的必由之路，难道所谓韦伯结论就意味着儒学中国若要现代化就得放弃自己的人文和哲学传统？若如是，儒家人文观点之于现代化的影响及现代化之于儒家人文观点的影响便是否定、空泛和虚假的。但是，正如我们所分析，现代化并不如此简单。现代化既不是机械的程序，也不是机械的模式，而是高度有机的人类活动，它能产生极其多样的组织形式。与此相似，我们同样不能将儒家学说简单化。从本质上看，"人"和"天"的多重关系是可被现代化吸收、利用和探究的，尤其能为传统儒家和当代整个经济技术的现代文化相结合的有机现代化服务。以下，我将简要地讨论三个方面的问题，从中可见儒家宏观伦理学能够有益于中国社会现代化的建成。

首先，儒家观点认为人具有发展自身的潜势和能力。尤其值得指出的是，人能发展某种手段，而不是某种手段发展人。对于儒家学者说来，现代化既为个人也为人类社会福利造福。然而，个人福利的要求并不能如社会福利要求具有说服力，因而儒学传统强调社会福利胜过强调个人福利。还应该看到，儒家学者认为追求个人物质享受不利于个人道德理想的自我修养和自我完善，个人的自我修养和自我完善，一则要求个人献身于他人（在广泛复杂的范围里），再则要求克制、节制自身利益和愿望。但是，不能因此就认为儒家学者并不关注其个人、社会和国家的

---

01 参见马克斯·韦伯的著作 *Capitalism and Protestant Spririt*.

物质福利。不但孟子强调君王应维护全民的物质利益,而且,在《大学》、《荀子》、《中庸》和《易传》以及《书经》的传统中,所有儒家学者都强调开物成务、为民造福的重要性,即使撇开统治者的观点,个人往往为家庭的利益而奋斗,那么,仍然可以从儒家伦理学中找到其合理依据。自然,忠孝也并不排斥在合理限度内为父母求得物质待遇这一合情的动机[01]。

根据以上分析,我们可以看到儒家学说怎样才能为现代化所接受。就现代化能促进人类社会利益和国家管理问题的解决方面而言,儒家学说将给现代化以强大动力;此外,儒家学说极力主张国家以开创精神发展整个人民的幸福,并且,儒家学说鼓励人献身于追求其家庭幸福的过程,而且将此视为为社会团体谋利的伟大开端。自然,个人很容易以家庭为中心而不能使自己全力投入对团体利益的追求,这的确使现代化这一全社会、全民族的运动发生困难。但这种困难是可以在经济的迅速发展和现代化的过程中逐步克服的,台湾的现代化进程和运动正是接受和采用了儒家方式,因而取得经济的巨大飞跃的。过去二十年里台湾的成功,应看作是儒家思想的成功。事实上,韩国、新加坡以及香港的经济成就,都应是基于儒家思想的。然而,必须指出,众多提倡东亚经济发展理论的人士,并不真正懂得如何用儒家伦理学观点阐明这种经济的发展。

如上所述,虽然儒家学说为了家庭而节俭、勤劳的美德可以作为经济发展的部分动力,但却不反映全部情形。儒家学说强调社会福利和国家成员的责任感这一精神也应予以赞誉。还须看到,以儒家伦理为基础的现代化,从整体来说已展现了其为社益处和用途。西方及日本的历程和成功,为我们提供了经验和教训。当然,儒学是否能如我们所理解那样独立自主地推进现代化则是另一问题。但是,儒家人文观念不能由自

---

01 见本人著作《面子观念及其儒学根源》,Journtal of Chinese Philosophy,Vol 13—315)。

身带来西方那激动人心的现代化进程,而只能推进唯有中国所独具的现代化形式的发展,这大概是一种恰当的看法。儒家学说蕴涵着现代化的潜能,因之,在世界上各种现代化的形式中,儒学能够被看作是其中一个主要成分。

关于现代化和儒学关系的第二点,即现代化和儒家是有机完整的统一体,现代化经济发展是现代化的一个方面。即使儒学在东亚国家已被用于促成经济发展的过程,但儒学还是要求当代世界的经济有更多的发展。由于经济过程只是现代化的一部分,因而在工业水平和社会水平之间存在着因相互束缚而发生的矛盾冲突和价值观的失调。经济发展可能在某方面会侵害传统社会价值观,并要求维护经济发展的新的价值观和行为规范的产生。这样,便引起儒家伦理学和整个儒家社会伦理学的现代化问题。另一方面,为了建立新的人伦关系秩序,使它免受现代社会对效率、标准、目的和理性的要求危害,应重视儒家对人性的考察。因此,儒家自我修养的伦理学必须推广而笼罩新的职业关系,并为普遍实施的法则所补充。这样,儒家学说就必须经历广泛的适应和采用过程,从而有确定的位置、地位、独特职能以及新型组织形式,以达到整体的有机平衡。这是一个艰难而漫长的过程,可又是全面现代化的唯一道路。一旦成功,儒家人文观念可能发生重大变化。但是,这种变化并不影响儒家宏观伦理中天人一体的核心理论。这一理论若能得到善存,儒学现代化的过程便不仅能产生以传统性和现代化为基础的独特的现代化典范,而且能为全球提供有助于现代化发展的深刻认识[01]。

最后在此指出现代化和儒学关系的第三方面的内容。这一方面主要谈儒学的现代化影响和后现代化影响。儒学人文观对所有人类的幸存者以及全部人类社会,无论其是否处于现代化的结构中,都是重要的。这一点并未得到注意。事实上,西方现代化带来的道德问题造成的影响,

---

01 见本人《中国历史与中国哲学中的人权问题》一文。(In Review of Comparative Civilizations, Issue I, 1980)

集中体现了对人进行后现代化整顿的重要性。西方现代化和后现代化有时导致了人性丧失。人性的丧失是不知不觉的,现代化虽不是有意识地使人类退化,但却会累积诸多问题,以后这些问题将从外部(环境)和内部(身心或社会)毁坏人类。现代化的社会里存在着一些典型的社会问题,如吸毒、青少年犯罪及老年人安置等等。现代化将人类世界变为无人性世界,将人变成机器和社会的毒品。现代化还有更深的问题需要指出和治愈。据此,儒学关于人的及其与自然、天的关系的看法因而显得特别有意义和有用途,儒家和谐、完美和有机联系的价值观以及责任、义务的自我修养观是医疗现代社会弊病的良药。这些就是儒学的后现代化影响,它能为探索后现代化人类利益服务,尽管它面临着现代化的挑战,儒家学说仍然提供了永恒的价值观。

后现代语境中的儒家本体伦理学发展

为什么儒学在后现代还需要有一新的发展

什么是后现代？我认为"后现代"这个术语可以用来表示时间过程中所带来的一个时代和一个社会。后现代社会是由现代社会在时间过程中自行转化发展而来的。人们或许会质疑它是怎样发展而来的，以及为什么会发展到这个阶段。不必思索过多，客观地说，既然现代性的发展已经到了尽头，后现代也就随之而来。这里可以引用一种历史辩证法的观点，即当一种情境超越了自己的极限时，便会自动转化成另一种情境。而我认为，这实际上指出了一个关于人类意志的更深层的辩证法：当现代社会以科学知识和技术的形式赋予人类理性的力量时，人就可能成为科技力量的奴隶，为它所控制，并因此失去自由和自由意志；而另一方面，人也可以掌握科技，根据自己的意愿来使用它，而不是被它控制，这样他就能够探寻并重新获得自我的独立意志和自由精神。

在这个辩证的分析中，我们可以看到后现代的两面性：人可以被科学与技术所控制，也可以反过来控制它。从这两个方面可以看出后现代黑暗的一面：一个人的生活可能会枯燥无味或者充满意义，因为他的生活在很大程度上已经成为现代文明轮轴系统中的一部分。对于大多数人来说，世界是单调而又枯燥的，他们的生活处在被科技所限制与覆盖的状态中。而另一方面，对于少数人而言，他们的自由源于对技术的控制，他们可以使之服务于一己的私欲，也可以支配其他人，所以他们能够按照自己的意愿行动。当然,建立在支配科技的能力之上的自由并不是真正的自由或精神上的自由,因为这种自由使人需要面对与他人竞争去掌握最新科技的焦虑与紧张。在这个分析中可以看到,后现代对人类而言,并不是一个理想的状态。但仍不能否认的是,虽然这个世界或多或少是由科技、自由市场、机器和制度所控制的,但人仍然可以在不危害他人的前提下,尝试通过个人行动来实现个体的自由。当然这可能是肤浅的自由,因为这种自由来自于国家和警察所维持的法律与安全的普遍性秩序。然而,一个人的内心却仍然可以向往一种能与他人共享,及进行精神理解与交往的自由。这也是当代著名女政治学家汉娜·阿伦特所追求的能充分实现个人自由的公共空间的理想。阿伦特所说的实现自由的公共空间正是后现代或后极权主义下的产物。它是经历了对现代性产生的集权主义的强力批判而产生的。

因此在后现代社会中,虽然许多事物,如教育、经济和宗教正在私有化、多元化,但如果人不进行自我的精神修养,及通过这种修养丰富自己,并达到对自己真实身份与精神根源的认知,那么就不会有任何的精神自由。再者,如果一个群体中不能每个人都能修持到一定高度的精神自由,彼此相知或共同互信,也就难以实现一个属于该社群的自由公共空间。此外,人们相互间的关系是为常规、传统和法律所制约的,但这种关系却更多地被看作是一种必要性,而不被认为是一种价值。因此,后现代社会并非能全然脱离现代性,而有其内在的匮缺。如此描述、分析后现代性,并没有要诋毁其优点的意图,但是我仍想要指出它的问题以及在人类精神上尚待解决的问题。

我们可能需要基于现代性和后现代性的主要价值和规范,对照一下现代性的极端形式和后现代性的理想状态。

现代性	后现代性
1. 理性	情感
2. 普遍	个别

3. 公共/共同社群　　隐私/公民社会
4. 社会法律　　　　个人自由（权利）
5. 科学和技术　　　艺术和人文

这就是为什么要摒弃或超越过去的现代性社会传统，因为它已经成为向前发展的阻碍。在某种意义上，现代化是一个失去历史意识的进程，而文化的价值也随之消逝。现代化也是一个为了获得效率和效益而受抽象理性和科学知识引导的过程。因此，它与查尔斯·皮尔士的实用主义信条不谋而合：效果是评判一个观念的最好途径。而这不可避免地致使了在经济活动和市场中追求最大利润的口号，以及一种金钱功利主义，即将所有事物都当作商品来衡量其价值。随着现代社会越来越向一体化社会和自由市场靠拢，这里已经只剩下统领人们行为、调节人与人之间关系的法律与合约。于是我们不可避免地遗失了社群，而人与人之间的关系也成为商业和政治的网络。

那么这就是现代社会抑或一个已经失去完美理性指导的社会吗？或者因为它已经开始意识到对隐私与自由的需求，从而已转向了后现代社会？或者它致力于解构、摧毁现代性秩序，因此就可以达到解放个人或国家的目标吗？从这个分析中可以清晰地看到，后现代是与现代性密不可分的：它是一种用来处理如何实现后现代价值观问题的状态和态度。而现有的后现代情形是，人开始追寻自身的利益，而在利用现代性得到利益之外，却没有意识到还有更深层的价值存在。我们对儒学发展的研究，意味着我们能更加认真地对待人（此处指具有人性的人，下同）的概念，并探寻出一种新的理解和觉悟，以此来平衡现代性并使之最终转化为更加人文的、人性化的居住空间。

在这样一个人类社会中，需要进一步加强人的发展，而这也就是我们还需要儒学的理由。实现人的发展的途径有以下几点：

一、通过人的自我整合来整合人性：在现代社会中，后现代个人所经历的最大的困难就是他逐渐丧失了作为人类社会一员的道德身份以及自我意识的道德主体。现代社会的人格构成发生了变化,开始隶属于现代社会中不同的功能性组织。新的身份要求他遵守组织的规则,因此他在社会、政治或职业的游戏中维持自己的生存和成功,并成为一个称职的公民、经理或职员。而他所遗失的却是与自然和人性相关的自我或自我身份。一旦他不能很好地适应工作或不适应工作,甚至是失去工作时,他将会感到一无所有。而他实际上已经沦为一套理性界定的功能性关系。

儒学倡导在后现代社会中,人要回归到其本身,因此人需要面对一个本真的自我,即在自然界和与他人的关系中被赋予的自我。他需要具体地、有机地、创造性地认识自我;他需要对自己的有着时间和历史根源的存在有一种深度的认识;他需要认识到自己生存在人类基本的关系中,是文化和传统中的一员。但为了能认识到自我的这种新身份,他需要了解这个世界以及自己在这个世界中所处的位置,这样他才能感到自己是一个有知觉力、有情感、真正有爱心的人:他有一种由人类关系所赋予的、而不是为这种关系所限定的本性独立的意识。由此我们可以联想到《大学》中儒家关于自省的一句箴言:"意诚而后心正。"

那么怎样才能做到意诚呢?要完全意识到人是与自我的本源相关联的,同时也是作为人类社会之本源的一个自我。这一深植于人脑海中的自我意识,使他能够在与被称之为道的终极实在或原始实在的原始创生力的关系中进行自我的创生。这也就是诚,使自己真诚可信。当一个人在对世界与形势的洞见中来做自己想要做的事情时,他便不会再是盲目地而是带有智性地去追寻其目标。事实上,诚是基于一个人的对世界的洞见而变得独立自由的。缺少了诚,一个人的信自然也不复存在,而这个信是一个人道德行为的保证。这是因为道德行为源自于一种对实在的深层认识,而正是这种实在支撑并延续了所有的生命形式。自由意志的行为必须是一种正确的行为,并以善的意识为行动的目标。一个人会根据道德标准来衡量自己的行为,因此,应当对人的思想予以指导,并使其向道德的方向发展。

如果人的思想需要朝道德方向发展，那么人应当进行自我修养，使自己成为一个真正的道德主体和人。修身从而维持自我原始的善，使自己返回到自由、有创生力的状态。可以称这种状态为"天人合一"或自我创生和自我转变的神圣性。而需要提及的是，它是在人的意识和思想内部进行的一个过程，但它也与外在的观察以及知识的实践密不可分；其次，这是一个永不停息的过程，这样人才能在不同的地点和时间里不断更新自我，在一种持续的状态中寻找创生力；第三，为了扩展和延续，这个过程也是不可间断的，这样人才能将自己与家庭、与社会以及与人类社会紧密联系起来：实际上，正是在不断自我修养的基础上，这种扩展才是可能的、有意义的。第四，即最后一点，修身的最终目标是建立一种身份意识并领悟道德意志或道德本身，从而完成了一次开放性循环的完美发展。整个过程可以被描述为本体伦理的，因为人是本体性地参与并创造性地引导了一种伦理关系的发展，发展并履行了社会与自我内在的善。

《大学》中自我创生性的扩展体现在家庭、国家和世界中的具体的关系里。这是道德的实践，是一种对道德洞见之明察的探求。《大学》没有对创生性本身的自我整合进行探讨，而我所做的是在意识觉醒和意识参与的意义上，将《大学》和《中庸》关于人的意志的完满实现过程以及人对自然和天的感知过程进行了整理。这两个过程构成了内在洞察力与外在庄严的理想组合，意味着人已经实现了一种真正的自我意识，同时也完成了与他人之道德转变相关联的角色与使命。

二、在社群中发展人际关系：如前所述，人不是一组关系的构成，他既不是现代意义上的团体或组织中的一员，也不属于传统意义上的五类基本的人际关系。对成员和关系来说，重要的是自我和社群能够在发展中相互作用，并相互依存。个人并不因社群而被贬低，反之亦然。后现代社会中，这种相互关系十分重要，它构成了善的伦理观和道德发展的基础。儒家仁的观念可以以这种形式来理解，因为在仁中，人发现了对他人和社会的关爱，同时也发现了自身中源于终极实在的超越性，而人也因此能够不断地维持自己作为道德主体的身份。

三、维持一种对人类社群的理想：我们必须注意怎样理解道德意识的动机和目标，以及他们是如何配合并相互支持的。能够看出，仁的觉醒是个人和社群发展的根源及目标。

四、自然和终极的再生与重获：基于普遍的仁的理念，人能够体验生活的最终目的，并在本体性修养的意识上发现与终极的关系。我们可以在精神实现和自我超越的意义上将其称为宗教体验。这个无疑是非常重要的，因为作为个体，我们都需要面对生与死。而化解人们的在生死问题上的忧虑意识的超越性，是人们必须承认和建立的。有的人可能会依据传统儒家的天或道来定义人的自我超越性。天或道是驻扎在人的深层体验中的人格化的本性。然而，它却没有被作为一种客观的宗教信仰，而是被视为一种生活的深刻体验方式或超越生死的实在。从这种意义上讲，儒学不是宗教，但它却体现了宗教精神或生活信仰。儒家学说中更令人启发的是，宗教情感和经验必须由个人亲自体会到，因此也是一种私人性与个体性的认知。

终极意义上的宗教，必须是私人化、个人化并属于自我的。而基于此的对待宗教及世界上所有的宗教的多元主义路向也必须相对私人化，这样每个人才能通过自我的修身来实现自我超越和自我拯救。宗教信仰和有组织的宗教是为大众及那些不愿进行深刻反省的人提供的权宜之计。这意味着，即使是有组织的世界性宗教，也应当坚持差异性和多样化，要学会互相尊重彼此宗教习俗的差异性和多样化。这就是后现代宗教的发展方向，必须要认识到儒家宗教情感是多样与差异的，因此也是自我与个体之道德发展的其中一个样式或范式。

五、创造性地生活，把科学作为生活的艺术：我们仍然生活在一个充满科学技术以及商业政治的世界中，但是深层的精神和道德身份使我们能够通过独立的精神和有意义的活动来应对人生。我们不仅能够应对现代性，还应当在不丧失自我尊严和道德意志的前提下，将现代性转化为个人价值的世界。科学应当成为实现道德目标的艺术和方法。而后现代性目前正作为一个能动者,使其自身和现代性创造性地转化为一个服务于人类社会和人类自我的统一体。

克服对文本意图的方法论偏见和盲目性

受后现代氛围影响,由于没有看到儒家哲学对后现代性问题的创新性回应,一些西方现代学者试图解构儒家道德话语,以达到消解儒学或儒家道德哲学的影响或吸引力。具体地说,西方的一些学者认为,没有证据能够表明儒学中包含有道德意志,正是这导致了儒学中权利主旨的缺失。这种立场可以追溯到传教士和新儒家的哲学论辩,他们相信人性中原始的善会在人类行恶时阻止其作出自由的决定。其他一些人试图通过消解本体论或自我形而上学的重要性以及使道德和文化传统相对化,将本体论从作为整体的道德论中分离出来。他们可能认为,儒学,尤其是儒家伦理学并没有被传统的儒家学者进行理论化的阐述,而现代的儒家学者也不能代替他们对文本进行自由的诠释。有一个这方面的典例,西方的著名伦理学家阿拉斯泰尔·麦金泰尔(Alastair MacIntyre)从儒家文本出发对儒家伦理学进行了评论。他说:"早期儒家的前理论心理学遗留了许多未解决的问题。将它与其他文化中的前理论心理学比较时会发现,在对人类的见解上,将它与一些得到了充分发展的理论,如亚里士多德和康德的理论进行类比是一种错误。"

当然,孔子乃至孟子都没有写过关于人性和人类心灵的现代式论文。但是他们所使用的语言以及他们所作的陈述毫无疑问地显示了,他们已经持有一种想法和观点,这些观点应当被看作是理论化的而不是前理论化的,是有着哲学意义而不是心理学意义的。这是一个理解在讨论语境中语言使用的问题,也是一个理解他们谈论的主旨的问题,它们使我们看到一种理论性的洞察力和观点是怎样建立的以及是否建立起来了。这不是一个使用多少词语的问题,也不是写作方式的问题。这种写作风格在孟子的时代就已经广泛流传,但却与一百年后得到发展的荀子的写作风格不甚相同。然而,这种由弟子记录其话语的写作风格并不妨碍我们基于对文本和主旨的正确理解,从文本阅读中获取理论化的涵义和参考。虽然思想的精华隐藏在不同形式的修辞语句中,但每个修辞都能将话语的生动精神传递给读者。

事实上,孟子曾指出怎样获得这种洞察力。孟子云:"故说诗者,不以文害辞,不以辞害志。以意逆志,是为得之。"孟子用他称之为的意来洞察辞中所载的志。同理,可以得到意的相关、正确的理解。在这个清晰的语境中,意是对情形与主题的前理解,它们是以人的一般经验为依据的。没有意,人就不能通过对语言的反应去洞察文中所载的志,也就不能基于志从文中建构出潜在的辞来。正是通过这种方式,孟子能够破译古代诗歌的正确或相关方面的意义。孔子也曾引用《易经》来表明自己的观点,他所说的"观其德义"正是对他对古代占卜术的一种提升。

这种阅读文本的方法基本上是一种本体论的方法,因为它包含了一种读者主体与文本客体或作者客体互动的需求,这样读者才能感知文本的内容和意义。为了达到这种结果,首先需要熟练掌握语言,即文;其次,需要知道文中所含的意旨,即辞;然后,根据所读到的辞,构建出意,这样才能探寻到所谈的志;最后,从潜在的辞中通过意探寻到了志。志是论述或文中所需要表达出的要点,需要清晰明确地表达出来,以达到讨论或重构的目的。

有人可能会将这个过程称为一种建构,但它不是一种随意的建构,而是在与文本互动时,将作者文本的意义和意图呈现出来,因此不应简单、任意地抛弃或忽视它们。这个过程使阐释和翻译成为可能。不应简单地将它归为前理论或者心理学,这样做只是因为没有把握到它的理论意义。正相反,这个理解文本的过程包含了一种理论化的思想,以便达到理论化思想的层次并将要传达的内容的真实意图表述清楚。人需要将自己的思想与文中的思想进行交流以达到一种建构或重建，而这种建构或重建仅仅是一个使用某些常规性或优选性语言来表达思想的问题。更为本质、重要的是领悟到所陈述的主旨和那些与之共生的观念（意），这个意又连接并揭示出了所陈述的主旨（志）。这一意义重获的方式，我们可以将之称为本体诠释学。借此，本体论理解也就成为方法性的，对这种方法论的探索也就成为对作为实体要义与真实主旨的文本实在的理解过程。

而令人遗憾的是，由于缺乏这种本体诠释学的洞察，一些西方学者和中国学者在将儒家经典和其他古典文献转译为现代文本时，不能领悟到其中的真实含义和哲学意义，因此不能把握其当代意义，从而走向了误解、误读或解构。而在后现代社会里，虽然我们允许这种误解误读的发生，但同时我们也必须使正确的理解有同等的话语权，让两者进行对话，以确保改进理解、增进视野的共享与融合。

综上所述可以看出，麦金泰尔未能领会语言和文中的意旨，也未能在如何理解一些角度截然不同的话语的问题上建立一种合理的前理解。建立在对亚里士多德和康德思想的理解基础之上的前理解和偏见使他先入为主地对儒家理论观点持有偏见。但是这并不妨碍有另一种前理解的存在，即以另一种方式来诠释亚里士多德和康德的思想，通过这种方式，我们可以看到亚里士多德或康德的思想和儒学之间存在一种类比或共同点。即使如他所说，他未能将那样一种惹人恼怒的观点清楚地表达出来，他也需要一些回应，这样他才能获得一些洞见或者拓展他的视野、修正自己的理解方法论。这就是在后现代社会中，平等对话和相互回应在文化反思和哲学评论中如此重要的原因。

在我的一篇文章《儒学中的自我、修身与自由意志》中，我使用《论语》中"自"和"己"的术语重构了儒家自我的概念，并借助于对辞和志的洞察确认了一种自由意志的存在。而我所做的是以一种哲学的方法来阅读文本，并以我的理解来重构我所读到的内容。与康德和亚里士多德的比较也使用得恰如其分。我认为，在儒家关于性（nature）的概念中产生的"自我省思的意志"（也被用作"内自省"和"内自讼"）有着重要的理论意义，并指出这它是自由的，因此也是善的，因其源于创生力的表现而非来自于性善的制约：人性的善存在于自由意志中，也因此存在于自律意识的觉醒中，这与康德所设想的人类意志的自律是一致的。明显地，利玛窦和17世纪的其他传教士未能认识到这一点。因为他们没有认识到，所有人类都有一种共同的起源或开始，这意味着人类能够对整体的世界进行思考并关爱它，并将这种意识作为在行为和实践中进行自我改善的动机。而今天这一点是更容易理解的，因为我们对人性有了更好的了解，因此具有了在备选物中选择的能力。正是有了这种了解，我们才能够站在一个更好的位置上对中国哲学进行研究，包括之前我们进行的儒学和康德理论的比较。而从中汲取的教训是，在后现代社会中，我们能够认识过去的错误，我们也有同等的机会来作出正确的认识。如果持有这种态度，一个哲学学者就既能够做到自省，同时也能体谅别人以及古代传统哲学家。后现代的方法就是承认过去是可以重生的、并于现在得到修正，从而通过一种对话式思考或是与他人尤其是其他传统的对话呈现一种广阔视野的新的表现形式。

为什么要理解儒学发展的五个阶段？

存在着一种承认并再次确认人性是一种道德意识的认识危机，而孔子的原始自省观则可以给这种观念予以回应，即人性是一种可扩展的道德关怀意识，从自我推及于他人，再到整个人类世界。而在后现代社会里我们所面临的危险是，我们可能会落入自满的自我中心主义，盲目地依从于金钱、权力、科学和技术这些现代性的产物。因此，怎样在一切形式的个人主义和科学至上主义之上，建立一种更高水平的人类的独立意识及相应的人文精神，是儒家在后现代社会中重新唤醒人性和人的创生性的本质所在。可以设想的是，每个人都可以回到一种普遍的、内在的自由状态，同时也是一种相互关联的状态。这既不是一种由外部强加的普遍性，也不是一种内在互不关联的个体单一性，及由此引起的列维纳斯提出的那种总体变化。

下面我将讨论，孔孟关于道德本体论（我也将它称为本体伦理学）话语所经历的五个发展阶段，而现在它已经到达了一个后后现代的新新儒学阶段。可以说，这种新新儒学能够克服普遍的强加性危机和不相关性危机，以至于能从创生的内在自由中产生出一种人性的和谐，反之亦然（其包括的本地全球化和全球地方化是一种一致的却有着生产性竞争的过程）。

五四运动以后，中国的知识分子和学者期望自己的国家现代化，因此也希望摒弃导致近代以来使中国蒙受耻辱和战败的文化传统。儒学由此被指责为作为一个国家、一个族群的中国的发展的主要障碍。为什么中国没有科学？为什么中国没有民主？这被归之于落后的儒家封建制度和儒家道德思想。由于来不及冷静地反思和分析中国落后的真正原因，儒学成为了替罪羊。这并不是说，儒学不应承担任何责任——我认为，许多儒学家应当承担一些责任，而儒学作为一个整体是否也难辞其咎，则需要依据了我们对儒学的意义的探寻，及认识到儒学是怎样被使用与实践的。不难看出，儒学并不是一种僵化的体系，其功能是提供一种道德的指导，使人能够获得一种现实生活的意识，从而发展出一种对现实生活的判断能力及处理问题的策略。它也是一种与他人相处并关爱他人的观念。这种观念会妨碍人们追求知识和科学吗？作为一种哲学，儒学非常严肃认真地对待学习和知识，因为儒家的修身观认为，知识和学习对于发展一个人的美德和诚实是至关重要的。

如果儒学被定义为思想封闭、落后、愚昧、顽固守旧，那么将很难看到儒家文本中真正讲了些什么样的思想。而事实是，当这种定义被确定时，儒家哲学系统的核心价值就失去了。而一个更好的看法是，中国人在上个世纪丢失了儒家精神，由此致使欧洲民族国家和日本有机可乘，对中国进行了军事侵略和其他方面的侵犯。这正意味着,失去儒家精神的中国人变得弱小了,因此给了列强侵略中国的机会。如果回顾历史,我们能够看到,儒家精神的丧失可以追溯到明末清初,那时,中国闭关锁国,统治者往往只是从私利方面考虑,而不是根据当时的形势,作出了愚蠢的政治决策。在南宋也有类似的情形。如果宋高宗能够更加努力、机智地尝试收复失地,将会有更多成功的机会。明朝末期,如果崇祯皇帝能够更为开放地对待公共事务,他就不会犯战略性错误,导致自我力量的削弱,因此在入侵的满族面前毫无防备。对于清朝来说,如果满族统治者能够更关心世界事务,关心民生,不浪费前期积累的资源,中国在面临现代世界时的命运也会有所改变。因此可以认为,正是由于遗失了儒家精神,统治者和他们的王朝造成了国家和人民的无能和软弱,直至1900年八国联军洗劫北京。

那么什么是儒家精神呢?我想根据儒学发展的五个阶段来对它进行描述,并指出,儒家精神已经获得了发展,但其后就或多或少地丧失了。儒家精神是人类生命的精神,它将人类经济和政治的发展视为引导人类自身和社会与广袤的世界相融合的道德发展。这是一种作为人类创生力更新与复兴的积极精神,从而构建出一个和平与和谐的全球化世界。

儒学发展的第一个阶段是儒学经典:孔子唤醒了作为一个人对所有人的爱与关怀的能力。仁的发现使我们能够将人定义为人,也使我们能够在人类世界里不断超越、更新自我。它是一个新的自我的形成与改善,是整个社会形成与改善的基础。孔子视仁为所有道德德性的源头,因此,仁能够被视为最基本的道德意识。孔子关于人的最重要的箴言是,在我们的心中培养仁或道德意识,将之作为对他人的爱与关怀。正是在以仁为目标的不断的自我修养,以及随之而来的道德德性的发展中,我们臻于自我的道德完善。

对于孔子来说,仁也是政治统治的基础。政治统治的成败在于统治者是否悟到仁政为民的道理。在仁的原则和视野下,孟子开始谈及道德情操的来源——人性,它为发展仁、义、礼、志、信这些道德德性奠定了基础。这种对人性中道德情操来源的洞察为儒家伦理发展提供了必要的基础,而这可以追溯至我们所称是子思所著的《中庸》。而出土的竹简也已经提供了十分详实的证据。《中庸》云:"天命之谓性",而一篇竹简文中的"性自命出",也表现了对人性来源的相同看法。

事实上,孟子也已经对命和性作了重要的区分:性是人类自身的积极力量,而命是人类存在的限制与被动接受者。从这个区分中可以看到,我们所有的天赋中都有命和性的方面,他们也都反映了人类存在和自我的两个方面。孟子看到,人的欲念和身体更多是由身体性的或外在的因素而非精神的或内在因素所决定的,因此命多于性;然而,如果人的心灵或道德意识能够为自我所决定,那么则是性多于命。因此,关于人类自身的状况可以描述如下:我们一出生下来就是身心合一的,而我们的身体受到生理属性和遗传因素即命的影响,同时我们的心灵却能从这些因素中提升出来,成为自我决定的,因此而有了自然创生和自我决定的力量,即性。借此可以看出,人类的生命同时具有上天赋予的力量及身体对之的限制。但应当看到,命是性的基础,而命的存在依赖于性的发展。因此,人类的发展要求我们尽可能努力地发展我们的性,使我们不被命所主导或控制。人类自身的最终实现即是命中之性的充分实现,也因此而能在心灵与行动中超越于命。

关于道德实践,孟子强调义或正义在具体情境中体现的重要性。对他来说,正义既是特殊的也是一般的。这要求我们将仁扩展到所有的事物上,或许也包括动物的身上,这样我们才能在行为和对待这些事物的态度中真正体现义。仁是一个大的构架,义是一种道德行动,是为礼和志的发展而增进的。这种道德实践的结果就是诚实或信,它体现在一个整体化的社会中,在这个社会里,互相关爱已经成为一种制度规划及道德规范教育。通过实践善与道德的方式来实现仁政的宏伟构想,是古典儒学的核心教义。但我们不能忘记,为了能够使整个理念有效可行,我们需要采取措施来控制那些由自然欲望和文明习性引发的行为。荀子从他的时代及观察中认识到了在实践中贯彻这一理念的需求,并提倡一种学习和修身的开放过程,以便有目的地消除自然倾向的极端化并在履行礼上达到一种平衡与集中。

荀子的学说在《礼记》的一部分里,尤其是在《大学》章节里有很好的体现。我并没有从孟子和荀子的学说中看到任何不相容的理论,相反,我认为荀子的立场是基于历史经验和哲学思考对孟子立场的一种必然性发展。从本体论上讲,孟子完成了孔子所未完成的,发展了本体伦理学的基本观念,并在自我修养的过程中建立人天之间的原始同一以及最终的天人合一。但作为一种社会实践,很清楚的是,在公元前3世纪中期,中国需要一种更实用、更具法制性的政治纲领,诚如荀子提出的在开放式学习和精英式管理的基础上建立一种道德社会和有效性政府。

从孔子、孟子和荀子的学说中,我们看到儒家伦理的主体是一种本体伦理、实践伦理和制度伦理:前两者是要求于人类个体的发展,而后者则要求在一种受伦理教化、不遗弃伦理道德的政治权力下发展社群和社会。

儒学发展的第二个阶段在汉朝时期,其发展可以说是一种本体伦理学宇宙哲学方面的进步性发展。它的哲学意义是十分重要的,但却引入了形式主义和数字命理学,由此束缚而非解放了人的思想。因此就失去了原始儒学在古典时期的视野,并导致了对发展新道教和中国式佛教的需求。在儒学发展的第三个阶段中,我们看到了宋明理学中本体宇宙哲学和本体伦理学系统的演进。可以说这个发展足以表明,宋明理学在儒家本体伦理的系统性和分析性思想上作出了巨大贡献,它还为儒家的善提供了关于个人内心经验的有力明证。它强调沉思,而因此在一种需要与道教和佛教竞争的新的语境里,巩固了儒家的社会观和政治观。

宋明理学的缺点是缺乏实践活动及对重大问题参与的动力。我们可以从北宋王安石变法及南宋朱熹的学者化与内敛性姿态上看到这种不足。当然，我们可以引作为道德活动家的王阳明为例，他能够在政治和军事活动中实践他的信条，然而，他的整体思想却引起了更为沉思性和个人化的实践，由此将实在禅悟为空。而这种对社会政治的关注与关怀最终还是并入了皇权的官僚构架。

在第四阶段，儒学又十分活跃地回到了知识探讨的面向上，而这种活力在清初的政治压力中又失去了。儒家哲学家和学者又开始沉湎于科举考试，顾不上去推动社会和政治改革以及进行像孔子、孟子和荀子时期的那种教育了。当然，当时也没有进行改革活动的成熟条件，因为皇权高度集中，而儒学也不是一种独立于政治权力之外的有组织的宗教。正是在这个意义上，我们看到了与古典时期相比，儒学原始精神的流失。这种精神可能需要一段漫长的时间才能恢复，而这种精神的复兴将会使儒学成为人类精神和知识的发展动力。而不幸的是，中国在之后的一百五十年里命运衰落，而没有机会去反思儒学发展的这一方面。

在1919年的五四运动之后，儒学进入了第五个发展阶段。我们可以看到古典儒学在后现代社会里有着重要的作用。这不是说古典儒学自身可以发展，相反，它需要借鉴其他阶段发展中的教训，吸收每个阶段的精华，这样它才能在现代社会中成为一种真正的积极力量，更好地把握后现代的问题。

我想要说的是，中国现在进入了一个伟大的时刻，而这个伟大的时刻需要一种伟大的苏醒：一种个人、社会和制度发展需求的觉醒，这种发展是开放、创新的，是一种包含知性学习和道德觉醒的发展，从而在理论和实践上实现统一和互动。在这个时代的背景下，理解儒学不只是进行文本诠释学的工作，而是还要开展本体诠释学的研究。我们需要以心灵与思想的深度来阅读文本，这样才能不仅对文本有新颖独到的见解，而且还能在一个重建和建构的系统中，特别是在那些世界哲学重要话语的光照下，对其进行阐发、发展我们的认识。正是基于这种努力，通过我们自己的精神理解，儒家精神能够得以振兴繁荣。这是一个非常必要的努力，也需要及时实践,而不是像一些西方人所言的不宜过早或过多,他们的这种偏见源于欧洲中心主义的观念及对中国传统的误解。在这种语境下,我们可以看到,儒家仁和志精神的复兴允许并鼓励了科学和民主乃至宗教的存在与发展。这种发展使得科学、民主和宗教能够在一个充满关怀与智慧的人类社会中找到其核心与基础。

结语:儒学本体论和道德论能够被解构吗?

儒家道德哲学的有效性在于将人类看作植根于世界实在中的创生性本体。将人类看作是创生性的也就意味着,人体现并包含了某种基本的改善自我的能力及与天地并美的德性,而这种能力和德性的体现,超越了世界上所有其他可知的事物。人类的存在显示了实在的一种深层的宇宙本体论特征。但这并不意味原始实在是以人类为中心的:这只是表明原始实在拥有提高人类水平的创生性。这也不表明终极实在是以人类为中心的,而是人类反映了终极实在的价值,在世界万物和宇宙的变化与转变中,人的可能性更多地见证了终极实在的创生性。

这也意味着人类的构形并不确然地就等同于世界上其他事物的构形。因此我们可以说,人性既不是固定的本质,也不是单纯的未确定的本质。相反,我们必须看到,人类的创生性存在于确定性中的不确定的表现中,这样人才能看到包含自我超越和自我修养的变化和转换。就此,我们能够证实原初的讨论的,也就是孟子已喻示的人性存在价值的观点。人性或性正是人类区别于其他实体的特征,而这种区别还包括了人类的创生性及其适应或超越的能力。

关于人的道德本性的第二个观点是,如果我们将道德意识看作一种自然的发展或特定的现象,那么我们必须看到,有一种关于能够建立或形成道德意识的主体或道德主体的设想:道德意识引导道德行为,正如意识引导有目的性动作一样,因为意识主体和道德意识已经获得一种身份,而在这种身份里,意识已经产生并形成一种以关联和行动为目的的力量。因此我们可以说,人性是意识产生的基础、原因或来源。我们也能看到,孟子是怎样通过对人产生的道德情操或道德情感的观察得到人性的观点的。

  由此可见,只是通过显示那些没有客观证明的材料而去试图解构一种道德话语,显然是错误的。通过客体与本质与人的行为的分离来解构人性,也同样是错误的。我们的道德话语可能会变得混乱而因此一直都需要整理,但不应当将它解构为虚无。因为,作为一个道德存在,我们需要面对自身的现实和身份,需要用一种语言或其他的语言来表达自己的道德感受和想法。因此我们必须将道德看成是人类本体的问题,并将人性看成是人类道德的问题。在后现代社会里,我们需要一个新的开始,所以在解构中我们要同时采取解构与建构的方法。而我们也同样需要对道德和人性进行解构中的建构,因为我们的目的不是为了返回到一种虚无、混沌的状态,而是要创造或启发一种新的秩序,我们不能让自己简单化地良莠不分一起抛弃。相反地,解构中的建构能使我们重新看到人类存在的创生性本体的重要性:它是道德意识与道德性的创生性基础。从而使我们能够对后现代进行现代性的研究,也能够对现代进行后现代性的研究。

刘松针 译

走向模糊的普遍性

——论跨文化传统与生活理念的价值包含

普遍性与普遍化的经验

在日常生活中，我们经常会碰到普遍性这个词。那么，我们在用普遍性这个词的时候，是不是指在经验意义上看到的一些事物或生命共同的性质、价值与特征呢？当然不完全是，尽管我们可以称它们为普遍性，但显然，普遍性不是脱离具体事物，也不是脱离对具体事物的观察经验来指称的。比如，当我们说起人性的普遍性的时候，一般是指人人都有向善、爱美的天性和愿望，而这些所指是寄存于我们对具体的人性的观察基础上的。那么，普遍的人性是否有独立存在的价值，并可以提炼出来作为普遍经验的基础呢？也就是说把普遍性的人性作为界定，赋予它一定的意义，且把它作为理想性的目标，看成永远不变的存在呢？

为了说明这个问题，我们以孟子为例。孟子主张人性本善，他指出人人都有道德的四端，人人都可以体验与观察，因而可以说人性是一般而又多元的存在。在这里，一般指的是性质，多元指的是个体。普遍性因此只是多元个体中的一般，而一般却又是可以通过个别检验的。那么美和善是否可以看成多元的个别存在？其实也不然，它们还只是存在于具体的个体之中，而又有某些共同性，因为它们都属于价值或人性。而价值与人性也必须针对个体的人而言，因而美与善只是人性与价值的内容，我们可以说它们是人性普遍性的特殊性，同时也是人的个体的普遍性。

如此说来，我们不能把普遍性当成单一的、脱离现实的存在，也不能把它看成单一的、抽象的、已经规定好的存在——普遍性必须相对具体事物而言，也必须相对事物的特殊性而言。总而言之，普遍性必须和现实性、特殊性、个体性连接在一起，才能取得其意义。普遍性只是经验的存在，不具有超越时空的价值，它是经验上的一般性，而非超越存在的普遍性。由于必须相对于个体、个体经验、个体的特殊性、个体的特殊性的体验才能获得意义，所以我们说普遍性在一般的用法中是一个模糊的概念，也就是它具有相当大的模糊性。

普遍性与普遍主义

当普遍性（universality）作为一个概念被引入中国之后，人们往往把它说成了普遍主义（universalism），甚至说成是普世价值（universal value），这其实是一种错误的理解。这几年人们喜欢谈论普世价值。所谓的普世价值，实际上是现代性的价值，它代表启蒙时代延续下来的价值观。一种价值被作为普世价值，意味着它是独立于每一个文化、每一种传统的经验之外的客观存在、价值和标准。普世价值脱离了现实，脱离了经验，从中国哲学的角度来讲，是不被认同的。中国的历史观、宇宙观、生命观认为，人类是不断发展的，价值内涵也是越来越丰富，而不是一成不变的。普世价值并不是死板的哲学，也不是教条化、规定好的东西。人还要从历史经验中汲取教训，来改变世界。具体的东西一旦抽象化，就恒定了。这种西方二元论的思维方式，与中国哲学是相悖的。

此外，在普遍主义的认识下，一旦谁有权威或谁有权力，谁就会用自己的权威或权力来推广普世价值，这就变成权力的运用，产生了强迫性、压制性的权力。西方的普遍价值的内涵——自由、平等、民主、人权——即四个所谓现代性的普世价值,如果把它们看成独立的存在,客观的存在,固定不变的存在,成为大家都必须去追求的目标,那么我们要反问的是:谁来证明它们是独立的、客观的、固定不变的存在呢?谁有权力强迫我们必须走向柏拉图的理念世界,追求独立于人的经验之上的理念世界呢?理想国怎么实现,依靠一个或多个强有力的神明吗?那么谁来代表神(如果有神的话)?谁能代表神?谁能掌握强力的道德权威,来拯救这个世界,来改造这个世界? 无论是神或是神的代表,对现代人来说,都是一种压迫。

其实,每个人都可以谈理念世界,每一个人都可以发展有利于自己的神。基于经验不同,每一个人的理念世界不一样。虽然可以有一般的公共性或相互重叠性,但是每个人只能就其实际的经验和主观的想象力来补充与扩大我们能够掌握的公共空间或仅仅是描述它。每个人独立追求理念,不能受到别人的压制。人们有对世界理念追求的自由,但却不能妨碍别人对不同世界理念的追求。由于人们或国家没有这样的自觉,我们必须承认此很可能产生宗教、道德、价值与文明的冲突。这是因为人们看到不同的价值,或看到同一个价值的特殊性,而这些价值却又离不开人们的经验和感受,不能约化为同一的价值,或同一的特殊性(否则即非特殊性了)。因为特殊性的存在,那么人与人之间、国与国之间是不是必然要发生争执和冲突呢?基于正确的认知与语言意义的澄清,我们是否可以彼此协调,消除冲突,建立和谐的关系呢?

模糊性与模糊化的普遍性

普遍性与模糊性可以被想象成客观的存在,也可以把它看成必须与经验联系在一起的存在。不能因为想象普遍性有其独立的存在,就可以强加于他人。反之,如果不承认价值的独立存在,否认其普遍性,那么是否意味着每个人都可以追求自己肯定的价值呢?这是不是又导致另一种冲突呢？以后现代为例，后现代反对现代性，在后现代看来，每一个人追求的东西都是相对的，每个人都可以是对的，没有普遍价值，每个价值都是独立的存在，每个人都按照自己的价值行事而不必冲突。这只是后现代一厢情愿的想法。我们必须指出，在这种情况下，相对主义并不能解决冲突的问题。因为在生活中没有形而上的共识的标准，行为上就会自然地导向冲突了。

要解决文明冲突问题，我们必须认识到普遍性其实是一个模糊性的概念，它本来可以变为个别的经验所延伸的空间，并相互交错，而且还可以以此延伸的空间来相互磨合，相互包容，因而形成沟通的可能。这种相互磨合与包含的延伸空间是建筑在人性的基本的善意与同情共感的情感上，代表的是人性的原始的共同性，以及人生共同的命运感。在此理解的基础上，我们不必把普遍性当成规定好的、完全客观的、静态的对象存在或机械程序。我们在与对方接触的经验中，首先就要允许公共性认识的可能与必需，才能进一步展开普遍性的丰富性。一种信念或者理念，要把它看成既普遍又特殊，既一元又多元。它既要达到一个共同生存的目的，又要实现自我特殊身份建立的目的。普遍性的模糊化是经验的、动态的、多元的，也是导向公共性的理念的建立的动力。此公共性并非外在强加，也非个别性质的耦合，而是从主动的对模糊性的自觉与认知而来，是人们生活真实体验来的成果。我们要模糊化普遍性，也就是要把普遍性看成模糊性，以展示它的开放性与创造性。

现代性与普遍性的历史霸权

西方启蒙主义的价值观是以自由、民主、平等为内涵的价值观。但我们要追问：这个价值观是怎么形成的？又有谁达到了这个理想的目标，有哪一个国家达到了这个绝对现代性的要求？西方人以为他们已经达到了，并认为他们有权力、有理由要求其他国家追随他们，学习他们，以他们为师。西方人是纯粹为了普世价值的实现，纯粹为了追求与构建美好的自由社会，还是为了维护先进的西方国家的既得利益与道德和政治权威？我们如何区别这两种不同的目标？而且这里还有现代理念的合理性的问题：难道每一个国家必须要走同一条现代性道路么？难道现代性的价值是唯一充足圆满的价值吗？难道人的社会存在只能允许这些现代性的价值的存在吗？如果不是如此，现代性又如何与各自的传统性调和呢？现代性又如何转化为不同的后现代性呢？不同的后现代性又如何调和与和平共处呢？这一连串的重要问题的思考是不可避免的，正如某一种片面的历史主义是不可避免的一样。我们不能忘记历史，但我们也不能占据历史的某一制高点来颐指气使。很不幸，西方的现代主义往往是打着超越历史的大旗走强烈的片面的历史主义的路线。

西方的现代主义也可能确信为了美好世界的实现，未充分现代化的国家或传统国家必须要唯西方国家马首是瞻，忠诚地去追随他们，以他们的意志为意旨。你不同意，他们就要教育你、打击你、压抑你、胁迫你。如果这被作为一种道德，道德是不是必然成为胁迫的权力或权利？美国是一个现代化的国家，为了它自己的利益，也为了营造一个理想的世界，它有制裁他国的软硬实力，但是能不能说它就是上帝的代表呢？我们必须认识到，没有一个国家能够脱离历史的处境而避免可能成为自己的私欲与私权的承载者或工具。西方国家怎么能够证明自己是正直开放的自我，并非强制他人的霸权？假如一个国家把道德变成法律，把法律变成强权，把强权变成实现个人意旨的力量，这就等同于创造了一个世界帝国，那与古代西方的罗马帝国有何两样？在古代西方的罗马帝国，帝国的意旨就是法律，帝国的法律就是道德。你不服从，你就有错，我就有权惩罚。你不和法律的普遍价值相配合，我就有权制裁。但这是道德吗？这符合道德的精神吗？必须指出，真正的道德只能示范，不能强制。

道德与政治哲学思考的历史性与模糊性

道德与政治的哲学思考往往无法完全脱离历史处境,但这不是说它必须完全超越历史,成为纯粹的理念构建。从价值建立的需要角度来说,道德哲学与政治哲学都应该兼顾历史与理念,要自觉地达到善的目的,也要自觉地对待容易陷入不自觉的自我利益与不择手段的思考。人们甚至无法证明自我不是已然陷入此一泥淖之中,也就是人们无法把自己的利益与公共的利益绝对地分开。理性化往往是一种心理的掩盖。在此处境下,我们是否放弃普遍道德或普世伦理以及理想的政治制度的追求呢?回答是,不应该放弃,而应该包含与转化。

在哲学上,我们很难脱离这样与那样的质疑,也很难把特殊的个人价值与意义和普遍的价值与共同的理念分开。

再者,就生活来说,允许在不同阶段,不同方式与多元化的生活形态与生态的发展,是生命发展自身所原有的内在开发力与承受力的表现。比如,宇宙是一个开放的宇宙,变化的宇宙,允许多样物种的存在,允许生物的进化,允许人类不同个体相互沟通,允许不同社会相互学习,来自觉地完善自己与完善社会。这个认识事实上是从人类几千年的生活经验中获得的。因此,我们不能通过战争达到自私的目的,我们也不能放弃理想与价值的追求。

21世纪人类应该具有高度的自觉,确立多元的与多样的发展眼光,允许在人类高度自觉的发展过程中,能够趋向《易传》所说的殊途同归,一致百虑。大家考虑的问题可能不同,立足点可能不同,但是相信共同的基础,共同的善的认识,共同的善之伦理。这个共同的善,是同一个梦想,共同的善是建构在不同的善的基础之上。一个人梦想的实现,也就是千千万万梦想的实现,而不是说所有人的个别的梦想都被取消。我们要建立这样的观点:我们要用模糊性的、变化性的、开放性的经验,来理解世界与个人的关系,来掌握德性与权力的正反转化;用个别实现方式来选择并实践共同的善以及各自个体的善。

自由、民主、人权与人本的整合性

人们虽然最早认识自由的重要，但却假设人生而平等，都具有追求幸福的权利。其实人生来并不是完全平等的。从生物学上讲，生物是演化的过程的产物，自然中并不是每一个物种或每一个生命都能就其处境发挥自己的生存繁荣的优势。就人来说，人必须通过文化的进化、道德的自觉、社群的发展才能逐渐实现美好的价值与对自由与平等的渴望。每个人希望从原来的状态解放出来，得到更大自由。自由是能力，平等是享有，两者都必须在追求至善与共善的基础上存续。如果自由与平等的目标就是追求至善，自由与平等就具有笔者所说的模糊的普遍性了。每个人都可以追求共同的、更高的自由、平等，即共同的善。在共同的善的价值里，我们可以体会到丰富的内容与多元的差异。每个人都可以享受同一种形式的平等，但却享有不同的心灵自由与精神超越。凡是抽象的价值都可以看成模糊的理想，凡是抽象的理想也都可以看成模糊的价值，可以包涵很多价值，并不只是一种价值或某个个体的价值。最高的价值是融合不同层次、不同方面与不同社群、不同个体的价值为一体的价值。

民主实现的方式是全民投票，还是协商民主，这些都要跟具体的历史条件、环境结合在一起来考虑。民主有多样的实现方式。中国传统儒家关心民生，对人性重视，也对个人重视，所以《尚书》有两个传统，一是以人为本，以人为主；一是以民为本，以民为主。四者不是全然一样的。总的来说，原初儒家从孔子到孟子，都极重视人的存在，而此处所谓人是个体的人，活生生的人。孔子问人不问马，就是明证。孟子认为，人人都能成为自得的君子，甚至像尧舜一样的圣贤。人是宇宙所生，天地所养，每个人都有自己的自主性，可以直接与天地相通。作为君，尊重个人的尊严，看重人的独立性。为民做主，要以民为本，最后仍是以民为主，以人为主。总之，儒学的民主是允许人们追求自己独立的生活，但同时要求社会公共性与社会伦理的建立与参与。这就与西方自由主义走向极端的个人不一样。中国走社会民主的路线，其道德的意涵就是儒家的个人与社会的融合一致的理想。这种理想当然不是纯粹的自由主义,而是以人为本、以民为主的民主精神。如用孟子的话来表达,那就是要同时做到"与人为善"及"与民同乐",这是一个人权、民主与民生相互平衡的理想价值。

儒家融合社群的价值,要通过自我修养来实现。每个人的经验不一样,个人价值各有选择,最需要的是沟通。由于文明的冲突,沟通成为必要。前几年,联合国提出文明的对话,这是很重要的话题。文明对话的意思是两个群体,无论是国与国之间,宗教与宗教之间,首先以约束冲突的心态来表达自己的价值观,来寻求对方的支持,来解决现实问题。虽然不一定能够解决真正冲突的问题,却能提供一个思考问题、理解问题的空间,允许冲突的双方或第三方有一个认识问题的深度与致力探索问题解决的空间。最重要的是双方必须建立一个普遍性的概念,认识共同的普遍原则,在客观的知识和现象上取得共识,在事物发展的过程中认识共同的起点。但如何从个别的立场去找寻这一个共同的知识的起点呢?回答是,个别的观点就包含了模糊的普遍性,而所谓的普遍原理与理性原则在落实与应用的过程中也可以转化为一个模糊的活动空间,允许多元的存在。所谓模糊是指整体概念所能包含的多元标准,也指客观所指共同确定前的非确定性。当然也指主观自我的开放态度与你我之间的基于善意与同情共感的包容。在这个模糊化的普遍性的认识上,我们才能发展共同的知识基础,彼此理性对待,从而追求不同程度的价值观的协调与共同利益的商议。因此我们无法先行假设共识或固定的单一标准,否则文明的对话又怎么可能?

文明对话如何在模糊空间里寻取可能

对话需要在模糊的空间里寻求共识。在对话中,本应预设与允许模糊的空间的存在,更应允许自由发挥的空间,以创造共同的视角及公共的视野。模糊性里蕴含着创造性，在动态的时间与稳定的空间里能够接受变化的影响，是个体存在的开放性所在。针对人际关系与相互理解的建立，个体与个体、个体与群体、群体与群体等之间的交往与交流都必须掌握这个前提。这也是开拓多元空间！发展普遍性中的模糊性的前提，只有如此才能有包容性，才能先行避免冲突，才能逐渐取得信任，才能建立人心与人性深处的沟通。当然这是一项艰巨的工作，在哲学与宗教信念的辩难上，在国家目标与利益冲突的外交上，都是如此。西方人有不信任对方与怀疑主义的文化传统，中国有包含与和合差异的传统，两者之间，是可以创造出一些模糊性的、普遍性的空间，两者可以相同，也可以不相同，西方学一份包含，中国学一份存疑。两者经过沟通与谈判，必然能够建立一种善意的存疑与存疑的包含，让时间与空间发挥变化影响的作用。笔者在管理哲学中提出解决冲突之道，或在提高层次、扩大范围，或在降低层次、缩小范围，或在提高层次、缩小范围，或在降低层次、扩大范围，目的都是为了实现与争取普遍性或共同性的模糊性与创造性，以便于沟通与理解，然后建立和谐与整合。

儒家讲个人修养的重要，是强调建立一个主观的普遍性而又有创造性的人性平台与界面的意义。人是非常独特的存在，因为他生活与成长在各自独特的文化与历史环境里，但人也来自人性的根源，受命于天地的创造，如何把个别的独特性发展为人性的普遍性或普适性，这就是通过道德的自我修养，寻求一个人与人之间相容的空间及和谐的关系，同时体现道德的普遍性亦即相互关怀、相互尊重的普遍性，及个别利益与尊严的特殊性。如果人与人之间都能做到此点，则在一个全球化的世界之中，即使没有政府国家，人与人也是可以和平相处的。但我们知道政府与国家的重要性，因为它们已然在共同文化与历史的基础上，形成了一个民族或多民族的理解与理想空间，因此在全球化的世界中，政府与政府之间、国家与国家之间，甚至民族与民族之间、宗教与宗教之间都是需要相互沟通的，都需要加强自我修养，既成为一个利益与权力的中心，也要成为道德修养的载体，如此方能从事政府与政府之间、国家与国家之间、民族与民族之间、宗教与宗教之间的理性的沟通与道德的对话，以及在此基础上进行多种方式的理解、协商与谈判。

从儒家的观点看，法律和道德是截然不同的,社会秩序的维护靠法律，但社会与个人的转化与教化却必须靠道德。道德并不用强调非达到目标不可，但它可以使对方理解立场，感受关注，进行反思，彼此信任，发展一个互动以及相互诠释的意义空间。如此方能实现人与人之间、国与之国间、文化与文化之间、宗教与宗教之间的和平共存、和解合作。进一步说，我们只能靠道德而不是法律来进行相互了解和沟通。

世界与中国的关系发展到现在，中国不能说真正理解了西方，西方更不能说真正理解了中国。事实上，西方对中国有很深的错解与误解，甚至具有恶意与敌意的曲解。对奥运火炬传递的干扰就是明证。当然这也说明中西交流还不够，西方对中国的想法有极大的隔阂，并未建立一个模糊化的善意空间来面对诸多的基本问题。我们特别要强调，中国人的认知方式与西方人的认知方式是有差异的，因而要认识文化传统的差距，在哲学上解决这个问题，重新建立更好的沟通关系。

综上所述，中国要认识到，西方主流提倡的普遍主义，某种意义上也是一种狭隘的个人主义。而中国自己还没有准备好向西方展示中国的价值到底是什么。中国不反对自由、平等、民主、人权，但是不能把它们看作普遍主义的价值，而只能把它们看成普遍性的人类价值之一。中国应让人们在整体性的空间里各自追求自己的价值。在中西文化交往中，中国必须提出自己的价值观，提倡相互理解，相互转化的开放理解。中国应当强调更高的整体价值，在开放的空间里融合不同的族群与文化的经验价值，借以建立共同的生活世界。中国更应认识到，普遍性就是不同的可能与多元差异的模糊性与转化性以及持续的和谐性。对于历史问题，强调传统经验的和谐，强调价值自身的和谐，强调价值与人的实际之间的和谐。

发展全球价值伦理
——中西价值体系的层次及其整合体现孔子与儒家仁爱伦理与忠恕之道

一、关于价值的起源与价值的普世性问题

价值是人之作为人的存在的方式。也许动物只有本能而无价值,人却不能只靠本能生存,而必须要在生活中实现价值。有价值,生活才有意义,无价值,生活就没有意义。荀子说:"水火有气而无生,草木有生而无知,禽兽有知而无义,人有气有生有知亦且有义,故最为天下贵也。"(《荀子·王制篇》)义是一种价值,而且是人的基本价值。何以故?诚如荀子所指出,人能形成群体社会,以其能分工而合作,又能尊重各守其分的伦理秩序,也彼此尊重,维护一个共同建立的道义或正义标准,作为规范行为与分配权责的原则。有了义,人们就可以安和地生活与工作,尽己所能,去追求合乎义的目标,这些目标只要能促进个人的发展或社会的发展,只要不违反正义,都可以看作价值。因为价值是在义的前提下满足个人与社会的需要的。

但何谓义?此处我想指出义有多向根源、基础与目标。首先,它是根植在人性之中,因而可名为仁义;它也可以来之于为人之道,可称为道义;它也建基于人与人间的礼仪规范与伦理关系,可名为礼义;当然,它也来之与人与人间的信任与善意,故可以称之为信义。我们可以看到

任何人之德的成就与发展都可以形成一种人人可以遵行的义，因之我们可以谈诚义，也可以谈智义，或正义、和义。这就说明了义代表的是一种普遍性原理或称普世原理。荀子说的义基本上是指的道义或正义，但也可以延伸为信义、礼义、智义，甚至仁义与和义，所以可以看做最为普遍的价值，因为它是使一个德性的普适性彰显出来成为普遍性原理。由于此，儒学中的仁义礼智、诚信安和、元亨利贞都是普适性以及普世性的价值，都是义之所在，都是一个人所以为人，一个社会之所以为社会的基本原则，并借此来维护一个人的社会的存在与繁荣的。因此，我们可以把儒家诸德看成社会存在（也是人的存在）的基本价值，它是保障与规范人的所有的价值的。我在此并不否定其他文化或义理系统的价值，因为每一个系统决定一个人生，一个生活方式，一个社会形态。我们必须承认多元的人生生活方式和多元的社会形态。而普遍性也有程度上的不同，我们不能不承认要建立任何社会，要完成任何自我，都不能忽视普世性与普遍性问题。

人的社会由小而大，是基于社会的发展的需要与人的需要的发展而进行的。但无论如何发展，都不能脱离维护社会存在的正义秩序，也就是必须紧密地切合人的生命与人的知识而发展，即使道义也正是建筑在生命的需要与知识的需要之上的。一个全球化的社会就必须要有一个维护生命秩序的知识体系，一个维护知识体系的道义体系。当然今天的人类历史还没有发展到这样一个能维护生命与知识的正义体系，使人们在生活中可以享受和平安全与生活的福利，充实生命，开拓知识，可以进一步来完善我们的社会以及其道义的秩序。但完美的社会是可以追求的，也是可以作为目标来改善现实的，至少是我们生活的动力与生命的价值所在，所谓虽不能至，心向往之。这是儒家的信念，也是中华文化的信念。

从以上所说，我们看到了几种有关人的发展的价值：一是维护社会存在的价值，一是促使社会发展的价值，一是关心人生福利的价值，一是充实社会生活的价值，一是结合全体向未来发展的价值，最后是统合这五种价值为一体而有促其发展作用的整体价值。第一种价值自然是上面讨论过的义，其次就是仁，再其次就是合理的制度及法律可称之为礼，再其次就是信，最后的总体价值就是和谐的价值。此处我把和谐当作动词看待，或可曰和谐化。这些价值正好是中华文化中儒家孔子重视的价值，其实也就是人与社会存在与繁荣的原理与原则。它们都具有普遍性，但要再强调的是，它们是根植在个体的人的生命与人的内在的性能之上的，不能脱离个人的存在和社会的存在，因此它们不是抽象、空洞的，而是具体、实在的，因而可以实践与学习。

二、四个理想的价值层次

作为现代人我们不能不在不同的情况下提出下列四个问题加以思考：什么是一个可以想象的完美的个人？如何实现？什么是一个可以想象的完美的社会？如何发展？什么是一个可以想象的完美的国家？如何建立？什么是一个可以想象的完美的世界？如何促进？

为了回答此等问题，就我们反思的理解，我们可以列举出这四项可以想的完美必须包含的理想价值，有了这些价值就可以称之为起码的完美，没有这些价值就不能称之为完美。所谓有之不必然，无之必不然。

可以想象的完美个人的理想价值有：自由、健康、诚信、智慧、仁爱、勇敢、道义、正直、公平、文明、幸福。个人的德性有些是以自身为对象的，有些却是以社会中他人为对象的。

可以想象的完美社群的理想价值：自由、平等、民主、人权、正义、和谐、理性、快乐、仁爱、富庶、秩序。这些德性是这个社群透过个人的交往组合发展出来的，显示这个社群的基本属性与形象。

可以想象的完美国家的理想价值：强盛、富裕、安定、安全、有为、民主、自由、高效、正义、道德、科技、法治。这些国家的属性所表现的德性是体现在国家的制度与政策上，是从历史与现代的国家的属性的比较评估出来的。

可以想象的完美世界的理想价值：最大的和谐、最大的和平、最大的宽容、最大的富庶、最大的发展机会。如果我们不是纯粹地谈乌托邦，我们必须把我们的对一个理想世界的愿望建筑在近世人类生活世界的扩大与开拓的理解上。

前三者相互依存以及互为条件。完美世界却必须构筑在以上三者的持续平衡与和谐的基础之上。

理想价值是否为普世价值（universal values）？此处所谓普世性应该仍是一种理想，或可称为理想的理想，为人类美善的意志与良知的情性的表达，却不必看成绝对自存的外物，也不必看成实际具体的制度设施，因之它们仍然是概念与观念的投射而为人的理想的理想，并不脱离人的特殊性而存在。理想价值可以事实的普及化，形成经验上的普世价值，流行于一时，可称为普世价值（universally adaptable values）。但在本质上却仍具有理想性，必须与现实的条件结合来看。现实中并无理想的价值的完全具体实现，要分析哪些条件是促进理想价值的条件，哪些是阻碍者，哪些是过渡的，哪些形成困境。

在人类历史发展中，我们可以看到每个时代突出的价值。普世价值作为一个理想价值，其实现的方式可以是多样的、多功能的。我们还需把理想价值的实现与理想价值的规范分别开来，理想价值即使未能实现，也有规范的意义。理想价值规范我们的现实，可以引导我们乃至主导我们的行为。所谓虽不能至，心向往之，我们可称之为规范上的普世价值（universally regulative values）。总言之，普世价值并非柏拉图式的抽象存在，也非空洞的名词，而是横跨人心的一个价值指向，具有相互重叠的共识性或不同意向的高度相似性，有如维根斯坦所说的家族相似。从这个意义上说，许多人心目中的普世价值往往就已假设了一个非常不现实的形上学的框架或呈现了一个根本不做任何假设的模糊思考。

因之，我们可以有多种实现所谓普世价值的管道，但都显示了所谓普世价值的网络性与境遇性。只有在适当的网络与境遇之中普世价值才真正的出现与体现。我们还要强调一点：价值的根源性在个别的人的具体体现而此体现的是具体的情感与需要，尤其有其历史性与文化性。普世价值是由实际众多的个人与族群与社团逐渐实现与发展出来的，有其一定的内在的历史性与文化性。由于西方文化与东方文化的不同以及历史发展的不同，所谓普世价值是具体的情志集合为一体发展出来的，到了一定的层次就成为自觉的理性的普遍要求，具有一定的目的性与理想性以及规范性。但仍不应脱离情志的现实及其发展的条件。

基于任何普世价值都有特殊性的一面，而不能脱离特殊性来谈，我们必须说尊重特殊性方是发展普世价值的重要手段。而自觉为普世价值的文化与政治主导者必须反身自省，是否应该尊重他人的历史与文化行为。尊重他人的特殊性，并非不可以以己之所具有与所成就向世人示范，引发他者的学习兴趣与尊敬，而非以之为获取自身利益的手段与实现个人或国家权力的方法，甚或强加于人、勒索于人。这里牵涉到一个普世价值如何落实与应用的裁断的问题：如上所说，普世价值是一个理想的价值，是人们应该去追求的，但不是所有的普世价值都可以在同一个情况下同时实现，因为这有一个起点的问题，有一个先后秩序的问题，有一个整体需要的缓急问题，有一个实践资源的发展问题，也有一个不同价值的冲突问题，等等。

就以西方干涉中国对西藏主权的问题为例来说明：欧美一些自认开明的人士支持达赖领导的西藏独立活动，他们难道不知道这等于是要分裂中国，毁灭中国吗？就实分析之，这样做不但对全体的中国人是不利的，对作为中国人一部分的西藏人也是非常不利的。难道要恢复西藏的农奴制度吗？难道要把西藏变为西方的傀儡吗？何以如此？因为这些人士不理解西藏的真实状况，他们不理解藏族与汉人或华族的历史与文化关联。他们也不理解中国少数民族与汉族和合发展的历史，他们只想利用西藏问题来反对中国的发展。他们，也包含达赖在内，根本无法说明什么是对西藏最好的选择。如果他们真想用强力与诡计挑起民族间的对立关系，他们只会导向中华民族为生存为正义的战争，当然最后对世界也是不利的。当然这不是说西藏不要人权与自由，西藏的人权与自由一如其他地区的人权与自由，都必须放在历史的具体情况中体现出来，或者更进一步的实现。总言之，我们不能把追求政治独立的活动混淆为追求人权与公民自由的活动。

鉴于普世价值的重要，我们就普世价值的从内在到外在，再到内在的发展过程作出如下的示意：价值的内在性→真实的表达性→行为的示范性→理念的普遍性→他者感应的特殊性→他者存在的内在性→人我意向的共通性→群体意识的协调性→社会行为的和谐性→国家治理的安定性→全球经验的回归性。限于篇幅，具体的说明在此就从略了。

三、中西差异及互补的价值体系

基于理想价值的历史性与文化性，我们有中西两个不同的价值系谱，包含两类不同的理想价值。此处就中国与西方社会与国家一般的理想价值来表露：

西方社会与国家对内的理想的价值系谱是：自由、平等、人权、法治、制衡；西方国家对外的价值取向是强权、实力、先进、占有、控制。这些都具有不同的目的性，但也往往形成相对的工具性，都与西方实际的历史发展有关。举例言之，希腊城邦制度的发展容许不同城邦各自发展有利自我生存繁荣的政治体制，导向了雅典民主与斯巴达的军权的相互竞争，罗马帝国的发展则导向了专制独裁的法制社会。至于近欧自由经济与资本主义以及科技发展则在其强力的工具性上形成了强力的目的性，譬如人们以聚集财富或大量牟利为最大之乐，此为西方发展出来的资本主义走向侵略压迫他国的帝国主义强权提供了发展的动力与动机。西方社会与国家强调了个体与全体的对立性，故在国内处处防范集体或个人权威的压迫，发展了民主与法治，但对外却为利益与权力无限扩张，逐渐成为强权霸主。西方过去的大国兴起莫不如此，而今天的美国更是突出这个内外矛盾的特征，形成了对内民主对外霸权的不伦组合。由此观之，我们不能只就一个或两个基本政治价值来评价一个国家政治形态。中国社会与国家对内的理想价值系谱是：诚信（良知）、忠孝、仁爱、信义、礼数、责任、和善。中国国家社会对外的价值取向则是：传统的恩威并施、以德服人、怀柔、道义；现代的自主、互惠与友善。在传统中国文化中，情感与需要从个人类比地转移到小团体，然后扩大到大团体，并不强调大群体对小群体与个体的可能侵害或个体与团体的对立。相反的，强调的是大对小的关注与小对大的依赖或信赖。当然这也就给当政者一个假公济私的机会以及扩大权利的机会，形成了中国历史上的政治专制与封建独裁，也使道德的五常伦理转化为政治上的三纲体制。但中国在近代史上经过了两次革命与多场斗争之后，却不必走传统政治的老路，也不必接受西方的发展模型，而大可融合中西文明之普世价值，走一个整体的和谐化，上下的沟通协调，左右的相互合作互惠之路，把自由民主与社会和谐及道德责任结合在一起来发展社会、建设国家。中西之间，哪个体系更为真为善为美？应该说并无绝对固定的答案。我们可以用最后效果来衡量，也可以用人性的最初偏向来衡量。其实西方是更偏向国家主义，要用民权宪法来限制国家权威。故强调超越个人德行走向康德的责任主义，随后又建立功利主义的新典范，相对地废除了康德的绝对责任主义。20世纪西方又建立了个人权利主义的范型，在英美形成了民主自由主义的世界观。中国事实上更重视个人的发展，重视在个人层次上的理想价值，因而不以国家为对抗的对象，而以之为个人发展的依托。此一事实说明了个人修身的重要，走向向上发展的德性主义，潜在地涵括了责任、功利、权利等价值功能。必须指出：凡是西方正面的普世价值中国也都能理解与实行，并进行制度化。同样我也相信凡是中国具有的正面价值西方也可以理解与实行，并进行制度化。但如用西方已发展的普世价值及制度来衡量与促进另一国家与社会的发展则是不当的；这实际是一种工具性的权力运用而已。此一现象可名为现代普世价值的工具化问题。要认识的是：以儒学为代表的中国文化中早就摒弃了强加己于人为普世的行为原则，即使是善，也不可强加于人，只能善与人同，与人为善。这也才是推己及人的真正意思。

四、五种人类价值伦理及其整合

为了理论化与系统的理解，我们可以从上述四个价值层次与两个价值体系的概念、经验与问题的分析中，建立五个相互衔接甚至重叠的价值伦理：

个人层次的生命尊严伦理：只因为有生命，就有被尊重的价值。

人我之间的生命仁爱伦理：基于仁爱，舍己为人，牺牲自我，完成大我的个人价值与社群价值。

社会层次的生命责任伦理：德性晋升为理性的责任与义务要求，并透过契约方式予以群体或个别认证。

国家层次的生命功利伦理：国家用立法保护生命，救济伤残，赈灾济贫等等措施都从长短期的功利后果考虑起，而并非纯为人道主义的立场。所谓以德治国是从领导者的立场着眼，而依法治国则不能不从国家利益的立法来考虑。

国际层次的权力和谐伦理：不能不建立国与国间的沟通管道，以协调国际的相互利益，并发展一个国际的架构来处理与面对国与国间的矛盾冲突，进而促进人类整体的实质利益，确保个人生命、社会生存、国家独立自主的权利。

所谓普世伦理或普世价值只能在此一五个层进的价值伦理框架中实现与发展，并无独立此一框架之外的普世伦理与普世价值。因为如果我们不采取二元论的柏拉图主义，不把普世伦理或普世价值建立在抽象世界里面或上帝的王国之中,我们必须认清人的宇宙性、时间性、整体性、生命性与发展性,以及人的普世价值的宇宙性、时间性、整体性、生命性与发展性,在此一动态时空的系统中见证人及其价值的出现与发现、发展与成长、弱化与强化、创造与消灭等等,也见证人类之可以对价值的新自觉,超越以往的历史而走向一个新的世界价值秩序。

五、孔子忠恕之道的普遍性与具体性

我们现在用孔子的忠恕之道来简要说明仁爱伦理的普遍价值的具体根源与理想发展。首先我们要认识到凡人皆有两类欲望:所欲(能满足自己的行为)与所不欲(能伤害自己的行为)。对于他人我们如何处理我们的所欲与所不欲呢?显然这里有四种处理的行为方式,第一种为"己所不欲,勿施于人",第二种为"己所不欲,则施于人",第三种为"己之所欲,则施于人",第四种为"己之所欲,勿施于人"。显然在此四种行为方式中只有第一种真正具有普适性与普世性,为什么呢?回答是"己所不欲,勿施于人"是尊重他人选择的自由,不把自己之所不欲加于人,也许人们一时会有人弃我取的情况,但那毕竟不是通则。重点在我的行为动机必须是自重重人的,自爱爱人的。我必须把我心推人心,相信人同此心,心同此理是基本原则,是普世价值建立的本体基础。基于此,第二种方式是普遍的不可取的,虽然在具体的生活中可以有些反例。第三种方式也是如此,当然这也要看我之所欲的层次与种类而言。在适当的诠释下,第三种方式可以获得普世价值性。第四种方式则倾向自私的表现,但也要看所欲者为何来定。

我想孔子鉴于对第三种方式与第四种方式的深度考虑,提出了如何施己之所欲于人的正确方式,即是"己欲立而立人,己欲达而达人"的主张。此一主张显示了高度察人察己、知人知己的智慧,己所欲是要有所立、有所达,人之所欲也要有所立、有所达,但我之所立所达并非人之所欲立与人之所欲达。我只能帮助他人追求他人所要立的、所要达的，而非把我所要立的、所要达的加之于他人。如此，做人的仁爱与忠恕之道不只在"己所不欲，勿施于人"，也在积极地把我的所欲的一般实现方式施于人，但却仍是以他人为自由的主体的。我只是帮助他人实现他人要实现的目的而已。这也是"助人为乐"、"与人为善"的意思。这样孔子就把第三种、第四种中的善意转化成为一个可以普遍化的价值与具有普遍意义的伦理行为了。这也证明了孔子与儒家的人性伦理或忠恕之道包含了一个真实可行的价值伦理。首先它根植于具体的人性，却又认识并尊重人之个体的独立性与自由性，所要求于人的是人的自我的理性约束与仁心扩展，因之它又是一个人人可追求实现的理想。此一具体的基于人性动态的道德精神应当可以作为任何普世价值的最好典范与说明。事实上，它也是任何普世价值的最原始的根源与最终极的理想。

六、中国文化的道德力量与示范作用

中国文化的最大特征是"先求诸己，然后求诸人"，"返身而诚，则善莫大焉"，此一特征是一种自主自强之德、返本之德、创化之德、求同存异之德、包容之德、信任之德。然后开展仁道，寻求义道，建立礼制亦即行为的规范。人的本性根植于天地之道，故为人之继善成性、发性为德之源，为儒道所共享。道家进行了人与自然的整合，儒家则更关注人之在社会中的价值实现，因而发挥了人性中的共同价值积极进取之一面。何以为普世？乃因人人均可行也，但做不做则在乎个人的自觉，做不做得到，则在乎个人的修己以及人，知己以安人，推己以立人。固先不必问效果，而在如何自强而后助人，自强而后立人，自强而后达人。至于如何最终解决人类的福利、世界的和平问题，从儒家的观点，在发挥"子帅以正，孰敢不正"的精神，以示范代替强加，正是所谓先求诸己，然后求诸人也。

全球伦理与 21 世纪儒学的发展

如果我们将西方哲学追溯到黑格尔之前,即康德及莱布尼兹时期,我们已可以看到西方的启蒙及理性精神曾受到孔子哲学的影响。进言之,以康德为例,康德对实践理性的重要性的认识及对其根植于人性或人心的自我立法的强调,就已隐约透露出孔子所谓"我欲仁,斯仁致矣"的思想。然而,康德只看到理性普遍性和必然性的形式,却忽视了这种形式内涵的实质及内容,以及未能理解形式不可游离于实质的内容之外这个儒家论点。也许这正是中西哲学或康德与孔子的分野所在。此一分野也正好说明西方哲学的发展到了康德已渐有远离中国儒家哲学的趋势,不但逐渐形成对儒家哲学的纯理性批判的错解,也把西方哲学推向了物质客观主义与心灵主观主义的"二律背反"发展的处境。此即主、客两范畴与心、物两范畴各自愈来愈成为实际西方历史潮流中思想的对立面,而不只是一种笛卡儿所建立的思维方式与哲学观点而已。衡之于西方哲学自 19 世纪以来思想的发展,就可以印证此言之不虚。康德哲学中的"二律背反"就隐含着主客之间(即本体与现象之间)、心灵与物质之间(即道德自由与物理因果之间)存在着不可逾越的鸿沟。循本体与心灵一路发展的就是德国唯心主义与黑格尔精神哲学,循现象与物质一路发展的就是自然科学哲学与马克思唯物主义。两条路格格不相入,除了冲突与对抗之外,除了科学的化约主义或心灵的抽象主义之外,是不是还有第三条路呢?如果有,这第三条路是什么呢?过去西方学者较少能提出这样的问题，因为他们跳不出二元思考的架构。而近代中国学者在崇尚西方现代与固守中国传统两大方向中徘徊，也未能正视此一问题的重要性。现在，在中西文化与哲学已有更多的沟通与理解基础上，却正是我们提出此一问题的大好时机。

显然，西方要经历自17世纪中叶到20世纪末叶超过3个世纪的思想摸索与文化探险，才真正可以提出这个问题并了解其可能的含义了。何故？首先我们从中国传统文化的观点来看世界，不能不认识西方文化所走的两条路正是西方现代化的动力所在：两条路的相互激荡导向了西方重视理性与科技发展的精神。因为只有在理性的辩驳讨论中才能体现以上观点的着力所在并一较长短，而科技的发展却正是最能吸引人、改善及掌握现实生活的途径。但科技的发展却又把人的价值中立化了或甚至消除了，人成为只是物，而失去精神价值的依傍，于是舍物欲的追求与市场的偶像或种族的偏见外，人的主体性就所剩无几或别无他物了。这是我们从17世纪中叶以来的西方社会的发展的观察中所得到的一些归纳的认识。当然，西方哲学家或神学家对精神价值哲学的锲而不舍的追求仍为西方人保留了一个神圣的殿堂，但这却不能是西方社会风格的一般写照。在此理解下，西方文化显然必须面对自然中大小宇宙的整合问题，人的心身分离造成的心理晕眩，人格分裂与行为失衡的病态问题，人文与科学、知识与价值的融合问题，理性片面化与中性化的后果问题，生化科技与人生的价值与意义关联问题，权力意志与道德理性的冲突问题。这些问题又导向更具体的环境保护问题、妇女解放与女权运动问题、族群权利确认与保护及发展问题、民权与人权／人性与德性的平衡发展问题、政治民主与经济正义／平等与自由的协调问题、国内民主与国际霸权的冲突解决问题等等。

以上这些问题不是只在一般批判启蒙心态或倡导后现代主义的论说与声音中就能化解的。这些问题的发生象征着一个真正人类全球化的世纪的来临。它们将是人类全体不可逃避的问题。全球化在某一个意义上说是打开了"潘多拉的宝盒",让所有的人类问题都暴露出来。这将是人类面临的最大的挑战。只有人类解决了这些问题,人类才能成为真正的强者、道德的强者和智力的强者。但要解决这些问题,人类必须自我考验,自我警惕,自我鞭策,而且人类必须要开放自我,吸收他人之长,反省自我之短。更重要的是:每一个人尤其不能单纯地从一个既定的角度来观察与理解问题,要真正掌握人类问题的缘起与要害,就必须具备充分的正确的历史知识与开阔的理性的世界眼光。中国不可能径自到西方取经就能解决中国的问题,西方也绝不可能径自到中国取经就可以解决西方的问题。我们要追其源头并要找寻一个中西文化与思想的契合点来作为一个新的起点。这就是我说的第三条路的含义所在。

在21世纪的今天,我们已看到西方理性主义的成就带来了科技和经济的发展,带来了民主与法制,从而为西方世界创造了财富和强盛。然而在另一方面,我们也看到了西方强权的利益争夺为世界带来了两次全面性的浩劫,甚至直至今日我们仍不能不感受到未来科技战争阴影的威胁。如果17世纪以来西方理性主义能够全面接受孔子所主张的"己所不欲,勿施于人"的人道精神以及孔子所强调的"推己及人"、"和而不同"的胸怀来善待邻邦,人类的和平与繁荣可能已早成天下大势与世界定局。

西方理性主义为何有如此大的威力而孔子思想却为何不能导致科技及经济成果?我认为答案应该是:理性的精致系统将人潜在的知识能力发挥出来,所以能达到一个不断追求的价值目标。然而人们却往往忘记,此一理性的精致系统也只是人类生活的工具和文明建设的手段而已,而并非人类终极的生活价值目标。也许在此一意义下,我更能够掌握孔子的智慧:生活是不能封闭在任何一种或一个理性系统之中的,因为生活永远是要开放的,而人也永远是一个开放的存在,并应不断地在人性的一致与人心互通的基础上追求理性的开放;但人不只要在理性中生活,而且要面对实际的生命需求和生命价值,创造出更好的理性。孔子要求人"志于道,据于德,依与仁,游于艺",并要求君子"毋意,毋必,毋固，毋我"，并为"不器"。这些言论显然旨在提醒人不可忘怀人的生活及人本身的存在，因为人性实体的开放和生命的智慧正是德性之源。这些言论也正是孔子在2500年后仍能生动感人地长存于历史并影响世界的缘故。今天我们不仅要把孔子的智慧与卓见理性地重建和释放出来，而且还要进一步将此种活生生的生命智慧用来创造时代所需的新理性精神。换言之，我们不能把孔子的智慧与过时的旧制度混为一谈，而是要能把握孔子的智慧，既能出乎其中又能超乎其外，从而用它来为人类解除种种束缚，开启种种美好价值和创造广大悉被的和谐。此即孔孟所谓仁者之道，亦即是有道者之仁。

就目前世界发展形势来看，我们显然面临人类生活全球化的生机和危机。此所谓全球化，是指全球人类社群的一体化，基本上意涵着人类经济生活的一体化、人类政治生活的一体化、人类社会生活的一体化。此一全球化的过程体现了人类必须进入一个新的全球系统与过程，从而满足全人类的全面需求，亦即以最小的人类资源来满足最大的人类需求。为达到此，除实现经济全球化、政治全球化以及社会全球化，实无更好的途径。这样的时代将是一个人类文化创新的时代、人类族群参与发展的时代和人类自我转化的时代。此一时代也将把全球化与地方化有机地统合起来，以满足多元文化、个别社群诸种福利的需求。同时，这样的时代又将是一个激烈竞争和无情兼并的时代，优胜劣败已形成了新的世界潜流。若要避免世界人类社群的贫富与强弱两极分化，如何消除权力的宰制与如何建立公义的机制就成了人类面临的最大的发展课题。无疑，在这样的大环境中，人类唯有克服宰制欲、征服欲和占有欲，才是正确的抉择。为此，我们也必须从儒家的观点提出全球伦理化的设想。

首先，我们必须要认识：经济全球化需要一个全球经济伦理，政治全球化需要一个全球政治伦理，社会全球化需要一个全球社会伦理。然而，什么是全球伦理的模型典范？我们又将如何发展此一模型典范呢？这就需要特别指出，任何伦理实践典范不是凭空产生的，而是在生活实际与生活实践中寻求的，也就是必须在今天的现实世界中实现的。哪一种生活方式、哪一种思维方式、哪一种行为方式或哪一种生活方式更具有生命力和典范性，哪一种思维方式、哪一种行为方式或哪一种生活方式就更具有对全球人类的吸引力与说服性。人类全体需要向大同世界迈进，因为和谐的大同世界令人向往，而战争纷扰的乱世却令人却步。因之，我认为全球伦理的发展既当求之于不同的文化大传统的内在精神，也当诉之于一个现实的世界文化共识是否能够实现于具体的全球的社群和国家之中。

在此，我想举出人类三大文化传统与世界社群以阐述全球伦理理论的可行性。一是欧洲传统，它由理性主义发展为欧洲共同体；二是美国传统，它由实用主义发展为利益集团；三是中国传统，它由儒家哲学发展为天人合一、性理兼顾、知行并重的道义社会。中国传统提供了一个强化和谐的社会图景，显然更能满足人类社会全球化的需要，也因之为人类经济全球化与人类政治全球化提供了一个道德基础。然而，问题却在于如何实现和完善这种人类社会的和谐。特别是：如何结合科技及经济、民主与自由的发展来达到此一人类全球伦理的理想及终极目标？我想从以下两个方面来简略地阐述这一问题。

第一，中国儒家文化不仅是世界多元文化中的一元，而且是世界东西两元文化结构中的一个重要选择。如果当代西方文化以"非此即彼、彼此对立"为中心典范，中国文化似乎从来就以"彼此兼顾、对立互补"为中心典范。因之，中国文化（在政治与社会上以儒家为代表）代表了一个人类整体文化的和谐化理想，为世界多元文化所能分享，并提供了一个更切实可行的生活理性的框架。这即是说中国儒家文化既可成为人类多元文化的最大公约数，也可成为其最小公倍数。因此，中国儒家文化将是一个十分可欲的未来世界文化，或至少是一个十分可欲的潜在的世界文化。《中庸》所谓"天下日用而不知也"，因而，这就需要中国的学者与全球的文化人不断地阐明和发挥中国儒家文化的宝贵精华。第二，讲求儒家文化及其孔子思想正是要讲求（不只是不必要放弃）合情合理的及合乎实际的理性科学方法与知识的发展，因为建立和谐统一的社群本身就是理性工具和科学知识的发展，是实现终极人生价值的手段。儒家思想过去所产生的问题是为了现实的权力而放弃了并无知于如何进行理性的知识的探求，以至造成中国近200年来长期的落后与积弱的局面。今天，中国又处在一个价值选择的阶段，表面上似乎徘徊于传统思想与科技现代化之间。然而，深入地看，从传统中精华化了的儒学作为经济伦理或者是科技伦理以及全面的生命和生活伦理，都与现代科学的发展与民主的发展完全没有冲突。相反的，它却原来就潜存于此两价值之中，无论在历史上或理论上都提供了发展科学与发展民主一些人性上的根据。但在西方，理性主义的形式限制了西方的科技与民主，使其无法去自我超越、自我转化和自我完善，故而产生了科技与价值、知识和智慧、知识与价值的内在矛盾，并因此常常陷于进退两难的困境之中。

一般言之，儒家伦理是以人性和仁心为起点，以全体人类的至善目标为终点。过去它缺乏实现其理想的中间一段的过程。如今，我们可以看清这中间的一段正是经济上公平与自由的竞争，政治上民主与法制的发展，科技上知识与价值的同步。如果我们不忘却这一过程的起点与终点，这中间的一段也应是一个可以持续发展的过程。简言之，我们必须将起点、过程和终点有机地融合为一体，才能推展人类伦理的全球化，也方能达到中国儒学自身发展的目的。为此，人类需要有一个广大而深入的"人的再自觉"，这一"人的再自觉"并不只是意味着中国文化的复兴，而且意味着全球人类的文化的复兴。因为它不只是与中国人息息相关，也是与全球人类息息相关。它将是东西方文化共同所需努力以达到的一个新的文艺复兴。这一"人的再自觉"将标示人类德性与人类知识充分的结合，使人类全体都能认识到人类生活与人类生命存在的价值的内在性、发展的相互性、多元的差异性、学习的开放性与基本行为规范的普及性。这一自觉从而能够面对世界上的任何危机，并使之转化为生机，从而使世界人类产生一个脱胎换骨的变化，或可称之为"全球伦理的进化"或"全球道德的进化"。所以，探讨儒家的精神，发扬孔子的思想应是当前人类的共同课题，也应是东西方文化共同价值理想的最佳选择。以下就儒家伦理学的重建进行一个知性的分析与探讨。

儒家伦理学有一定实现道德真理的内在程序，即是先从整体的人的德性着手，不做违反人性之事，并以发挥人的善性及善的德性为一般行为的规范。但人为社会的存在，固当担当促进社会发展的职责，甚至也可进入合法的国家机构负担及履行公共事务的责任，在这种社会职责及国家责任的要求下，儒家伦理也就表现为一种责任伦理，也就是说，儒家的德性自然依具体的职责具体化为不同的责任。履行这些责任就是实现德性的一个管道，但这不是说儒家整体个人的德性伦理就不运行了。事实上，任何责任必须以德性的运行为背景方具有人的特质，否则责任的履行也可看作一个机械对功能必然性的执行。任何责任也都需要人的理性的整体判断，而且是在具体的事物状态中取得适当的理解后所作的判断，并能对此判断负起责任。有了具体责任的意识，方能进一步考查履行责任的可能行动的后果问题。所谓后果问题就涉及任何责任履行中及其后的利害问题。凡行一事必有其利弊，只是利弊有其大小、隐显及远近的分别。形式上的理性程序往往是取大略小，彰显轻隐，看近忽远，但如深入理性结构分析，则有不能不就整体的平衡要求及更广范围及更大时空中作出负责任的后果判断。在此一理解下，如问儒家伦理是不是也是后果主义的功利主义，或以最大的社会公利为决定责任的准绳，回答是：儒家有社会功利主义的一面，但却并非以功利为决定责任的唯一准绳。责任是就名分与职责定的，在一般履行的轨道上有其经验与实践的有效性，并且为系统性所保障，故行为后果的认定是长期评估的成果。然而基于具体的情况作具体的后果衡量以作为行动的参考确实是必要的，因而整体与分别功利后果的考查也是必要的。

儒家伦理学中最受批评的是缺乏个人的权利意识与对人权的忽视。

对于这两个批评比较持平的看法是儒家伦理根本上就预设了人的生存与发展的平等权利，因而每个人都要有免于受他人与政府迫害的权利。儒家尤其重视人民大众，以之为天之所生，具有天生的生存繁衍的权利，有待稳定的生活环境与条件的实现，除却饥饿，并得以教化成为有德之人，各自寻求自我实现，庶几完成人之为人的人生过程。这就不能不需要一个保护生民的有为有守的政治权威。无论孔子或孟子，均是以修己达人、建立德政为立说宗旨。此即说明人的权利是与生俱有的，而所谓政府或君主的存在，则只在于保护人的权利而已。但儒家并未突出个人的权利以别于群体人民的权利，也未对个别权利进行分别与论说。这是受古代制度和知识的限制，而非缺少权利意识。即使如此，儒家的人权观也有其内在的特色：个人要在人与人的伦理关系中发展其德性，故个人的权利也当以伦理的价值为基础，而不能有悖于伦理。当然，人的伦理可因社会分工与工业科技的发展而有结构上的改变，但人权不离伦理与群体性仍是儒家权利观的中心思想。如此说来，儒家伦理学的人权观可说已包含在《中庸》说的"尽己之性"以"尽人之性"的意思中。"尽人之性"可说为"实现与满足人的发展权利"，而此则必须以能"实现与满足一己的发展权利"为前提，也就是以"仁以为己任"为前提。这可说为人的德性的、责任的、理性的与生命的要求，是与德性伦理与责任伦理同步的。我称之为"隐含的人权主义"。

此一"隐含的人权主义"表现的是：充分地发展德性与责任就是发展了人权，而政府应该保护此一发展，亦即保护了人权。这一看法正是受到儒家思想影响的启蒙时代哲学家洛克的观点。我们甚至可以说洛克这一思想就是受到孔孟思想影响的结果。对于这点，我想在此稍加发挥。

约翰·洛克（1632—1704）生于欧洲科学革命之后启蒙时代的早期，可说是第一个近代西方哲学家从一个兼顾理性的观点来讨论人的教育问题与政府管理人民问题。他认为教育的主要目的是发展与建立人的"德性、智慧、教养与学问"，而其中最重要者为德性。德性也是一种理性或合理性。教育在力求受教者学习到以人的理性与人心的尊严为判断是非的标准。洛克并强调用具体事例和对具体人物行为的评价来教导学生。甚至他也劝做父母者用古老传统教育子女之余，也多加运用理性。在这些有关教育的言论中，洛克已反映了孔子儒家的教育观点。在政府管理事务上，洛克提出的根本问题是：政治权威的合法性自何而来？政府权威的功能为何？在他所著述的《政府两论》中，他首先在第一论中批判神权论，在第二论中他揭橥人天生就具有某些自然的权利与责任。这是他的人性具有独立于后天法制的"自然权利说"或"自然律说"。所谓自然律就是自然理性，其内容乃是人的相互平等性与自主性的自觉，此一自觉要求人在其个人生命、身体健康、自由活动、私有财产上不受任何他人的侵害。此即意涵着人人具有个人生命、身体自由与私有财产方面的权利。而所谓政府的职能则在保护这些个人的权利，而这也正是政府获得与具有权威性的理由。更有甚者，洛克还论证人民享有对失却公义的权威抵制或抵抗的权利。他认为政府与人民的关系应建立在一个"信"字上面。当一个权威任意滥权，置人民于水深火热之中，则人民得奋而起之，收回其原有之自由，建立新的立法，取得其所应享有的安全与安定。这些观点显然又与孔子、孟子的"民为贵、君为轻"的民本思想及孔孟的"以德为政"的王道思想与人性理论不谋而合。洛克所用的语言也是与孔孟的论说若合符节的，只是他结合了自然律的思想，把人性所蕴涵的德性转化为天生的自然的权利罢了。当然这一个转化很重要，因为这乃是把一个"隐含的人权观"明白地朗显为一个"彰明的人权观"，从而为西方的民主思想、人权思想、法律或法制思想奠定了哲学的基础。

这里要指出的是：洛克的教育与政治思想绝有可能来自于对中国的儒家孔孟之道的吸收。这是因为在17世纪中叶，表达孔孟思想的《四书》已通过耶稣会士用拉丁文的阐述，传遍了欧洲主要大国如英国、法国与德国等。洛克势必接触到此一儒家思想的潮流。较后受到此一潮流影响的还有英国的休谟，德国的莱布尼兹，法国的孟德斯鸠、卢梭与著名的百科全书派的狄德罗与伏尔泰。这些思想家在17世纪的欧洲风起云涌地著述论说，会聚成为巨大的力量，强有力地引导了欧洲文化的现代化，为西方国家的富强也开辟了阳光大道。但就其根源，却是儒家教育与政治思想的教化与启发所导致。中国文化未能充分运用与发挥儒家的教育与政治的精华思想，固有其历史上的因缘，以致17世纪之后，中国积弱，一蹶不振，反受西方强权之害，但西方世界饮水不思源，宁非历史的讽刺？我人回顾这段历史，实不能不痛定思痛，痛加检讨。更不可不记取历史的教训，坚定脚步，用理性改造现实，必须结合古今，融合中西，不但重建中华文化之魂，且要把中国文化的精华体现为全球人类的智慧，为全球人类的和平繁荣坚忍奋斗。从这个观点看，儒家伦理学的理性重建与发挥，显然实乃是本世纪中国文化人责无旁贷的第一等事。

基于上述洛克思想发展的线索，儒家伦理学显然在内涵非常丰富的自然人权层面。作为现代化的伦理架构，此一内涵的人权层面必须朗化为明确的人权意识，并为面对现代社会民智的进步、经济的发展把人权的项目规范化，不能只隐藏在德性主义与责任主义的一般名言之下。一个现代化的儒家伦理建设工程可说正在于把人权伦理与公利伦理的价值彰显出来，与德性伦理与责任伦理平等并列为四大原理。此一建设工程也在区分个人与社会、文化与法律的应用层面，在处理公共事务的现实上，必须把人权伦理与公利伦理放在首位，并以之为基本法律立法的根据，同时又在不违反并促进人权精神与公益的原则下，维护及鼓励德性伦理与责任伦理的发展。很明显的是，任何良好的法律都必须凭借良好的德性习惯与责任观念来执行，因之在法律执行与个人行为实践的层次上，德性伦理与责任伦理有不可取代的重要性与根本性。两者的存在将保障一个社会与社群的可持续发展的稳定与团结精神，并为新的立足于人权与公利的立法提供一个永久的资源与基础。因之，德性与责任的教育应是一个社会长期发展计划的最重要成分。从这些方面的分析来看，

21世纪的儒家伦理学将是一个综合多项伦理价值、整合人类不同生活层次的整体伦理学。这个伦理学的最大的特色将是寻求具体生活中整体性的正义与公平行为并为之负责。这是就公行为与私行为两方面来说的。任何一个公行为必须考虑到多种伦理因素与价值，在一个负责并有论证解说的正确判断下进行。同样的，一个个人的私行为也必须考虑到多种伦理因素与价值，同样在一个负责并有论证解说的正确判断下进行。伦理的行为必然是一个综合与创造的道德的判断，也因之是一个多面负责任的行为。至于如何才能做到一个良好的道德推理，获得一个正确的道德判断，这就不能不涉及"观念的省思平衡"与"价值的和谐创造"的主观要求和"人际的论说沟通"与"社群的一般共识"的客观要求等问题。有关此等问题，我必须另文讨论。

儒家伦理学在21世纪将有一个新的面貌，不但将体现在其内涵价值的多元化与其整体精神的和谐化，也将体现在其寻求整体平衡与和谐的判断与推理精神上面。这也正是一个多变与创新的时代与全球化的世界所需求的。新的面貌不妨碍儒家原初的道德理念与伦理理想，而其所谓新也正是生命力的充沛与结构的健全化，所谓"周虽旧邦，其命为新"。只有在这一个新的面貌与新的生命力与体质的发展下，儒家伦理才能成为全球伦理的核心部分以及形成构筑全球伦理的主要动力。

基于以上的了解，我们的结论是，在人类21世纪的未来生活中，科技、经济以及民主的发展将与儒家的宇宙观、价值观和伦理学互动、互通与互存，儒家的发展也将被证明为人类走向全球化与伦理化的一个根本动力。我认为，这应是实现当代儒学发展的最关键的认识。

五

政治哲学

中国历史与哲学中的人权意识

通论：人权的特质与历史

人权的基本特质，有以下三方面：

1. 人权往往制颁为条文或宣告，以支援革命，或公布于武力对抗政治独裁和压迫之后。

2. 人权涵盖自由从基于个体的自由活动和思想，以发为各种"行为活动的自由"（free done-to）和"自束缚解放的自由"（free done-from）。

3. 人权是由一群人民代表，抗衡政治权威，或施加压力，迫此权威对人民大众有种种自由与权力之承认。

以上三方面，并未道尽每一人权宣言的条文，但却体现了所有正式人权宣言的基本内涵（不论从发生上 genetical，内容上 contentual 及其制衡作用上 sanctional 均已包括），如 1215 年的大宪章（Magna carta）宣言，1628 年的权利请愿书（petition of right）1689 年的权利法案（Bill of right），1701 年的王位继承法（Act of settlement），1776 年的维吉尼亚人权法案（Virginia Bill of rights），1776 年的美国独立宣言（the declar-ation of independnce），1789 年法国的人权宣言（the declaration of human rights and civic rights）1893 年的解放宣言（the emancipation proclamation）及 1948 年的联合国人权宣言（the universal declaration of human rights）。以上每一宣言，均明显是克胜独裁和专制的记录，镌刻着人类政治意识对个体内蕴尊严的觉醒，也是人类在权利被剥夺时的高度奋发行动。深一步言之，诸此人权宣言之所以能草拟制颁，都是有一先存的哲学思想，保证其断论的确当性。

观看以上简述西方人权的存在和发展，人们不禁要多方地反省中国历史和社会中有关人权的存在状况。在长远的中国历史中，有无类似的人权宣言？改朝换代是否影响百姓的人权？在中国哲学及贤哲的意见中，有无人权观念？中国社会各阶层的人如何发展人权自觉？又对这些阶层的人权自觉、哲学和政治的立场如何？中国人的制度和行为中，何者算是反映人权自觉？特别是中国的社会和政治哲学如何调适回应人权自觉？不同阶层和不同事件中有没有不同意见的人权？其不同的原则何在？各社会阶层的团体有无冲突？冲突如何解决？本文不打算回答所有这些问题，但却重视描述中国政治和社会的事实，并拟以哲学角度解释之，使回答这些问题时得到适当的参考。这些问题的答案有时十分明显，有时却要推引出来。不过有一点是可以一开始即可肯定：即在传统中国历史中，从未产生过明确的"西方式人权宣言"。

古代中国人权和君民关系

早于公元前1500年，中国古代社会就慢慢形成，演进成国家的规模，这也是中国人在历史中开始建立其独特地位的时刻。由此，开始形成和发展中国日后的政治意识和政治制度，精巧而又有力地控制中国社会达三千年之久。在商代（公元前1560—1066）及西周（公元前1066—771），中国已由一族统一及团结各氏族，形成国家的雏形。君主及巫祝（主要工作在顾问、预测及合理化各事情）构成统治阶层，其臣民则包括战争中由征服而获得的奴隶[01]。奴隶当然必无自由，且依法必迫其劳动及生产，但一般臣民都是劳动的个体，未必要受奴役。向来的研究，都没有足够证据证明周代的"民"或"庶民"缺乏大幅度的自由和人权。

从这三个重要事实，可简述古代中国的人权特性：

1. "民"或"庶民"是指被治民众的整体，他们劳动及开垦土地，不必然是奴隶。天子及其臣属既统治诸民，亦为庶民所支持，故乐于不镇压他们。因而天子当仁爱百姓，这是借其"德"以保其位。事实上商代的先祖亦言："重我民，无尽刘。"[02]

2. 天子之德在保庶民，此说在敬天祭祖及对天帝信仰中更被强调。《诗经》提到天帝特别关爱民众因民皆由天所生，故云："天生庶民，有物有则。"[03] 从宗教角度言，"民"在世界中有重要地位。

3. 《尚书》"洪范"中亦提到人民可在解释卜筮时，参与国家的决策："汝则有大疑，谋及乃心，谋及卿士，某及庶人，某及卜筮。"[04] 当然这里的"庶人"不一定包含田间作役的奴隶。

商代的氏族统治及家族中心社会，在周王朝的阶级地位区分下，变得更阶层化。周代创始人将政治力量放在封疆建国的地方建构上。周天子的土地分封给贵族，各有在封地的代理权及大夫家臣。周代的封建阶级似乎带来统治者和被统治者的阶级划分，而庶民为最低阶层。土地归属于封王，由非显贵的人民垦殖人民并不私有土地，农奴都为封主所统属，缺乏人权和自由的经济基础，他们都要附属于统治阶级才得保护和生存。从以下两重要发展中，我们可以看到他们是同时被保护和控制中：

（一）周革命之前，周人相信商人先祖为上帝所喜悦，而受命于

---

01 有关商代封建主是否拥有奴隶之问题，各学说并不一致。尤其有关具体问题如人口中多少为奴隶，封建主如何对待奴隶，以及奴隶在平时如何从事生产活动，在战时如何作战，均为聚讼纷纭之点。可参阅吕振羽著《殷周时代的中国社会》（北京，1962年），郭沫若著《中国古代社会研究》（北京，1964年）

02 《尚书·盘庚》篇。

03 《诗经·大雅》。

04 《尚书·洪范》。

天[01]。当周政权成立后，他们则认为自己已受命于天[02]，但他们知道"天命靡常"，可以因一朝失德而失去天命。德非由天的意志所降，却来自掌握先祖之法德，他们了解到"惟吉凶不僭在人，惟天降灾祥在德。"[03]又"鬼神非人，实亲为德。"[04]"神所冯依，将在德矣。"[05]"皇天无亲，惟德是辅。"[06]其意是君主必全力履德，才可统治。盖此为天之命也。

周人明白统治权始终皈依人民的支持，故君主之德必及于人民而得其自发之支持，因而天命即转化为民命。于是周代诸侯最后必能察觉得到，全体人民是政制之主要依皈，必须加以尊重而不能剥削，故有云："天视自我民视，天听自我民听。"[07]又："民之所欲，天必从之。"[08]以上所引，当然未明显指出人权（或人民阶层中的人权）以被人民自己了解及体制化，也未显示人权已被统治者所公布或清除了解。在孔子孟子未出现之前，也未有人尝试明确地争取人民的最高利益。[09]进一步言之，能辨识"显德之道"，就是一种道德智慧，是既来自历史反省，也来自经验的谨慎实践。"德"的训义，并非构作一种保证，去抗拒统治者的专制妄为，但我们也不要过于低估"德"义在中国政治意识中的道德力量。春秋时代（公元前722—418年）的流行想法，已将因"天"或"帝"监视而不制定政治法则的观念。视为陈腐，那时已有云："民，神之主也。"[10]又云："国将与，听于民，国将亡，听于神。"[11]在《周礼》，有一段

---

01 《诗经·大雅》。
02 毛公鼎铭有云："父厝丕显文武，皇天弘猷，厥德配我有周，膺受大命。"又可参阅《诗经·大雅·文王之什》。
03 《尚书》，咸有一德。
04 《左传》，僖公五年。
05 《左传》，僖公五年。
06 《周书》，蔡仲之命。
07 《周书》，泰誓。
08 《左传》，襄公三十一年。
09 在《诗经》中有许多篇文章显示一般人民对富足安平生活之向往，并对战争及重税之厌弃。见《诗经·小雅》雨无正、节南山；《诗经·大雅》荡、瞻卬、召旻等篇。
10 《左传》，僖公十九年。
11 《左传》，庄公三年。

战国时代（公元前403—222年）的后期作品，要求君主在关于国家生存，或关于迁移国都、或关于统治体制等等大事上，均要咨询民意[01]。

人民群众的集体权利，已被统治者良好地驯良出来，同时，人民参与维持政治法纪的集体权力，亦已建立，被视为任何政治的道德原则和社会的必然规律。如此万事俱备，只需适当环境，自然会引发为全面性的人权理论。

（二）由于周代统治的稳固，其封建结构划分了统治者和被统治者两阶层，为了维持两阶层的划分，以及使个贵族等级有效地依其名分和道德制裁规范去运作，所以一面树立礼治系统去规范公侯大夫的行为，另一方面则以刑法统治无名位的庶人。

封建秩序崩坏与人权自觉

礼之发始，可能源于国家重要葬礼或出征大典时，在宗庙所举行的祭礼。礼的性质，既标志统治等级，亦标志道德的划分。礼教不但是日常教化，也体现在个人的社会生活以致其端庄雍容的交往中。"礼"的功能是要完成更高的道德自治和文化和谐的秩序，同时也就维系封建结构的秩序。孔子基于互惠原则，在封建社会秩序中，建立了一连串具有保证正确性的行为规范。在此意义下，礼是有层级性的，但却有正面的和时代性的意义。或许还有一种功能作用的倾向，以求将"德"体现于具体生活中，俾能维持统治秩序及制度。

"礼"是统治阶层加诸己身的自律能力，而人民则整体为刑法所治。刑法有三项主要意义：（一）刑原初只统治下民阶层，而不及于统治阶层，正如礼原初只规范统治阶级，而不及于下民一样。故儒家有言："礼不下庶民，刑不及大夫。"[02] 但孔子说："君子怀德，小人怀土。君子怀刑，

---

01 《周礼·小司寇》。
02 《礼记·曲礼》。

小人怀惠。"[01]可见刑到春秋之际，已上升及于士大夫，而非专为下民而设之法了。

（二）刑是惩罚之法，并不正面鼓励某些行为，只是反面地制裁某些行为发生，阻止违法行为。庶民只要不破坏法律，则颇为自由地行其意愿。人民所关注的种种正面权利，并非为法律所保证，却由统治者的"德"所容许，这是一种人格智慧重于政治法规的情况。

（三）最后，"刑"似乎发展自早期对待奴隶的方法。奴隶由征服战中掳掠而来，刑是征服者对待奴隶者的道德，却不达于贵族和同阶层的人，因而显出"贵族道德"和"奴隶道德"之对比。"礼"是贵族道德，自由治的统治阶级而来；"刑"是奴隶道德，由统治阶级加诸奴隶，免其妨碍统治者及其法规。"礼"代表了统治阶级对其自治权、拥有权及尊贵地位的政治觉察，"刑"则暗指庶民自身的顺服及缺乏对人权的政治觉察。统治者划分礼与刑，并且以刑加诸庶民，看来是为了压制人民及其相互间的权利和义务感。直至封建秩序崩坏，贵族解体，人口剧增，诸侯各自独揽政权，庶民才开始有人权的自觉，要求通过德性修养而与统治者有同等道德，这时已到了所有古典哲学学派繁兴的时期。

人口剧增，以及由公元前10世纪到7世纪家族分支的血缘连系开始废弛，引致周天子的政治权威式微和诸侯实力松散，封建列国都要扩张土地以调应人口增加的压力。于是国与国间战祸连绵礼制崩坏，周天子权威越衰弱，统治层级就越崩落，而诸侯大夫的势力就越集中，每一国都成为扩张的核心单位，也成为取代封建旧阶层的巩固和新社会之力量。

独立军事邦国（战国）的形成，对周天子只有应酬式的侍奉，加速了旧贵族政治的崩溃，同样的，贵族的阶级界限，特别是大夫和庶民的分别，也随之而打破，由于各君主需要才智之士助其扩张土地和势力，社会变动逐步加剧，工商活动节拍的不断增长，亦加快解散封建体质制及构成

01　《论语·里仁》。

新政治实力。春秋初期,已开始用铁器,生产方法改进,商品越加精纯,商业阶层兴起,需要新的生活形式取代那基于固定土地的农业基础之旧秩序[01]。新兴商业阶层,引导向购买土地,不可避免的假设封建制度必须承认土地私有权。天下为公的封建土地公有制度亦终须放弃。商业阶层及土地私有制度,是打破贵族庶民界限的基础。有一种看法认为,由于君主求贤若渴,庶民可以凭个人才智进入宫廷参与政治权力,因而庶民阶层得以解放。这显示世人极需得到教育,而在变局中也需要新观念指引,所以春秋时代的社会风气及社会力量,均造成百家争鸣,及战国时代贤智之士辈出。

相对于这种一般的解释,我想指出,各哲学家学派的发展,显示出在社会大变革中,政治意识已从几方面作出回应。诸子百家的存在,象征对过去的解放,也表示低阶层已被肯定有权参与在这全面的变革中。

在公元前600至200年的诸子百家中,儒家是最突出及影响后世最大的。孔子(公元前551—479)面对社会变局,探寻心秩序及新人生观。当然,无人否认孔子在封建阶层迅速崩散时,寻求保留古代秩序的基本价值。但在另一方面,孔子面对时代危机,提议将古代通行贵族之价值,普遍化使之及于全民,不再预设封建的阶层划分。由此言之,他是求新颖进步而又具革命性的。他要求应用"礼制"于全民,以承接过去制度而去除其弱点(那是社会条件所造成,至于是何等社会条件却非孔子所理解)[02]。然而孔子未能看见当时社会变革仍未达其终结,亦未穷尽其冲力。究实言之,其时正是青黄不接,旧制未全扬弃,新制亦未建立之时代也。

---

01 孟子以古代"井田制"为调和公私利益之生产制度。但在春秋时代,此一制度业已无法因应人口膨胀之需要。
02 孔子把心目中理想的社会与政府投射在历史上的圣王时期,从此一观点,孔子所处时代的社会仍可看做一种自古代的堕落;孔子显然认为个人均有道德责任而且也有能力以求古代圣王制度之恢复。

"礼"及与民,肯定基本人权

孔子对人权第一大建树,是将"礼"化为普及全人类的普遍道德。"礼"是界定超越各阶级的基本人际关系,如父子之亲,兄弟之友,君臣之义,朋友之信等,后来《礼记》还在这四伦之外加上夫妇之别,这五者均是来自人类世界的基础关系。孔子认为这些关系普及于全人类,人的责任和权利,即在经过修养,俾使各种关系达到完美境地,这种修养的结果即称为"德",由此而建立一"和谐有序"的群体,人在此中得享人性与社会规范的丰盛满足。任何以"礼"作内容的规范可统赅全人类德性,因人人有人性,故人皆基本平等,人人都可同样的获臻完全的德性。由此言之,若人有人权的话,孔子对人道德价值的肯定,已把人权隐涵其中。

儒家将以道德修养自己的人称为"君子",对不已道德修养自己者称之为"小人",人人都有能力成为"君子",也都可陷溺为"小人",由此可见人人平等,君子的理想似乎说明一件事,即人既有可能去充分实现这理想,则已承认了人的基本人权,政治系统必须保证所有人都可以成为君子,而且人人都在道德意识下平等,这可以说是从透过人的道德哲学去肯定人权。

孔子对人权的第二大建树,在其"仁"说。人人都可以修养本性,而以仁爱涵摄众生于其中。"己所不欲,勿施于人"这一座右铭,对"仁"下了一个定义,明显指出孔子不但认为人人当平等彼此对待,而且君子必待人人平等,才能完成自己,故云:"已欲立而立人已欲达而达人。"从这种人文角度去探究人,自必独立于阶级与名位之外,且能从哲学上肯定人的价值和潜能,构成一种人权观。孔子事实上并未完全建立全面的人权观念,主要或在他相信政府当由君子掌管,带来人民的秩序和美好的生活,而人民不必为人权而挣扎。这思想同时引出他哲学的第三方面。

孔子认为政府的目的，在庶民、富民、教民[01]。他非常重视人民，认为一个有德之君，当使名与德相应，使人民能措其手足[02]。我们可以说，孔子认为君主当保证的人民权利，包括"生存有序"、"丰足生活"、"良好教育"等方面。

儒家后学孟子（公元前371—289）更进一步提倡这种民本的理想政府。孟子设计了一个较为详细的福利家园：人民的物质富足，土地的拥有权，医疗福利、教育等均得到保障。此一福利国家之基础仍是通过人性去肯定人权。由于人有其所以为人的本性，人自异于禽兽（这点是与孔子同样重视的）[03]，故必须鼓励和培养他们去发展这种潜能。一个君主之成败，全在乎他能否实现这些潜能。君主必须自己求善，且与人民分享自己的喜恶，亲自保障人民这些生活素质，才能真正实现以上的福利国家理想。因而，孟子的最重要思想及其学说的终极归趋乃是所谓"民为贵，设计次之，均为轻"。若君主不能成就这些基本需要，人民有权革掉他，而改换以能者[04]。

由此可见，儒家哲学倡议人民权利终必完成。这些人权本与人性，是必须而不可分割予人。孟子认为人民有权革掉残民自肥的君主，强烈地叫我们想起美国独立宣言是何等类似。

儒墨道法更迭中的逆流

由孔子影响下来，孟子及其同期儒家，均认定夏代（公元前2183—1752）时代王朝以前为圣王时代。圣王退位，都禅让给人民拥戴的贤智之士。当然，吾人并不了解当时如何选举圣王的制度，中国历史中的哲

01　《论语·子路》。
02　此即孔子的《正名思想》，见《论语·子路》，我对此一思想有专文讨论，请参阅成中英著《中国哲学与中国文化》（中国台北，1974年），第64—82页。
03　见《论语·微子》。
04　《孟子·梁惠王下》，孟子曰："贼仁者谓之贼，贼义者谓之残；残贼之人，谓之一夫。闻诛一夫纣矣，未闻弑君也。"

学家只会强调革退暴君的权利及方法，却未仔细考虑如何选举圣贤之君的方法，对人民有选举圣贤之君的权利问题也未充分讨论。

孔孟的政治理论，其内涵虽然求得保证民生的权利，但仍不能言其必是民主思想。人民并非自觉地从行动或文字上去肯定人权。如果人权要被承认，人权仍有待具有良知的君主去承认。这也解释了何以儒家人文主义传统，只能发展部分的人权，且必须等待仁德圣王出来，才能够保证人权。

孔孟也没有建议一套具体实践人权的方法，法家了解这哲学的弱点，遂攻讦儒家的人文主义，倡议另一套理论。他们认为人民幸福生活的保证，并不在教育和道德生活上，而在于组织人民以满足国家和君主的意愿和目的。他们提议以"法"的普遍标准，代替"礼"，加强控制和统一中国。他们肯定君主与庶民平等，但却没有承认全民的权利。在法家哲学中，为了国家和君主的外在目的，必须牺牲和削减人权。人民在君主管理统辖下，常常处在犯罪边缘。这种理论很明显地认为，人性是丑恶及自私的，法的能力绝对高于好的道德。"人民全体"仍是构成国家的基础，但他们的权利却不被保障。一般可说，儒家政治理想兼顾君主和人民，法家则代表一种倒退的逆流。

孔子并不能影响当时任何君主，法家却得到最后胜利：秦朝（公元前221—207）秦始皇统一中国。君主很快掌握到，法家的观点正可与其个人意愿携手合作。人民虽已由古代封建社会中解放出来，但无法了解儒家哲学的普遍意义，因他们仍被古老习惯所管制，不能看见人文主义对他们的贡献。当时那些利欲熏心的君主，只听商人和雄辩智士的意见。更可惜的是当儒家在汉代公元前136年终于正式成为统治意识形态之时，又被君主基于私益所采纳利用，人民却亦不之何故地，没有组织起来去找寻新的"政府传承"（governmental succession）的模式。

在同一时代其他学派，有两家也值得提一下，墨家倡议兼爱，作为肯定人与人和国与国的互利手段。墨子清楚地认为全体人民的权利，是要居于和平而有秩序的社会中。每个有作为的市民当为社会的调和一致而工作。墨子主张用上天意志来约束人：天志欲人善，人的正路亦当从天志。墨家的意义主要是对劳工大众而言，人的天赋权利，当为生存于公益而富生产的社会。

最后还有道家的老子（公元前6世纪至4世纪之间）和庄子（公元前399—292）认为人不应由任何政府管制。小国寡民，无为而治，顺乎自然才是正道。道的哲学清楚地阐明人有依道而生活的原始权利，因为人的自然状况逍遥快活，"先"于任何政治上的作为，古击壤歌有云："日出而作，日入而息凿井而饮，耕田而食，帝力于我何有哉？"[01] 在未有政府之前，自然人居于自然界，何等畅快。这似乎指出，在所有人群中，最基本而本质性的权利是不受外力干扰的自由，特别是不受政府干扰的自由。当人能依道而行，其不受干扰的自由获得保证时，他就能得到一切。在此等道家理论下，只有当政府有其需要而又事实上威胁个人存在时，吾人一般所引用的人权理念才合用而有意义，盖道家所重视的权力，纯粹是基于个人需求而来。

人权：从传统到现在

秦始皇在公元前221年统一中国。中国进入漫长的两千年政治、社会与经济变迁的历史。表面看是改朝换代的过程，但在此一过程中政治与经济准则及制度的进展，也可说是反映着人权的自觉。举例言之，汉代兴起，即放弃陈旧而严刻的刑法。不过政治改革的主流思想，仍在于人民美好生活的集体权益必须依恃圣君、儒家士大夫，及心智独立的儒家与佛教学者等去肯认。那时社会最关心的，莫过于土地所有权和税制问题，仁君贤士常将土地重新分配，也限制私人的占地面积，并减轻农

---

01 《庄子·让王篇》。

民的税额和劳务[01]。这种以仁君贤士去关心人民幸福的信念，假定了人民个人无权拥有土地，土地为公家所主有并由公家分配之理念。在此一理念下，土地的分配是为了阻止土地之独占豪夺。这一来自然阻止了或最低限度减弱了个人土地私有权作为个人人权的基础。从秦朝（公元前3世纪）到清朝（19世纪）之间，大概有几个因素阻扼了个人人权的彻底觉悟。

在中国长远的历史中，虽然时常改朝换代，但每次改变总会建立一套最后仍以儒家思想为主的专制法制，强调君主应当亲民，关心百姓幸福。无数人民发起革命，其动机都在反抗不顾人民死活的残恶暴君，以拥立一个向人民保证自己必定亲民的圣王。因而，成功的起义者必然再次肯定儒家的圣君和君主责任观点；然后再定型于过去的专制模式，从来不曾自觉到要稳固的树立民意代表制度。这种不断恢复旧制的倾向，随着政府对民众责任的日渐腐败，终有引致民众的另一次反抗，建立新朝代。于是再一次保证，再由此形成朝代以循环：从人民意向而兴起布衣为帝，亦从人民要求君主的责任而终结其帝位。这可以在汉、明两朝的建立上清楚见到。也有不少失败的草莽枭雄，企图滥用民众运动，以遂其君主图谋[02]。以上各种显明事实之历史形成，有两大理由：

中国社会以农业为主，支撑社会的农民大众，自古以来对政治权威都存在被动态度，如在庄子所引的击壤歌中所充分指陈。农民只求不被干扰和压迫而已，他们对专制政体早已习惯，并认为是唯一政制。儒家本站于理性立场，不支持专制，但自汉以后，却被君主利用来论证其统治和官僚系统的理论基础。农民在这种意识形态教育下，当然很难架构批判和抗辩的理由了。在危机时期，农民不但未能脱离旧制规范下的思想方式以寻求改变，反而觉得他们能政府开放的进升大道上平步青云。汉以来的荐举制度和隋代的国家考试制度，催眠人民，使他们相信在专

01　大赦也被认为是君主仁心的一种表现。
02　参阅史绍宾编，《中国封建社会农民战争问题讨论集》，北京，1962年。

制体系中,他们都有机会步步上升、得到利益,他们因而被动的承受其贫穷与受难的厄运,认为只是自己个人无能,不能由农民大众进升为仕人和官僚。

另一阻碍人权发展的原因,可能与外族的常常入侵有关。边界紧张的存在,增强人民的休戚相关感,以及对历史文化的认同。在危机时期,就赋予君主更大的权利及自由。强调历史文化的承担与接续,也内在的竭阻一种渐增的对人权观念的渴求。虽则人民与学着都逐渐认许人权的重要,但当外族成功地入主,如在元朝和清代初年时,人民生活困苦,就不能再谈什么人权了。虽然中国历史的主流,都实行专制统治,一面君主以其个人意愿为主,一面君主也要重视人民的幸福。但我们也不能否认有些耿直的儒家会提出抗议,特别当明亡于清之际,在黄宗羲(1619—1695)及王夫之(1619—1692)的哲学和历史著作中,我们可以发现强烈的反对专制及怀抱整体人权的观点。虽则吾人仍可争辩,其人权是指集体人权(collective rights of people),还是个人的人权(rights of individual),然而其观点的强烈和决断,毫无疑问是探求新政府形式的催化剂。及至西方势力侵入,这旧社会就迅速显示其弱点。而18世纪的小工业已成熟,可预见人民大众将能经济自主,故当皇帝拒绝迅速有效的改革社会弊病时,大城市中的知识分子和人民,乃渐渐见到唯有全面革命,建立新的政治模式,才是正确答案。这就是1911年国民革命的始源。国民革命的其中一个目标,是通过一政治模式,即依人民自己的意愿去保障人权并防止这种意识的失去。不过这种意义下的革命,仍未能在传统儒家的忠君意识形态的根深影响下立足。这革命终于促成1945年中华民国宪法的公布,其中关于人权的部分可谓清楚明确,可比美西方人权法案。

有关18、19世纪的小型工业发展,仍有可言者,就是此等形式的发展可使臣民逐渐转化为积极、开放、敏锐关心社会的个人。如果没有列强灾难性的重击,中国群众也会像英国民主发展般有人权觉醒。在这种形势下，则中国可能不需仰靠群众性和伤亡性的革命运动，仍可慢慢肯定人权。这种可能性及其观点，不论就历史言或就理论言，都难以明晰估计其得失。

结论：中国式的人权

在本文中我已尝试指出了人权的两个基本观点：

中国历史和哲学，如何实践一种关心全民权益的"广义性人权"。

中国历史经验及政治议论中，如何缺乏西方式那种特殊个人权益的"狭义性人权"。

对这种独特状况，我并不暗示什么价值判断。中国长远的历史及高度文化，当然有其自己的基本准据。中国历史形成和培养了全民权益的广义性人权，但缺乏西方式的个人权益的狭义性人权。如果我们不充分了解其理由和原因，其观点和缺点我们就不可以逐下结论。我们可以讲中国意义的人权，视为一个独立实体，这却提示了一个"中国模式的人权观念"（chinese model of human rights），与前述"人权法案"的"西方模式的人权观念"成一对比。

基于中国人在长远历史里所享受世纪人权，也基于一般中国哲学家，特别是儒家学者，所抽象肯认和刻画的人权，吾人拟就"中国模式的人权观念"叙述其性格及要义如下：

人权是关系性的（relational），而非实体性的（substantial）：在儒家社会伦理的礼法中，人是被各种关系所界定，也在各种关系中发展。人不能脱离人际和时空的道德要求而有其本质，也没有绝对独立的美善原则。《大学》规范了一种交感互通的儒家伦理，说明了中国人权重视关系性的价值。儒家所言的"礼"之观念，也衍生了中国人权的关系性质。此外，虽然人人有共同的美善潜能（仁），但"仁"本身不是人权。以"仁"为根基，则人不能只求个人的权益，却需通过他人才能发展自己。

而最实质性的终极人权,则为自我修养(修身)和自我完成(立己,达己)的权利。至于"礼",则基于认知人际关系及其价值,于其所统辖的人际关系,并不要求权利。

人权是独特性的(particularistic),而非普遍性的(universalistic):中国传统的法律和政府,都没有明确公布人民的普遍人权,所有调适人民需要和判断人民行动的正义作为,必依据独特的内容,独特的关系,因时制宜;同时也依据后果和惯例,前文已略有提过。此处要强调的是,依内容、关系、时宜去判断和应用人权,这是独特性的道路。此一道路是以重视人的感受和全体性的"善"为其吸引力所在。人权之所以有意义和力量,全在乎能在各独特内容上关涉到人的感受和全体性的"善",而非明确而必然的专注在逻辑性的理由与标准。

人权是整体性的(collective),而非个人性的(individual):这大概是中国式人权具有最突出而领导性的特征。自古至今,人权是人民整体权利多于个人权利。"人"一词的意思是"人民群众"独特性多于"个人"的独特性。虽然中国哲学的政治意义并非完全摒除个人性或个人独特性,但这些性质远不如人民整体性之重要。肯定群众的权利,则群众的每一分子都自然得益。而肯定个体权利时,也要含蓄的假定,在某些情况下,此等权利亦要让与群体利益的需要。人权的人民整体性,是中国社会伦理的原则,其表现则为由君主保障人民全体利益,也表现在个人以家庭为生活的目的事实上。吾人相信这种人权观念,在今日中国社会仍无巨大与实质的变化。

人权是由权威所承认(recognized by authority)而非由个人所要求(claimed by individual):这也是儒家政治理论和整治行动的典型。没有一个个人可以由反抗"保持现状"(status quo)而要求人权,只能抗议现状上的权威未能依公义而行,且会阻碍这种抗议。基本上,中国的个人都常自我抹杀,但又不能说他们不喜欢或不需要人权。但他们假设此等权益必依于一良好社会制度或统治制度,理性而有正常地去要求和提供。如果缺乏这方面的权利供给，当权者就要冒社会大乱之险。承认各群体和集团在关系中互存，就隐含了秩序和谐。但这不是觉察到要由司法机构的无上司法监督权去保证权力平衡。直至现代，在1911年的民国革命与1919年的五四运动，作为个体的中国人才明显地自觉到个体人权要求的重要。中国个人开始努力结合起来积极去追求此等人权，亦终能获得政府保障人权的承认。

梁雁城　译

转化品德为人权：研讨儒家伦理学中的人的动力与潜能

一、儒家伦理学与美德的社会政治背景：中国的政治父权制

我已经在其他地方论证了古代中国人对天与人之间的血缘关系的信念，《诗经》与《书经》中就已经反映出了这种信念，这种信念提供了这样一种关于人的形而上学，即不仅解释了中国祖先崇拜产生的原因，而且解释了为什么不需要先验宗教的原因。[01] 我现在要进一步指出的是，这种信念自从夏朝之前就构成中国的政治父权制社会的基础。历史研究已经为中国社会的发展勾勒出如下的发展线索：首先产生了家庭的父权制，然后是父系氏族，最后是由许多异姓组成的父权制国家。使得这种父权制政治成为可能的原因，是家庭道德甚至可能是氏族道德重新形成

---

01 参阅我的文章《儒家关于人的道德与形而上学的辩证法：一种理论的综合》，载于《东西方哲学》，21:2,1971，第111—123页。

礼的体系，礼可以在一个世袭的贵族政治统治之下应用于更大的社群。[01]

然而，"礼"的基础就是"德"，在这个意义上，"德"使统治者适应天命，既使他的统治是合法的，也有效地维护了他的统治。在这个意义上，德完全是对部落之间以及人民之间情感在外表上的一致，完全就是统治者品行的内在修养，这使得统治者关心人民。设计或不断完善礼的目的，一方面是维护自律的社会精神气质，另一方面是维护社会的和谐以及政治秩序。这样，基于相信天与人之间的亲密关系，在德与礼的统一体之中，既发现了天与人之间存在着形而上学的统一，也发现了统治者与人民之间存在着形而上学的统一。重要的是认识到，无论在中国历史或中国哲学中，一个统治者所考虑的或者认为他自己首要的义务是，对天的义务而不是对人民的义务。天就是政治统治唯一的基础；在儒家看来，事实上的统治基础总是人民。从尧舜的时代，到后来的周文化，再经过儒家的传承，都继承了这种传统。

可能直到公元前12世纪，周公才制订出关于人类关系与人类行动之中全部的或几近全部的礼仪。可能这些礼仪在战国晚期还没有以《仪礼》《周官》[02]的书籍形式记录下来。从现代道德观看，在德与礼的实践中，我们有忠于共同善的道德，共同善建立于德的普遍实践性的基础上，从统治者就体现出德的普遍实践性。因此，我们可以把礼的体系看做是以社会为基础的美德伦理学的图式。

礼的世界是建立于发现人际关系、发现人际关系范围的基础之上，

---

01 《史记》提到中国社会与中国文化创立和形成的传说，可以把中国社会和传统追溯到部落——氏族的文化英雄，如有巢氏、伏羲氏、神农氏，后来最终进化为氏族国家，如黄帝、尧、舜、禹（夏朝，公元前21世纪到公元前17世纪），逐渐统一了许多部落。从夏朝开始，中国文化据以指导基本人际关系以及仪式场合的宗教仪式和习俗繁荣起来。它们不仅有助于政治控制，而且形成了社会秩序，而社会秩序给人的生活以及活动赋予了意义。在这个意义上，周朝的礼仪文化就是中国文化的一个成就，它既体现在对人性的理解中，也体现在对人与人之间关系的理解中，并且成功地发展为一种实现这种理解的形式。在礼中已经把对德的认识作为维护社会秩序与政治控制的一种方式。

02 对这两本书的撰写年代仍然有争论。第三本关于礼仪的书《礼记》被认为是在战国时期晚出的儒家著作，其中孔子对不同的礼的意义作了讨论。

这一方面反映了情感指向的社会性意识，另一方面反映了以能力为基础的人性，这二者在孔子关于美德的道德人本主义中达到巅峰。社会性与人性都是在时空中扩展的整体人类存在的经验；结果，一种理想的人类文化随之产生，这种文化是人类创造性的一种表达与评价。个人生活世界的经验也在此基础上得到扩展，并不急于超越到彼岸世界。连死亡都在这个文化价值的世界中占据了一席之地，这种文化价值在祖先崇拜的仪式、尊敬老人、缅怀先人的美德中明确地表现出来。这就是为什么世俗礼仪能够变成神圣礼仪的根本原因。如果统治者能够实践美德，捍卫礼仪，他就能够毫不费力地进行统治。但是，为了用扎根于美德的礼仪来保证自己的统治，统治者也需要给人民提供基本的生活条件，以作为人民实践美德与礼仪的基础。

根据对美德、礼仪以及二者之间关系的这种认识，孔子在思考如何建立一个好政府这个问题时，希望通过恢复礼的精神来恢复周代的文化与社会。所以，他把仁定义为"克己复礼"[01]。孟子认识到，恢复古代的礼并不容易，就不再把礼作为一种体系来谈论，而是谈论四种主要的美德，礼仅仅是四种美德之一。尽管孔子与孟子都没有说服统治者或使统治者把他们的哲学付诸实践，但是，他们的观点与理解都代表了当时人们的深刻情感的真正本质。与此同时，他们都讨论过如何进行政治统治这个比较深刻的问题。在公元前4世纪，孟子特别警惕政治父权制这个问题，这个问题也就是统治者如何为人民提供幸福，这样就可以在个体与社会的层次上教导人民进行道德修养、发展仁。再者，尽管孟子对福利计划的论述并没有得到统治者认真的考虑，也没有在一些小国如滕、宋产生明显的影响，这些国家的统治者还是被孟子所说的仁政所吸引。不过，孟子对任何社会或国家的核心关心是德的内在实践以及德如何在

01　参阅《论语·颜渊》。

社会系统中外化为制度。[01]

在对礼与美德作了上述讨论之后,用天命来谈论统治就好像是一种巫术宗教,而统治者好像是一个魔术师皇帝,这并没有传达儒家根据礼与美德管理国家事务的本领[02]。然而,在后来的历史中,礼与美德的确产生了其他的东西。《老子》说:"大道废,有仁义;智慧出,有大伪。""失道而后德,失德而后仁,失仁而后义,失义而后礼。"[03]这些话可能有一定的真理性。然而,老子并没有认识到,当礼丧失时,法律和制度以及技术就出现了。最后,当汉代皇帝的大一统秩序确定下来时,其政治统治是建立于儒家、道家、法家微妙结合的基础上,这种结合一直延续到今天,成为隐含的中国政治思维方式的组成部分。在这个基础上,我们可以解释为什么可以把权利看做暗含在社会义务和政治义务中,这些社会义务与政治义务是从儒家美德和礼中得出的。然而在当代,它们可能仍然需要进一步的发展。

关于最后一点,也可以进一步说,墨子和荀子与托马斯·霍布斯(1588—1678)都认为,在政府产生之前,人与人之间的原初自然状态是一种每个人对每个人的战争。墨子认为,正是从天志得出的"兼相爱""交相利"原则,导致圣王统治的产生,这个圣王已经意识到这些原则。与此相似,对荀子来说,从分与群的社会不同于卢梭的观点原则得出的圣王导致政府的产生,这些原则劝说人民接受父权制或专制。他们的观点与卢梭的观点不同,卢梭提出每个人放弃了自治权以交换保护,以此来解释王权统治的君主权力产生的原因。这样,在中国思维中,人权就从来没有占据突出的地位,因为中国和西方对政府产生的观点是不同的。然而,这并不是因为中国传统中没有类似人权的观念。孟子根据

---

01 参阅《孟子·滕文公上》。可以很容易地看到,对孟子来说,当许多变动的因素造成不稳定和不确定的情况时,社会规划与政治改革要满足时代的客观需要是相当困难的。
02 参阅克拉克·巴特勒(Clark Butler)的《作为自由故事的历史》(跨文化背景中的哲学),阿姆斯特丹与亚特兰大,鲁道皮编辑,1995,第7章,149—166页。
03 参阅《道德经》第18章、第38章。

自己人性体现了天命的观点出发，意识到为了人民的幸福可以改变政府的自然权观念，人民就是从天命出发，宣称天原本就关心他们。这是从人性善中得出权利的主要例子。[01]

二、儒家之中人的义务与权利

在儒家思想中，统治者及其政府的作用是使社会和个人的道德转化成为可能。这样，就在统治阶级中普遍存在着强烈的义务感，在统治者的利益与人民的利益一致的情况下，统治者及其手下的人认为，他们进行统治的责任也是一种权利。因为统治者根据统治来界定他的身份，这意味着他的义务也是权利；另一方面，因为统治者把自己的身份界定为服务于人民的利益，这意味着他的权利也是他的义务。

当我们把权利与义务之间的这种关系扩展到普通人时，我们就可以明白，一个中国人为何能够把自己的权利看做义务，并且根据他的权利来界定他的自我，他的权利得到统治者或社会的考虑，而他只需要考虑应尽的义务。这就可以解释为什么在儒家影响之下的中国文化仍然没有

---

[01] 理解国家产生于圣人原则的发现时。并不能简单地把国家的产生看做是残忍的征服或看做应用实用理性以追求自我利益而签订契约的结果，正如列维坦所指出的那样，中国哲学家有些像亚里士多德，倾向于把统治方式看做集体智慧、集体意识的最好表达，这将在关注人民的需要与生活条件的基础上保证其合法性。如果这些条件得不到满足，政治混乱将随之而起，人民将揭竿而起，这就导致争夺真正关心人民利益的统治权。这在中国历史上的改朝换代中看得很清楚。它变成以履行天命或天德为借口对权力的争夺。在中国政权的这种改朝换代中，我们就看到霍布斯的观点与儒家或墨家观点可能的混合。

我们可以把现代的人类社会看做是从一种理性的和谐秩序的起程，可以把人类社会看做从智慧原则产生的，儒家对过去的黄金时代的记忆（并不仅仅是一种设计）似乎是一种自然的记忆者，甚至暗含了对现代问题的批评。这保证了历史服务于未来。

这也可以解释为什么中国文化经验的内在一致性作为中国文化发展的基础，而不是其先验性作为中国文化发展的基础，但是，它也可以解释为什么文化的内在一致性有时没有遇到时代的挑战。最终，在1919年的五四运动中，当遇到政治与社会压力时，在情感上，对情感的反对有利于理性的重建，在重建中外在和先验的东西逐渐地被吸收到这内在的整体中。按照我的观点，中国现在已经超越了反传统的阶段，为了整合传统与现代，已经开始重新审视传统。以这种方式，可以在将来而不是在过去预期一个黄金时代的到来。

一种独立意义上的人权观。然而，儒家已经根据涉及美德的自我隐约地界定了人权。那么，中国涉及美德的自我概念是什么呢？

由于社会与共同体的集体经验已经淹没了个人的经验，所以，个体生命的实在已经被这些关心所统治，即维护人与人之间的关系以捍卫人在社会和共同体中的地位。这就是礼与德为何会在古代中国文化中同时崛起的原因。这样，个人首要的或直接的意识就成为如何维护家庭和共同体秩序与和谐的权利或能力，家庭或共同体的秩序与和谐是发展个体自我的基础。并没有反对某些外在的政治权威以维护自己的权利。换句话说，自我首要的、直接的关心是美德，因为美德被认为是人的内在和谐（精神态度）与外在和谐（制度）的动力，所以，它们以义务的形式而不是以权利的形式呈现出来。美德之所以成为美德，是因为它使个人适宜于社会整体，美德是通过修养和自我转化而获得的。美德主要是朝着社会的甚至政治的整合目标的自我修养、自我转化的权利。

儒家意识到的所有特殊美德都采取了义务的形式，正是这种整体之各组成部分之间的和谐，才使得美德成为一种义务。以仁这种美德为例，它表达出在自我中与其他人共同仁慈的意义。仁是一种义务，从这个义务出发，整个社会都将受益。尽管仁需要自我修养，它的目的并不是仅仅保护个人的利益。与此相反，它是一种使个人适宜社会的方式，正如孟子所看到的，它甚至可能使人变成圣王。正如按照礼采取合适行为的美德，对自我与社会来说，也是一种义务，这促进了美德的修养。儒家的其他美德也是如此。

谁身体力行属于美德的义务，谁就自然地在社会中获得体面而受人尊重的地位。一个有德行的人，就会变得广为人知，甚至会获得政治地位以及权力。这意味着美德的义务概念用于保护社会和共同体中的个人。也许保护个人的唯一方式是一个人有权去做更多同样的事情，也就是说，有权作为一个道德人来发展自己。

在理解了儒家自我后，我们可以大胆地提出这样一个哲学问题，即我们是否可以把美德看做权利而不是义务？一个人在做与其他人有关的行为或做与自己有关的行为时就需要美德。为什么一个人不能既是美德的实践者，又是美德的接受者，这是没有道理的。换句话说，我们可以认为社会自身就具有促进个人美德的义务。在这个意义上，某个个人可能期望他人对他尽这种义务，这样就可以把这些义务看做是个人的权利。如果可以把它看做是共同体成员之间的相互义务理论，那么，就可以把一种明确美德的理论转变为一种暗含权利的理论。唯一欠缺的就是，没有明确地断言这些权利就是他们从政治上认识权利的基础。当然，这将促进社会与政治的革命性进展。

以这种观点看，我们会明白权利意识为何能够在当代中国产生，甚至类似于西方的模式，因为政治结构和政治文化也相应地发生了变化。但是，因为权利意识与中国历史与中国文化的背景对立，还因为中国历史与中国文化普遍自负地全神贯注于儒家的美德意识，这种权利运动既不会出现像现代西方权利运动所具有的那种势头，也不会像西方权利运动那样尖锐。如果我们谈论具有中国特色的人权，那将是一种基于儒家人性理论和人的美德基础之上的人权理论。当然，同样的理论将锤炼我们对民主的理解和实践，正如在日本和中国台湾那样。我们不能期望简单的西化，即将重要的抽象概念强行插入一个前进的、自我维护的文化。按照阿拉斯戴尔·麦金太尔（Alasdair MacIntyre）的观点，现代西方在发展权利和功利概念时，已经失去了亚里士多德美德伦理学的传统。麦金太尔想重新学习和抓住这种传统。在我看来，对现代中国人来说，重要的是如何维护儒家的美德，与此同时从儒家美德中推断出现代社会的权利伦理学。[01]

---

[01] 参阅阿拉斯戴尔·麦金太尔《德性之后》，又译作《追求美德》，第二版，圣母大学出版社，第2、4、16章，1984年。

三、从传统而来的人权和理性自由

尽管黑格尔关于普遍自由的理论和历史[01]——一种局限于个人的自由概念——是一个激动人心的学说，然而，由于它没有考虑由法律保护的个人自由是如何干扰个人以及社会的道德发展这个事实而产生一个根本的问题。例如，不工作的自由或不照顾自己父母的自由给个人与社会造成严重的道德发展问题。因为随着一种基于历史与文化整体经验基础之上的崭新的价值感，将来必然会实现一种崭新意义的自由。

自从五四运动以来，一种中国社会从其传统继承的理性自由已经成为中国知识分子永恒关注的主题。从理论上说，这种意义上的理性自由当然是可以预期的，即为了制订公共政策和履行政府的责任而克服历史习惯与风俗，朝着一种更加开放、明晰、有序的程序发展。很少有人怀疑这得是一个变得民主、保护人权的合理方式。然而，没有任何理由要求理性自由只能采纳一种独一无二的形式，只要把平等、自尊、尊重人的尊严作为重要的基础，就应该容纳甚至尊重不同的理性自由形式，这是因为人权与民主在不同国家和文化之间具有普遍性。

这已经表明，儒家关于朋友之间（在等级上平等的基本关系之一）相互尊重、相互帮助的义务，可能是具有中国特色的平等人权的一种伦理学的本质源泉。这样，即使在儒家中就已经存在着人权的因素，但是，这个例子并不表明儒家的其他美德也必然与人权相协调。例如，儒家渴望按照人的能力与优点来确保在社会中占有恰当的地位，也可以认为这是一种人权。不应该仅仅把人权看做是平权的功能，而应该把人权看做是使人民获得自觉独立的尊严。

人权应该支持人与社会的道德发展而不是破坏社会。人权应该扩展到并包括所有能够有助于人以及人类社会全面发展的美德。在这个意义

---

01 参阅黑格尔的《哲学史讲演录》，西伯利（J.Sibree）（伦敦，1858年）；E.S哈尔登（E.S. Haldane）与F.H.西蒙森（F.H.Simson）的译本，第三卷（伦敦1892—1896，1955年再版）。

上，为了在即将到来的新世纪中获得可持续发展和生态合理的社会秩序，中国关于美德的人本传统以及西方关于人权的理性传统可以携手并进。

四、美德转化为人权

那么，在现代社会中，我们如何真实地刻画儒家美德向人权的转化？我提出如下的观点：

首先，我们必须认识到，美德是在这种情况下努力的结果，即人在受外界刺激时作出反应的内在能力与倾向。这在儒家中预设了一种人性论，这种人性论在进一步的发展中明确地表达了出来。这个意义上的美德总是社会倾向和以社会为基础的。但这并不是说，美德仅仅是共同体行为的传统，而是说这种美德服务于社会秩序、共同体和谐（也就是共同善）的利益，也许还增强了这种共同体行为的传统。在这个意义上，美德表达了个人的创造性融入共同体中以服务于共同体和个人自我的需要。它们由自我和共同体组成并服务于这两者。

第二，在美德是由共同体培育的和美德具有共同体倾向的意义上，美德代表了个人对共同体的义务以及共同体对个人的义务。这种义务意识来自于自我与共同体完美的结合或统一的观点，在这种完美的结合或统一中，它们各自的需要都实现了。在获得理性的一致性与自我实现的过程中，个人有能力选择这些美德，由此就得出了美德的应当性。这就是说，这种应当性的感觉产生于在人已经具有的与人可以具有的之间的一致感，这样，维护这种一致感的需要变成了作为义务的应当性感觉。为了实现纯粹美德，自我欠共同体的和共同体在同样原因欠自我的，变成了自我与共同体的之间的义务意识，美德由此变成了义务。

第三，有时，美德的义务意识与公共利益的感觉或期望相协调。儒家对私欲与公利的区别就暗含了这一点。因此，在公共意识和公利意识中预定的美德就值得人们尊重和维护，美德从善良意志出发促进了公共善，也处于公共利益中，所以，应该维护这种美德。问题是如何表达或清楚地说出这种共同体关心的公共意识。对中国传统社会提出的一个批评是，它缺乏对共同体关心的表达，这种共同意识作为教育体系的主要部分，并没有在公共意识中合理地提出，也没有成为独立于忠于统治者、孝顺父母的美德。如果对这种公共意识没有合理的认识，就不可能对义务有公共意识，也不可能共同认识到有德行的人暗含的权利，这个有德行的人是作为一个美德表现者或实践者的。

第四，与此相关的是，个人作为共同体的一员，也是任何其他人美德行为的受益者，尽管其他人可能没有意识到这一点。如果维护了公共善或公利，也应该维护社会中个人的所有非直接利益（来自于对公利的维护）。在这个意义上，应该把个人对这种公利的要求看做是美德的组成部分，这在逻辑上证明了这种公利的存在；也就是说，这就是权利如何能被构成和认识，作为对公共幸福暗含要求的权利，这样，人就可以为了公共幸福去实践和培育美德。公共美德的存在和重要性暗示或继承了对个人权利的认识。这样，我们就看到权利如何能够从美德中产生出来：它们既来自于个人在发展和完善或磨炼美德时对公共或共同体的义务意识，也来自于对公共利益的要求，公共利益为界定和实现这些美德提供了理由。

第五，美德转化为权利的最终阶段，就是排除那些有可能扭曲或控制公共利益的权力和权威，这些权力和权威在有利于统治者的利益的同时，就阻碍了公共利益的实现。至于统治者或统治阶级的私利侵占了公利或创造了保护他们存在的条件（常常以法制的形式），并不必要通过防止统治者在个人态度和社会工具中的自私和偏心来排除这种扭曲和统治。这包括并不代表长期公共利益的制度（尽管某些时候，开明的君主带来公共的善，而不仅仅为他们的私人利益服务，这也不能保证结果总是公共利益）。公共利益与统治者私人利益的冲突常常很严重，以致统治者得使用自己的权力保护自己反对人民，这就造成压迫。结果就需要抗议甚至反抗统治者的压迫。为了反对统治者的私利以维护共同体，统治者的压迫是否能唤醒要求个人做有道德行为中暗含的权利意识，并不很清楚。这样，革命就成为必需的，正如在西方与中国历史中发生过多次革命那样。

我在早期的一篇文章中[01]，已经讨论过西方的权利概念是如何在人权法案中就形成的，这个法案来自于成功地反抗了统治者或统治阶级为自己的私利而侵犯公共利益。当然，在中国历史上的改朝换代中，主要是为了集体的生存权而反抗腐败或不负责任的统治者。甚至在1911年的革命中，我们看到对满族的革命也是为了人民集体的生存。在那时，孙逸仙博士就已经呼唤民权，但是，这场民权革命并没有完成。确实，在中国的宪法中，已经认可了对权利的保护，但是，在实践中并没有得到完全实现。这是因为还没有通过法律、教育、领导们个人的承诺有效地树立起用公共利益反对私人利益的意识。克服这种关于权利的理性思维方式的明确开化，将是非常有用的。

从上面我们可以认识到儒家为了人民的幸福限制统治者权力的观念就暗示了一种民主意识和认识到人民的政治权利。我们常常忽略了孟子站在人民的立场上呼唤统治者承认政治权利的论述：

"左右皆曰贤，未可也。诸大夫皆曰贤，未可也。国人皆曰贤，然后察之；见贤焉，然后用之。左右皆曰不可，勿听。诸大夫皆曰不可，勿听。国人皆曰不可，然后察之；见不可焉，然后去之。左右皆曰可杀，勿听。诸大夫皆曰可杀，勿听。国人皆曰可杀，然后察之；见可杀焉，然后杀之。故曰国人杀之也。如此，然后可以为民父母。"[02]

可以从这段话中得出两个观点：第一，人民的判断应该具有决定性，并不是仅仅与少数人民协商而是与大多数人民协商；第二，统治者的"察"

01　参阅我的文章《中国历史与中国哲学中的人权》载《比较文化评论》，1979年第1卷，第1—20页。
02　参阅《孟子·梁惠王下》。

表明他对特定人的功过所作的最终判断是合理而公平的。换句话说，必须应用理想与正义，这表明一个人有权维护自尊，不能仅仅因为其他人的观点就剥夺人的尊严；这也表明，除非通过正当途径证明某个人有罪，否则他就有清白的权利，不过，在没有努力去清楚地表达这些权利、没有继续努力去增强和实践这种权利之前，这还是一个问题。

  总而言之，可以把儒家美德转化为权利的可能性描述为：共同体中个人对美德的培育将唤醒个人对共同体和公众的义务意识，这又随后唤醒了个人参与公共事务（任何个人都不能与公众隔离开来）的合法可能。但是，站在个人的立场，个人对这种参与的要求也需要参与到对公共利益独立而合理的论述中。这进一步要求统治权要遵守公共利益。如果统治者没有遵守公共利益，就会随之发生对统治与压迫的抗议和革命，用与人民的权利伴随的要求反抗政治压迫。这种抗议或革命的结果将最终产生一个积极的、清晰的以文字形式出现的对个人人权的宣言，包括自由权和美德权。

田永胜　译

儒家潜含的宪法与宪政思想

首先是不是可以初步把儒家宪政思想和先秦的儒学概念稍微分开一下,从儒家来谈到底有没有宪政,或者儒家有没有宪法,到底怎么去制定这个宪法,有了宪法来谈如何治理,实行宪政。当然,谈治理和治道,离不开为政之道,治道离不开政道,当治理者形成一个权力团队,它能够做一些什么?当然涉及宪政的概念,也就是一个基本的应该遵守的规则概念,依于此来达到一个基本的目标。从这个角度看,先秦儒学而不只是政治儒学,应该有这样一个宪政含义,但是没有把它发挥出来。这个政治儒学在儒家发展的基础上也是不完备的。

我想任何一个人只要对儒家有较为充分的了解,都会察觉到儒学有一个很根本的宪政思想,这个思想是潜含在儒学对人的认识、对文化的认识、对社会的认识、对天下的认识之中的,当然其中也有一个根本的由家到国的国家概念。传统的国家概念自然与现代的民族国家概念有很大的差别。国既为家所延伸,国与国之间也能形成天下一家。中国没有现代国家的概念,或者说西方没有中国国家的概念,是因为从国家这两个字来看,传统中国认为国建筑在家上,而西方则直接跳到国家与国民的关系上,社会逐渐跳出家或家族的重要的关联,而向公民社会发展。传统的家与家族处于什么地位,传统社会处于什么地位,如何定位以及同时如何转型,这些问题都必须提出来。实际上,从中国的"和亲九族,协和万邦"的家国而天下的概念来审查一下西方民主国家的概念,有其历史文化的理想意义，也有其国家治理与实现天下和平的现实意义。如果双向来探讨，也不乏相互借镜的地方。我们可以从宪政的角度来谈儒家，也可以从儒家的角度来谈西方的民主政治与公民社会。

我要特别提到，儒家的基本概念有它的一个整体的表达方式，这个整体的表达方式是强调动态过程的、重视民本的、趋向人文的、要求道德实践的，它有天下为公的理想，一个大同世界的理想。因此也特别关注如何发展人性的善端，如何提出和建立一个基本原则与价值系统（也是一套大法）来引导与规范一个治理国家的权力，在此引导与规范中当然也限制这样一个权力，尤其是一个重大的主宰与执行的行政与管理的权力，也就是一个国家的权力，一个君主的权力。

我们要区别一下儒家宪政和西方的宪政发展有不同的道路，西方是用民间的力量来对抗统治的君主，制定基本法则来限制君权，英国的大宪章就是这样发展出来的。当时的地主和诸侯要交税，你要我交税，我就要什么保障与权利。中国的儒学，则是要人们包含君主联合百姓来帮助社会发展的，是实现社会与人民的福利，不是要把君主与人民看成对抗关系，而是分享一个共同目标，也就是实现人民的福利，把君主的权力与人民的权利统合在一起，形成一个和谐的社会存在，而此一社会存在条件与理由就是君主要为人民实现民众的福利，自然凸显人民发展的愿望与做主的能力。西方民主的开始就是要用人民的权利限制政府的权力，并采用三权分立的方式来平衡权力的行使，而中国儒学从开始就假设政治权力的产生就是为了人民，而非为了私欲，更非利用权力来满足私欲。权力本来就来自民间，其目标也是在开发这个社会，来实现人民的愿望。因之权力可以合而分，分而合，治理的规则是用价值的法则来导引来开发，基于对人的认识与对民的认识，从自我修持与自我管理做起，推而广之，惠及全民与天下。

怎么去表达这个儒学的基本概念，这是我非常关注的。我更认识到儒家有一套基本的对世界的认识，对人的认识，对政府与人民关系的认识和对人性社会的认识，并尝试用这一套认识来说明与促进基于人性的社会性以及基于社会性的人性的相互完成来改革为政的方法与治理的方式，即使面对现实的问题也不舍弃其理性的与理想的价值。为此，我接受了北大一个中国政治哲学的讲座，想通过对中国德治论的儒学传统与西方契约论的传统的分辩，来进行一个更深刻的融合，把现实的权力与理想的德性结合起来，看看能否促进一个人类可以各自追求的、可以发展的大同世界。要实现这样一个人权、民权、治权与政权相互协调与融合的政治理想，人们必须要面对现实，现实是权力发展下来的，这个现实也是人的存在状态的表现，有各种特殊的历史与社会问题，不可不关注，不可不理解，也不可不求进步，不可不改革创新。这种情况之下，也就不难认识到儒学怎么来实现理想的宪政的理念。这里面我们要问儒家或儒学在这个时代能够作出什么贡献，应该以一个什么样的方式，来更好地帮助社会发展，如何来引导权力，防止滥权，防止私欲。

从理论上来说，儒家或儒学必须考虑到一个重要的问题：就是如何给儒家宪政一个理性的形式，一个合情合理的系统的表达方式。儒家从这个角度来看，它是一套价值哲学，不是西方的宗教，表达的是人的存在的一种要求，也表现了人的一种特殊性，每个传统都有它的特殊性。美国的宪法并不适用后来的德国，即使到了魏玛宪法时代，由于现实问题很快就被纳粹破坏掉了。可见现实和理想有很大的区别，从宪法到形成宪政还是需要一番努力的。这里我们看到儒家有知还要有行，所以知行的最终统一是很重要的。从儒学观点，一个宪法最好包括一种行为法，美国是从十三州的连锁开始的，十三州制订的宪法是人人生而平等，有追求自由与幸福的权利。但如何实现却是另一个问题。至于用什么方式来实现，也是要不断检视的。如今美国的枪支管理就是一个大的问题。现代的民族国家并不是开始就是这样，在成为现状之前也有他的历史，不可漠视，也不可等同。不可用一个规定的方式来实现它，但也不可否认国家与国家之间也有相似性，甚至有共同的理想与共同的问题，采用什么样的行为法来实现理想,解决问题是应该有共识的,也是值得思考与讨论的。总而言之,现代的国家是在一个过程的发展之中,这个过程怎么实现呢,这里也有一个更正修正的问题,在所有现代国家里面都有这样的问题。从美国的发展、亚洲诸地区的发展、欧洲的发展来看,历史在不断提供一些机会,因而不能不开放,不能不革新,不能不与时俱进。儒家宪政的意义就在面对这些机会来促使具有人性与社会性的价值与整体利益的逐步实现。

我想对儒家的传统作几个阶段的说明。我想第一个阶段,最早是自然法的认识阶段,中国人对自然的认识和对自然中人的认识,从《周易》就开始了,主要认识到的就是一套自然法,一套基于自然规则的人文规则,人们可以从中得到一种对人的认识,经过反思和考察,来了解人应该实现人的价值,来达到可持续的社会中人的发展。所以从自然法的认知,到礼乐法的认识,人要考虑到共同的生活,要达到共同生活高尚的目的。这里人是很重要的,包含了百姓、人民与天下的概念。我们可以把《周礼》的发轫看成是自然法中人的社会性与家国性的实现。这是一个开始点,是人对自然与人的存在的双重尊重。值得注意的是,天文与人文是我们遵从的价值,所谓"观乎天文,以察时变,观乎人文,以化成天下",但有关的规则与秩序形成的法则,并不是完全变成一个对象化的条文,而是看成可以依之而达到目的的核心价值。西方的法律根据语义的分析是欠了债要还,是一种义务,形成了一套义务论,甚至是一套基于契约论的义务论;而基于儒学的中国的法统是达到一个崇高目的的目的论与方法论,所以特别重视个人与群体与管理者的德性与德行。目的论和义务论是有差别的,正如德治论与契约论是有差别的。儒家是目的论的与德治论的,也是基于此来立法与要求法治的,因而重视大本大法。儒家或儒学强调的不是简单的限制权力发展,而是在发展中同时促进限制与引导,同时重视合与分。一个个权力必要要满足人民与社会的需要,跟西方用社会来限制权力,走向个人主义是有差别的。

自然法认知阶段之后，到了孔子，发展到了道德法，我们认识人要考虑这个社会的存在，人应该遵循这个社会的发展，所以人应该去掌握人性，人通过关系来建立，而且是重视感情的，从感情世界里面可以建立道生于情，在情理协调里面去实现这个道，这个是非常重要的。

《中庸》说："君子动而世为天下道，行而世为天下法，言而世为天下则。"天下以君子的言行为标准和范式，追求一种社会的价值，追求一种人性的价值。既是价值就有普遍性，一种价值的普遍性，但任何一个普遍性也离不开特殊性，而必须能实现在特殊性之中。这个不仅是中国儒家宪政的一个重要特质，而且对现在的发展也具有很重要的启示，也就是我们要特殊性与普遍性的结合，而不是专于一偏。中国到了宋明，儒学已发展了一套精致的系统的心性儒学。在这个系统中，我认为王阳明和朱子是互补而统一的。基于此，我们可说心与性、性与理、理与法，都是统一的，统一地形成了一套礼法，一套法理，这个礼法与法理有社会的客观性，而非向壁虚造。从宋明，经过清代，到了现代，中间走过的路是错综复杂的，我在此不想多说。只是想说，到了现代这个阶段，应该是对基于自然法与道德法来认识与实现儒学中的宪法与宪政的一个重要关头。

把儒家这一套基于自然法、基于心性之法的理念，加上我们对西方宪政历史、宪法结构与宪政实施的认识与学习，来建立一套更美善、更完整的对宪法与宪政的认识，这是宪法儒家的基本责任。我认为我们可以参考西方，但是也要认识中西不同的地方。从启蒙发展的源头看，我有一个很重要的认识，我认为启蒙的思想有一部分是从儒家开始的，比如说德国的理性哲学，包括康德在内，就是从孔子的思想中认识到人有一种道德自主的实践理性，不需要受到宗教权威的影响，能够追求人的与社会的理性价值。而在英国休谟的《人性论》中，又似乎从儒学中认识到人的情性的根本性。当然道德理性的理想状态是情理的合一，不能忽视情感的重要，这就是儒学重视特殊性与普遍性的结合的认识，不能压制情感，也不能违背理性，方能形成一种高尚的道德情感，以此作为宪法与宪政的基础与理想，有何不宜？在这种情况之下，西方近代的法哲学在很多方面还是要向儒学取法的。

从儒家经典来看，从易学来看不易中之易，易中之不易，因而讲解《易》道，讲解《周礼》的礼乐之道，讲解《论语》的为政之道、为君之道、为人之道，都可看出中国儒学具有丰厚的宪政认识，而且这个宪政对现在来说是非常重要的。我们要给它一个理性的形式，为它说明，让它更好地去表示出来。我们也看到了儒学发展的过程，而不是回复到封建与专制的帝王时代。这样看来，我认为儒家的今天作为一个基本的价值目标、方法道路与法制安排来研究，社会与政府的治理和行政改革的研究，是一个很重要的工作。

有一个书可以作为大家来参考，萧公权先生的《中国政治思想史》。我觉得这本书具有重要的价值，他想在中西学术的基础上成立一套现代的政治哲学。但这个政治哲学必须面对更现代的社会与国家以及全球化的发展，必须引发进一步对儒家的政治哲学与宪政哲学的研究，方有更重要的价值。我认为是一个形式的问题，也是一个内涵的问题，更是一个两者结合的问题。儒家过去的政治形式和今天不同，但是内容一定要加以重视与发展，内容不是空谈，这个内容怎么去掌握一个好的形式，这个是要我们去研讨的。

我们对西方发展出来的宪法与宪政也是要去参习的，中国历史文化与现代发展当然与英国、美国、法国等不同，它们不可能作为一个普遍的法治范型来进行模仿。宪法与宪政的基本概念是人民、社会和国家的关系。这个关系是什么关系呢？一个简单的回答就是人民创造社会，人民是自然存在的，人民是由人组成的，出于家庭的需要结成婚姻，我们不能否认家族发展的社会关系。当然，中国是比较希腊来说更重视宗法组织，但却接近希伯来人，然而却没有希伯来的超越宗教与选民概念，而更重视人性的发展与天下平等一家的发展。这一点值得探讨。

基督教就超越了犹太原来的家庭概念，发展了个人主义，形成的欧洲社会当然与中国有根本的不同。不同人民创造不同社会，这个社会不同，有犹太社会、欧洲社会和中国社会。进一步我们看到，社会创造国家，社会产生对国家的一种需要，这个团体的组织化有一个目标性，它的目标是什么？国家主要来使人民的利益能够得到维护。人民要创造社会，要维护这个社会的存在，社会要支持这个国家，使这个国家的功能发挥出来。这是一种循环，人民生社会，社会生国家，国家又来生人民。除了相生，但是也要有一种相互制衡（相克）的概念。一个国家是不是应该规范一个社会，使这个社会的组织发展具有一种结构与制度，比如说具有有关安全保障的问题的解决，有关衣食住行问题的解决，要使之成为一个健康的社会，使人民过得很健康，生活健康，精神健康？是不是使这个社会持续成为一种文明的社会，而且是一个不断创新文明与价值的社会？我觉得这中间至少有三个价值得随时不断予以根本的关注：即是安全、健康、文明。社会用来节制人民，因为人民是最原始的，直接面对自然环境来发展。社会表现为文化价值也好，成为一个历史的传统也好，社会主要的目标是要使人民能够有道可循，能够受到教育，而人民要肩负着这个国家，人民不能忘记国家的基本目标，基本目标是人民生社会，社会生国家，国家要回馈人民，反过来人民要发挥监督国家的作用，国家要维护价值标准来发挥规范社会的作用，而社会要发挥维护善良传统与文明道德来引导人民的作用。此三者说明人民、国家、社会既是相生，又是相互节制，不是一个单纯的制衡作用。因之，一个政府三权分立只是彰显了一个制衡的作用，没有彰显一个相生的作用。三权可以同时分，同时合。中国宪政基本上的前提就是合而能分，分而能合，人民、国家、社会是三位一体，彼此是相生的，也是相制衡的。这里面还有一个综合的道理，就是人生于天地，要发于中，要治于和，要同时讲正义与和谐。首先当然要维护人民为本的中心位置，然后才能实现不断发展的政治权力。

我认为儒家在这个意义上讲，它的发展，它的理想目标，与它的实现过程与方法，代表了一种深度与广度的人性的自觉，我说它是一种政治理想，也是一套社会伦理与人文教化的方法，因而形成了一个持续发展的过程，经历了不同阶段，显示不同的形式，但都始终不离开一个走向宪政国家、大同世界的理想的努力。从这个角度来理解它，来重新诠释它，这就是我说的宪政儒学，不只是政治儒学而已。

现在我要提出三个有关儒家或儒学宪政的误区，第一个误区是只谈治道，不谈儒家为政之道。儒家之道最关键的是君子之道、为仁之道、为政之道，只讲治道那就是管理了。治道不能离开政道，政就是一个价值标准，所以儒家的政道就是以民为本，以民为主，与邻为善。怎么去实现？既要有制度上的约束，也要从教育方面来加强，这个道不能够不修持，不能够不教育。这一点我觉得美国传统往往只是强调社会伦理，而缺少了实践这一面，讲了半天理论性可能比较完全，但是实践性几乎是没有的。社会的道德进化不能只靠法律维护，而是要具体的伦理实践与教育。这个教育要教育守法，也要教育守德，为什么守法，不只是政治管理的问题，还有政治伦理的问题。这里面有知行问题与层次问题。这是儒家宪政所关怀的，也是宪政儒学所关怀的。

其次，在《论语》里面孔子说为政者要对人民庶之、富之、教之。这个教很重要，但是在传统里面有一个错误，以为当政者就是教，就是君，我们要把政教分离，这个是很重要的。政教分离还有一个意思，不是说宗教跟政治应分开的问题，还要把教育当做政治当中一个重要的独立部分，教育是要帮助政治，而不只是服务于政治，所以我们今天要重视教育，才能把宪政实现起来。最后我要提一下蒋庆政治儒学的问题。到底蒋庆的政治儒学有没有一个文献的根据？我们知道对春秋的解释有三个，一个是《左氏传》，一个是《穀梁传》，一个是《公羊传》。公羊跟穀梁都来自于子夏，子夏非常遵守孔子的礼仪治教，重视德义，重视人性的发展。这两个都在一百年以后才传承下去，你不能忘了儒学的一个基本的价值哲学。贝淡宁是基于自己的理由，认为西方民主有很大的缺陷，我们怎么样通过圣人贤人来实现理想政治，这是一个很好的想法，但是如果没有像《公羊传》那种修德，那种价值的重视，是无法实现的。我们更应该回到孔子《论语》里面那种儒学的理性的价值观，同时对《公羊传》应该给它一份更好的认识，这样才能达到人民、社会、国家相互相生，而又互相节制的宪法的理念与实践。

面对文明社会：伦理、管理和治理[01]

来西安交通大学很多次，古朴的建筑留下的印象颇深。这次来到这里，巍然挺立的教学主楼带给人焕然一新的感受，交大的发展令人吃惊。实际上，交大的变化是整个中国的崛起的一个侧面，楼房的建立越来越高大，园区的开发越来越宽阔，同学们的精神越来越饱满，这是非常好的现象。中国是一个快速发展的国家，尤其是物质文明发展得令世人瞩目。但我们不禁也要问：在当前物质文明高度发展的基础上，我们有没有一个相对发达的精神文明能够足以支持和延续人类文明的进一步发展？这是一个重大问题。这个问题包含着一个我们必须面对的危机：当一个国家在物质文明方面实力很雄厚的时候，我们也会为其所拘束、限制，陷入在所谓的"现代化"中。这不仅是中国的问题，也是当今世界的、人类的大问题。

中国的崛起为什么让西方感到不安？不仅仅是因为中国迅速发展的综合国力、军事力量使西方国家感受到威胁，而是因为任何一个国家的经济发展、政治发展都会让人不安。这种不安缘何产生？在现代社会经济、技术飞速发展的过程中，物质文明成果并不能成为滋养人类文化的土壤，致使生活于其中的人们不能感受到一种参与其中的亲切感，现代发展的成果不能进入人的内心，成为人的一部分，反而使人们感到一种疏离感，

---

[01] 本文是成中英先生2007年4月20日在西安交通大学做的学术报告。

使人们陷于一种现代性的危机之中。要解决这一问题就必须建立起一种正确的管理概念,一种正确的人的发展概念。这是当今国家面临的重大问题,这不仅是对自我的考验,也是对人类再发展的一种挑战和考验。

我们处在后现代社会,这是一个让自我有很多发展空间和机会的多元时代。科技的公平分享,在时间、速度、体制、信息传递方面的资源整合是非常明显的。后现代带动着太多的专业,成为人类生活的一部分。比尔·盖茨说:"速度是最重要的。"但我总记着孔子的一句话:欲速则不达。速度太快,可能会产生一种粗制滥造、忙中有错的后果。所以,发展必须要面对速度的问题。速度多少为合适?从哲理上看,分秒必争的速度,是要追求更大的空间和掌握更多的时间。但当后现代文明面对这样一种速度、自由和多元的选择时,人类怎样掌握这种自由?个人和具体生活如何实现?这就涉及管理的问题了。

管理涉及各种层次的治理和发展,这是哲学在人类文明建设中重要的一环。现代化发展的中心是知识——科学发展的系统的知识。知识作为管理的基础,推动社会、经济的发展。而知识如何做管理之用,使管理落到实处?笔者将这些因素垂直划分为几个层次:本体为上,知识居中,原理在下,技术、具体的实践依次排列于知识之后。所谓"本体为上",就是中国的"道",如天道、地道、为政之道、治理之道。道是思想,代表一种最高的标准、最根本的原理。在基础性环节中,技术管理可以成为具体的实践的操作;如何运用知识形成政策的管理就是伦理的管理;将原理运用于大众,就实现了公共管理;在这个基础上,管理便提升成为治理。治理意即在更高的层次解决问题。什么是治理原则?这涉及管理哲学的重要思想。管理是以目标作为基础的物质性、控制性的行为。在管理过程中制定影响公共利益的决策实际上这也是个哲学问题,因为这也涉及人和人关系问题。

一、当今中国在政治哲学治理方面、治国方面的思想存在很多缺陷:往往只重视治理而忽视为政思想。什么是为政,什么是治理?什么是政,什么是治？在探讨公共管理和大企业治理时，我们对这个问题的探讨不够完整。很多哲学家致力于这个问题的研究。例如，牟宗三先生说政治就是体制，中国治道中缺少政道。然而一些反对意见则认为政道即治道。我赞成治道需要探寻政道，因为政道不同于治道。孙中山先生在《三民主义》中对政治进行了简洁明了的界定：政是众人之事，政治就是管理众人之事。最近在探讨中国政治哲学和治国思想时，我认为中国的传统思想，包括儒家、道家、法家，缺乏政和治思想的综合，只强调治国思想而不讲为政哲学。很多从政者在追求治国之道时仅强调治法，而偏离对为政的研究。《论语》第二篇讲的就是为政之道，从字面讲，政是正义。正义的立场、表现、价值观成为他人的榜样，具有权威地位和作用。正的立场和表现，是一种姿态，一种观念，一种行为，也可谓是一套哲学，即做人的基本要求和标准是什么？在公共空间治理上，要求一种具有客观性、普遍性、群体性的公共的正。正是一种具有价值性和真理性的价值标准和价值信仰。正意味着被人们认可，是一个可以达到共识的、安宁、安己的基础，代表着平衡、稳定的状态。而政则是一个动词，意为使不正的东西正。所以政是一个使大家认同的行为标准、制度准则、组织结构，它是一个体制。也就是说，政是一个众人所接受、所依赖、使行为可以依存的标志，它代表着基本的组织和制度。其中更重要的是，政代表着对事物认识标准的价值准则。

世界在不断变化着。《周易》在几千年前就认识到宇宙的这种状态。而变中有不变，不变亦包含着变。变是持久的，其内涵是持续的存在，即生生不已之道。生生不已如何在人的社会出现？人如何找到此道使自己安身立命，使社群、国家建立？国家的建立就是做个人不能做的事情。从这种意义上讲，国家的制度是基本的制度。所以，政是在变易之中不易的东西，涉及整个体制、制度的建立，包括君臣、礼制，涉及天地及人的关系的建立。这些关系的建立和伦理脱离不了关系，但又不仅仅是纯粹的伦理关系。确定了政的概念，下面来介绍治是什么。

什么是治？治是在政的基础上实现符合政的标准的具体工作和目标，是为了达到政的整体目标的手段、方法和过程。政和治不同，政是目标，治是方法；政是基础，而治是手段。治包含两种意义：一是达到目标的过程，例如治天下，英文称其为"task work"，即治天下的治；另外还有一层含义，指达到的目标和状态，例如天下治中的治，英语译文为"achieved work"，成就之意。因此，国家治理要求首先应找寻目标，并经过一个过程以达到这个目标。故治道包含三个方面：首先要求预设为政之道，经过治理过程，最后达到理想的完全境界。从这个角度看，中国哲学所包含的治国之道就是《大学》中所讲的三个步骤："大学之道，在明明德，在亲民，在止于至善。""明明德"是政道，显示什么是政；"亲民"是治道的方法和过程；"止于至善"是到达政治要求的目标。在这三个步骤中，"明明德"标举出为政之道的基础和价值，成为自发的基础即"亲民"——只有"亲民"才能产生"明明德"的后果——成己、成人，因为"至善"不仅是个人的境界而且是整体的境界，最终才能从个人的实现达到群体的实现。中国有句古话："修身齐家，治国平天下"，只有"平天下事"，才能达到"天下治"的成就。从以上来看，中国的政治哲学具有很强的逻辑性，它是对人所以成为人即人性的内在需求的了解。

二、下面我们界定心性。人之成为人不是因为人具有人形，而是因为人心的存在。人形中具有人性，二者不能分离，它们是内在的有机整体。在西方心身分离称为二元论，包含特定的含义，例如，永恒的存在的灵魂，上帝和人之间的关系等等。西方这种形而上的二元论的存在是根深蒂固的，但这种形而上学并不是空穴来风，而是西方哲学家对生命发展的认识，这和中国传统对生命的认识有很大差异。简单说来，西方的认识趋向对象化、超越化；而中国的认识趋向关系化、内在化。通过对比，更能显现出文明和文化导致人对生命、事物、自然认识的差异。这些差异会产生哪些影响和后果？在当今全球化的环境下，不同文明之间的沟通、对话，能否进行有效的整合和真正的沟通？这些问题值得人文学科、管理学科的学者们深思。

为什么中国人强调这个问题？心同人而存在，心的存在有两个作用：其一为观察宇宙天地万物；其二是反省、找寻、构思己之为己。从观察万物到深思自我，是一个整体的循环过程：观察万物必定深思自我，反之，深思自我又必定建立在观察万物的基础上。心的存在意味着人可以进行从外到内、从内到外的整合。整合的基础就是性。心性这个非常重要的概念，在西方也存在，但中国对它的理解更为动态和完整。人是整合内外经验的一种存在，欲了解天地万物必须了解自我，欲了解自我也须通过天地万物才能深化；同理，要了解他人必须了解自我，了解自我必须在了解他人的基础上。这又是一个运用整体循环方法论的实例。欲了解天地之道，必定要借助相互影响的因素，只有内在地了解、揭示其中的关系，才能不断探讨、深思。从这个角度看，只有循回的整合才能建立人和人、人和天地万物的沟通。例如，庄子和鱼的沟通，儒家思想中人和人的沟通等等。这些沟通是自然的，但沟通的过程必须经过内外整合。这是人成为人、成为人群中一分子的条件，也是形成人群的条件。在这种条件下，性就是共同的基础。心性哲学的框架早在先秦儒学中建立起来，在宋明时期得到深化，朱子、阳明的著作中也均有不同表述。总之，中国心性哲学的基础是生命和生活的自我体验。所谓"天命之谓性"、"万物皆备于我"、"人同此心，心同此理"等等，这些概念都是在发展中逐渐总结的。这说明人的存在发展成为有心性内涵的存在是一个活动的、不断整合的、不断开放的存在，这种存在形成了人能够建立人和人之间关系的基础，这种存在也是人的心理、心性结构的存在。而其中的理具有内在的普遍性和客观性，所以，心性都包含在理的概念之中。

理是一种可以理性感受的对象，也是一种可以感受、体现的存在。理作为内涵于事物之中、人内心之中的一种价值，被看成心性的基础。所以不论是心、性，都以理作为基础。理既是天理、人理，又可理解为物理、地理。朱子说过:"理是之所以然"。"所以然"是事物成为他自己的东西。内部挖掘、整合得越多,内在感受就越深。整合是一个思考的过程、经验的过程,更是一个自我完善的过程。因此所谓管理的基础就在于人的沟通以建立人之间的关系,这种关系的建立关键在于人心性关系的建立,即心性和心理的基础;因此,人之间关系的建立是伦理的问题。伦理是管理的基础,管理是治理的基础,这是一个自然形成的过程。

下面我们从政治方面来看德的作用。孔子说"为政以德。譬如北辰,居其所而众星共之",为什么孔子得到这样的观点?笔者的结论是:为政的人应能控制自己,通过自己的心性掌握一个普遍的道理,并发展成显示自我内涵的一种能力。人早就具备这种能力,这种能力在潜意识中指导自己的行为,作为一种感受、一种德行控制人自己的行为。德以各种方式存在,表现为自我控制。孔子竭力强调"克己复礼",礼不是虚假的仪式。德要求人在了解一种内在的东西时,强调建构、思考和创新的重要,而更重要的是对自我理解的过程——在"礼"的过程中对自在的感受、自我的实现。人之所以为人的标志,是因为人具有心性,具有宇宙性、天地性。德让人们都能受到启发。在一种自然、平衡的状态下,人的德即不忍、恻隐之心就会自然地表现出来。人之所以为人,在于人具有高度的感受性和敏感性。在这种情况下,人的德像光一样表现出来,感染他人。但这需要条件。只有北辰不被宇宙中众多的暗物遮蔽时,明亮的光才会凸现出来,达到"众星共之"。也就是说,当政成为德时才成为治,内圣成为外王。圣者产生的能量感动、感染其他人的情绪,这样的状态被称为"为政以德,众星共之"。"居其所"即自己有了定位,天地就有了定位。做到这一点,才达到真正的内圣于外。

孔子讲:"尊五美,平四恶",五美中强调"泰而不骄,威而不猛"。泰而不骄,一身正气,自然在群体中产生威严、威信,在朋友之间、家庭里面、群体之中,令他人心服口服威望较高的人,自然是领袖不二人选。这就是儒家所讲的身体力行。身心一致、内圣外王是最理想的状态。然而宇宙发展过程中,生命的发展是量的增加、力的多元。内的增加是有目的性的。

这就要求人整合这些多元的因素使其合而为一,成为和而不同的存在,这是天地予人的思路。若人不能实现整合,那就面临自然选择,优胜劣汰。天地赋予人的这种能力,可以整合、消除不必要的痛苦、矛盾、冲突。从这个意义上讲,很多问题的存在,是人的决策的问题。萨特讲过这样一句话:"他人是地狱。"他人的不理解、压迫是人生中最大的痛苦。人可以使人过得更好,也可以使人更痛苦。人的问题是人带来的,人没有真正发挥他应发挥的功能,在这种情况下,人的问题是重大的问题,所以应从理智等方面加以解决。

三、我们引出下一个问题:为什么会有不同的管理?我把它分为两种,一是伦理的管理,另一个是权力(power)的管理。此权力非彼权利(rights),权力是依靠力量来管理(control by power),而权利则意为利用人际关系的管理(control by human relations)。内正是一种力量,德(virtue)就是一种内在的力量(power)。

下面先看第一种,伦理的管理。伦理的管理是人在能产生关系中建立的一种能力。管,最早在乐器中出现,如管风琴。管的重要性在于通过管道把声音变成音乐。而管理,就是通过规则的管道,以形成规则,使人们达到一种相互为善、相互为用的关系。人有两种本性,一方面,人既需要独立自主,另一方面,又需要结群协力,两者互为依存。结群协力是为了更好的独立自主,独立自主又有助于群的存在。在这种情况下,人之间在小范围内产生一种关系,这种关系就是伦理关系。这种关系通过两个条件形成,一是自然,另一是和谐。社群、家庭的关系是自然的,经过和谐化形成一种制度。人的关系不仅包括社群关系,还包括人与自我的关系、与天地宇宙万物的关系,这些关系是由儒家提出的。儒家就是要建立一种关于人实现为人的学问。伦理的管理中最重要的是和，要求一种自然和谐的、自发的、内在的关系。伦理是内在的管理，自在的管理，自己去决定、去满足、去纠正、承受后果，即自己处理自己之道；所以自我管理就是内在的管理，内在的管理也就是伦理。这是把内扩大为外，把外收缩为内。父子关系，是自然形成的，经过感情磨合而形成内外合一；兄弟关系，也是在自然基础上形成的；包括国家、社群，也是自然形成的关系；在这样一个自然的基础上共同完成一个目标。所以同一种族人们可以形成同一的目标。当然，在历史发展中，也有很多情况不完全是这样的。因此，下面我们来谈管理的另一种类型——权力的管理。

权力（power）的管理，是基于一种权力的运用来实现个体或群体所要达到实现的目标。它是一种功用交换。伦理关系是互动的、双向的、比较平等的关系，而权力关系是上下的、单向的、外在的。这是因为在人的发展中，小的群体发展成为大的群体后，面对内在惩治和外在防御的需要，必须找到一个共同面解决问题，以达到最基本的生存条件。能力强的人成为统治者，他便拥有较多的权力。这是"治人者"与"治于人者"的差别。在发展过程中，权力管理逐渐完善。权力管理的关系分为两种：第一种是在争斗之后，胜者掌控权力，形成被胁迫的契约论，如西方哲学家霍布斯的学说。胜者拥有权力，保护另一方，同时接受保护者不得不放弃自己的自由和权利。这种学说说明政府的权利来源于强权。例如西方基督教中的神权就是以上帝之名生杀予夺，控制一切。西方很多国家的形成也是经历了这样的过程：如英国就是用强制力量实现统一的。第二种是基于友善的选择，双方在自然需要下构成一种同盟，建立一种自由的权利契约，如洛克的理论。然而当自由契约成为契约后，便成为强制性的胁迫契约。契约是一种人必须遵守的存在方式。人在压力下被胁迫同意，这就是人在自然律下的处境。这两种形式都不是伦理的管理，而是权力的管理。

权力的管理和中国传统提倡的"为政以德"的管理方式不同。子曰：

"道之以政，齐之以刑，民免而无耻。道之以德，齐之以礼，有耻且格。"意思是统治者不仅要用刑法、体制约束、管制百姓，更要用道德、礼仪来治理天下。圣人自动约束自己，将冲突化解于无形。中国传统文化中，道家的"小国寡民"思想和儒家的"道之以德"，都是强调用道德、礼仪治理天下。但中国传统思想中并不否定法律，首先"道之以政"，用政令治理，若有违犯则"齐之以刑"，但此时"民免而无耻"，仅仅这些是不够的。美好的社会，应将权力统治转化成为伦理统治、道德统治，所以提倡"道之以德"。

所以，发展教育以提高人性，使百姓自律，便能"形成于理"。为达到这个要求，只能通过修身完成。圣人就是以修身为本成为天下的标准和示范。通过修身避免灾祸是一种良好的愿望，但他的基本目标是在法律的基础上去实现的。从这个角度看，儒家是在肯定法律基础上实现"免而无耻"。而西方坚持一种观点：人在压迫下或经过自由选择后形成的制度必须要体现人和群体、自由和权利的平衡关系。当权力太强束缚人们生活时会招致反抗，这是西方整个政治制度成为民主制度的原则，即在压迫之下追求的自我。人拥有自我空间，但在实现过程中若出现公和私的差别，就需要建立一个规则，法治精神依此形成。例如，英国民主的开始就是从圈地到赋税的过程。西方政治制度是从胁迫的契约到权力的管理，最后到法治的形成。法治是协调政府权力和个人自由之间的关系。个人要求具有更多的自由，同时统治者要求更大的权力效力。在个人和统治者的斗争及其发展中，理性法律是建立和保障自由和权威的工具。人的理性发展为权威和自由的关系发展提供了条件，因此，西方法治盛行。在此意义上讲，西方的管理制度不完全等同于伦理的管理，因为伦理的管理是在法的基础上实现人的存在，实现更多的权利和自由。美国是一个法治社会，所以，在法律规定之外做不道德的事情是被允许的。法律的精神是为了实现更多的自由与和谐，因此，法律需要进一步改进与完善。

法律必须成为稳定社会的基础，这是伦理的要求，然而在众多的事物和人群之中发生的问题是无法避免的。以下两点说明这个问题：一是管理的发生。首先看关于协调的管理：外在的协调和契约无法彻底协调人们和公共权利的关系，因此公共的规范亟待来界定私权和公权，界定权威与个人的自由。但是，这样的界定并不能代替人最原始的自然和谐状态。在现代社会，真正和谐的境界只能在小国寡民、家庭中存在，即使连朋友的关系也形成为契约关系，这是可悲的，不能不引起我们对人的发展的重新思考。但在人追求自然和自由的过程中，法仅仅是必需的条件，而不是充分的条件。二是人为管理的重要性。人群中形成的冲突等，需要人为的管理来避免，即以规范或法律来胁迫人的行为。而法律需要道德来补充，道德又必须在法律应有的范围内实现。在法律范围内，被统治者即"治于人者"可通过道德得到更多的自由和利益；"治人者"即统治者，通过道德能够完善自身，更好地实现个人及群体的利益。也就是说，法律并不排除统治者和被统治者发展伦理的管理，法律仅是一个稳定社会的中线，而人应在其基础上充实个人的价值以实现个人的自由。所谓政治的伦理化，在于把胁迫契约转化成为自由契约；儒家对其表述有这样一句话："人同此心，心同此理。"从心到性，从性到理，理的外表化就是法。好的法律应该是普遍的并且合乎人的心性而不让人感到胁迫的，真正的自由应该能够实现人的能力的自由。在今天这个科技、经济如此发达的社会，伦理和政治的合一并不是不可能，这也就是儒家表达的理想，即"人同此心，心同此理。"但康德对其的表述是最好的。康德重视人的整体性，重视法律和道德的统一，他在第一批判中就谈到自然的合法性、规则性，认为理性的基础来源于人，道德是自己规范自己，自己为自己立法。儒家所说的人要"自立而立人"亦表达出"己所不欲，勿施于人"、"非己及人"的理性精神。

　　四、伦理学是政治学的一部分。西方伦理学是从德行主义走向权利主义的，而中国的伦理学开始于本体性的、天人合一的德性主义，即本体和道德统一的本体伦理学。今天我们讲自然与人的和谐，不仅仅是出于政治需要，而是中国文化的精髓所在。从一种管理的思想走向道德和政治的伦理学具有重大的意义。

一个能保障国家的至高的法律就是道德，它是人心呈现出来的规范，星空之中的永恒，是一种本体性。中国需要一种内在与外在统一的和谐，而儒家文化的中心概念即仁义、礼、智、信，强调天命和做人的道德。最近在儒学研究中有一种倾向，即政治儒学的研究。因为儒家重视人的伦理管理，用人的管理解决治理的问题。管理以伦理为基础，治理以管理为手段，这是一个整体化的涉及共同标准的问题。

总之，政治和道德是一个重要的问题。强调法治，并不能忽视人治、德治与理治，不能忽视法治与人治、德治与理治的关系。人的道德和心性是人类社会一切制度规范的根基，只有将德性和法治两者很好结合起来，才是人类社会得以健康发展的正确途径。